edition ferenczy bei Bruckmann

Roland Berger • Peter Gillies

SCHUB KRÄFTE

Das neue deutsche Wirtschaftswunder und seine Macher

edition ferenczy bei Bruckmann

Umschlaggestaltung: Uwe Richter
Lektorat: Robert Fischer

Produktion & Layout:
VerlagsService Dr. Helmut Neuberger
& Karl Schaumann GmbH

Sämtliche Abbildungsvorlagen sowie
die Firmenporträts und Lebensläufe
wurden dem Verlag freundlicherweise
von den jeweiligen Firmen zur
Verfügung gestellt.

CIP-Titelaufnahme der Deutschen Bibliothek
Schubkräfte : das neue deutsche Wirtschaftswunder und seine
Macher / Roland Berger ; Peter Gillies. – München : Ed.
Ferenczy bei Bruckmann, 1992
ISBN 3-7654-2700-4
NE: Berger, Roland; Gillies, Peter

Gesamtherstellung: Bruckmann, München
ISBN 3-7654-2700-4

Inhalt

ROLAND BERGER PETER GILLIES

Zu diesem Buch

Revolutionen hatten stets eine Schwäche: Der explosiven Phase ihres grandiosen Aufbruchs folgte die wirtschaftliche Ernüchterung. Nationalökonomen begeistern Nationen selten. Diese historische Gesetzmäßigkeit hat auch die Deutschen ereilt. Das Thema erregt sie. Es zerrt an ihrer Geduld wie an ihrem Nervenkostüm. Sie stellten zwar ihre politische Einheit wieder her, fielen aber danach in tiefe Zweifel, ob es ihnen auch gelinge, der politischen Freiheit den wirtschaftlichen Wohlstand folgen zu lassen. Nun ja, räumten Kritiker ein, einiges in Mittelstand und Gewerbe rege sich schon in den neuen Bundesländern, aber die Großunternehmer lehnten sich vornehm zurück und überantworteten den »Aufschwung Ost« dem Staat.
Gegen diese und andere verbreitete Vorurteile tritt dieses Buch an. Es bietet authentische – und manchmal überraschende – Aussagen und Einsichten von Spitzenmanagern der deutschen Wirtschaft über der deutschen Revolution zweiten Teil: den wirtschaftlichen. Als besonders mühsam erweist sich dabei, die menschlichen, psychologi-

schen und sozialen Lebensbedingungen einander anzugleichen. Quer durch die Branchen wird deutlich, welche energischen Schubkräfte hier am Werk sind, wieviel Investitionen, Zeit und Managerphantasie aufgewendet werden, um ökonomisch weiterzuführen, was im November 1989 mit dem Fall der Mauer begann.
Ein zweites deutsches Wirtschaftswunder? Wir zögerten anfangs, diesen Prozeß des wirtschaftlichen Zusammenwachsens so zu nennen. Historische Blaupausen für Reformprozesse gibt es nicht. Der marktwirtschaftliche Urknall, wie ihn Ludwig Erhard 1948 zündete, ist kein wohlfeiles Ablaufmuster, das man wie eine Folie über die neunziger Jahre legen könnte (wiewohl Erinnerungen daran hilfreich sind – ein fiktives Interview mit Ludwig Erhard finden Sie auf Seite 343). Die Manager skizzieren eine Wegbeschreibung, wie die Deutschen es packen können. Das Ausland zumindest hält genau dieses »Wunder« für höchst wahrscheinlich, woran viele Deutschen selbst noch zweifeln.
Der Kreis von Spitzenmanagern, der sich den Fragen stellte, malt kein rosiges Bild von Lage und Entwicklung. Aber der Leser wird in – und zwischen – den Zeilen Hoffnung und Zuversicht herauslesen für die deutschen Landschaften zwischen Rügen und dem Vogtland. Auf die Frage beispielsweise »Sind Sie ein Patriot?« antworteten einige Vorstandschefs beherzt, andere zögerten mit der Antwort; aber die von ihnen auf den Weg gebrachten Schubkräfte verdeutlichen, daß deutsche Unternehmer keine nationalen Neutren sind.
Aus dem rasenden Strom der Zeit auch nur einige Tropfen aufzufangen, um sie über den Tag hinaus zu bewahren, erwies sich als ein mühsames Unterfangen. Ein derartig hochkarätiger Kreis von Unternehmern ist in dieser kompakten Form noch nie befragt worden. Unser Dank gilt deshalb jenen, die kurzfristig Termine freischaufelten, wichtige Denkanstöße beitrugen und Hintergründe ausleuchten halfen. Besonders erfreut waren die Verfasser auch über die spontanen Zusagen von prominenten Politikern – voran des Herrn Bundeskanzlers –, die in diesem Band die wirtschaftliche um die politische Sicht ergänzten.
Die Verfasser zögern nicht, sich als »bekennende Marktwirtschaftler« zu verstehen. In diesem Ordnungssystem sehen sie die überlegene Lösung für die deutsche Wirtschaftseinheit – was sie nicht blind macht für die Tageskümmernisse der Menschen, die vom Strukturwandel arg geschüttelt werden. Deswegen mag es für den Leser interessant sein, daß er den »eiskalten« Ökonomen, der sich um Ar-

beitslosigkeit und Umbruchschmerz nicht schert, in diesem Buch vergebens sucht. Alle begreifen den deutschen Weg immer auch als doppelte Herausforderung: die Marktwirtschaft, um das Soziale ergänzt.
Bemüht haben wir uns um höchste Aktualität. Aber, so lautet eine vielbenutzte Metapher in diesen dramatischen Zeitläuften: Das Wort veraltet noch im Munde. Aus den Gesprächen ergibt sich aber, daß eines nicht veraltet: das eherne Gesetz, nach dem nur ertragreiche Unternehmen sichere Arbeitsplätze bieten und den Wohlstand befördern, und daß zuvor erarbeitet werden muß, was man verteilen möchte.
Um Nachsicht wird der Leser gebeten, daß manche Fragen sich wiederholen. Er wird aber feststellen, daß die Antworten keineswegs gestanzt und gleichförmig ausfallen. Wer über die Bedingungen, wie man eine Trümmerlandschaft saniert und zu neuer Blüte führt, informiert sein möchte, erhält eine Fülle anregender, nicht selten sperriger Erwiderungen. Und daß die Unternehmer etwa an einer Beißhemmung gegenüber der Politik litten, belegt diese Interview- und Gesprächssammlung schon gar nicht.
Auch der flüchtige Leser, den nur der Weg bestimmter Branchen in die neuen Bundesländer interessiert, wird argumentatives Naschwerk erhalten. Er stößt auf anregende Wirkstoffkombinationen, die seine Phantasie wecken – nicht selten bis an das Ende dieses Jahrhunderts. Aber er sei auch gewarnt: Patentrezepte sind nicht darunter. Wo sie ausgelobt werden sollten, ist Mißtrauen ohnehin geboten.
In der Aufbereitung haben wir uns um wechselnde Stilformen bemüht, damit das in Wahrheit hochdramatische Geschehen mit entsprechender Spannung daherkommt und niemanden langweilt. Für den Unternehmensberater wie den Journalisten wären würdige, aber monotone Festreden eine kommunikative Todsünde.
Nein, ein zu verfertigendes Gesamtkunstwerk ist die ökonomische Einheit der Deutschen nicht. Dazu enthält sie zu viele Variablen. Der Aufschwung Ost ist noch auf dem Wege, aber der Aufbruch hat erkennbar begonnen. Bei Erscheinen des Buches registrierten Demoskopen ein stabiles Stimmungshoch in Ost wie in West – entgegen mancher medial verbreiteten Düsternis. Es scheint den Verfassern nicht verboten, mit authentischen Argumenten diese Stimmungslage zu verbessern oder zu stabilisieren. Schon Ludwig Erhard wußte, daß wirtschaftliche Abläufe entscheidend von psychologischen Befindlichkeiten geprägt und gesteuert werden.

Dieses Buch will nichts schönfärben und nichts verdüstern. Es will einen – hoffentlich flott lesbaren – Beitrag für Menschen leisten, denen das Schicksal von Menschen in diesem plötzlich größeren Deutschland am Herzen liegt. Schubkraft kommt selten aus Gremien und Großorganisationen, sie wurzelt immer im Menschen: die gesellschaftliche List der ökonomischen Vernunft.
Daß die Lektüre der »Schubkräfte« längerfristigen Gewinn und kurzweilige Freude bringt, wünschen sich

Roland Berger / Peter Gillies

Schubkräfte – Aufschwung durch Soziale Marktwirtschaft

Ein Vorwort von Bundeskanzler Helmut Kohl

Die Geschichte der Sozialen Marktwirtschaft in der Bundesrepublik Deutschland ist eine mehr als vierzigjährige Erfolgsgeschichte: Dieser freiheitlichen Wirtschafts- und Gesellschaftsordnung verdanken wir ein Maß an Stabilität, wirtschaftlichem Fortschritt und sozialer Sicherheit, wie es nur in wenigen Ländern der Welt verwirklicht ist. Sie ermöglicht es uns jetzt, die große Herausforderung der Umstrukturierung in den östlichen Bundesländern zu bestehen.

Wenn wir auf das Jahr 1991 zurückblicken, wird deutlich, daß der schwierige Start in die Soziale Marktwirtschaft in den neuen Bundesländern gelungen ist.

Nach einhelligem Urteil aller Sachverständigen ist die Wende zum Besseren wirtschaftlich inzwischen geschafft. In einzelnen Bereichen geht es bereits spürbar aufwärts. Positive Meldungen kommen insbesondere aus den mittelständischen Betrieben der Bauwirtschaft, aber auch aus dem Handwerk sowie aus großen Teilen des Handels und aus dem Dienstleistungsbereich.

Der selbständige Mittelstand erweist sich auch in den neuen Bundesländern als Rückgrat der Sozialen Marktwirtschaft und als Motor für die wirtschaftliche Entwicklung. Seit Anfang 1990 ist im Mittelstand der neuen Bundesländer eine erfreuliche Gründungswelle in Gang gekommen. Bis heute sind über eine halbe Million neuer Gewerbebetriebe angemeldet worden – Keimzellen wirtschaftlicher Dynamik in den neuen Ländern.

Neuer Mut zur Selbständigkeit entwickelt sich. Dies ist um so wichtiger, als das SED-Regime mit seiner zentralistischen Kommandowirtschaft unternehmerische Initiative bewußt erstickt hat. Damit lagen auch die Eigenschaften brach, die unabdingbar zur Entfaltung einer freiheitlichen Wirtschaftsordnung sind: Mut zu neuen Ideen, Entscheidungskraft, Leistungswillen sowie die Bereitschaft, Verantwortung für sich und andere zu übernehmen.

Diese »Kultur der Selbständigkeit« zeichnet Unternehmer und freiberuflich Tätige in der Bundesrepublik Deutschland seit jeher aus, und ihre Bedeutung reicht weit über die Wirtschaft hinaus. Ebenso wird die private Wirtschaft in den neuen Bundesländern ein Motor auch der gesellschaftlichen Erneuerung sein.

Um den Neuaufbau im östlichen Teil Deutschlands rasch in Gang zu bringen, erhalten die neuen Bundesländer massive Starthilfen. Dies ist nicht nur ein Gebot der Solidarität mit denen, die über vierzig Jahre in Unfreiheit leben mußten und von der Planwirtschaft um die Früchte ihrer harten Arbeit gebracht worden sind. Es liegt auch im Interesse der Deutschen in den alten Bundesländern. In den neuen Bundesländern entsteht mit Hilfe privater und öffentlicher Investitionen einer der besten Wirtschaftsstandorte Europas, und dies kommt ganz Deutschland zugute.

Nur eine konsequente Politik Sozialer Marktwirtschaft schafft die Voraussetzungen dafür, daß wir auch in Zukunft im europäischen und im globalen Wettbewerb mit Nordamerika, mit Japan und anderen Wachstumsregionen in der Welt gut bestehen können.

Seit dem Ende des Ost-West-Konflikts wächst unser Kontinent immer mehr zusammen. Europa findet zu neuer Einheit im Zeichen von Demokratie, Rechtsstaatlichkeit und Freiheit. Nicht zuletzt für uns Deutsche bedeutet dies die historische Chance, im letzten Jahrzehnt dieses wechselvollen Jahrhunderts mitbauen zu können an dem – wie es Konrad Adenauer formuliert hat – großen gemeinsamen Haus der Freiheit für alle Europäer. Nutzen wir gemeinsam diese Chance!

Maurer und Zimmerleute wiederbelebt

Der Bau sucht Fachkräfte – Private wollen bei Großprojekten mitmischen – Holzmann-Chef Hermann Becker: Wir gehen auf Zuwachs

PETER GILLIES: *Die Bauwirtschaft gilt als klassisches Schwungrad der Konjunktur. Herr Professor Becker, ist dieses Schwungrad in den neuen Bundesländern jetzt in Bewegung geraten? Wo knirscht noch Sand im Getriebe?*

HERMANN BECKER: Die Metapher vom Schwungrad trifft zwar zu. Es bringt Masse in Bewegung. Mir würde ein anderes Bild besser gefallen: die Lokomotive. Der Bau zieht, wenn er Zugkraft entwickelt, andere Branchen mit. Wir wissen, daß das Bauvolumen das Drei- bis Fünffache an Nachfrage in anderen Bereichen auslöst: Ausstattung, Fenster, Sanitär, Teppiche, Möbel. Dieser Multiplikator ist größer als in anderen Industriezweigen.

Diese Lokomotive wurde zwar zügig mit Kohlen aus dem Westen versorgt, nimmt aber nur sehr langsam Dampf und Fahrt auf. Ist der Eindruck richtig?

BECKER: Er ist es. Die Kohlen waren vorhanden, nur konnten sie noch nicht voll verfeuert werden, weil es viele Hindernisse in den neuen Bundesländern gibt: ungeklärte Eigentumsfragen und fehlende Planungskapazitäten vor allem. Wären auch die Enteignungen etwas flotter gelaufen, wären wir ein gutes Stück weiter und hätten die beträchtlichen Zuschüsse auch bereits voll verbaut. Viele Mittel wurden nicht abgerufen, manche flossen sogar wieder in den Westen zurück.

Sie selbst haben mehrfach riesige, dreistellige Milliardenbeträge für den Infrastrukturausbau in den neuen Bundeslän-

dern angemahnt. Gemessen an diesem gewaltigen Bedarf kommt die Bauwirtschaft dort überaus zäh in Gang. Ihr Unternehmen, die Philipp Holzmann AG, hat zwar seine Umsätze in diesem Jahr dort verachtfacht, aber auf sehr niedrigem Niveau. Eilen unsere Vorstellungen der Realität voraus?

BECKER: Ich glaube ja. Wir sind mit 35 Niederlassungen und Tochtergesellschaften dabei, stießen aber auf manche Hindernisse. Gut gelaufen ist der Straßenbau. Dort waren keine längeren Planungsvorlaufzeiten notwendig, sondern es handelte sich um Reparaturarbeiten – über alte Straßen neuen Asphalt legen, sie verbreitern und sicherer machen. Angelaufen ist der Aufbau von Mischanlagen und Fertigteilwerken. Die Zahlen können sich sehen lassen: Bei Holzmann haben wir allein in 1991 rund 900 Millionen Mark bewegt. Anfangs schrumpfte die Bautätigkeit sogar etwas, weil Witterung und Umstellungsschwierigkeiten verhinderten, daß die Leute schnell Tritt fassen konnten. Der stockende Auftakt wundert nicht, denn schließlich befand sich vorher alles in Auflösung.

Empfanden Ihre Planer und Ingenieure den 9. November 1989 als Startschuß, und wie entwikkelte sich seither das Tempo?

BECKER: Wir haben schon vorher, also vor dem Fall der Mauer, in Weimar ein Hotelprojekt übernommen, das Belvedere. Wir haben dann versucht, ein flotteres Tempo vorzulegen, aber bis zur Währungsunion bewegte sich nicht viel.

War diese Phase der Unsicherheit vermeidbar?

BECKER: Nur schwer. Anfang des Jahres 1990 bestimmte die Modrow-Regierung das Tempo. Und keiner wußte, in welche Richtung. In der Zeit von de Maizière und vor dem Einigungsvertrag planten wir allerdings schon heftig. Vor allem die erste Vorbedingung für eine bauliche Infrastruktur: Beton- und Asphaltmischanlagen.

Lief dieser Prozeß kontinuierlich ab, daß Sie sich an den Standorten festsetzten, oder geschah das schubweise?

BECKER: Eigentlich ziemlich kontinuierlich. Es fing mit Arnstadt/Thüringen an und dehnte sich dann in die anderen Bundesländer aus.

Wo entwickelte sich die größte Dynamik und wo die geringste?

BECKER: Berlin, Leipzig, Dresden und auch Rostock zeigen viel Dynamik.

Konnte Holzmann auf ein altes Netz von Niederlassungen zurückgreifen?

Becker: Nein, das konnten wir nicht. Ein wenig haben wir uns an den alten Niederlassungen orientiert, die wir früher einmal hatten. Wir beauftragten Niederlassungen im Westen, sich bei Neugründungen als Paten zu betätigen.

Wickeln Sie dieses Ostgeschäft zentral aus Frankfurt am Main ab oder dezentral in den neuen Bundesländern?

Becker: Dezentral über Berlin, Hannover, München, Frankfurt am Main. Andere übernahmen die Betreuung und gaben Impulse, weil nur hier geschultes Personal zur Verfügung stand. So wurden Zellen gegründet und Firmen erworben. Wir haben mit etwa 1000 Mitarbeitern in diesen Stützpunkten begonnen, heute sind es knapp 5000.

Wie lautet Ihre Perspektive für 1995, wo Sie vermutlich in den Aufsichtsrat gewechselt sind?

Becker: 1995 ist zwar sehr weit gegriffen, aber unser Ziel ist, in den neuen Ländern eine Struktur aufzubauen, die etwa unserem Inlandsgeschäft entspricht – vielleicht sogar noch ein Stückchen mehr. Ich schätze, daß wir 1995 in den neuen Ländern rund 1,5 Milliarden Mark abwickeln. Das wäre fast ein Viertel des dann vermuteten Inlandsabsatzes. In Westdeutschland liegen die Investitionen derzeit pro Kopf der Bevölkerung bei etwa 145 Mark, im Osten bei nur 85 Mark. Da der Westen baulich recht gut ausgestattet ist, müßte es eigentlich gerade umgekehrt sein – die neuen Länder müßten auf 150 bis 170 Mark pro Kopf kommen.

Der grundsätzliche Konstruktionsfehler dieses Gemeinschaftswerks Aufschwung Ost sei seine schwache Investitionsquote, meinen Kritiker. Teilen Sie diese Ansicht?

Becker: Was wir heute vorausschätzen, basiert auf dem wünschbaren Infrastrukturausbau bei Straße, Bundes- und Reichsbahn. Daraus ergeben sich jährliche Summen zwischen 25 und 30 Milliarden Mark. Das wäre sicher möglich, wenn die Planung darauf vorbereitet ist und das notwendige Gelände zur Verfügung steht. Wenn die Kommunen ihre heruntergekommene Ver- und Entsorgung modernisieren könnten, wäre auch mehr drin.

Über die Prinzipien »Rückgabe vor Entschädigung« oder umgekehrt gab es hitzige Debatten. Der Bund hat als Kompromiß ein Investitionsvorfahrts-Gesetz verabschiedet. Kommen Sie damit zurecht?

Becker: Es reicht so eben aus. Schneller ginge es freilich, wenn man die Entschädigung vor die Rückgabe gestellt hätte.

Das haben die Verfassungsjuristen abgeblockt.

BECKER: Ich verstehe das. Aber es wird mit Verzögerungen erkauft. Dennoch hilft diese Vorfahrtsregelung der Bauwirtschaft.

Herr Becker, Sie sind als Präsident der Bauindustrie stets beim »Kränzchen« des Bundeskanzlers dabei. Wird in diesem Kreis wirklich etwas bewegt oder werden nur vaterländische Absichten ausgetauscht?

BECKER: Dort werden keine Festreden gehalten, sondern es wird auch erörtert, wo Kanzler, Minister oder Unternehmer nachfassen müssen. Bei der privaten Finanzierung öffentlicher Projekte sind wir bereits ein Stück vorangekommen. Inzwischen gibt es schon 20 Kommunen, die ihre Entsorgungsleistungen von Privaten abwickeln lassen: komplette Planung, Finanzierung, Bauleistung und Betrieb. Und die Kommune sorgt dafür, daß die erforderlichen Vorgaben eingehalten werden und die Gebühren hereinkommen. Die Überzeugungsarbeit für diese überlegene privatwirtschaftliche Lösung war nicht einfach.

Aber es gibt auch Klagen, daß viele Stadtwerke darauf beharren, ihre eigene Ver- und Entsorgung in öffentlicher Regie zu führen.

BECKER: Ja. Das ist ein mühsamer Überzeugungsprozeß. Viele sagen, das hätten sie schon immer so gemacht und würden es auch weiter so machen. Trotzdem verzeichnen wir Anfangserfolge beim Umdenken.

Bei großflächigen, überregionalen Projekten, beispielsweise dem Autobahnbau, kommt die Privatwirtschaft nicht voran.

BECKER: Bei den Autobahnen läuft es noch nicht. Ein Anfang wäre gut. Es gibt vier ausgewählte Projekte, um die verschiedenen Modelle auf Leasing- oder Konzessionsbasis auszuprobieren. Die Regierung oder die Beamtenschaft davon zu überzeugen, daß der Staat nicht alles selbst machen muß, ist ein zäher Prozeß.

Nun ist die Idee, Autobahnen auch privat zu finanzieren, nicht eben neu. Könnte es sein, daß die deutsche Einheit hier etwas in Bewegung gebracht hat?

BECKER: Das hat sie. Und sie wird noch mehr in Bewegung bringen, wenn die Gesetze zur Beschleunigung der Planverfahren greifen.

Behindern die Ökologen diesen Beschleunigungsprozeß?

BECKER: Planungszeiten von zwölf Jahren auf drei bis fünf Jahre zu verkürzen, wird auch diese Gruppen überzeugen. Beispielsweise beim Bahnbau, wo die Trasse schon steht und nur Verbesserungen des Unterbaus notwendig sind. Das kann rasch anlaufen. Die beiden Planungsgesellschaften, eine für Straßenbau, die andere für die Schienenwege, sind erst in der Gründung. Wir hätten es gerne schneller gehabt: Auftrag an ein Unternehmen, einschließlich Konzession, man einigt sich über den Preis, und die Arbeiten können begonnen werden.

Gibt es ein konkretes Beispiel?

Becker: Ja, wir haben mit mehreren Partnern ein komplettes Angebot für die Trasse Berlin-Hannover vorgelegt, Finanzierung und Planung inklusive. Passiert ist nichts. Jetzt wird das Projekt wahrscheinlich stückchenweise ausgeschrieben, weil der Staat sich an seine Hoheit klammert. Das ist verkehrt, wenn man den schnellen Aufbruch will. Da hilft auch kein Reden im Kanzlerkränzchen, wo Verkehrsminister Krause ansonsten mitzieht. Die Behörden lassen sich von der Gegenwart täuschen, weil heute genügend Geld da ist, das gar nicht verbaut werden kann. Aber es fehlt natürlich in den Jahren 1993, 1994 und 1995. Da man das Budget dann nicht mehr so stark wie heute überbeanspruchen kann, muß man sich einfach durchringen, auch Privatkapital zu mobilisieren. Frankreich und Italien, die Autostrada-Leute, haben schon Interesse bekundet.

Sollen wir die Sachsen und Brandenburger dann mit den ärgerlichen Maut-Häuschen an der Autobahn beglücken?

Becker: Das ist im Augenblick nicht durchsetzbar. In einem vereinten Europa ist aber zu fragen, ob man nur in Deutschland freie Fahrt hat, aber in Frankreich und Italien Gebühren zahlen muß. Ist das vorstellbar?

Als naiver Europäer wende ich ein: Freizügigkeit auf allen Strecken bedeutet, daß nicht wir Gebühren einführen, sondern Franzosen und Italiener die ihren abschaffen.

Becker: Könnte auch sein, scheint mir aber unrealistisch. Bei unserem Modell Berlin–Hannover hätten Sie kein Maut-Häuschen gesehen. Sie wären nur an einer Elektronikschranke vorbeigefahren, hätten nicht bremsen oder anhalten müssen, wären nur registriert worden. Die gefahrene Summe wäre – wie bei der Telefonkarte – abgebucht worden.

Ist eine privat finanzierte Autobahn wirklich billiger?

Becker: Letztlich ja, und es geht schneller.

Gibt es auch ein Westbeispiel?

Becker: Wir haben einmal die

vierte Tunnelröhre des Hamburger Elbtunnels durchgerechnet und angeboten. Die öffentlichen Haushalte können sie erst in zehn Jahren verkraften. Das bedeutet: Zehn Jahre ärgern sich die Kraftfahrer, verpesten die Luft, und der volkswirtschaftliche Schaden durch Staus kostet Millionen. Dieses private Modell hätte das Projekt nicht nur beschleunigt, sondern auch um 40 bis 50 Millionen Mark verbilligt.

Hamburger Kritiker entgegnen, eine weitere Tunnelröhre unter der Elbe ziehe neuen Verkehr an, sei also der falsche Weg.

BECKER: Verkehr ist etwas, was sich bewegen soll. Wir müssen den Verkehr flüssig halten. Das gilt für alle Städte. Sie müssen Ringstraßen ausbauen oder unterirdisch die Städte durchfahren, dann bekommen Sie den Verkehr aus der Innenstadt weg. Sie können sie sogar völlig verkehrsfrei machen und dennoch zügig fahren.

Auch in der ehemaligen DDR? Sind diese Menschen verkehrspolitisch noch »naturbelassen«?

BECKER: Bis jetzt noch.

Ist deren größte Sehnsucht eine anständige Straße ohne Stau?

BECKER: Genau. Das ist heute noch so. Wenn der Wohlstand erst einmal eingekehrt ist, mag sich das ändern.

Wenn Sie heute eine dem 19. Jahrhundert vergleichbare Gründerperiode sehen – warum kommt das private Kapital nicht?

BECKER: Es käme, wenn man ihm den Weg freimachte. Ich erinnere daran, daß der Eisenbahnbau in Deutschland im vorigen Jahrhundert nicht vom Staat betrieben worden ist, sondern durch private Konsortien.

Welche der verschiedenen Bausparten laufen gut, welche schleppend?

BECKER: Sehr gut läuft der Straßenbau. In den neuen Bundesländern haben wir uns – im Gegensatz zu den alten – verstärkt im Bereich Grund- und Zuschlagstoffe engagiert. Wir können zur Zeit gar nicht schnell genug Material liefern.

Aber Wohnungen werden noch weniger als zu Honeckers Zeiten gebaut.

BECKER: Im Augenblick wird vielleicht weniger gebaut, dafür aber sehr viel renoviert. In Eigeninitiative vor allem. Das reicht vom Fenster bis zum Anstrich.

An dieser Stelle vermute ich, daß Holzmann auch eine Tochterfirma hat, die Fenster herstellt.

BECKER: Richtig geraten. Wir haben in Höxter eine Gesellschaft, die Fenster produziert. Die Lieferungen in den Osten

PHILIPP HOLZMANN
Aktiengesellschaft

Niederlassungen und Beteiligungen in den neuen Bundesländern

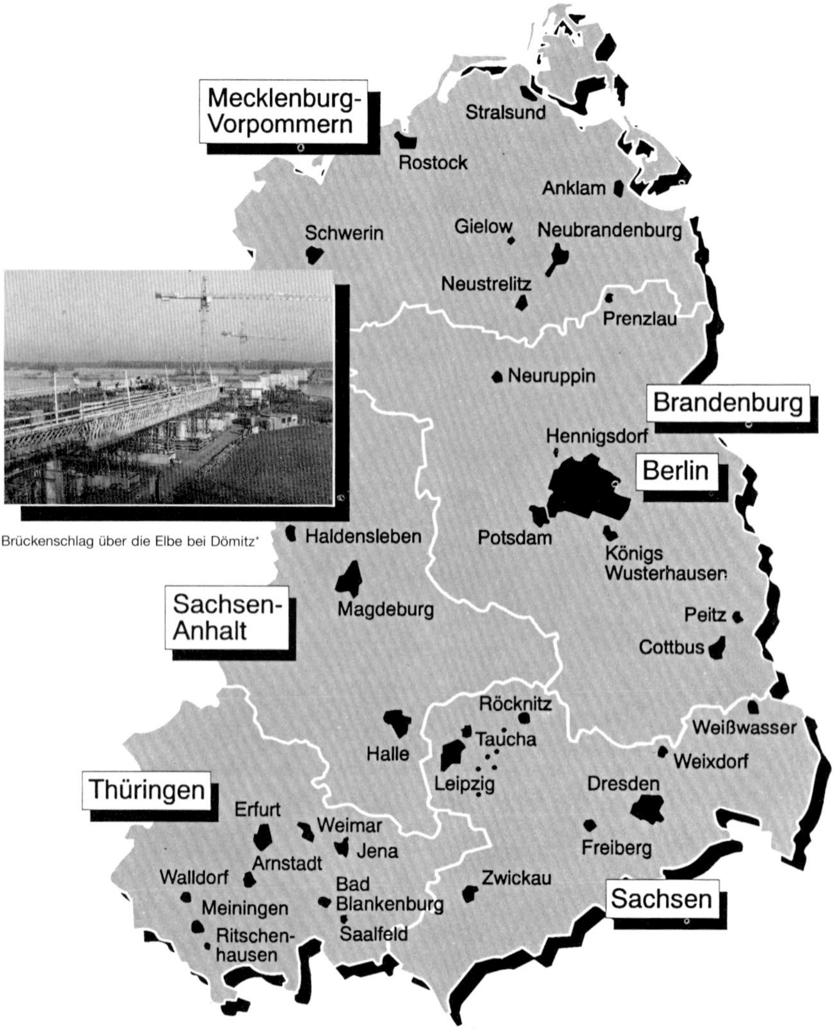

Brückenschlag über die Elbe bei Dömitz*

* Die 1935 erbaute Straßenbrücke über die Elbe bei Dömitz wurde im April 1945 zerstört. Ihr Wiederaufbau wurde von der Philipp Holzmann AG und ihrer Tochtergesellschaft Stahlbau Lavis Offenbach GmbH gemeinsam mit Unternehmen aus Stendal, Könnern/Saale, Niesky/Lausitz im Juli 1991 begonnen.

sind erfreulich. In Meiningen haben wir ein Fertigteilwerk, das auch in den Westen liefert. Es spielt keine Rolle, ob man in Thüringen fertigt und nach Bayern liefert oder umgekehrt verfährt.

Wie steht es mit dem Gewerbebau und dem öffentlichen Hochbau?

BECKER: Der öffentliche Hochbau verläuft noch schleppend. Da tut sich wenig. Der Gewerbe- und Wirtschaftsbau läßt ebenfalls noch Wünsche offen. Aber hier sehe ich ab 1992 kräftige Impulse, denn die Industrieinvestitionen von rund 36 Milliarden Mark in einem Jahr fließen zu einem großen Teil in den Bau.

Warum kommt der Wohnungsbau nicht in Schwung?

BECKER: Weil mit einer oder zwei Mark Miete pro Quadratmeter kein rentabler Wohnungsbau zu machen ist. Zudem schränkt das Mietrecht die Verfügungsgewalt derart ein, daß sich jeder potentielle Bauherr sehr sorgfältig überlegt, ob es überhaupt sinnvoll ist, in den Wohnungsbau zu investieren. Das ist der Grund.

Was ist für den Aufschwung Ost wichtiger: Arbeitsplätze oder Schlafplätze?

BECKER: Schlafplätze – mögen sie auch noch so verfallen sein – gibt es. Arbeitsplätze sind derzeit dringlicher, wenngleich beides zusammenhängt, denn auch Wohnungsbau schafft Arbeitsplätze. Der Verkauf der Mietwohnungen – ein Weg, um die Modernisierung zu beflügeln – kommt zu schleppend voran. Die Privatisierung der kommunalen Wohnungen zu vernünftigen Preisen wäre ein wichtiger Schlüssel.

Die ungeklärten Eigentumsverhältnisse klingen manchmal als willkommener Vorwand für Untätigkeit.

BECKER: Ich glaube, deren Bedeutung klingt ab. Wir haben andere Probleme. Die Treuhand hat 930 Baufirmen zu privatisieren. Davon fand erst ein Drittel seinen neuen Eigentümer. Wenn im Jahr 1992 das zweite Drittel geschafft wird, verbleibt wahrscheinlich ein Rest, der geschlossen werden muß.

Aber wenn der Aufschwung kommt, vielleicht sind da noch welche drunter, deren Mannschaften gehalten werden können?

BECKER: Im Bauhauptgewerbe der alten DDR waren 500000 Menschen beschäftigt, heute sind es noch 275000. Weil der Westen mit modernen Maschinen antrat, schlummert hier noch eine Kapazitätsreserve von mindestens 20 bis 25 Prozent.

Es gibt gut eine Million Arbeitslose und dennoch klagen Sie über Facharbeitermangel. Hat sich das durch die Einheit gemildert?

Becker: Nein. Wir haben nach wie vor Facharbeitermangel, obgleich wir umschulen. In der alten DDR gab es ja weder Maurer noch Zimmerleute, sondern nur Plattenmontierer. Wir müssen alte Berufe wieder reaktivieren.

Wie bewältigen Sie das Erbe der Plattenbau-Ära? Ist diese Bauform noch sanierungsfähig?

Becker: Sicher ist sie sanierungsfähig. Sie müssen neues Gerät und neue Techniken einbringen. Auch Schall- und Wärmedämmung mit der zweilagigen Sandwich-Methode ist möglich. Man muß isolieren, außen wie innen. Aber im Augenblick wäre das wirtschaftlicher Unsinn.

Sie erwähnten die Treuhand. Sind Sie mit ihr zufrieden?

Becker: Die Treuhand hatte eine äußerst schwierige Aufgabe vor sich – einmalig in der Geschichte. Wie sie sie mit Managern aus allen Branchen anpackte – alle Achtung. Manches hat ein bißchen lang gedauert, mancher Scheinfachmann war dabei.

Hat Holzmann preiswert Firmen eingekauft?

Becker: Nicht immer. Ob die Preise angemessen waren, muß sich in den nächsten Jahren erweisen.

Sie haben nicht nur die Firmenvermögen eingekauft, sondern auch soziale Pflichten. Kommen Sie mit ihnen zurecht?

Becker: Wenn Sie tausend Mann übernehmen, aber genau wissen, daß Sie nur fünfhundert weiterbeschäftigen können, ist ein Sozialplan fällig, der im Kaufpreis berücksichtigt wurde.

Wann ist dieser Abschmelzungsprozeß beim Personal beendet?

Becker: Wenn die Nachfrage so tragfähig bleibt, dürfte er am Bau beendet sein.

Wann stellen Sie dann wieder Leute ein?

Becker: Das tun wir schon jetzt. Oder anders: Wir schmelzen weniger Beschäftigte ab.

Bestätigt sich die Westerfahrung, daß jemand, der vom Bau abwandert, nie mehr dorthin zurückkehrt?

Becker: Das ist so.

Ergibt sich daraus die Mahnung: Vorsicht bei Entlassungen?

Becker: Ja. Wir entlassen nicht willkürlich, wir gehen auf Zuwachs. 1992 rechnen wir mit Umsätzen von 1,0 bis 1,2 Milliarden Mark. Wo wir uns engagiert haben, glauben wir, daß das auch Bestand haben wird. Für den Bau sehe ich deshalb nicht schwarz.

Prof. Hermann Becker, geboren am 9.7.1926 in Kaiserslautern, Abitur 1944, Rückkehr aus der Kriegsgefangenschaft im April 1947, Bauingenieur-Studium an der Technischen Hochschule in München, Diplom-Ingenieur 1951.
1951 Eintritt bei Philipp Holzmann Hauptniederlassung München, ab 1952 Auslandsabteilung Frankfurt, 1953–1963 verantwortlich auf Großbaustellen im Irak.
1966 wurde er in die Leitung der Auslandsabteilung berufen. Vom Aufsichtsrat im August 1973 zum stellvertretenden und im Juli 1975 zum ordentlichen Vorstandsmitglied bestellt, ist Hermann Becker seit 1980 Sprecher des Vorstands der Philipp Holzmann AG.
Neben der Aufsichtsratstätigkeit bei verschiedenen in- und ausländischen Tochtergesellschaften der Philipp Holzmann AG nimmt Hermann Becker auch zahlreiche außerbetriebliche Aufgaben wahr. Den Auschuß für Auslandsbau im Hauptverband der Deutschen Bauindustrie leitete er von dessen Gründungsjahr 1980 bis 1989. Seit 1.1.1990 ist Prof. Becker ehrenamtlich Präsident des Hauptverbandes der Deutschen Bauindustrie.
Die Universität Fridericiana (Technische Hochschule) Karlsruhe verlieh Hermann Becker im Februar 1979 die Würde eines Ehrensenators. Im Februar 1986 wurde er zum Honorarprofessor bestellt, an deren Institut für Maschinenwesen im Baubetrieb er seit 1978 als Lehrbeauftragter regelmäßig Vorlesungen hält.

Viele sehen rot – etwa, wenn sie sich an die Stasi erinnern. Ist das Problem der »roten Socken« in Ihren Firmen bewältigt?

Becker: Ich glaube ja. Wir schauen uns die Kenntnisse und Leistungen der Leute an. Alles andere hat keinen Sinn. Die Wahrheit werden wir nie erfahren, suchen müssen sie andere, nicht die Betriebe.

Die Belegschaften in einer Art Selbstreinigungsprozeß?

Becker: Das konnten wir bei uns nicht feststellen. Auf Verbandsebene habe ich anonyme Briefe bekommen nach dem Motto: Der alte Bonze spielt jetzt wieder ganz vorne mit.

Wie haben Sie darauf reagiert?

Becker: Papierkorb.

Gab es Stasi-Spitzel, die sich zu erkennen gaben?

Becker: Keiner. Das finde ich zwar nicht ehrenwert, aber es regt mich nicht auf.

Hat es Ihre Partner im Bauindustrie-Verband aufgeregt?

Becker: Es gab zwar Meckereien, aber letztlich keine Reibereien. Alte Seilschaften auszumachen, fällt allen schwer.

Sie als Baulöwen zu bezeichnen, gilt als unschicklich. Hätten Sie etwas dagegen, wenn ich Sie als Patrioten bezeichne?

Becker: Dagegen will ich nichts einwenden. Ich engagiere mich für die Deutschen in den neuen Ländern sehr stark. Aber deswegen bewußt rote Zahlen hinzunehmen, lehne ich ab. Wir werden nur dort investieren, wo es vernünftig ist.

Die Einheit hat, wie Sie sagen, manches in Bewegung gebracht – auch die Magnetschwebebahn Transrapid? Werden wir noch in diesem Jahrhundert auf Flughöhe null mit 500 km/h durch Deutschland rasen?

Becker: Das könnte ich mir vorstellen. Auf der Strecke Hamburg–Berlin, vielleicht nach Dresden oder nach Warschau. Der Transrapid hat jetzt größere Chancen als je zuvor.

Ein Blick über Warschau hinaus: Holzmann baut Wohnungen für die abziehende Rote Armee. Ist das so etwas wie ein Modellfall für die Erschließung der GUS-Republiken?

Becker: Nein, das ist eine einmalige Angelegenheit. Aber ich habe in Moskau vorgeschlagen: Stellen Sie uns drei oder vier Quadratkilometer zur Verfügung und wir kreieren dort Eigentum für Russen! Ich fürchte, der Bürgermeister, mit dem ich sprach, hat derzeit andere Sorgen. Das private Eigentum kommt nicht voran. Aber wir bauen auch in Moskau, beispielsweise das jetzt fertiggestellte Baltschuk-Hotel, ein Auftrag von über 100 Millionen Mark.

Sind wir Deutsche bei unserer Einheit etwas zu ungeduldig?

Becker: Rückblickend können wir eigentlich stolz darauf sein, was erreicht worden ist. Andererseits ging es uns zu langsam. In diesen anderthalb Jahren ist doch viel bewegt worden. Eine gute Basis für 1993 und die folgenden Jahre.

Wann werden sich die Baulandschaften von Mannheim und Erfurt nicht mehr voneinander unterscheiden?

Becker: In zehn Jahren werden Sie noch einen kleinen Unterschied feststellen, in 20 Jahren keinen mehr. Wir sollten die großen Industriebranchen nicht unterschätzen. Denken Sie an die alten Kombinate: Das dauert Jahre, bis das aufgearbeitet ist.

Gleiche Löhne in Ost und West sind für Sie kein betriebswirtschaftlicher Schrecken?

Becker: Nein. Wir zahlen augenblicklich etwa 69 Prozent der Westlöhne, was auch der Produktivität entspricht. Wir erhöhen am 1. April auf 77 Prozent. Auf einen Stufenplan haben wir uns nicht eingelassen, aber ich kann mir vorstellen, daß wir etwa 1993 gleichziehen werden.

Weil Sie die Lohnerhöhungen einfach auf die Preise abwälzen?

Becker: Nur bei guter Konjunktur. Wir hatten 1991 sieben Prozent Preiserhöhung, die Lohnerhöhung betrug zehn Prozent, Baumaterial wurde vier Prozent teurer. Unser Verdienst

FIRMENPORTRAIT

Die Philipp Holzmann AG, gegründet 1849 (Deutschlands größter Baukonzern), ist mit ihren Beteiligungsgesellschaften weltweit in der Planung und Ausführung von Bauten und Anlagen in allen Bereichen des Hoch-, Industrie- und Tiefbaus, im Verkehrswegebau und in der Baustoffgewinnung sowie in der Energie- und Umweltschutztechnik tätig.
Die Angebotspalette umfaßt auch vielfältige Serviceleistungen. Hierzu gehören Beschaffung von Finanzierungen, Projektentwicklung, Beschaffung von Materialien und Geräten sowie Wartung und Betrieb fertiger Anlagen. Hervorzuheben sind die Kapazitäten zur Planung von Industriekomplexen und für den schlüsselfertigen Anlagenbau. Die Aktivitäten im Umweltschutz reichen vom Kläranlagenbau und Lärmschutz über Müllverbrennungsanlagen bis zur Reinigung kontaminierter Böden.
Im Jahr 1991 betrug die Gesamtleistung des Holzmann-Konzerns weltweit rund 10,8 Milliarden DM, davon entfielen 6,4 Milliarden DM auf das Inlandsgeschäft, 2,5 Milliarden DM auf die USA und 1,9 Milliarden DM auf das übrige Ausland.

Der Aufbau von Niederlassungen und Beteiligungen in den neuen Bundesländern geht zügig voran. Von der Treuhandanstalt wurden einige leistungsfähige Unternehmen übernommen. 1991 betrug die Leistung in Ostdeutschland rund 700 Millionen DM. Am Jahresende waren 4900 Mitarbeiter beschäftigt. Für 1992 wird mit einer Leistungssteigerung auf etwa eine Milliarde DM gerechnet.

liegt vor allem in der Rationalisierung.

Sie feierten 1991 Ihren 65. Geburtstag. Welchen Stellenwert hat die deutsche Einheit in Ihrer Berufskarriere?

BECKER: Einen herausragenden. Für Holzmann war sicher der Aufbau im Ausland wichtig, zum Beispiel die bedeutenden Geschäfte in Saudi-Arabien und den USA. Aber das Herausragendste heute am Ende meiner Berufslaufbahn ist tatsächlich der Aufbau der neuen Länder.

Was liegt Ihnen auf der Zunge, wenn Sie einen jungen Bauingenieur zum Beispiel nach Rostock oder Dresden schicken?

BECKER: Pack an, bau auf!

Birgit Breuel: Made by Treuhand...

Gut 8500 Unternehmen mit über vier Millionen Arbeitnehmern waren der Treuhandanstalt anfangs anvertraut. Inzwischen ist die Hälfte privatisiert. Aber: »Wir sind noch nicht über den Berg.«

Der Tag war wie stets vollgestopft mit Terminen. Um sieben Uhr flog ich von Hamburg nach Leipzig. Thema: »Europartenariat Ostdeutschland« im weltbekannten Gewandhaus am Augustusplatz. Solche europäischen Tagungen sind von großer Bedeutung, da sie die Integration Ostdeutschlands in den Gemeinsamen Markt unterstreichen und für das internationale Marketing der Treuhandunternehmen ein interessantes Forum abgeben.

Um 12.00 Uhr waren wir wieder in unserer Zentrale in Berlin. Ich mußte mich noch in die Protokolle für die Vorstandssitzung am Dienstag einlesen. Die Zeitungen waren wie üblich voll mit Reportagen aus dem besetzten Stahlwerk Henningsdorf und den Klagen der Metaller über unseren Entschluß, die leider veralteten Hütten an einen italienischen Konzern zu privatisieren. Auffällig war nur, daß das Montagsmagazin, das sonst wöchentlich über uns herzieht, diesmal auf seiten der Treuhandanstalt war.

Ironischerweise wurde mir gerade an diesem Tag um 15.30 Uhr von der Vereinigung Italienisch-Deutsche-Freundschaft der »Capo-Circeo-Preis« überreicht. Das bewegte mich, weil ich mich ebensogern in Italien wie in Frankreich aufhalte. Wenig später befragte mich ein Fernsehteam des Bayerischen Rundfunks. Ich schätze keine langen Vorgespräche, denn der direkte Schlagabtausch vor der Kamera wirkt auf den Zuschauer lebendiger, unmittelbarer und ehrlicher.

Das Terminkorsett an diesem Montag war wieder zu eng geschnürt, weshalb ich mich beim Gespräch im Berliner Presseclub verspätete. Als ich aus dem Wagen stieg, über die spärlich beleuchtete Otto-Nuschke-Straße ging und in die klassizistische Eingangshalle des Presseclubs trat, fragte ich mich: Was kennst du eigentlich wirklich von dieser Stadt? Ein Jahr lang arbeitest du bereits für den Wiederaufbau in den neuen Bundesländern. Ein Jahr, das den meisten in der Treuhandanstalt wie zehn Jahre vorkommt.

»Wie beurteilen Sie die Entwicklung der nächsten Monate?« lautet zumeist die erste Frage bei ähnlichen Veranstaltungen. »Es wird ein unruhiger Winter«, antworte ich darauf. Aber wieviel hoffnungsvoller ist jetzt die Situation zwischen Elbe und Oder als im Herbst 1990, als wir wirklich anfingen? Wenn die Wirtschaftsforschungsinstitute nun darüber streiten, ob das Wachstum in Ostdeutschland zehn oder zwölf Prozent beträgt, wird völlig vergessen, daß wir im Herbst 1990 den totalen Kollaps befürchten mußten. Verdrängt wird auch, daß wir damals mit unseren 150 Mitarbeitern in der Treuhandanstalt am Alexanderplatz quasi vor dem Nichts standen. Wir hatten nur einen ungefähren Begriff davon, welche Betriebe zur Treuhandanstalt gehörten, was sie zu jener Zeit taten, und von wem sie geführt wurden. Wenn wir jetzt über jeden wichtigen Vorgang in den Treuhandunternehmen recht gut informiert sind, dann werden sich nur wenige vorstellen können, welche Leistung von allen Mitarbeitern beim Aufbau der Treuhandanstalt erbracht wurde.

Aber, was es heißt, vierzig Jahre Kommandowirtschaft, die jeglichen Wettbewerb im Keim erstickte, abzuschütteln und den Neuaufbau zu einer funktionierenden Marktwirtschaft einzuleiten, dafür fehlt in der Öffentlichkeit vielfach die Vorstellungskraft. Eine Volkswirtschaft, die über Jahrzehnte auf Dirigismus und Plan eingeschworen war, läßt sich eben nicht mit einer Art »Urknall-Zündung« auf einen anhaltenden marktwirtschaftlichen Expansionskurs schicken. Geschweige denn, daß sich die wirtschaftliche, soziale und ökologische Zukunft in den neuen Bundesländern reibungslos gestalten ließe.

Zu Beginn unserer Tätigkeit waren uns gut 8500 Unternehmen mit über vier Millionen Arbeitnehmern anvertraut. Das war und ist eine historisch einzigartige Aufgabe. Durch Entflechtung sind daraus 10500 Gesellschaften geworden. Weitere 214 Kombinationsholdings stehen zur Entflechtung an. Noch sind 4500 Entscheidungen zu treffen: schnelle Privatisierung, entschlossene Sanierung, behutsame Stillegung.

Von über 25000 Liegenschaften sind noch gut 20000 zu vermarkten. Es gibt noch eine Million Hektar landwirtschaftliche Fläche zu verpachten oder zu verkaufen. Nach Rückübertragung von knapp zwei Millionen Hektar Wald bleiben noch etwa 400000 Hektar zu privatisieren. Zehntausende von Anträgen der Kommunen und Gebietskörperschaften liegen zur Vermögensübertragung vor. Darüber hinaus muß die Treuhandanstalt die Vermögen der sogenannten Blockparteien, des ehemaligen FDGB und 14 weiterer Massenorganisationen mit Tausenden von Immobilien verwalten, bewerten und im Einvernehmen mit der »Unabhängigen Kommission« verwerten. Kaum erwähnt wird, daß die Treuhandanstalt ganz erhebliche verwaltungsrechtliche Aufgaben, die die Erteilung von Investitionsbescheinigungen nach § 3a Vermögensgesetz und Erteilung von Vermögenszuordnungsbescheiden – voraussichtlich in Millionenhöhe – zu tätigen hat.
Gut 4500 Unternehmen haben wir bis Ende November 1991 an neue, unternehmerisch aktive Eigentümer privatisiert. Dazu kommen weit über 20000 Einzelhandelsgeschäfte, Gaststätten, Apotheken, Buchhandlungen und Kinos. Die Treuhandanstalt hat zigtausend Hektar land- und forstwirtschaftliche Fläche verpachtet oder verkauft und 4000 Immobilien vermarktet. Dies diente nicht zuletzt der Ansiedlung neuer Gewerbe. Damit hat die Treuhandanstalt auch ganz wesentlich zur Konsolidierung des Arbeitsmarktes im Osten beigetragen, da über 800000 Arbeitsplätze von den Investoren auf Dauer zugesagt worden sind.
Angesichts des desolaten Zustandes des ostdeutschen Kapitalstocks können die den Investoren abgerungenen Investitionszusagen von über 90 Milliarden DM nicht hoch genug eingeschätzt werden. Für ein Jahr Treuhandanstalt sind das zweifellos Ergebnisse, die dem Aufbau in den neuen Bundesländern enorm weiterhelfen.
Allerdings dürfen wir uns nicht zurücklehnen, denn wir sind noch nicht über den Berg. Das gilt allemal für die schwierigen, von uns zu verantwortenden Entscheidungen. Bei unpopulären Entscheidungen steht die Treuhand immer allein. Gleichzeitig wird die Reihe derjenigen immer bunter, die unsere Entscheidungen aus ihrer sehr subjektiven Interessenlage beurteilen und dann damit an die Öffentlichkeit gehen.
Die Treuhandanstalt beschließt allein nach dem sachlichen Kriterium, wonach das beste Angebot eines Investors im Hinblick auf das Unternehmenskonzept, die langfristige Absicherung der Arbeitsplät-

ze und die Investition den Zuschlag erhält. Würde die Treuhandanstalt an diesen objektiven Kriterien nicht mit allen Kräften festhalten, bräuchte sie nicht mehr zu arbeiten.
Das Treuhandgesetz selbst ist so intelligent formuliert, daß sowohl die Privatisierung als auch die Sanierung von Betrieben als politischer Auftrag enthalten ist. Deshalb ist aus Sicht der Treuhand bislang auch keine Novellierung des Gesetzes notwendig. Der Vorstand hat sich nachhaltig für Betriebssanierung da ausgesprochen, wo immer das möglich und sinnvoll ist. Aber die schnelle Privatisierung bleibt die beste Form der Sanierung, um rasch die Arbeitsplätze zu sichern oder neue zu schaffen.
Die Treuhandanstalt ist mit ihren Mitarbeitern ein Dienstleister. Das kann aber nicht heißen: allen zu Diensten zu sein. Wir sind Dienstleister für die Belegschaften, deren Interessen wir wahrnehmen, wenn wir neue Eigentümer suchen, bei der Ausstattung der Beschäftigungsgesellschaften oder bei der Gestaltung der Sozialpläne helfen. Gleichermaßen dienen wir den Investoren, dem Bund, den Ländern und den Kommunen. Allerdings achten wir dabei strikt auf eine Abgrenzung der Verantwortungsbereiche. Unser Part sind die Unternehmen und Grundstücke, die Politik kümmert sich um Regionalplanung, Infrastruktur, Industrieansiedlung, Beschäftigungsinitiativen und dergleichen. Das beste Beispiel für eine solche Zusammenarbeit zwischen Treuhandanstalt, Land und Kommunen ist der geplante Chemiepark Bitterfeld/Wolfen.
Vielfach wird uns der Vorwurf gemacht, wir betrieben den Ausverkauf von Volksvermögen. Darauf entgegne ich: Wir machen keine Verkaufspolitik, sondern Einkaufspolitik, denn wir kaufen bei der Privatisierung unternehmerisches Management, technisches Know-how, Vertriebswege und letztlich auch Märkte. Nachdrücklich muß auch daran erinnert werden, daß Ostdeutschland nunmehr ebenfalls ein Teil der EG geworden ist und damit allen ausländischen Investoren offensteht.
Aus ihrer Verantwortung als Eigentümerin begleitet die Treuhandanstalt die Sanierung der ihr anvertrauten Unternehmen auf Basis der Unternehmenskonzepte. Natürlich verlangen die Unternehmen selbst möglichst hohe Sanierungsbeiträge von uns als Gesellschafterin. Aber dem können wir nicht willfährig stattgeben, zumal wir in doppelter Verantwortung stehen: einmal gegenüber jedem einzelnen Unternehmen, zum anderen gegenüber der deutschen Volkswirtschaft, die nicht unbegrenzt belastbar ist. Wenige Unternehmen

Birgit Breuel, Präsidentin der Treuhandanstalt	
7. September 1937	geboren in Hamburg
1956–59	Studium der Politischen Wissenschaften an den Universitäten Hamburg, Oxford, Genf
1959	Direktionsassistentin im Hamburger Weltwirtschaftsarchiv (HWWA)
1961–62	Direktionsassistentin beim International Report in New York
1965	Prüfung als Einzelhandelskauffrau
1970–78	Mitglied der Hamburger Bürgerschaft und CDU-Fraktionssprecherin für Wirtschaft
1978–86	Ministerin für Wirtschaft und Verkehr des Landes Niedersachsen
1986–90	Ministerin der Finanzen des Landes Niedersachsen
1. Oktober 1990	Vorstandsmitglied der Treuhandanstalt
13. April 1991	Präsidentin der Treuhandanstalt

verschlingen derzeit noch einen Hauptanteil unserer Finanzmittel. Hier ist schnelle Entscheidung über Art und Umfang der Begleitung seitens der Treuhandanstalt notwendig.

Wir bemühen uns täglich um engste Abstimmung und Kooperation mit den Ländern. Mit den Ministerpräsidenten ist ein Informations- und Frühwarnsystem vereinbart, womit wir die wichtigsten Basisinformationen über die in Frage stehenden Branchen und Unternehmen weitergeben. Damit ist gewährleistet, daß die neuen Bundesländer fällige Entscheidungen mittragen und zum Beispiel bei Rationalisierungen und Stillegungen flankierende Maßnahmen einleiten können.

Bisher mußten wir rund 800 Unternehmungen mit knapp 150000 Beschäftigten stillegen. Trotzdem gelang es uns, ein Drittel der betroffenen Arbeitsplätze zu retten, indem mit viel Kreativität Betriebsteile herausgelöst und zu eigenständigen Unternehmen gemacht wurden. Nur so läßt sich aus bereits Zerstörtem schöpferisch Neues gestalten.

Das schwerste Stück ihres Weges liegt noch vor der Treuhandanstalt. Dessen sind sich alle Mitarbeiter bewußt. Geschaffen ist eine solide Ausgangsbasis, weshalb das »Made by Treuhand« zum Markenzeichen werden kann.

Natürlich kam an diesem Abend wieder die Frage nach Günter Mittag, dem Wirtschaftsgewaltigen des alten SED-Regimes, mit dessen Konterfei zusammen ich den Einband eines Taschenbuches ziere. Als Wirtschaftsministerin von Niedersachsen traf ich Mittag zweimal pro Jahr auf der Hannover- und auf der Leipziger Messe. Die Ironie der Geschichte ist es, daß ich heute aufräumen muß, was Mittag und seine SED in Ostdeutschland angerichtet haben. Das ist eine schwere, eine harte, aber auch bewegende Aufgabe. Bei jeder einzelnen Entscheidung sind wir uns bewußt, daß wir über aktive Unternehmen und ihre Belegschaften entscheiden. Deshalb wird oft hart und erst nach eingehender Diskussion um eine Entscheidung gerungen. Wenn wir unsere Arbeit dennoch gerne tun, dann deshalb, weil wir überzeugt sind, für die Menschen in Ostdeutschland einen Beitrag zur wirtschaftlichen Gesundung, zu einem sozialeren Umfeld und damit zu einer höheren Lebensqualität zu leisten. Diese Ziele sind allerdings nur erreichbar, wenn man sich von der Überzeugung leiten läßt, die Aufgaben erfolgreich zu Ende führen zu können.

Quelles quicker Quantensprung

Wolfgang Bühler:
Im Warenkorb des Jahres 2000 ist der Ostbesteller nicht mehr zu identifizieren

Am 5. April 1990 eine Premiere im DDR-Fernsehen. Der Drei-Minuten-Star in der Sendung »Aktuelle Kamera« war eine fast achtzigjährige Dame im blau-geblümten Nachmittagskleid, die fast jeder DDR-Bewohner kannte, aber nicht kennen durfte: Grete Schikkedanz. Das Interview, auf dem geblümten Sofa abgewickelt, fällt etwas gedrechselt aus. Aber dem Reporter wie seiner Gesprächspartnerin war die Einmaligkeit des Vorgangs sichtlich bewußt. »Ich bin überwältigt von den atemberaubenden Ereignissen der letzten Monate und bin glücklich, daß bald DDR-Bürger die dringend benötigten Waren von uns beziehen können«, sagt Frau Schickedanz.
»Lady Quelle« hat untertrieben. Das Versandunternehmen stürzte sich beherzt in den neuen Markt, der sich über Nacht eröffnete. Den zweistelligen Zuwachsraten folgten jedoch auch bedeutende Investitionen. »Rund eine Milliarde Mark investieren wir in den neuen Bundesländern, das ist etwa die Hälfte unserer Gesamtinvestitionen in den kommenden Jahren«, resümiert Wolfgang Bühler, Vorsitzender der Schickedanz-Unternehmensgruppe.

»Die Ereignisse knisterten, es war wie ein Traum«

An den Tag, als die Mauer fiel, kann sich Bühler noch genau erinnern. »Wir saßen im Verwaltungsrat der Gesellschaft für Konsumforschung in Nürnberg, bei mir am Tisch der Alt-Oberbürgermeister der Stadt Nürnberg, Herr Urschlechter, und seine Frau. Wir waren uns einig, daß nach den Montagsdemonstrationen und den Fluchtwellen via Ungarn und Tschechoslowakei der Deckel nicht mehr auf dem Topf zu halten sein würde. Sonst hätte es eine Explosion gegeben. Als ich abends gegen halb elf im Fernsehen die Nachrichten schaute« – Bühler zögert –, »also an diesem Abend des 9. November 1989, habe ich die volle Tragweite des Geschehens nicht begriffen. Die Ereignisse knisterten, es war wie ein Traum.«

Wann schlug die politische und menschliche Betroffenheit in geschäftliche Reaktionen um? Wie lange dauerte die betriebswirtschaftliche Schrecksekunde? Die Zündung habe noch einige Tage auf sich warten lassen, erinnert sich Bühler. »Es war so Anfang bis Mitte Dezember, als die Ratio die Herrschaft über die Emotion gewann. Die schubweise Maueröffnung hat uns anfangs noch etwas ratlos gelassen, denn berechenbare geschäftliche Sofortreaktionen waren in den ersten Tagen nicht kalkulierbar.«

Dann aber sei es Schlag auf Schlag gegangen. »Als bei uns der Vorsitzende eines der größten Kombinate zu Besuch war – er brachte gleich seine Familie mit und wollte unbedingt den Nürnberger Christkindlmarkt besuchen –, haben wir uns gedacht: Was können wir tun? Sollen wir kooperieren oder von Anfang an das Quelle-Eigengeschäft betreiben?« Völliges Niemandsland sei die DDR für das Versandunternehmen nie gewesen, »denn wir haben ja über Jahrzehnte viel Ware von drüben bezogen – Textilien, Möbel, Elektrowaren, Spielzeug und anderes. Rund 200 Millionen Mark waren das in der Spitze.«

Am Anfang hat sich Quelle gegen den Zeitgeist entschieden. Während alle die alten DDR-Betriebe sanft ins Boot ziehen wollten, um vermeintliche oder vermutete Identitäten nicht zu beschädigen, hatte der Fürther Versender sich anders entschieden: Keine Kooperation, sondern Eigenaufbau im anderen Teil Deutschlands. »Das war richtig, denn die Herren, mit denen wir sprachen, waren dann ja ganz schnell auch wieder weg.«

»Unser erster Vorstoß begann mit einer faustdicken Überraschung«, berichtet Bühler. »Wir hatten geplant, zuerst mit den bei uns bewährten Sammelbestellern zu starten. Der Preisvorteil für die Sammel- gegenüber der Einzelbestellung beträgt rund fünf Prozent. Dabei haben wir eines übersehen: Die Leute sind seit Jahrzehnten mißtrauisch gegenüber kollektiven Systemen. Sie waren lange genug in ihrem Stasi-Netz verfangen. Jetzt wollten sie allein entscheiden, jede Fami-

lie in ihrem Wohnzimmer, unbespitzelt, ohne Sammelbesteller. Dieser Trend, lieber auf einen Preisvorteil zu verzichten und statt dessen individuell zu kaufen, ist übrigens bis heute nicht erloschen.«
Noch im Jahr 1989 sei dem Unternehmen klar gewesen, daß sich hier ein Markt erschließt, für den Sonderbehandlung schädlich, unhistorisch gewesen wäre. »Unsere Strategie lautete dann: Dieses Land wird eine Einheit, also auch ein Markt. Und deshalb konnte es keine Zusammenarbeit mit den alten HO-Geschäften geben. Das Ziel ist, dort anderthalbtausend Agenturen aufzubauen, gegenüber rund 4600 im Westen der Bundesrepublik. Wir haben deshalb auch nie daran gedacht, etwa einen speziellen Katalog oder unterschiedliche Preise für drüben anzubieten.«
An die erste Werbung, damals noch offiziell verboten, sei man mit jener Behutsamkeit herangegangen, die westliche Werbestrategen wohl »Soft selling« nennen würden. »Noch vor Weihnachten haben wir in der größten Zeitung ›Junge Welt‹ eine Anzeige geschaltet, ohne Warenwerbung, sondern nur mit der Botschaft: Ein frohes Weihnachtsfest und ein glückliches Neues Jahr für die Leser. Unser Symbol für die ersten Marketingmaßnahmen war dabei die Sonnenblume.« Die Sonnenblume war übrigens auch der beherrschende Farbtupfer in dem Auftaktinterview mit Grete Schickedanz.
An die nachfolgende Diskussion, wie man bestimmte DDR-Produktionen vor dem vollen Wettbewerb schützen sollte, erinnert sich Bühler ungern. »Das war eine Fehlentwicklung, denn wir kauften ja auch preiswerte Möbel oder Armbanduhren drüben – die dort freilich nicht zu bekommen waren. Der Schutz wäre darauf hinausgelaufen, daß wir die DDR-Bewohner vor ihren eigenen Produkten hätten schützen müssen.« Ansonsten hätte es Probleme über Probleme gegeben. Die Post stellte Pakete nicht zu, es gab keine Nachnahme, Telefonieren war überaus mühsam. Das Versandhaus habe auch nie gegen Ostmark verkauft. Die Umtauschkurse waren für ein Unternehmen, das wie kein zweites mit festen Preisen arbeiten muß, einfach nicht kalkulierbar.
Der tastenden und testenden Phase – »Im Mai und Juni verkauften wir bereits im Versand rund 17 bis 18 Millionen Mark« – folgten am 1. Juli 1990 klare Verhältnisse: die Wirtschafts- und Währungsunion. »Dann sprang der Versandumsatz sofort auf knapp 60 Millionen Mark. Als dann im Juli der Herbst/Winter-Katalog kam, gingen wir voll rein – mit anderthalb Millionen Exemplaren.«
Der Quelle-Katalog war im Sozialismus ein begehrtes Schaufenster

zum Blättern, freilich ohne Zugang zum Laden. »Die Kataloge gingen von Hand zu Hand, wurden auf dem Schwarzmarkt gehandelt, dienten als Schnittmustervorlage oder als Schnuppergenuß am westlichen Wohlstand. Wegen der riesigen Nachfrage haben wir ihn deshalb anfangs zum Preis von zehn Mark verkauft, während er im Westen umsonst ist.« Das war, wie Bühler einräumt, so etwas wie ein prohibitiver Preis, der allerdings bei einer Bestellung voll angerechnet wurde.

Das »Riesenproblem«, den kiloschweren Katalog millionenfach an die Kunden zu bringen, sei noch nicht völlig gelöst, meint Bühler. Die Logistik war einfach nicht darauf eingestellt, »Postbeamte lassen ihn irgendwo liegen, er wird manchmal nicht ausgetragen. Allerdings ist es in letzter Zeit etwas besser geworden.« Probleme gab es auch mit den Zustellungen, vor allem bei Möbeln und Elektrogeräten. Jede Kundendienststelle wurde anfangs komplett aus dem Westen ausgerüstet, bis hin zur Farbe und zur Steckdose.

»Wir können uns über mangelnden Aufbaueifer nicht beklagen«

In die gängigen Vorurteile oder Klagen über anspruchsvolle, aber »faule Ossis« und desinteressierte »Wessis« will Bühler überhaupt nicht einstimmen. »Motivationsunterschiede gibt es nicht. Jedenfalls nicht bei uns. Wir haben bei uns im Westen Mitarbeiter angesprochen, pensionierte wie junge. Vor allem solche, die familiäre oder andere Kontakte in die ostdeutschen Länder haben oder hatten. Ob Verkauf, Kundendienst oder anderes – wir können uns über mangelnden Aufbaueifer nicht beklagen. Auch in den neuen Bundesländern wird beherzt angepackt.«

Wolfgang Bühler schiebt eine historische Reminiszenz ein. »Der Osten spielte für das Haus Quelle stets ein große Rolle. Unser Gründer Gustav Schickedanz, geboren 1895 und im März 1977 verstorben, hatte 1922 begonnen, hier in Fürth einen Handel mit Weiß- und Kurzwaren aufzubauen. Seine Idee war, den Einzelhändlern beizubringen, nicht in Handelsspannen, sondern in Absatzmengen zu denken. Die Händler klammerten sich jedoch an eine möglichst hohe Spanne. Er setzte dagegen: Mehrumsatz, aber mit niedrigerer Spanne. Da er es sich in Fürth mit dieser Ideologie bei den Händlern nicht verderben wollte, gründete er 1927 die Quelle, packte seine Weiß- und Kurzwaren ein und versandte sie mit der Post – nach Thüringen, Pommern, Ostpreußen.«

»Und seither sind wir in den östlichen Gebieten bekannt. Quelle hat auch stets ausgiebig in Sachsen und Thüringen eingekauft. Sofort nach dem Zweiten Weltkrieg haben wir daran anzuknüpfen versucht. Daß diese Einkäufe leider ständig zurückgingen, hatte die bekannten Gründe: mindere Qualitäten, verstaubtes Design, schlechte Verpackung, unzuverlässige Lieferkonditionen.«

Wurzellos sei das Versandhaus auch während der vier Jahrzehnte deutscher Teilung im Osten nie gewesen. Dennoch waren die Anlaufschwierigkeiten enorm. Bühler berichtet von überzogenen Preisvorstellungen nach der Wende, von unzuverlässigen Lieferungen. »Gerade auf Liefersicherheit sind wir mit unserem Katalog entscheidend angewiesen.« Andererseits habe man auch Geburtshilfe beim Aufbau von Partnerfirmen geleistet, mit Finanzhilfen oder bei Management-buy-outs, wenn die gewendeten Manager fähig und erfahren genug waren, um das alte Kombinat weiterzuführen.

Kann die Versandzentrale allein aus dem Kaufverhalten den östlichen Besteller identifizieren? Wie lange wirkt das durch den Sozialismus deformierte Verbrauchsverhalten nach? »Am Anfang haben unsere neuen Kunden nicht so sehr aufs Geld geschaut. Es wurde gekauft, weil der Nachholbedarf so riesig war. Preisbewußt waren die Kunden schon, aber auf die letzte Mark haben sie nicht geschaut. Und: Es mußte aus dem Westen sein.«

»Das hat sich geändert«, stellen die Quelle-Leute heute fest. Bei technischen Produkten seien sogar erste Sättigungstendenzen festzustellen. Der modische Anspruch steigt. »Der Westbürger bewegt sich in höheren Preisregionen, aber der Ostbürger beginnt aufzuschließen. Gleiches gilt für die Qualitäten.« Machen die Deutschen in den neuen Bundesländern zeitverschoben die gleichen Konsumwellen durch wie die westdeutschen in den fünfziger und sechziger Jahren: Möbelwelle, Auto-, Reise-, Freß- und Edelfreßwelle?

Bühler zögert mit seiner Antwort: »Ob dieses Wellenmuster sich wiederholt, können wir nicht so genau feststellen, auch weil wir ja nicht aktiv im Lebensmittelbereich sind. Aber eines ist ganz eindeutig: Als die DDR unterging, wies sie einen Konsumrückstand von rund 25 Jahren auf. Die DDR von 1989 war mit Autos, Kühlschränken, Fernsehern etc. und anderem Gerät etwa so ausgestattet wie die Bundesrepublik des Jahres 1965. Die Wellen könnten sich, wenn auch in verkürzter Form und nicht deckungsgleich, durchaus wiederholen«, vermutet er.

Deswegen ist der Schickedanz-Manager fest davon überzeugt,

»daß jetzt die Möbel- und Einrichtungswelle über die neuen Länder rollt. Es wird viel gebaut. Die Menschen wollen besser wohnen, sich mit den einstmals unerreichbaren Waren umgeben.«
Kunden sind nicht nur eine Umsatzkategorie, sie erfordern auch psychologisches Hineindenken. Bühler bedrückt es, wie über Jahre hinweg das Selbstwertgefühl der Ostdeutschen unter die ideologischen Räder geriet. »Wenn heute Hansa Rostock deutscher Fußballmeister der Bundesliga würde, das würde mit Sicherheit einiges ins Lot bringen und das Selbstbewußtsein fördern«, vermutet Fußball-Fan Bühler, der nicht den Hinweis versäumt, daß Quelle den heimischen TV 1860 sponsert.

Erster Spatenstich in Leipzig

Der 18. Juli 1991 – ein großes Datum für das Versandhaus, vermutlich eine Zäsur in der Unternehmensgeschichte: In Leipzig wird der erste Spatenstich für ein neues Versandzentrum getan. Großer Bahnhof mit Reden und Presserummel: Grete Schickedanz und Kurt Biedenkopf, Ministerpräsident des Freistaates Sachsen, vollziehen den ersten Spatenstich für, wie es dezent heißt, »das modernste Versandhaus der Welt«.
»Wissen Sie, wie es zu dieser Leipziger Entscheidung gekommen ist? Ursprünglich hatten wir zwar vor, dort einiges zu tun. Daß wir dieses Großprojekt jetzt realisieren können, ist ein Glücksfall. Vor der Wende wollten wir eigentlich in Nürnberg bauen. Geplant wird das Projekt seit drei Jahren, der Bauantrag wurde am 19. Dezember 1990 genehmigt. In der Zwischenzeit kam die Einheit, und Quelle platzte aus den Nähten. Allein im November gingen an Spitzentagen knapp 400000 Sendungen heraus, fast eine Verdoppelung.«
Als das Genehmigungsverfahren in Nürnberg lief, stellte Quelle fest, daß weder der Platzbedarf noch die Infrastruktur ausreichten. »Zum Bahnhof müssen wir die Pakete durch eine Riesenröhre zu den Güterwagen und Lastzügen transportieren. In den Herbstmonaten arbeiten wir in drei Schichten. In den Spitzentagen holten wir rund dreieinhalbtausend Mitarbeiter aus Sachsen und Thüringen mit dem Bus nach Nürnberg. Stellen Sie sich einmal vor: dreieinhalb Stunden Busfahrt bis zur Arbeitsstelle, abends dreieinhalb Stunden zurück!«
Weil das den Menschen auf Dauer nicht zuzumuten sei und auch das Warensortiersystem an Grenzen stieß – andere Standorte in Bayern oder im Ruhrgebiet hätten auch Probleme gehabt –, blieb nur eine Wahl: »Wir bauen in den neuen Ländern ein neues Versandhaus.«

Die Wahl fiel aus Gründen auf Leipzig, die für viele Investments in den neuen Ländern gelten: Das angebotene Grundstück war groß genug, die Eigentumsverhältnisse waren klar, die Verkehrsanbindung optimal, der Einzugsbereich verhieß neue Mitarbeiter.
»Also gingen wir nach Osten«, resümiert Bühler, »weil die Eigentumsverhältnisse auf dem alten Leipziger Flughafen klar waren. Dort starteten nur noch Kleinflugzeuge und Düngemittelflieger. Von dem Grundstück – Größe etwa 250 Hektar – brauchten wir eine Fläche von rund 65 Hektar. Und die bekamen wir. Also gingen wir mit unseren Nürnberger Plänen unter dem Arm zur Stadt Leipzig, wandelten sie leicht ab und bekamen dann von der Treuhand den Zuschlag.«
Besonders ins Auge stach den Quelle-Investoren die günstige Verkehrsanbindung des Standorts: Der Autobahnanschluß ist nahe, andererseits ist das Stadtzentrum nur fünfeinhalb Kilometer entfernt; ein Gleisanschluß wird in das Versandzentrum hineingeführt, die Versorgungsnetze sind gesichert; der direkte Nachbar wird die Leipziger Messe mit ihrer Internationalität sein.

»In Leipzig waren die Chancen eben besser«

Der Chronist ist verwirrt, weil die Story den herkömmlichen (Vor-) Urteilen zuwiderläuft: Wird der Investor in Sachsen tatsächlich mit ausgesuchter Höflichkeit behandelt, aber in Bayern hingehalten? So pointiert will Bühler das Problem nicht zuspitzen: »Wir wurden überall mit Höflichkeit behandelt, aber in Leipzig waren die Chancen eben besser. Außerdem war die Denkweise in Leipzig aufgeschlossener – offenbar weil die Messe dem Standort mehr Weltoffenheit gibt. Und ob die Ware von Leipzig nach Kiel oder von Nürnberg nach München geht, ist völlig gleich – die Postgebühren sind in jedem Fall stets dieselben.«
Hat es bei Quelle mithin das von der Wirtschaftspolitik heißersehnte Investment-sharing gegeben, also den Verzicht einer Westinvestition zugunsten des Ostens? Hier sei fairerweise anzufügen, meint Bühler, »daß wir im Nürnberger Raum trotz aller Anstrengungen gar nicht über die nötigen Flächen und das Beschäftigtenpotential verfügen«. Bis der Leipziger Stützpunkt funktioniert, müsse das Unternehmen noch drei schwierige Jahre überbrücken. »Bis das Ding dort läuft, haben wir Probleme. Sie zwicken uns schon sehr.«

»Vielleicht waren wir auch etwas schneller als die Mitbewerber«

Auf den ersten Blick vermittelt die goldgeränderte Bilanz des Quelle-Versandes doch den Eindruck, hier hat ein »Wessi«-Unternehmen kräftig im Osten abgesahnt: Umsatzsprung von 24 Prozent plus Ertragsverdoppelung im ersten Jahr der Einheit. Also doch die bekannten Profiteure? Das sei nun etwas zu einfach, entgegnet Bühler. Immerhin habe man die Hälfte des Zuwachses in den alten Bundesländern erwirtschaft. Die andere sei durch den Konsumstoß aus der Ex-DDR gekommen. Die Quelle-Tochter Leffers (ein Bekleidungshaus), die nur im Westen sitzt, habe ebenfalls zweistellige Zuwachsraten erwirtschaftet, »ohne daß man vermuten darf, die Sachsen seien etwa nach Düsseldorf gefahren, um sich mit Anzug oder Kostüm einzudecken«.

Dem »Quantensprung« bei Quelle wird, so hofft Bühler, ein Umsatzziel von rund fünfzehn Milliarden im Jahre 1991 folgen. Er wäre ein schlechter Unternehmer, wenn er nicht gleich die Kostenseite mit sorgengefurchter Stirn hinzufügte: »Die Lohnerhöhungen machen uns ebenso zu schaffen wie die Steuer- und Abgabenerhöhungen, die unsere Kunden treffen. Aber ich verhehle nicht: Wir haben noch nie so eine lebhafte Umsatzsteigerung wie im ersten Jahr der deutschen Einheit gehabt.«

Im übrigen sei »logisch, daß der Versandhandel im Osten mehr Erfolg gehabt hat als der stationäre, denn letzterer war nicht vorhanden«. Man habe Probleme mit der Warenbeschaffung und der Logistik gehabt, zwischenzeitlich wurde auch einmal die Werbung reduziert. Besonders schmerzlich war es für einen waschechten Unternehmer, auf Geschäfte – horribile dictu – zu verzichten, weil man der Auftragsflut manchmal nicht habe Herr werden können. »Gut ja, wir haben Glück gehabt – wie alle Deutschen. Aber vielleicht waren wir auch« – Pause mit Schmunzeln und einem Seitenblick auf den scharfen Konkurrenten Otto – »etwas schneller als die Mitbewerber.«

Darf oder soll die Öffentlichkeit auf den Gedanken kommen, mit dem Zug nach Osten sei eine besondere Form gesamtdeutscher Wohltätigkeit verbunden? Bühler korrigiert und wiegelt ab: »Wir sind kein karitatives Unternehmen. Wenn wir – auch drüben – zum Wohlstand beitragen, dann dadurch, daß wir unsere Chancen wahrnehmen. Das gilt für die alte Bundesrepublik, für unsere Beteiligungen in Österreich, Frankreich, der Schweiz. Und es gilt eben auch für

unsere neuen deutschen Bundesländer. Wenn das Preis-Leistungs-Verhältnis stimmt, dann stimmen auch die Wohlstands- und Sozialverhältnisse.«
Konjunkturell ist der Schickedanz-Mann »vorsichtig, aber im Grundton optimistisch«. Man richte sich im Westen auf leicht geringere Zuwachsraten ein. Die »dauernden und dummen Diskussionen über neue und höhere Steuern und Abgaben« hält er für – zumindest – überflüssig. Sie störten das Klima. »Aber Optimismus erzeugt Optimismus. Andererseits schwimmen die Leute noch auf der euphorischen Welle, da bin ich etwas nachdenklicher.«
Der Verbraucher – das unbekannte Wesen oder das bekannte Unwesen? Wann sieht Bühler den Zeitpunkt, daß sich die Konsumgewohnheiten einander so genähert haben, daß sie in beiden Teilen Deutschlands nicht mehr voneinander zu unterscheiden sind? Identische Verbrauchsgewohnheiten dürften noch einige Jahre auf sich warten lassen, »bei unserer Kundschaft vermute ich aber, daß etwa im Jahre 2000 der westliche nicht mehr vom östlichen Warenkorb zu unterscheiden sein wird«.
Wolfgang Bühler ermuntert zu einem Blick auf die deutschen Landsmannschaften: »Mit Sicherheit sind sich schon heute der Thüringer und der Franke näher als der Ostfriese mit dem Bayern. Sie merken es ja schon an den Mundarten: Die Dialekte im Thüringischen und im Fränkischen lassen sich kaum voneinander unterscheiden. Der künstliche Schnitt, den die Politik durch die deutschen Landschaften zog, vernarbt hier schneller als wir glaubten.« Bis zu der erwünschten Verbrauchsidentität stünden die Einkäufer und Disponenten allerdings noch vor dem schwierigen Problem, zwischen dem Markt von sechzig Millionen und dem der sechzehn Millionen zu differenzieren. »Das gilt übrigens nicht nur für die Preise.«

Einkaufsbummel mit unbeschreiblichen Zuständen

Den Vorwurf der investiven Müdigkeit der Westunternehmer hat auch er oft gehört – und dessen Undifferenziertheit beklagt. Nur wenige Firmen könnten hier knallharte Antworten geben. Dazu sei die Lage vielfach noch zu unübersichtlich. Auch der Rückschluß, geringe Investitionen bedeuteten zwingend weniger Arbeitsplätze, stimme in dieser simplen Form nicht immer. »Wir haben bisher vom Handel, von der Quelle, geredet, aber wir haben in unserer Gruppe auch Industrieunternehmen. So sind wir beispielsweise dabei, eine Brauerei zu erwerben.« Bevor der Vertrag über diese Brauerei in Köthen bei Dessau unterschrieben worden sei, hätte man sich auf eine treuhänderische Einkaufstour begeben. »Die Zustände waren vielfach furchtbar, im wahrsten Wortsinne unbeschreiblich – es konnten nicht einmal Bilanzen beigebracht werden, die einen gewissen Aufschluß gaben. Oft verbirgt sich hinter den Zahlen ein nach oben offenes Risiko. So etwas kann niemand verantworten.« Für die kleine Brauerei mit nur 50000 Hektolitern habe man sich entschieden, »weil wir dort einen Stützpunkt wollten, den wir ausbauen möchten«.

Bis auf kleinere Firmen wie diese Brauerei habe die Gruppe auf der direkten Produktionsschiene wenig investiert. Um so emsiger dagegen im Handelsbereich: »Wir haben zunächst mit dem Erwerb von drei Lägern angefangen, bei Oranienburg, Brandenburg und Dresden. In Dresden haben wir zunächst gemietet, weil die Eigentumsverhältnisse etwas unklar sind, besitzen aber eine Option auf späteren Kauf.«

»Eine Gefahr dürfen wir nicht übersehen: Wenn es irgendwann Schwierigkeiten aus der alten Erblast gibt, heißt es dann nicht mehr: ›Das war das Kombinat, sondern das war die Quelle.‹ Dann bliebe bei uns etwas hängen, was wir gar nicht zu verantworten hätten. Das macht bei einem Handelsunternehmen, das auf Rufschädigung sehr empfindlich reagieren muß, einen schlechten Eindruck. Bei allem guten Willen – dieses Risiko müssen wir einfach sehen. Diese Überlegungen gehören überall zur Weitsicht einer Markterschließung.«

Die Kennzeichnung »sehr schwierig« heftet Bühler vielen Versuchen der Quelle an, in den neuen Bundesländern Fuß zu fassen. Auch kurz vor dem ersten Jahrestag der deutschen Einheit sind die Hürden kaum niedriger geworden. »Wir haben Optofot von Jena erworben, aber wiederum mit Verträgen ohne Eigentum«, berichtet er. »Übernommen haben wir rund fünfhundert Mitarbeiter, knapp dreihundert davon sind Optiker. Von den 46 Geschäften haben wir zwei dichtgemacht, die anderen betreiben wir auf der Basis von Fünf- oder Zehn-Jahres-Verträgen weiter.« Den Zustand anderer Verkaufsstellen oder Labors bezeichnet Bühler vornehm als in »recht unterschiedlichem Zustand«.

Begnügt sich ein großer Investor auf Dauer mit der hohlen Form der Unternehmen, mit vielen Pflichten und wenigen Rechten? »Sie können dieses Argument auch umdrehen und fragen: ›Wozu braucht ein Händler das Gebäude oder die Grundstücke, wenn ihm doch als Optiker ein Mietvertrag reicht?‹ Freilich bleibt dann stets Unsicherheit – ein Investment ins Ungewisse.« Besonders problematisch sei

Dr. Wolfgang Bühler, Vorstandsvorsitzender der Schickedanz-Unternehmensgruppe, Fürth, wurde am 10. Oktober 1932 in Nürnberg geboren. Nach dem Studium der Rechtswissenschaft und der Volkswirtschaft an der Universität Freiburg promovierte er 1959 in Erlangen zum Dr. jur. Nach dem zweiten juristischen Staatsexamen trat er 1961 in die AEG-Telefunken ein und wurde 1970 als Leiter des Unternehmensbereiches Hausgeräte in den Vorstand berufen.
1976: Eintritt in die Geschäftsleitung der Schickedanz-Unternehmensgruppe, seit 1989 Vorsitzender des Vorstands der Gustav und Grete Schickedanz Holding KG, Vorsitzender des Stiftungsrats der Gustav und Grete Schickedanz-Stiftung sowie Vorsitzender bzw. Mitglied einer Reihe von Aufsichtsgremien innerhalb und außerhalb der Schickedanz-Unternehmensgruppe.
Dr. Wolfgang Bühler ist Honorarkonsul der Niederlande.

diese Taktik bei Mietverträgen mit einer Laufzeit von nur zwei Jahren: »Denn was geschieht mit unseren Investitionen, wenn ein Alteigentümer plötzlich Ansprüche anmeldet?«
Der Chronist wundert sich, wie Wolfgang Bühler die vielen »neuen« Orte und Niederlassungen präsent hat. Leipzig und Suhl, Oranienburg oder das Saale-Zentrum. »Die meisten Agenturen und Kundendienststellen mußten komplett runderneuert werden. Aus manchen mußten wir schon wieder ausziehen, bevor wir richtig eingezogen waren.« Die Marktwirtschaft ist zwar ein spontanes System, »aber manchmal hätten wir es uns schon ein wenig berechenbarer gewünscht«.
Der Aufgalopp der Quelle mit Investitionen von rund einer Milliarde Mark – Schwerpunkt Versandzentrum Leipzig – werde sich in dieser Form nicht fortsetzen lassen, aber weitergehende Pläne habe man sehr wohl. »Mit den Warenhäusern wollen wir nicht unbedingt in die Städte hinein, weil dies erstens sehr teuer und zweitens wegen der fehlenden Infrastruktur sehr schwierig ist. Aber: Wir würden gern zehn Warenhäuser am Rand der Großstädte bauen. Ferner brauchen wir eine große Papiermaschine für Tissue. Allein die kostet heute – fünfeinhalb Meter breit und mit allem technischen Drumherum – rund zweihundert Millionen Mark. Bei diesem Projekt stehen die ostdeutschen Standorte in Konkurrenz mit einigen in Süditalien. Aller-

dings müssen wir die Logistik sehen: Wenn wir die sperrige Ware über weite Strecken hertransportieren, bleibt das Geld auf der Straße.«

Sehr viel direkter stelle sich dagegen die innerdeutsche Wettbewerbsfrage: »Wir brauchen eine neue Papiermaschine, schwanken aber noch, ob wir sie im hessischen Witzenhausen aufstellen oder zehn Kilometer weiter, jenseits der ehemaligen Zonengrenze. Für den zweiten Fall winken steuerliche Vorteile. Aber bekanntlich soll man eine Investition nie allein aus steuerlichen Gründen tätigen.«

»Ganz Europa ist in Bewegung«

Insgesamt riskiert Quelle fast die Auszeichnung mit einem Bundesverdienstkreuz, »denn wir verdoppeln unsere Investitionen, wobei der Schwerpunkt eindeutig im Osten liegt. Auch unsere Töchter Sinn und Leffers wollen dort bauen. Andererseits müssen wir auch daran denken, daß der europäische Markt immer interessanter wird.«

Warum bewegen deutsche Unternehmen nicht mehr im Osten? Beschwören sie ihre marktwirtschaftliche Energie nur in Sonntagsreden? Diese insistierenden Fragen stellen die deutschen Medien fast täglich und in zahllosen Varianten. Wolfgang Bühler scheint von diesem gesellschaftlichen Tribunal etwas genervt: »Die Kritiker vergessen oft, daß wir – bei aller deutschen Dramatik – nicht allein an den neuen Bundesländern orientiert sind. Würden wir dies tun, verlören wir wichtigere Märkte aus dem Blick. Hier kommt einiges zusammen, aber wir dürfen nicht vergessen, daß es auch noch den europäischen Binnenmarkt mit seinen völlig neuen Herausforderungen gibt.«

Zwar werde es immer Platz für regionale Aktivitäten geben, aber »ganz Europa ist in Bewegung«. Der Otto-Versand sei »weltweit stärker als wir, aber wir sind Europas größtes Versandhaus. Im Osten haben wir jetzt zwar das Rennen gemacht, aber in Frankreich und England ist uns die Konkurrenz voraus. Kurzum: Bei allem guten Willen dürfen wir Europa nicht aus den Augen verlieren.«

»Nach ersten Anlaufschwierigkeiten können wir über die Motivation der Truppe überhaupt nicht klagen«, meint Bühler. »Die packen schon an.« Erst auf Nachfrage und dann sehr behutsam erläutert er: »Anfangs gab es Unterscheidungsprobleme zwischen Mein und Dein. Die Versuchung von Leuten, die jahrzehntelang alles entbehrten, war schließlich groß. Die Probleme hatten wir vor allem in Berlin und beim stationären Handel. Und Mitarbeiter, die morgens zwi-

FIRMENPORTRAIT

Die Schickedanz-Unternehmensgruppe ist in ihren Aktivitäten weitgespannt und diversifiziert in die Bereiche Handel, Industrie und Finanzdienstleistungen. »Flaggschiff« ist Quelle, Europas größtes Versandhaus, mit Tochterunternehmen in Österreich, Frankreich, Belgien, Luxemburg, der Schweiz, Spanien und Italien. Die wichtigsten Unternehmen im Industriebereich sind die VP-Schickedanz AG, Nürnberg, Marktführer in weiten Teilen des Hygienemarktes (Tempo-Taschentücher, Camelia u. a.), die Patrizier-Bräu AG, Nürnberg, als großes Brauereiunternehmen in Nordbayern, und die Gold-Zack AG, Mettmann, als führender Hersteller von Textil-Elastics. Zum Unternehmensbereich Finanzdienstleistungen gehören die Noris Verbraucherbank, die Quelle Bank, die Quelle Versicherungen und die Quelle Bausparkasse.

Mit einem Umsatzplus von 15,3 Prozent und einem Wachstumsschub von 2,26 Milliarden Mark auf 17,094 (VJ: 14,831) Milliarden Mark Gesamtumsatz hat die Schickedanz-Unternehmensgruppe mit ihren Bereichen Handel und Industrie im Geschäftsjahr 1991/92 (31. Januar) den Aufwärtstrend des Vorjahres erfolgreich fortgesetzt. Ebenso positiv abgeschnitten hat der Bereich Finanzdienstleistungen mit einem Geschäftsvolumen von 5,5 Milliarden Mark bei den Banken (+23,7 Prozent) und Brutto-Beiträgen von 212 Millionen Mark bei den Versicherungen (+78 Prozent). Für 1992 hat die Gruppe ein Investitionsprogramm von 820 Millionen Mark vorgesehen, nach 856 Millionen im vergangenen Jahr.

schen ein und zwei Uhr aufstehen müssen, um sich dann dreieinhalb Stunden per Bus zum Arbeitsplatz fahren zu lassen – da wurde nicht nur Karten gespielt, sondern auch etwas getrunken.«

»Aber wenn ich diese Ausrutscher beiseite lasse, die längst behoben sind, muß ich jetzt sagen: Nach einer gewissen Einarbeitungszeit haben wir alles in den Griff bekommen. Es gibt keinen Unterschied mehr zwischen hüben und drüben. Gute bis sehr gute Erfahrungen machten wir im Kundendienst. Sehr gut auch die Motivation bei un-

seren Leuten. Eine gewisse Geduld vorausgesetzt, muß ich jetzt betonen, daß sich das Leistungsverhalten angenähert hat. Für Unterschiede habe ich keine Anhaltspunkte mehr. Ich kann nicht einmal bestätigen, daß man dort« – Bühler bemüht sich, die Kennzeichnung »drüben« zu vermeiden – »etwa besonders muffig oder desinteressiert wäre. Im Gegenteil: Wir wurden immer sehr freundlich behandelt.«
In einem Bezirk wie in Suhl, »wo immerhin noch 28 Prozent die PDS gewählt haben«, mag es noch manches Vorurteil gegen »die Kapitalisten« geben. Die Altlast mit den »roten Socken« sei ebenfalls kein Quelle-Problem: »Sie müssen bei uns unterscheiden: Wir haben ja keine oder nur kleinere Betriebe übernommen. Die meisten Geschäfte haben nur zehn Leute, allenfalls mal ein Labor mit achtzig Mitarbeitern oder ein übernommenes Lager mit zweihundert Menschen. Großbetriebe mit fünftausend oder mehr Beschäftigten, von denen die Hälfte oder mehr entlassen werden müßte, gibt es bei uns nicht. Wir bauen auf und nicht ab. Da sind die menschlichen Reibungsflächen geringer.«

»Die deutsche Wirtschaft hat schon ganz andere Feuerproben bestanden«

Ein Jahr nach der deutschen Einheit – vermag ein Handelsunternehmer vermeidbare oder irreversible Fehler in Politik oder Wirtschaft zu sehen? Bühlers Urteil ist von verständnisvoller Vorsicht geprägt: »Es wurden hie und da gewollt oder ungewollt Erwartungen geweckt, die sich als nicht erfüllbar erwiesen. Jedenfalls nicht über Nacht. In Wahlkämpfen ist das vielleicht sogar unvermeidlich. In Bayern waren dies unglückliche Monate, denn wir hatten drei Wahlgänge: Kommunal-, Landtags- und Bundestagswahlen. Die Neigung zur Übertreibung ist da programmiert.«
Mit den Politikern ist Bühler freilich nicht so ganz zufrieden. »Das Bedauerliche war und ist, daß die großen Parteien in dieser dramatischen Phase der Wiedervereinigung keinen übergreifenden Konsens fanden, ihn vielleicht auch gar nicht suchten. Es gelang ihnen nicht, gewisse Dinge aus dem Wahlkampf herauszuhalten. Sie erlagen der Versuchung, bis in die tiefsten Niederungen der Polemik hinunterzusteigen. Das ist für mich das Enttäuschende.«
Die fehlerhaften Einschätzungen über das Tempo zur deutschen Wirtschaftseinheit hätten Enttäuschungen bei den Bürgern in Ost und West nach sich gezogen. »Manches hätte sich wohl – nun sagen wir

– staatsmännischer anpacken lassen. Das war wohl der entscheidende Fehler. Verzeihen Sie die kleine Abschweifung: Wenn in den Vereinigten Staaten der Präsident das Capitol betritt oder verläßt, stehen alle auf und applaudieren. Das ist für mich Ausdruck eines nationalen Konsenses über alle politischen Grenzen hinweg. Auch während des Golfkrieges gab es dieses Gefühl gemeinsamer Herausforderung. Warum hat man nicht in einer so hochheiligen Sache wie der deutschen Wiedervereinigung so einen Konsens auch unter den überraschten Deutschen finden können…?« Aber Wolfgang Bühler möchte diesen Eindruck nicht stehenlassen. »Die deutsche Wirtschaft hat schon ganz andere Feuerproben bestanden. Sie wird auch diese meistern.«
Gustav Schickedanz, der Firmengründer, an der Wand von Bühlers Büro in Öl, blickt gelassen auf die Lenker seines Imperiums. Vermutlich hätte er zustimmend genickt.

HUBERT BURDA

Ein Verleger tankt sich mit Super auf

Dreigroschenoper mit Kinderkrankheiten
Hubert Burda: Ich brauche niemanden zu fragen

Im Treppenhaus des alten ADN-Gebäudes in der Ostberliner Mollstraße riecht es immer noch ein wenig nach Sozialismus. Nur ein Hauch, aber wahrnehmbar: Plaste-Elaste, Desinfex, Braunkohleschwefel. Nur die Dame am Empfang ist nicht mehr bei der Stasi. Hoffentlich. Auf der Etage, wo sich die »Super«-Redaktion etabliert hat, riecht man dagegen gewendete Zeit: Alles frisch ausgepackt, brandneue, modernste hochauflösende Farbcomputer. Einmal in der Woche ist hier Truppenbesuch angesagt: Verleger Hubert Burda genießt Auflagenzahlen. Der Quirlige aus dem Badischen ist in die Beletage der Verlegerschaft aufgestiegen. Die Chance bot ihm die deutsche Einheit.

Nein, er pfusche keiner Redaktion mehr ins Geschäft. Bei 24 selbständigen Redaktionen gehe das nicht mehr. Titel habe er nirgendwo mehr – mit Ausnahme jenes des Verlegers. Er liebt das Gespräch im Stakkato. Stichwort, Begründung, nächstes Stichwort, manchmal auch ohne Begründung. Frage: Hat diese Berliner Redaktion für Sie ein besonderes Gewicht? Antwort: »Hatte. Das läuft jetzt.«

Er schildert seinen normalen, jetzt gesamtdeutschen Wochenrhythmus: Zumindest ein Tag Berlin, einer Offenburg, Dienstag bis Freitag meist fest in München. Das Unternehmen hatte dem Besucher vorher mitgeteilt, daß 63 Prozent der neuen Bundesbürger Burda für einen sympathischen Verlag und den Verlagsherrn für einen sympathischen Menschen halten. Möchte er beliebt sein? »Nein, man ist ja kein Politiker. Auch nicht Filmschauspieler. Ein Verleger wird immer kontrovers gesehen. Gehört dazu. Springer war erst beliebt nach seinem Tod. Bucerius, Augstein – ich kenne keinen großen Verleger, der eine breite Popularität hätte.«

Da mag es einzelne Journalisten geben, die bei ihrer Leserschaft beliebt sind. Augstein beim Spiegel beispielsweise. Aber Verleger haben eine andere Funktion: Sie brauchen keine Waren zu gewinnen, sondern müssen Auflage mit ihren Blättern machen. Auch als Anchorman für die Medien sei er untauglich – nein danke, stapelt Burda tief.

War der historische Tag der deutschen Einheit auch ein firmenhistorischer Tag für Burda? »Wir sind von den Verlagen hier derjenige, der am schnellsten zugriff. Und wir haben – ohne das jetzt zu überziehen – auch den größten Erfolg. Denke, wir haben am wenigsten Fehler gemacht.« Die entgleisten Schlagzeilen bei »Super«, wo sich angeblich ganz Bernau darüber freute, daß ein Angeber-Wessi von einem Ossi mit der Bierflasche erschlagen wurde, kommentiert er knapp: »Die bekannten Kinderkrankheiten. Fehler gemacht. Gehört ins Medienmuseum.« Die Zeitung berichtet über »Erich H. – Seine Weiber, seine Leichen«, Honeckers Lieblingsnymphomanin (eine Schwarze), die »Bonner Gartenzwerge«, die nicht nach Berlin wollen, veröffentlicht das schockierende Foto eines Mauertoten, würzt mit viel Sex. Den Vorwurf, damit werde Haß und Spaltung zwischen den Deutschen geschürt, läßt Burda nicht gelten. Das sei »eine Kampagne der Konkurrenz«. Aber »Super« bringe auch viel Lebenshilfe: Wie berechnet man Wohngeld oder »Was ziehe ich an, damit ich den Job bekomme?«.

War das der Traum eines Mittelständlers aus Offenburg, endlich den Kick zu bekommen, der ihn in die Garde der Großen katapultiert? »Mittelständler höre ich natürlich sehr gerne. Aber wenn Sie das Vermögen des Senators (seines Vaters) mit dem von Axel (Springer) vergleichen, das ist rund zweieinhalbmal so groß gewesen. Der Senator hatte heimlich, still und leise ein gewaltiges Imperium aufgebaut mit sehr vielen Assets, Druckereien in Amerika, den Papierfabriken, Speditionen. Das war doch eine Realteilung über zwei Milliarden.«

Hubert Burda verhehlt nicht, daß die Hohe Schule des Verlegerdaseins eigentlich die Tageszeitung ist. Erst sie gibt dem Gewerbe seinen Pfiff. »Unter verlegerischen Aspekten haftete Burda noch Anfang Januar, als wir im Grand-Hotel mit Gruner, Bauer und Springer zusammensaßen, ein gewisser Soupçon an. Was sucht der eigentlich bei uns? Er bekommt drei Prozent Marktanteil. Und heute haben wir 24 Prozent.«

Als Kellerkind in der Beletage für ein bißchen Unruhe zu sorgen, macht ihm sichtlich Spaß. »Das hat sicherlich motiviert.« Im November 1989 seien zügiges Handeln und schnelle Entscheidungsstränge gefragt gewesen. »Da hatte ich den riesigen Vorteil, daß ich niemanden zu fragen brauchte.«

Burdas Go-East folgte fünf einfachen Regeln:

1. Keine maroden DDR-Objekte übernehmen und sie auf der Intensivstation künstlich beatmen, um sie dann doch einstellen zu müssen.
2. Neueinführungen nur mit kompetenten Partnern (die Sebaldus/Gong-Gruppe und der Medientycoon Rupert Murdoch).
3. Keine Spagatmedien in Ostdeutschland, sondern neue mit Ostjournalisten, die die Gewohnheiten und Nöte ihrer Mitbürger am besten kennen.
4. Nicht als Eroberer oder Besatzer einreiten, sondern integrieren und den Menschen eine eigene Chance eröffnen.
5. Unterstützung der Treuhand durch ausgeliehene Mitarbeiter.

Meint er, daß die Großverlage zu fett, zu gremienhaft geworden sind? »Zu langsam«, ergänzt er. In anderen Häusern brauchten Entscheidungen einfach zuviel Zeit. Burda habe sofort Anfang Dezember »ganze Bataillone« von Marktforschern hierher geschickt. Er habe aber schon vorher gespürt, »daß sich die Märkte hier vollkommen anders entwickeln werden. Damals hat der ›Stern‹ noch mit großen Lastern Auflage angekarrt, die ihm die Leute vom Wagen gerissen haben.«

Wenn die Konkurrenz, so meint er süffisant, Schlagzeilen wie jene vom zweiten Herzen des Fürsten Thurn und Taxis mache und dessen Frau Gloria vorführe, mache sie mehrere kapitale Fehler: »Hier weiß doch niemand, wer Gloria ist. Und der Fürst mit seiner Herztransplantation interessiert auch keinen.«

Am 2. Mai 1991 wurde erstmals die Zeitung »Super« verkauft. 16 Seiten, vierfarbig, Preis 30 Pfennige, Investitionen 170 Millionen Mark; 120 Arbeitsplätze in Redaktion und Verwaltung, 250 in der Druckerei, 200 im weiteren Umfeld. Die Auflage streift nach fünf Monaten die Halbmillionen-Grenze.

Woher hat Burda die »Super«-Philosophie bezogen? »Unsere Marktforschung hat Familien-Interviews gemacht. Damals wurde mir klar: Du mußt andere Wege gehen. Jedenfalls andere als das Leipziger Institut für Zeitungswissenschaft der marxistisch-leninistischen Fakultät. Dort las ich im Ausbildungsgang für Journalisten: ›Das Interview im Marxismus-Leninismus hat nur ein Ziel – den Klassenfeind zu decouvrieren.‹ Und da habe ich mir gedacht: Wenn das hier die Methode war, dann kann es hier keine Journalisten geben, die so arbeiten wie wir. Ich habe recht behalten, was den Unterhaltungsjournalisten angeht.« Aber dann hat er doch die »Schweriner Volkszeitung« gekauft.

Er habe stets zwei Märkte im Visier gehabt: »Da war das Fernsehen. Das habe ich dem alten Bauer abgekupfert, weil ich wußte, der hat nach dem Krieg auf Fernsehzeitschriften gesetzt. Und der alte Springer. Diese beiden Unknockables der deutschen Verlegerei fand ich toll. Der Bauer macht doch ein leichtes Geld mit diesen Männertiteln wie ›Praline‹, ›Sexy Wochenend‹ und ›Neue Revue‹. Ich möchte was machen zwischen ›Stern‹ und ›Neue Revue‹. Und Springer war für mich ›Bild‹ und ›Hamburger Abendblatt‹.«

Gehört habe er bei seiner Strategie immer auf die Schriftsteller, sagt der studierte Kunsthistoriker Burda. Spontan greift er zur »FAZ«, die auf dem Tisch liegt. Zeigt auf eine Schlagzeile im Feuilleton: »Der Nationalrausch war erfunden, der Kater ist echt.« Daraus komme die Schubkraft der Politiker. Gegenfrage: Könnte man das Wortspiel nicht wenden: »Kater erfunden – Nationalrausch echt«? »Das ist absolut richtig für die handelnden Politiker. Ohne diese gewaltige Vision von Helmut Kohl, ohne sein schnelles, entschiedenes Handeln und den Background Genschers mit seinem Gefühl für das Innensystem der Macht, wäre die erste Phase nie so schnell gegangen. Ich wußte, daß hier ein gewaltiges Potential für Medien vorhanden ist, und zwar eben für neue Medien für die neuen Bundesländer.«

Mit der Programmzeitschrift »Super-TV« sei man am 23. März 1990 gestartet. Im Januar habe man bereits einen Deal mit dem Druckhaus Thüringen gemacht. Ein Erfolgskriterium für Burda war, »als ich dann erkannte, daß ich Partner brauche, strategische Allianzen einfädeln muß, wie Edzard Reuter immer sagt«. Eine war die Hachette-Gruppe mit der »Elle«, die andere war Murdoch mit der Druckerei in Darmstadt. Hauptproblem: »Es gab keine Vertriebswege. Nur den Trabi-Versand. Das einzige funktionierende Vertriebssystem in der DDR, das für uns greifbar war, waren Druckereien, die mit anderen verbunden waren. Mehr schlecht als recht. Wir hatten aber ein funktionierendes Telefonnetz von Leuten, die alle um ihre Jobs fürchteten. Denen sagten wir, sie könnten ganz schnell Vertriebsleute werden.«
Die Wettbewerber hätten sich immer noch mit dem alten Postzeitungsdienst herumgeschlagen, »der zwischen zwölf und zwei Uhr immer geschlossen hatte, was mich wahnsinnig machte, und wo immer ganz vorne das ›Neue Deutschland‹ lag«. In diesem Verteilungskampf »mit seinen Pressionen« habe er sich stets an die fünfziger Jahre erinnert gefühlt: Es wird nur einmal verteilt. Und: Auf dich wartet keiner.
Kann man – nach der Art der Burda-Mode – die neunziger Jahre nach dem Schnittmuster der fünfziger ausradeln und kopieren? »Die fünfziger Jahre waren der Erfolg meines Vaters. Da war ich zehn Jahre alt und er fünfzig. Heute bin ich fünfzig und weiß, daß man nicht alles neu erfinden muß. Aber ich habe gedacht: Diese Chance kommt nie mehr in meinem Leben.« Ein weiteres Problem seien die fehlenden Offset-Maschinen gewesen. »Ich wußte ja, daß Springer in Berlin-Spandau bauen wird, ich mußte diesen Vorsprung nutzen.« Erfolg dieser Überlegungen war die Gründung der NewsBurda Druck, ein Joint-venture der Burda-Holding und Rupert Murdochs News International; das Unternehmen erwirbt über die Treuhand das Gelände und die Einrichtungen der Berliner Fertigteile-Gesellschaft in Vogelsdorf. Mit dem Kaufvertrag verpflichtet es sich, 240 Mitarbeiter zu übernehmen.
Rund 110 Millionen Mark wurden in die Druckerei in Vogelsdorf investiert. Schwarze Zahlen sind noch fern: Die jährlichen Verluste »werden ungefähr bei 60, 65 Millionen liegen. Das erste Jahr ›Super‹ rund 170 bis 180 Millionen Verlust. Die Hälfte für jeden von uns beiden. Aber für diese 90 Millionen haben wir eine neue Druckerei.« Auf die Frage, wie es um das magere Anzeigengeschäft stehe, meint

Hubert Burda so knapp wie kryptisch: »Es läuft an.« Also schlecht? »In ein laufendes Werbejahr kommen Sie nicht hinein. Normalerweise rechnen wir mit einem Vorlauf von einem Jahr, bis wir eine Akzeptanz im Markt haben. Aber mit der ›Super-Illu‹ machen wir jetzt schon mehr Anzeigen als die ›Quick‹.«

»Super-Illu« und »Super-TV« schwarze Zahlen, bei der täglichen »Super«-Zeitung »sind wir knallrot«. In zwei oder drei Jahren werde letztere jedoch aus dem gröbsten heraus sein. Der Niedrigpreis von 30 Pfennigen (»Unsere Dreigroschenoper«) werde spätestens 1992 erhöht. »Dann werden wir sehen, wie hoch der Verlust sein wird.« Ist es unternehmerisch gedacht, mit einem niedrigen Kampfangebot den Lesern einen marktwidrigen Preis zu suggerieren? »Was die Leute immer vergessen, ist, daß die Zeitungen hier zehn Pfennige gekostet haben. Zeitungen waren das billigste, was es gab. Die Westzeitschriften sind alle zu teuer.« Vielleicht auch etwas zu schön und zu gelackt? Nein, etwas Glanz sei immer wichtig. Das hat er von Springer gelernt. Sagt er.

Wenn Burda mit »Super« von 16 auf 24 Seiten geht, »müssen wir mehr Anzeigen haben«. Aber die Zeitung hat durch aggressive Schlagzeilen ihr Image bei den Markenartiklern gefährdet. »Das hat uns sicherlich acht bis zehn Millionen gekostet. Aber es hat den Vorteil, daß sie nun bekannt ist wie ein bunter Hund.« Seine Blattmacher Franz-Josef Wagner und Peter Bartels nennt er »Ausnahmejournalisten, die Wunder vollbracht haben«.

Verschluckt sich ein Mittelständler aus dem Badischen nicht daran? Nachdenkliches Zwinkern. »Ich weiß es nicht. Aber ich habe gesehen, daß Springer 25 Millionen Gewinn im ersten Halbjahr macht, und wir haben doppelt soviel gemacht.« Springer straffe seine Objekte. Dessen Titel seien zwar noch immer »traumhaft, aber mich hat bis jetzt die Investition hier noch keine einzige schlaflose Nacht gekostet«.

Wird Burda in den neuen Bundesländern die Super-Familie erweitern: Super-Frau, Super-Sport, Super-Sonntag, Super-Hobby und so weiter? Da mag er sich nicht festlegen. »Das ist ja Prinz' Idee, aber die Marketing-Idee Super ist nicht von ihm, die ist schon von mir.« (Günter Prinz verließ Burda im Februar 1991 und ging wieder zurück in den Springer-Vorstand.) Das sei ein »ganz brillanter Mann«, wenn es darum gehe, Marktlücken zu finden, lobt er.

Auf dem Markt für Gedrucktes habe sich auch durch die Einheit ein Prinzip nicht geändert: »Die Gefahren für uns Verleger liegen im

Fernsehen. Das meiste Geld verlieren wir im Fernsehen ganz simpel und einfach deswegen, weil wir keine Filme haben.«

Nun wird die öffentliche Beurteilung der Unternehmer im Einigungsprozeß an den Arbeitsplätzen gemessen. Wie hoch ist hier der Burda-Beitrag? »Fünfhundert Minimum, Schwerin noch mal gut siebenhundert.« – Pause. Da gebe es nämlich Außenredaktionen, für die drei Leute nötig seien, aber dort säßen 26. Was die Burda-Position in Ost und West angehe, sei man im Osten »erheblich stärker, was die Arbeitsplätze betrifft. Wir kommen hier bei 1300 Beschäftigten auf vielleicht 150 Millionen Umsatz. Aber dieses Verhältnis ist eine absolute Katastrophe. Im Westen machen wir dagegen mit 3000 Leuten 1,3 Milliarden Umsatz. Das heißt: extrem hohe Beschäftigungszahlen, niedrige Produktivität, von der Rendite nicht zu reden.« Aber Trost folgt auf dem Fuße: »Nirgendwo ist Burda so modern wie hier.«

In die Meckerei über die Treuhand will er überhaupt nicht einstimmen. Voll Bewunderung äußert sich Hubert Burda über Rohwedder, den ermordeten ersten Chef der Anstalt. »Und Jens Odewald (Kaufhof-Chef und Treuhand-Verwaltungsrat) halte ich für einzigartig, outstanding. Kohl fabelhaft. Obgleich er niemanden hatte, den er zum Bismarck der neuen Wirtschaftspolitik machen konnte. Frau Breuel ist einfach eine phantastische Frau. Die Soziographie von Helden können Sie ja besser beschreiben. Aber die Truppe ist schon hochkarätigst.«

Der Verleger Burda grenzt sein Gewerbe bewußt von Industrie und Handel ab: »Ich muß das Produkt erst einmal erfinden. Bin durch die Straßen marschiert, mit der S-Bahn nach Marzahn (einer trüben Schlafstadt am Rande Berlins) gefahren, habe am Zeitungskiosk beobachtet, was und wie die Leute lesen, in Kaffeehäusern gesessen. Stellte fest, daß die Menschen die Westtitel nur wegen des Stellenteils lesen. Der redaktionelle Inhalt interessierte sie gar nicht. So habe ich das Produkt ›Super‹ erfunden.«

Was die Leute immer interessiere, sind und waren Auf- und Abstiegsprozesse. Die alte Nomenklatur wird – wie die Nazis – absteigen, Aggressionen freisetzen. Neue werden aufsteigen. Der erste Millionär war da. Seine Redakteure mahnt er: Vergeßt um Gottes willen nicht, alles zu personalisieren.

Der Verleger verrät seine private Marktforschung: »Ich gehe immer, wenn ich in Berlin ankomme, am Alexanderplatz in den Kaufhof. Erdgeschoß, erste, zweite Etage. Dort sehe ich genau, was die nach

Dr. Hubert Dietrich Burda wurde am 9. Februar 1940 als Sohn des Verlegers Dr. Franz Burda und der Verlegerin Aenne Burda in Heidelberg geboren.
Nach Abschluß der Schulausbildung mit dem Abitur studierte er von 1960 bis 1965 Kunstgeschichte, Archäologie und Soziologie an der Ludwig-Maximilians-Universität in München. Im Jahr 1965 promovierte er mit dem Thema »Die Ruinen in den Bildern Hubert Roberts« zum Dr. phil.
Verlegerische und journalistische Erfahrungen sammelte er im väterlichen Unternehmen sowie in den USA bei Time Inc., Cowles Publication, TV Guide und Young & Rubicam.
1966 trat er als Verlagsleiter der Programmzeitschrift BILD + FUNK in den Burda Verlag ein; zugleich übernahm er die Leitung des Anzeigenbereichs, ab 1972 zusätzlich die Bereiche Vertrieb und Werbung. 1974 wurde er Geschäftsführender Gesellschafter. Von 1975 bis 1985 leitete er als Chefredakteur die BUNTE Redaktion. Seit 1986 Verleger des Burda Konzerns. Seit 1987 alleiniger Geschäftsführender Gesellschafter der Burda GmbH.
Dr. Burda ist Stifter des Literaturpreises »Petrarca«, des »PAN-Preis für Ausstellungsmacher« und des internationalen Preises für Kommunikationsforschung »in Medias res«.

vorne ins Regal legen und was nach hinten. Plötzlich wandern kleine Goldkettchen langsam nach vorne und ins Erdgeschoß. Die laufen offenbar. Ich sehe, daß zum Beispiel Belletristik im Moment keinen Hund interessiert. Wohl aber: Kündigungsrecht, Betriebsverfassungsgesetz, Wie bewerbe ich mich? Wie werde ich eine perfekte Sekretärin? Diese Renner vom Büchertisch schleppe ich in die Redaktion. Da muß man die Gefühle und Empfindungen der Leute aufnehmen. Das ist unser Job.« Gefühl statt Marktforschung, Bauch statt Kopf? »Beides«, meint er.
Geschichten erzählen kann er wie ein Weltmeister. Namen, Daten, Ereignisse, Medienkürzel wirbeln durcheinander, eingestreute Spitzen gegen die Konkurrenz. Wer sich im quirligen Gewerbe nicht auskennt, verliert rasch den Überblick. Was die Leute über den Murdoch erzählen, sei ihm Wurscht. Aber der hatte schließlich die Druckmaschinen.
Hubert Burda kennt sie alle, die im medialen Kräftefeld Einfluß aus-

üben (oder dieses von sich vermuten). Zwischen Hamburg, Berlin, London, München und Offenburg schildert er in sprühenden Farben die bunte Truppe, wie er sie sieht: Moneymaker und Faulpelze, Geniale und Schlaffis, entgangene wie gepackte Chancen, bewältigte wie drohende Risiken. Er spart nicht mit spitzen, manchmal bissigen Kennzeichnungen. Und Hubert Burda mittendrin in diesem aufregenden, manchmal leicht chaotischen Wirbel der Interessen. Bei diesem Kampf um Marktanteile, Aktienpakete, Journalisten und Printobjekte liebt er es, sich als »Schwarzwald-Springerle« zu ironisieren. Aber schließlich ist es doch gelungen: Er hat die Etablierten das Fürchten gelehrt.
Ich atme durch. Hubert Burda ruft der Sekretärin durch die offene Tür einen Merkposten zu. Ich nutze die Atempause und trinke meinen kalt gewordenen Kaffee und schiebe die Tasse weg. Dieses Buch heißt schließlich »Schubkräfte«. Ich habe eine getroffen. Super.

FIRMENPORTRAIT

In Deutschland existieren mehr als 3000 Zeitschriften und Zeitungen. Jährlich kommen 300 bis 400 neue Titel hinzu. Auch das Angebot an Rundfunk- und Fernsehprogrammen weitet sich aus – als Reaktion des Medienmarktes auf den differenzierten Bedarf an Information und die sich ändernden Wünsche der Konsumenten.
Durch die Wiedervereinigung Deutschlands ist dieser Kreis um 16 Millionen Menschen angewachsen.

Das Verlagshaus Burda hat sich auf diese Entwicklung frühzeitig eingestellt. Unterschiedlichste Zielgruppen werden mit einem vielschichtigen Informationsangebot versorgt:
- 14 Zeitschriftentitel, von general interest bis hin zu very special interest.
- Zwei Illustrierte und eine überregionale Tageszeitung, die speziell für die fünf neuen Bundesländer konzipiert wurden.
- Eine regionale Tageszeitung im Nordosten Deutschlands.

Die etablierten Zeitschriften BUNTE, BILD + FUNK, freundin, FREIZEIT REVUE, GLÜCKS REVUE, Das Haus, mein schöner Garten, meine Familie & ich, Holiday, Ambiente und PAN festigen ihre Position im

Markt, indem sie aktualisiert und den Bedürfnissen der Leser angepaßt wurden. Im Rahmen strategischer Allianzen konnten mit ELLE und !Forbes neue Objekte im Marktsegment der special interest Magazine erfolgreich eingeführt werden.

Innovative Konzepte wurden für die Titel in Ostdeutschland erarbeitet. Der speziell konzipierte redaktionelle Auftritt von SUPER tv, SUPER ILLU und SUPER! Zeitung stellte den Schlüssel zur Marktführerschaft dar. Die Schweriner Volkszeitung und die Norddeutschen Neuesten Nachrichten rundeten die Expansion des Hauses Burda ab.

Mit der an die veränderte Medienlandschaft angepaßten »Weststrategie« – Sicherung und Ausbau des Stammgeschäfts – und der »Ostexpansion« mit neu konzipierten Titeln konnte der Burda-Umsatz 1990 um 10 Prozent auf über 1,2 Milliarden Mark gesteigert werden. Bei einer verkauften Auflage von insgesamt 11 Millionen Exemplaren erreichen die 19 Zeitschriften- und Zeitungstitel 22 Millionen Leser – also jeden dritten Bundesbürger. Pro Jahr werden 17000 Anzeigenseiten von den Werbepartnern gebucht.

Mit über 5000 Mitarbeitern entwickelte sich Burda zu einem Multimediaunternehmen mit Tradition. 1908 gründete Franz Burda I. eine kleine Druckerei in Offenburg. Heute, unter Dr. Hubert Burda, ist das Unternehmen Deutschlands viertgrößtes Verlagshaus. Unter dem Dach einer Management-Holding formieren sich Druckereien, Verlage und Beteiligungen an Rundfunk- und Fernsehstationen zu einem international agierenden Medienkonzern, der auch in den nächsten Jahren mit einem umfassenden strategischen Expansionsprogramm das begonnene erfolgreiche Wachstumskonzept fortführen wird.

Heinz Dürr: »Wir sind ins Gelingen verliebt«

Wie der Bundesbahn-Präsident die Weichen stellen will

»Krise ist ein produktiver Zustand, man muß ihr nur den Beigeschmack der Katastrophe nehmen.« Darf man Überlegungen, die sich mit der Entwicklung im Osten Deutschlands beschäftigen, dieses Zitat von Max Frisch voranstellen? Spricht daraus nicht die unsensible Arroganz der Besser-Wessis? Ich meine, Max Frisch hat damit die unverzichtbare psychologische Grundvoraussetzung für wirtschaftliches und unternehmerisches Handeln in Zeiten schwerster, bezogen auf die Hinterlassenschaft der untergegangenen DDR, einmaliger Umbrüche formuliert. Denn mit Katastrophe beschreiben die meisten Menschen einen Zustand, in dem ihnen nichts als resignative Hinnahme zu bleiben scheint. Das Wort »Krise« hingegen signalisiert immer auch Hoffnung. Katastrophe dagegen ist endgültig und unabänderbar, während die Krise eine Chance bietet, mit harter Arbeit die Wende zum Besseren zu schaffen.

Das »Prinzip Krise als unternehmerische Herausforderung«

In die Praxis übertragen, kann man beispielhaft die Frage stellen: Wo stünde das Ruhrgebiet wohl heute, wenn man dort in den sechziger und siebziger Jahren die Folgen der schweren Einbrüche bei Stahl und Kohle nicht als unternehmerische Herausforderung, sondern als unabänderliche Katastrophe betrachtet hätte?
Auch auf die immer gegebene Gefahr hin, mißverstanden zu werden: Das Beispiel Ruhrgebiet zeigt, daß man gut daran tut, sich an

einen Satz von Ludwig Erhard zu halten, wonach fünfzig Prozent der Wirtschaftspolitik aus Psychologie bestehen. Das bedeutet für die ostdeutschen Länder: Neben einigem anderen ist von entscheidender Bedeutung der psychologische Umgang mit den Folgen des Systemwechsels von der zentralen Kommandowirtschaft zur Sozialen Marktwirtschaft. Dabei ist wichtig zu beachten, daß dieser Systemwechsel sofort beim ersten Versuch gelingen muß. Er ist kein Experiment, das wiederholbar wäre. Das Wissen um die Einmaligkeit der Aufgabe gibt dem psychologischen Aspekt zusätzliches Gewicht.
Psychologie heißt in erster Linie: Glaubwürdigkeit von Personen, die in herausgehobener Verantwortung stehen. Wie hoch der Grad der Glaubwürdigkeit auf der Zeitachse ist, hängt wiederum davon ab, in welchem Maß geweckte Erwartungen und deren Realisierung übereinstimmen. In der Vergangenheit sind fraglos – verursacht durch unvermeidbare Fehleinschätzungen – teilweise zu große Hoffnungen auf schnelle Besserung geweckt worden. Um so wichtiger ist heute die Erkenntnis: Jede neue Rolle stellt, jeder weiterhin produzierende Betrieb, jeder neue oder erhaltene Arbeitsplatz festigt ein Stück Glaubwürdigkeit und schafft durch tatsächliches Erleben Vertrauen in die Soziale Marktwirtschaft.
Wer sich mit den Problemen des Aufbaus marktwirtschaftlicher Strukturen in Ostdeutschland beschäftigt, sollte aber nicht vergessen, daß Ludwig Erhards Modell die Soziale Marktwirtschaft niemals nur als Anwendung der reinen Lehre eines Adam Smith verstanden hatte. So wie die »unsichtbare Hand« des Marktes beim Aufbau der Bundesrepublik durch industriepolitische, staatliche und soziale Eingriffe korrigiert wurde, so bedarf sie jetzt auch in Ostdeutschland der korrigierenden Ergänzung. Denn der Markt »denkt« in immer kürzeren zeitlichen Abständen, langfristige Notwendigkeiten sind seine Stärke nicht. Er schafft insbesondere nicht die für sein eigenes effizientes Funktionieren unverzichtbaren Infrastruktur-Voraussetzungen – zumindest nicht so, daß sie ökologisch verantwortbar, struktur- und regionalpolitisch förderlich und letztendlich volkswirtschaftlich vernünftig sind.

Transport – Schicksal unserer Wirtschaft

Der Aus- und Aufbau der Verkehrs-Infrastruktur in Ostdeutschland und ihre nahtlose Verknüpfung mit der westdeutschen – unter Berücksichtigung der Tatsache, daß das vereinigte Deutschland das europäische Transitland Nummer eins wird – ist eine der ganz gro-

ßen industriepolitischen Aufgaben, die wir zu lösen haben. Zufriedenstellend kann sie nur gelingen, wenn wir den ganzheitlichen Denkansatz der »komplementären Infrastruktur« zur Richtschnur des Handelns machen. Weder die bis zum äußersten angespannten Haushalte der öffentlichen Hand noch das wachsende Umweltbewußtsein lassen Parallelinvestitionen verantwortbar erscheinen. Es ist vielmehr eine Infrastrukturplanung gefordert, die die jeweiligen Stärken der einzelnen Verkehrsträger zusätzlich hervorhebt und in einem integrierten Verkehrssystem verzahnt.
Dazu muß über die Wünsche und Vorstellungen von Politik und Wirtschaft, Eisenbahn und Güterverkehrsgewerbe, Umweltschützern und Verkehrswissenschaftlern diskutiert, notfalls auch gestritten werden, um einen Prioritäten- und Aufbaukatalog zu erarbeiten. Der Auftrag kann nur lauten: Miteinander statt Gegeneinander. Das erfordert die größtmögliche Bündelung der begrenzten Ressourcen im Interesse raschen Fortschritts.
Denn Industriepolitik, richtig definiert, versteht sich als Politik für die Industrie und damit als eine arbeitsplatzschaffende und -sichernde Politik. Sie fordert auch die EG-Kommission in ihrer Konzeption einer »marktwirtschaftlichen Industriepolitik« heraus, die Schaffung eines europäischen Infrastrukturnetzes, damit der Binnenmarkt sowohl auf Gemeinschafts- als auch auf gesamteuropäischer Ebene seine vollen Wirkungen entfalten kann.
Ohne eine leistungsfähige Verkehrsinfrastruktur können die Potentiale der Marktwirtschaft nicht auch nur annähernd ausgeschöpft werden. Der Markt ist der Platz, auf dem Güter- und Dienstleistungen angeboten, gehandelt, erworben und verkauft werden. Damit er funktioniert, muß das Angebot zum Abnehmer oder Marktpartner transportiert werden – und zwar nicht auf einen, sondern auf Hunderttausende von Marktplätzen in Deutschland, in Europa, in der ganzen Welt. Mehr noch: Die Angebote müssen auch vom Marktplatz zum Sitz des Käufers transportiert werden. Nicht zuletzt fordern die Menschen einer mobilen Gesellschaft Transportleistungen an.
Bis heute wird der große deutsche Politiker und Industrielle Walther Rathenau mit dem Satz zitiert: »Die Wirtschaft ist unser Schicksal.« In Weiterentwicklung dieses Imperativs füge ich hinzu: Und der Transport ist das Schicksal unserer Wirtschaft. Über das größere, freiere Europa zu sprechen, ohne konsequent die elementare Frage des Transports zu bedenken, wäre verantwortungslos.

Eine Renaissance der Schiene

Die Eisenbahnen haben dabei einen herausgehobenen Beitrag zu leisten. Die Verpflichtung, den Transport von Menschen und Gütern sicherzustellen, ist ihre alles überragende Aufgabe. Dies um so mehr, als das künftige Europa – EG plus EFTA plus Osteuropa – eisenbahnspezifische Entfernungen bedeutet. Um im Bild zu bleiben: Hunderttausende von Marktplätzen, die Tausende von Kilometern auseinanderliegen, müssen belebt und bedient werden. In dieser Anforderung liegt die große Stärke und Chance der Eisenbahn als System.

In Westeuropa, einschließlich der Deutschen Reichsbahn, verfügen die Eisenbahnen über ein Streckennetz von rund 170000 Kilometern; in den Staaten Osteuropas über knapp 65000 Kilometer und in der Sowjetunion über fast 150000 Kilometer. Dieses Streckennetz wird in Westeuropa von rund 1,4 Millionen Eisenbahnern betrieben; knapp eine Million Eisenbahner tun diese Arbeit in Osteuropa, und etwas mehr als drei Millionen Menschen sind bei der sowjetischen Eisenbahn beschäftigt. Gigantische Zahlen sprengen das Vorstellungsvermögen: Auf dem westeuropäischen Streckennetz wurden 1989 rund 300 Milliarden Personenkilometer, bei den osteuropäischen Bahnen 100 Milliarden Personenkilometer gefahren. Beim Güterverkehr waren es in Westeuropa 270 Milliarden Tonnenkilometer, in Osteuropa 240 Milliarden und in der Sowjetunion 3,9 Billionen Tonnenkilometer.

Das sind durchaus bemerkenswerte Leistungen. Nur – die Zukunft Europas verlangt von den Eisenbahnen ein vielfaches dieser Leistung. Konkrete Zahlen über die künftige Entwicklung des Transports in Europa zu nennen, wäre leichtfertig, weil die einigermaßen gesicherten Prognosen für den EG-Binnenmarkt einen großen Teil ihrer Aussagefähigkeit durch die Öffnung Osteuropas verloren haben. Und eine Prognose für die wirtschaftliche und die daraus resultierende Verkehrsentwicklung in Osteuropa könnte im gegenwärtigen Zeitpunkt nicht sehr viel mehr als Spekulation sein.

Eine Zahl allerdings soll die Dimension der Wachstumschancen deutlich machen: Der Anteil der früheren RGW-Länder am Gesamtimportvolumen der EG liegt derzeit bei fünf Prozent. Es ist aber nicht nur die rapide ansteigende Nachfrage nach Transportleistung, die die Renaissance der Eisenbahn bestimmt. Eine ebenso große Triebfeder ist die Tatsache, daß die Eisenbahn unbestritten das nach der

Schiffahrt ökologisch verträglichste Verkehrsmittel ist. Ich füge einschränkend hinzu: Vorausgesetzt, sie wird gemäß ihren Stärken eingesetzt. Denn eine Diesellok beispielsweise, die fünf kaum besetzte Waggons zieht, ist umweltschädlicher als ein Kleinbus.
Aus ökologischen wie aus ökonomischen Gründen gehört die Zukunft des Transports der Zusammenarbeit der Verkehrsträger. Unsere Zeiten erlauben keine ideologischen oder historisch bedingten Abneigungen mehr. Das gilt im übrigen nicht nur für die Zusammenarbeit der verschiedenen Verkehrsträger. Es gilt gleichermaßen für die Zusammenarbeit der europäischen Eisenbahnen. Wir alle müssen lernen, auf liebgewonnene und eingefahrene nationale Eigenheiten im Interesse einer hohen Funktionalität des Ganzen zu verzichten. Für den Aufbau marktwirtschaftlicher Strukturen in Ostdeutschland heißt das im Hinblick auf den Verkehr: Es muß uns dort der Sprung in die nächste Generation des Verkehrs gelingen – in das integrierte Verkehrssystem.

Bröckelnde Brücken und uralte Stellwerke

Man mag darüber streiten, ob der technische Zustand der Reichsbahn dabei von Vorteil ist, weil man beim Neuaufbau kaum Rücksicht nehmen muß auf Vorhandenes, oder ob er von Nachteil ist, weil er in den überwiegenden Bereichen nicht mehr reparaturfähig, sondern nur noch erneuerbar ist. Tatsache jedenfalls ist, daß die Bereitstellung einer leistungsfähigen Eisenbahn-Infrastruktur Investitionen von über 50 Milliarden Mark verlangt. Denn
– von den 14000 Kilometern Schienennetz ist nur ein Drittel mehrgleisig ausgebaut (gegenüber fast der Hälfte der 27000 Kilometer Bundesbahnnetz);
– elektrifiziert ist nur ein Viertel der Reichsbahnstrecken gegenüber 40 Prozent im Westen;
– von den 8200 Eisenbahnbrücken in Ostdeutschland sind 3500 älter als 85 Jahre. Ein Drittel ist nur noch beschränkt befahrbar, weil es nie grundlegend renoviert wurde;
– zwei Drittel der Stellwerke sind älter als 40 Jahre und nur zehn Prozent jünger als zehn Jahre;
– elf Millionen Betonschwellen, für die bei der Herstellung der falsche Sand benutzt wurde, müssen auf 6500 Kilometer Gleisstrecke ausgetauscht werden;
– ein Drittel der Reisezugwagen und ein Viertel der Güterwagen sind älter als 20 Jahre.

Seit 1. Januar 1991 ist Heinz Dürr Vorsitzender des Vorstands der Deutschen Bundesbahn und seit 1. September 1991 in Personalunion auch Vorsitzender des Vorstands der Deutschen Reichsbahn.
Heinz Dürr wurde am 16. Juli 1933 in Stuttgart geboren, studierte nach dem Abitur und einer praktischen Ausbildung als Stahlbauschlosser von 1954 bis 1957 an der Technischen Universität Stuttgart.
Von 1957 bis 1980 war er in der Firma Otto Dürr, Stuttgart, zuletzt als alleinzeichnungsberechtigter Geschäftsführer tätig. Heute ist Heinz Dürr Aufsichtsratsvorsitzender der Dürr Beteiligungs-AG, die sich mehrheitlich im Besitz der Familie Heinz Dürr befindet.
Im Zeitraum von 1975 bis 1980 war Heinz Dürr Vorsitzender des Verbandes der Metallindustrie Baden-Württemberg e. V. und in dieser Eigenschaft Mitglied des Präsidiums von Gesamtmetall.
Vom 1. Februar 1980 bis 31. Dezember 1990 war Heinz Dürr Vorsitzender des Vorstands der AEG Aktiengesellschaft, Berlin und Frankfurt am Main.
Von Juli 1986 bis Ende des Jahres 1990 war er außerdem Mitglied des Vorstands der Daimler-Benz AG.
Heinz Dürr ist verheiratet und hat drei Töchter. Seine Hobbys sind Lesen, Theater, Musik und Tennis.

Eine deprimierende Zustandsbeschreibung, aber auch ein unübersehbarer Hinweis auf zukünftige Chancen, wenn man der Frage nachgeht: Warum ist die Reichsbahn in einem solchen desolaten Zustand? Das haben nicht die Eisenbahner zu verantworten, sondern es ist eine Folge des planwirtschaftlichen Systems. Denn die Kommandowirtschaft kennt weder Wettbewerb noch Kundenwünsche, sie kennt nur zentral vergebene Fahraufträge. Hinzu kam, daß die mangelnde Lieferfähigkeit der Autoindustrie ohnehin keine Konkurrenz aufkommen lassen konnte. Der der Marktwirtschaft eigene Konkurrenz- und Anpassungsdruck war nicht gegeben.
Im Prinzip galt das gleiche für die Eisenbahnindustrie. Sie hatte innerhalb des Ostblocks bestimmte Lieferverpflichtungen zu erfüllen – aber eben nicht im Wettbewerb. Das dort vorhandene Know-how wurde nicht im möglichen Maße gefordert. Denn daß die ostdeutsche Eisenbahnindustrie leistungsfähig ist, haben wir bei der Bundesbahn beim Einsatz der von der Reichsbahn ausgeliehenen Loko-

motiven erfahren. Dieses schlummernde Leistungspotential wird durch die neuen marktwirtschaftlichen Anreize sehr bald geweckt werden. Der gemeinsame Einkauf von Bundes- und Reichsbahn hat bereits mit über 30 Firmen in den ostdeutschen Ländern Verträge abgeschlossen. Zwar sind die Auftragssummen noch bescheiden, doch ist ein Aufwärtstrend klar erkennbar.
Die Eisenbahn war im vorigen Jahrhundert die zentrale Triebkraft des Industrialisierungsprozesses in Deutschland. Sie war eine unabdingbare Voraussetzung für die Einfügung großbetrieblicher, kapitalintensiver und technisch fortgeschrittener Produktionsverfahren. Erst die Eisenbahn ermöglichte den schnellen und billigen Transport von Massengütern über weite Strecken. Die dadurch entstandene Verbundwirtschaft von Kohlenbergbau und der eisenschaffenden Industrie machte beispielsweise das Ruhrgebiet zu einem der größten Industriezentren der Welt. Sie konnte ihre Stärke als herausragendes Transportmittel zusätzlich unter Beweis stellen, weil ihr Beginn zeitlich mit der Schaffung des Deutschen Zollvereins zusammenfiel. Die Eisenbahn wurde damit zum entscheidenden Kettenglied zwischen den neu entstehenden industriellen Wirtschaftsräumen.

Eine thüringische Arterie wird geschlossen

Die Frage, ob Geschichte sich wiederholt, mag müßig sein. Unbestritten sollte allerdings die Nutzbarmachung geschichtlicher Erfahrungen sein. Das Wissen um die Leistungen der Eisenbahn beim wirtschaftlich-industriellen Aufstieg Deutschlands im vergangenen Jahrhundert muß deshalb gerade heute effektiv genutzt werden.
Ich will das an einem Beispiel verdeutlichen. 1952 fuhr der letzte Zug zwischen der thüringischen Spielwarenstadt Sonneberg und der vier Kilometer entfernten bayerischen Puppenstadt Neustadt. Wenige Jahre später wurde Sonneberg zum Sperrgebiet erklärt, irgendwann wurden sogar die Schienen bis zum Grenzzaun herausgerissen. Die traditionell nach Oberfranken ausgerichteten wirtschaftlichen und kulturellen Aktivitäten der Region waren brutal abgeschnitten.
Im Januar dieses Jahres haben Bundesbahn und Reichsbahn im Rahmen des Lückenschlußprogramms damit begonnen, die 3,4 Kilometer lange Schienenstrecke zwischen den beiden Städten wieder aufzubauen. Dafür werden rund 33 Millionen Mark investiert. Etwa die Hälfte des Auftragsvolumens wurde an ostdeutsche Firmen vergeben. Damit – das ist der erste Effekt – wurden knapp hundert Arbeitsplätze für einige Monate gesichert. Vor allem aber – das ist der

FIRMENPORTRAIT

Die Deutsche Bundesbahn (DB) ist ein Dienstleistungsunternehmen im Eigentum der Bundesrepublik Deutschland. Sie bietet sichere, schnelle, zuverlässige und umfassende Transportleistungen an und trägt somit wesentlich zur Mobilität der Menschen und zur Leistungsfähigkeit der Wirtschaft bei.

Der konstitutive Rahmen des Unternehmens ist im Bundesbahngesetz vorgegeben. Es nennt die Aufgaben der DB, regelt die Beziehungen zum Bund und zu den Ländern und grenzt die Kompetenzen des Bundesministers für Verkehr (BMV) als Vertreter des Eigentümers sowie der Organe (Verwaltungsrat und Vorstand) ab. Die Organe haben die DB wie ein Wirtschaftsunternehmen mit dem Ziel bester Verkehrsbedienung nach kaufmännischen Grundsätzen so zu führen, daß die Erträge die Aufwendungen einschließlich der erforderlichen Rückstellungen decken. Gleichzeitig ist die DB zu Leistungen verpflichtet, welche nicht kostendeckend erbracht werden können, zum Beispiel die Bedienung des Nahverkehrs.

Auf der Basis der Vorschläge der »Regierungskommission Bahn« wird derzeit eine Strukturreform mit gesetzgeberischen Veränderungen vorbereitet, die darauf zielt, Deutsche Bundesbahn und Deutsche Reichsbahn in einer Deutschen Eisenbahn AG zusammenzuführen, die Unternehmensziele neu zu definieren, und die auch Auswirkungen auf den Personalstatus haben wird.

Die DB betreibt ein Streckennetz von 27000 km. Sie befördert jährlich 1 Milliarde Personen und 280 Millionen Tonnen Güter. Dazu verkehren täglich 21000 Personen- und 9000 Güterzüge. Die DB beschäftigt 242700 Mitarbeiter, darunter 12800 Nachwuchskräfte. Die Betriebserträge belaufen sich 1991 auf 24,5 Milliarden DM.

zweite Effekt – waren diese Aufträge für die damit betrauten ostdeutschen Firmen eine Initialzündung. Management und Arbeitnehmer erlebten in des Wortes ureigenstem Sinne, daß sie lebens- und leistungsfähig sind, daß ein erfolgreicher Neubeginn möglich ist.

Schubkraft durch nur drei Kilometer Schienen

Die eigentliche Bedeutung der »Maßnahme Sonneberg« für den Süden Thüringens wird sich aber erst noch zeigen. Denn nach dem Lückenschluß ist Sonneberg mit dem Eisenbahnknotenpunkt Coburg verbunden. Das gewinnt besondere Bedeutung dadurch, daß nur zwei Kilometer von Sonneberg entfernt der einzige Container-Bahnhof in etwa 150 Kilometern Umkreis liegt. Nach Abschluß der begonnenen grundlegenden Modernisierung haben die im Süden Thüringens traditionell ansässigen Unternehmen des Maschinenbaus, der Spielzeugwaren- und Glasindustrie eine leistungsfähige Verkehrsanbindung.
Auch das Dienstleistungsgewerbe der Region wird mit Hilfe der 3,4 Kilometer neuen Schienen auf Wachstumskurs kommen. Denn gleich hinter Sonneberg beginnt das traditionsreiche Erholungs- und Urlaubsgebiet Thüringer Wald mit seinen immer noch vorhandenen kleinen Pensionen und den zahlreichen privaten Zimmervermietern. Die werden auf mittlere Sicht erheblich davon profitieren, daß ab diesem Herbst täglich fünfzig Fern- und Regionalzüge in Sonneberg halten. Schubkraft für eine ganze Region durch etwas mehr als drei Kilometer neue Eisenbahn. Das läßt der Vorstellungskraft viel Raum, welche positiven Folgen es haben wird, wenn das mit insgesamt 9,5 Milliarden Mark dotierte Lückenschlußprogramm in wenigen Jahren abgeschlossen sein wird. Hinzu kommen allein in diesem Jahr knapp zehn Milliarden Mark, die allein der Reichsbahn für Instandhaltungsarbeiten, Streckenausbau und Fahrzeugbeschaffung zur Verfügung stehen.
Für die deutschen Eisenbahner sind solche Gemeinschaftsmaßnahmen wie der Lückenschluß neben dem unternehmerischen und wirtschaftlichen Gesichtspunkt allerdings auch ein ganz wichtiger Aspekt zur Vorbereitung der angestrebten Fusion der beiden Bahnen. Denn für die Eisenbahnen gilt wie für alles andere auch: Deutschland kann nur mental zusammenwachsen – nicht über Verordnungen und Vorschriften. Über Zusammenarbeit müssen die Erfahrungen von Ost und West zusammengebracht werden.
Daß der Westen dabei für einige Jahre mehr der Gebende sein wird, ist unvermeidlich. In der Eisenbahn-Praxis bedeutet dieses mentale Zusammenwachsen das Zusammenbringen von Erfahrungen, vor allem, daß Mitarbeiter für eine gewisse Zeit ins jeweils andere Unternehmen wechseln. Das beginnt bei den knapp 2000 Lokomotiv-

führern, Rangierern und Zugbegleitern, die von der Reichsbahn an die Bundesbahn ausgeliehen sind, und setzt sich über die in unterschiedlichen Verantwortungsebenen bei der Reichsbahn arbeitenden Bundesbahner fort bis hin zum »Führungsgremium Deutsche Eisenbahnen«, in dem die beiden Vorstände zusammenarbeiten. Dazu gehört aber auch die Vermittlung marktwirtschaftlicher Denk- und Handlungsweisen durch das gemeinsam betriebene Einkaufs- und Beschaffungswesen. Diese »So-tun-als-ob-Strategie« – zu arbeiten, als ob die beiden Unternehmen bereits fusioniert wären – ist der unbürokratische und effiziente Weg, das Trennende zu überwinden, das mentale und organisatorische Zusammenwachsen zu beschleunigen.
Der wirtschaftliche Erneuerungsprozeß in Ostdeutschland kann, nachdem die notwendigen Voraussetzungen geschaffen wurden und die finanziellen Mittel bereitstehen, nur noch in den Köpfen der Menschen scheitern. Es ist eine große, aber auch schöne Herausforderung, mithelfen zu dürfen, daß die einmalige Chance der deutschen Vereinigung in einer freiheitlich verfaßten Gesellschaft auch zu einem ökonomischen Erfolg wird. Die Eisenbahner in Ost und West wissen, daß sie dabei vielleicht etwas mehr als andere gefordert sind, weil sie ihren Beitrag in dem für die Wirtschaft besonders wichtigen Bereich der Infrastruktur zu leisten haben: Sie müssen das Fundament des neuen gesamtdeutschen Wirtschaftshauses mitverantworten. Das setzt neue Kräfte frei. Denn wir sind ins Gelingen verliebt.

Björn Engholm: Zukunftsfähige Ziele setzen, moderne Rahmenbedingungen schaffen, innovative Kräfte bündeln

»*Weise Regierungen haben zuvor jederzeit eingeräumt, daß vor Alters Wunder geschehen wären, neue Wunder aber nicht erlaubt.*«
Kant, Religion innerhalb der Grenzen der Vernunft.

I.

Ich bin für die soziale und ökologisch orientierte Marktwirtschaft, weil es zu ihr keine rational begründbare und praktisch handhabbare Alternative gibt. Weil Vernunftsgründe für ein solches System sprechen, sind mir jene suspekt, die in verklärender, uninformierter oder einäugiger Weise den Menschen in den neuen Ländern allein durch die Einführung der Marktwirtschaft ein neues Wirtschaftswunder verkündigen – ohne zu verdeutlichen, daß der Aufschwung im Osten Deutschlands viel mehr braucht als das Beschwören ordoliberaler Rezepte und alles richtender Marktkräfte. Wir sollten also nicht auf Wunder setzen, sondern auf tragfähige Visionen – weil Visionen Menschen anspornen, ihre Vorstellungs- und Tatkraft stimulieren und die Konturen des künftigen Reisezieles erkennen lassen. Wer heute in die Zukunft investiert, ob als Unternehmer in neue Verfahren, Produkte oder Dienstleistungen, als Jugendlicher in die eigene Ausbildung oder als Arbeitnehmerin oder Arbeitnehmer in ihre beziehungsweise seine Qualifizierung – sie alle brauchen Orientierung

und müssen eine Vorstellung haben, wie unsere Gesellschaft, wie der Zielbahnhof, den wir ansteuern, aussehen könnte.
Um es vorweg zu sagen: Aus der maroden Hinterlassenschaft des SED-Regimes eine zukunftsfähige moderne europäische Region zu machen, halte ich nicht nur für möglich und machbar, sondern im Sinne eines gesamtdeutschen Zukunftsprojekts »Deutschland im neuen Europa« für zwingend erforderlich.
Wie könnte Ostdeutschland am Beginn des nächsten Jahrhunderts aussehen?

- Hochwertige maritime Technik aus Rostock, modernste Mikroelektronik aus Leipzig, Jena und Dresden, innovative Verkehrstechnologien aus Riesa, Magdeburg oder Wismar, intelligente Umweltschutztechnik aus Halle und Bitterfeld können zum Markenzeichen einer prosperierenden Zukunftsregion geworden sein.

- Die Messedirektorinnen und -direktoren aus Frankfurt und Düsseldorf blicken staunend nach Leipzig, wo man zeigt, wie man mit innovativen Messekonzeptionen für die mittelständische Wirtschaft neue Produktmärkte und Absatzgebiete erschließt.

- Wenn der Name Frankfurt fällt, wird man in Zukunft einen Moment zögern, weil nicht ganz klar ist, ob der traditionsreiche Bankenplatz am Main gemeint ist oder die ebenso hochmoderne Zentrale an der Oder, über die mehr als ein Drittel des florierenden Osthandels abgewickelt wird.

- Im Fremdenverkehrsamt in Heidelberg zerbricht man sich währenddessen den Kopf, wie die Stadt für die amerikanischen und japanischen Touristen wieder attraktiver gemacht werden kann, nachdem diese in der letzten Saison verstärkt Dresden, das Venedig an der Elbe, Meißen oder Erfurt besucht hatten. Auch der Ferntourismus klagt, denn im Norden gibt es nun rund um die Ostsee bislang einmalige touristische Angebote: Von Sylt, Lübeck, Rügen und Usedom über Stettin, Riga und Tallin bis Öland und Bornholm werden einzigartige Ferienkombinationen angeboten, die als Musterbeispiele des sanften Tourismus gelten.

- Über die hochauflösenden Bildschirme made in Sachsen flimmert die neueste Folge der »Musikschule am Müritzer See«, eine erfolgreiche Vorabendserie, die wegen ihrer malerischen Landschaftsaufnahmen geschätzt wird.

– Die Forschungsregion hat sich indessen zu einem Mittelpunkt der europäischen Umweltforschung entwickelt, wo Wissenschaftler aus aller Welt lernen können, wie man mit industriellen Altlasten umgeht.

Utopie? Ja, noch. Aber wem sonst sollte ein solch anspruchsvolles Projekt gelingen, wenn nicht uns, der weltweit drittstärksten Ökonomie?
Voraussetzung dafür ist, daß wir alle Kräfte unserer Gesellschaft in Wirtschaft und Gewerkschaften, in Politik und Verwaltung, in der Wissenschaft und auch in Kunst, Kultur und den Kirchen für dieses Projekt zu bündeln vermögen.
Erinnern wir uns: Eine der großen wirtschaftspolitischen Innovationen war die in der Mitte dieses Jahrhunderts von Eucken, Müller-Armack, Erhard und anderen durchgesetzte Weiterentwicklung der Marktwirtschaft zur »Sozialen Marktwirtschaft«. Der Versuch, die Steigerung des Wohlstandes als Hauptziel wirtschaftlicher Aktivität mit dem Ziel sozialer Gerechtigkeit und Sicherheit als den »großen Anliegen der Zeit« (W. Eucken) zu verbinden, ohne daß »die geheime Sprungfeder einer gesunden Gesellschaft, nämlich das Gefühl der Selbstverantwortung« (W. Röpke) zerbrochen wird, ist im wesentlichen gelungen. Ein potenter, innovativer Unternehmenssektor, eine qualifizierte, leistungsstarke Arbeitnehmerschaft, eine starke Gewerkschaftsbewegung, Tarifautonomie, unabhängige Bundesbank und politische Parteien, die sich letztlich ein Mindestmaß an Konsensfähigkeit untereinander bewahrten, haben das Modell der »Sozialen Marktwirtschaft« zum Erfolg getragen.
Heute, im Übergang in das 21. Jahrhundert, geht es der Mehrheit der Menschen in der »alten« Bundesrepublik wirtschaftlich besser als je zuvor, und unseren Mitbürgerinnen und Mitbürgern in den neuen Ländern immerhin besser als in allen anderen osteuropäischen Staaten, die den Übergang zur Marktwirtschaft in Angriff genommen haben.
Aber, und dies ist schon paradox: Auch im Angesicht der großen Umwälzungen in der ehemaligen Sowjetunion und in Osteuropa, der Schuldenkrise und der Unterentwicklung der Dritten Welt, der globalen Umwelt- und Klimagefährdung verteidigen wir kleinmütig

und mit Vollkasko-Mentalität unsere Besitzstände, anstatt uns mit Klugheit, Engagement und Mut zum Risiko eine »new frontier« zu erschließen.
Dabei haben wir doch gar keine Wahl: Es gibt kein Zurück hinter die vermeintlich stabilen Mauern der alten Blöcke. Und das ist gut so. Wir haben glücklicherweise die Probleme des kalten Krieges hinter uns gelassen. Jetzt haben wir mit Problemen zu tun, deren Lösung wir immer gewollt haben, wenn es uns denn wirklich Ernst war mit der KSZE-Schlußakte von Helsinki. Heute erleben wir die Strukturbrüche von Gesellschafts- und Wirtschaftsordnungen, die wir immer für ineffektiv gehalten haben. Niemand kann angesichts des Krieges in Jugoslawien, der Nationalitätenkonflikte und der Versorgungsnot in der ehemaligen Sowjetunion die immensen Gefahren für Europa und die Welt unterschätzen. Dennoch – es bieten sich uns heute einzigartige Chancen:

– Die Chance, die Einheit Deutschlands zu einem gelungenen Beispiel für eine Aufgabe zu machen, vor der wir europa-, wenn nicht weltweit stehen: annähernd gleiche Lebensverhältnisse schaffen, Teilung durch Teilen überwinden, Brücken bauen, wettbewerbsfähige und lebenswerte Wirtschaftsstandorte schaffen, neue Partnerschaften einüben.

– Die Chance auf ein allmählich zusammenwachsendes Gesamteuropa, das ohne das Gleichgewicht des atomaren Schreckens auskommt, in dem sich Frieden, Menschenrechte und Demokratie gegenüber kleinkariertem Chauvinismus zu behaupten vermögen. Ein Europa, in dem wachsende Inseln der Prosperität durch Partnerschaft zwischen Ost und West verwirklicht werden.

– Die Chance schließlich auf eine neue Weltfriedens- und Weltwirtschaftsordnung, die Chance auf »eine Welt für alle«, in der es gelingt, in gemeinsamer Verantwortung für diesen Planeten die heraufziehende ökologische Katastrophe abzuwenden, und die Asymmetrie in den Beziehungen der Industrieländer zu den Ländern der Dritten Welt stufenweise erfolgreich zu beseitigen.

II.

Wer das will, muß zu Hause beginnen.
Es ist offenkundig: Eine Entwicklung in die von mir skizzierte Richtung setzt eine weitreichende Neuorientierung deutscher Wirtschaftspolitik voraus. Die schnelle und konsequente Korrektur des Prinzips »Rückgabe vor Entschädigung« in eine Regelung, die schnellstens eigentumsrechtlich unbehindertes Investieren ermöglicht, wäre dabei noch das Geringste, allerdings ein erster, längst überfälliger Schritt. Schlimmer noch als das Desaster in der Eigentumsfrage ist die mit hoher Geschwindigkeit voranschreitende Abwrackung und Auszehrung großer Teile der früheren ostdeutschen Industrielandschaft. Wird dieser industrielle Exodus nicht schnell gestoppt, müßten wir alle Hoffnungen auf baldige »blühende Landschaften« begraben.
»Wer die neuen Bundesländer nicht zu einem permanenten Sozialfall machen will«, so der frühere Präsident des Bundesverbandes der Deutschen Industrie (BDI) Tyll Necker auf dem Tag des industriellen Mittelstandes im April 1991 in Leipzig, »braucht bei aller Bedeutung von Dienstleistungen die industrielle Basis. Erhält die Industrie keine Rahmenbedingungen, die den erfolgreichen Strukturwandel möglich machen, so wird großen Teilen der Bevölkerung die Möglichkeit genommen, ihr Einkommen aus eigener Kraft zu erwirtschaften.« Und weiter: »Entschieden widersprechen muß ich der Ansicht, Unternehmen, die im Osten noch nicht im internationalen Wettbewerb bestehen können, hätten keine Lebensberechtigung. Im Westen haben wir dafür 40 Jahre im Rahmen der Sozialen Marktwirtschaft trainiert. Müssen wir den Unternehmen in den neuen Bundesländern, die mit unglaublich vielen Handicaps zu kämpfen haben, nicht wenigstens eine Mindestanpassungszeit gönnen?
Natürlich müssen wir!
Denn es geht hier nicht um eine den Westen kopierende, nachholende Entwicklung. Die neuen Länder müssen technologisch springen! Aber das Sprungbrett kann nur die noch bestehende industrielle Basis sein. Sie zu modernisieren wird schwer genug. Aber eine einmal industriell entleerte Region wieder »aufzuforsten«, ist beinahe unmöglich beziehungsweise nur unter extrem hohen Kosten machbar. Sanieren ist einfacher, preiswerter. Und es wird den Bedürfnissen der betroffenen Menschen gerecht.
Rund 25 Milliarden DM wollen Unternehmen in diesem Jahr in den

neuen Ländern investieren, darunter etliche Milliarden aus dem Fernmeldebereich. Aber um auch nur das auszugleichen, was in der Industrie wegbricht, müßten hier 100 Milliarden DM pro Jahr investiert werden. Wir steuern also geradewegs in eine riesige Investitionslücke, die auch die westdeutschen staatlichen Finanztransfers, allein ca. 170 Milliarden DM in 1992, nicht schließen können. Denn diese Finanzhilfen fließen immer noch zu lediglich nur einem Drittel in Sachinvestitionen, während zwei Drittel Ausgaben für Arbeitslosengeld, Arbeitslosenhilfe, Kurzarbeitergeld, Sozialhilfe, Wohngeld usw. sind. Das aber etabliert keinen eigenständigen regionalen Wertschöpfungskreislauf, weil die mit dem Geld aus den Transferleistungen gekauften Produkte und Leistungen noch ganz überwiegend aus westdeutscher oder importierter Produktion kommen, während die eigene ostdeutsche Industrie zerfällt.

Zu DDR-Zeiten waren im verarbeitenden Gewerbe, der Basis der ostdeutschen Industrie, rund 3,2 Millionen Menschen beschäftigt. Davon werden »bei Zugrundelegung eines rein betriebswirtschaftlichen Kalküls« weniger als 800000 übrigbleiben, wie die Unternehmensberatungsfirma McKinsey in einer Studie für die Bundesregierung im April 1991 vorgerechnet hat.

»Wir brauchen den Staat als Impulsgeber, nicht als Nachtwächter oder Feuerwehr«, fordert McKinsey-Chef Herbert Henzler und stellt fest: »Der Markt versagt, wenn das Umfeld nicht stimmt. Das ist derzeit in Ostdeutschland zu beobachten. Hier hätte ein industriepolitisches Konzept mit einer klaren Aufteilung der Finanztransfers auf Infrastruktur, Förderung des Mittelstandes und Sanierung der Altbetriebe den völligen Zusammenbruch der Industrieproduktion verhindern können.« Zu Recht fordert Henzler eine »marktfördernde Industriepolitik aus einem Guß, die die Innovationsfähigkeit der Wirtschaft unterstützt und begleitet, sie aber nicht dirigiert«.

Es kommt also endlich neuer Schwung in die wirtschaftspolitische Debatte. Ich will drei Bereiche nennen, in denen wir diesen Schwung nutzen und neue marktwirtschaftliche Schubkräfte entfalten müssen:

Erstens: Die Bundesregierung und die ostdeutschen Landesregierungen müssen sich auf eine Anzahl von Standorten verständigen, die aufgrund ihres bisherigen Standortprofils, der Struktur der ansässigen Betriebe und der Qualifikation der Arbeitskräfte zu Zentren der künftigen Entwicklung werden können. Für jeden dieser Schwerpunkt-Standorte muß vor Ort eine Wirtschaftsförderungsgesellschaft als Entwicklungsagentur geschaffen werden, in der alle wichtigen wirtschaftlichen Akteure mitarbeiten und in der alle Fördermaßnahmen zusammengebunden werden. Industriebetriebe, die mittelfristig Konkurrenzfähigkeit erlangen können, müssen saniert werden. Daß diese Sanierung kein Faß ohne Boden wird, haben wir doch in der Hand. Die jährlichen Kosten des Staates für einen Dauerarbeitslosen betragen 130000 DM bis 150000 DM und summieren sich mit den Multiplikatoreneffekten auf etwa das Doppelte. Bemessen wir die Förderung auf 200000 DM bis 300000 DM pro Arbeitsplatz – ein moderner industrieller Arbeitsplatz kostet heute etwa 250000 DM –, dann ließen sich schon die meisten Betriebe, die heute zum Schafott getragen werden, auf volkswirtschaftlich sinnvolle Art und Weise sanieren und betriebswirtschaftlich rentabel machen. Die industrielle Basis in den neuen Ländern dort zu sanieren, wo sie innerhalb von drei bis vier Jahren wettbewerbsfähig werden kann, ist für mich das vordringliche Anliegen gegenwärtiger deutscher Wirtschaftspolitik. Zum Beginn des kommenden Jahrzehnts muß die ostdeutsche Wirtschaft hochmodern und fit für den internationalen Wettbewerb sein, um gegenüber amerikanischen und japanischen Anbietern bestehen zu können.

Zweitens: Bis zu diesem Zeitpunkt muß auch ein tiefgreifender ökologischer Umbau unserer Volkswirtschaft erfolgt sein. Es gilt, neben dem vorhandenen sozialen auch einen ökologischen Rahmen für die Marktwirtschaft zu schaffen. Wirtschaftlicher Erfolg muß künftig Ausdruck maximaler Umweltverträglichkeit sein. Mit marktkonformen Instrumenten wie Steuern, Abgaben – auch Umweltlizenzen sind es wert, eingehender diskutiert zu werden – müssen Sog- und Druckwirkungen erzeugt werden, die umweltverträgliches Wirtschaften initiieren und rentabel machen. Staat und Markt müssen beide als Impulsgeber jene, die das Verhältnis von Wertschöpfung und Umweltverbrauch und -belastung am effizientesten verbessern, begünstigen.
Wir brauchen ein dem »sozialen Frieden« analoges Verständnis von Frieden mit der Natur als Erfolgs- und Markenzeichen unserer Wirtschaft.

Drittens: Bis zum Beginn des nächsten Jahrzehnts müssen wir in ganz Deutschland die Infrastrukturen und Standortfaktoren für die kommende Informations- und Kommunikationsgesellschaft beträchtlich

ausgebaut haben. Denn wir stehen am Beginn der wahrscheinlich größten Innovationswelle, die die Weltwirtschaft bislang erlebt hat, geprägt durch die Ressourcen »Information und Kommunikation«. Damit aber drohen uns neue Gefahren: Schon heute importieren wir immer mehr Hochtechnologiegüter aus Japan und Amerika. Unsere Handelsbilanz beiden gegenüber ist im Bereich der Hochtechnologie schon heute bedrohlich passiv. Wir brauchen aber auch künftig den direkten Zugang zu den neuen Schlüsseltechnologien.
In einem internen Papier, das das Ergebnis eines Workshops wiedergibt und das die »Frankfurter Allgemeine Zeitung« Anfang November des letzten Jahres veröffentlichte, beklagte der BDI »strategische Denkfaulheit« und forderte eine Industriepolitik des Aufholens in einer Allianz von Wirtschaft, Wissenschaft und Politik, unter Beteiligung der Gewerkschaften. Der Austausch zwischen Politik und Wirtschaft sei mangelhaft.
Wo die Märkte also überfordert sind, muß die Wirtschaftspolitik klare Rahmendaten setzen und neue Orientierung geben. Das heißt für mich: Erstens, strategische Förderung von Schlüsseltechnologien; zweitens, verstärkte Grundlagenforschung; drittens, intensivster Technologietransfer gerade auch vor Ort in den Regionen, denn auch die kleinen und mittleren Unternehmen mit geringen Forschungsetats müssen an der Spitzenforschung partizipieren können. Das bedeutet für mich viertens, eine breite Qualifizierungsoffensive, denn Innovationen setzen Qualifizierung voraus, und zwar auf allen Ebenen.

III.

Es gibt viel zu tun. Wirtschaftspolitisch stehen wir vor der doppelten Aufgabe, die Wettbewerbsfähigkeit der ostdeutschen Wirtschaft in Rekordzeit auf Weltniveau zu heben und zugleich den Standort Deutschland insgesamt für den immer schärfer werdenden internationalen Wettbewerb fit zu machen. Dazu müssen wir in Ostdeutschland neue Zukunftspotentiale hinzugewinnen und die neuen Herausforderungen des Informations- und Kommunikationszeitalters offensiv meistern.
Das aber hat seinen Preis.
Mit Blick auf einige andere Autoren dieses Bandes will ich deswegen deutlich sagen: Die Bundesrepublik Deutschland kann auch in Zukunft kein Niedriglohn- oder Niedrigsteuerland sein. Wer von den

Unternehmenssteuern, den Löhnen oder Sozialabgaben in England, Portugal oder Spanien schwärmt, muß große Abstriche bei der staatlich geschaffenen Infrastruktur oder etwa bei der Qualifizierung seiner Belegschaften einkalkulieren. Und er muß zudem mit größeren sozialen Spannungen rechnen. Das aber kann ernsthaft niemand bei uns wollen. Wer dennoch damit liebäugelt, kann sich vom britischen Industrieverband CBI vorrechnen lassen, daß die vergleichsweise unterentwickelte Infrastruktur in Großbritannien zu einer Kostenbelastung der dortigen Unternehmen von jährlich rund 45 Milliarden DM führt.

Die Standardweisheit lautet: Wir können uns einen gut ausgebauten Sozialstaat leisten, weil wir reich sind. Ich behaupte aber auch: Wir sind reich, weil wir einen gut ausgebauten Sozialstaat haben. Dies zu leugnen, hieße, den Ast abzusägen, auf dem unsere Volkswirtschaft sitzt. Und dazu bin ich nicht bereit.

Ich wünsche mir, daß die vorwärtsdrängenden, aktiven und innovativen Kräfte an dem großen Zukunftsprojekt mitarbeiten. Daß wir gemeinsam die Chance nutzen, damit die Marktwirtschaft in ihrer modernsten Form – die soziale und ökologische Marktwirtschaft – ihre größte Bewährungsprobe besteht.

Gespart wird – aber anders

Familienzwist beim Zusammenwachsen – Sparkassenpräsident Geiger: Gemischtes Doppel am Schalter

PETER GILLIES: *Ist es schwieriger, eine Industrie auf Marktwirtschaft umzustellen oder eine Währung?*

HELMUT GEIGER: Das Beispiel der DDR zeigte, daß es leichter ist, die Währung umzustellen, besonders dann, wenn man eine starke Währung wie die D-Mark im Rücken hat, hinter der eine starke Volkswirtschaft steht. Die Währungsumstellung verlief relativ reibungslos, während die Umstellung der Industrie von der Planwirtschaft auf die Marktwirtschaft mühsamer war und ist.

Sie sprachen sich seinerzeit gegen das Hauruck-Verfahren der Währungsunion aus. Haben Sie sich korrigiert?

GEIGER: Das ist so nicht richtig. Ich war Anfang 1990 wie die meisten anderen der Auffassung, eine kurzfristig angesetzte Währungsumstellung berge erhebliche Gefahren und hohe Belastungen der westdeutschen Volkswirtschaft. Ich habe mich dann aber im weiteren Verlauf davon überzeugen müssen, daß angesichts der politischen Entwicklung in der ehemaligen DDR und des Massenexodus in die Bundesrepublik der energische Schritt der einzig richtige war. Sonst wäre die DDR in sich zusammengefallen – ein soziales und wirtschaftliches Chaos. Es war dann unausweichlich, rasch auf die Wiedervereinigung hinzuarbeiten. Die Wirtschafts-, Währungs- und Sozialunion machte die Dinge unumkehrbar. Ich hielt es dann für richtig, daß die Bundesregierung sich entschlossen nach vorne bewegte.

Täuschten Sie sich über das Tempo dieses inneren Zerfallsprozesses?

Geiger: Im Januar, Februar 1990 war er in dieser Beschleunigung nicht abzusehen. Damals glaubte man ja noch, die Regierung de Maizière könnte die Lage stabilisieren, wozu auch die Fortdauer der Lieferverträge mit den ehemaligen Ostblockländern gehörte. Aber eine Übergangsregierung kann dies eben nicht.

Wann haben Sie sich erstmals in dieses Thema hineingekniet?

Geiger: Seit der Jahreswende 1989/90, als absehbar war, daß sich die DDR auflöst, die Marktwirtschaft kommt und die Grenzen sich öffnen. Damals habe ich – teilweise unter abenteuerlichen Bedingungen – Kontakte mit der Sparkassenführung in Ostberlin, die der Staatsbank untergeordnet war, aufgenommen. Deren Führung durfte aber nicht wissen, daß wir uns vorher schon alle Informationen aus ihrem Unterbau besorgt hatten. Beim Aufbau eines Sparkassenverbandes haben wir dann kräftig Geburtshilfe geleistet.

Sparkassen hatten dort keine Bankfunktionen.

Geiger: Sie waren der damaligen Staatsbank eingegliedert und nur Kapitalsammelstellen für den Staatshaushalt. In der Hierarchie des Regimes wurden sie sehr klein gehalten. Über unsere Ausbildungseinrichtungen hielten wir schon 1989 Kontakt und versuchten, den Zustand zu erkunden und den Informationsstand zu liften. Wir schickten seit der Jahreswende 1989/90 Material an die Privatadressen bestimmter Mitarbeiter in Ostberlin. Die gingen dann über die Grenze und riefen uns von Westberliner Telefonzellen aus an. Ihre Kenntnisse über den Stand des westlichen Sparkassenwesens haben sie dann in die Vorlagen für die Staatsbankführung zum Aufbau eines eigenständigen Sparkassenwesens in der DDR eingearbeitet. Am 15. März kam es so zur Gründung des DDR-Sparkassenverbandes. Ich habe mich dann parallel dazu darum bemüht, ein Betreuungsprogramm einzurichten: Die 196 DDR-Sparkassen bekamen eine oder mehrere westdeutsche Betreuungssparkassen an die Seite, und wir sorgten für Kontakte bis hin zu Materialien wie Schreibmaschinen, Kopiergeräten. Denn vorhanden war fast nichts an modernen Maschinen. Dazu wurde von der westdeutschen Sparkassenorganisation der Einsatz von Mitarbeitern bei den DDR-Sparkassen beschlossen.

Wie sah eine Zweigstelle aus?

GEIGER: Baujahr 1939 oder älter, einen Handwerker hatte sie seither nie gesehen. Gebäude und Gerätschaften waren in einem schlechten Zustand. Unsere westdeutsche Sparkassenorganisation stand unter Druck, weil wir wußten, daß sich die Deutsche Bank an die Geschäftsstellen der Staatsbank heranzurobben begann. Das hatten wir zeitig erfahren. Trotz der Dementis der Deutschen Bank wußten wir, daß sie sich zur Übernahme der Geschäftsstellen der Staatsbank rüstete. Als der Termin der Währungsumstellung bekanntgegeben wurde, war uns klar, daß die Sparkassen die Hauptlast der Umstellung würden tragen müssen, weil die Sparkassen 85 Prozent der Bevölkerung als Kunden hatten und westdeutsche Kreditinstitute noch nicht in der DDR tätig werden durften. In jenen Wochen hat die westdeutsche Sparkassenorganisation bis zu 3000 Mitarbeiter zu Hilfe geschickt. Mein Sohn, damals Lehrling, war auch vier Wochen in einer Stadt- und Kreissparkasse. Die Organisationsprobleme waren riesig, die rechtliche Umstellung nicht minder.

Ihre Verbandsorganisation taktierte nicht sonderlich ruhmreich.

GEIGER: Im Gegenteil, wenn man die Ausgangslage betrachtet. Wir haben uns intensiv beim damaligen DDR-Finanzminister Romberg bemüht, ein Sparkassengesetz nach westlichem Muster in die Volkskammer einzubringen. Das Gesetz ist dann in letzter Minute, nämlich am 29. Juni 1990, Freitagnachmittag vor der Währungsumstellung , von der Volkskammer verabschiedet worden. Damit hatten die Sparkassen eine Rechtsgrundlage, denn sie unterlagen ja vom 1. Juli Mitternacht an unserem KWG (Kreditwesengesetz). Was wir unterschätzten, war, daß sich mit der D-Mark auch die Zahlungsgewohnheiten der DDR-Bewohner fundamental und rasch wandelten. Durch die Formalitäten der Währungsreform bildeten sich Schlangen von oft zweihundert und mehr Metern vor den Zweigstellen. Die Sparkassen waren zunächst nicht in der Lage, das explodierende Zahlungsvolumen abzuwickeln. Jedesmal, wenn die Versandhäuser ihre Lastwagen abluden, kamen waschkörbeweise die Überweisungsträger herein. Das führte zu Verzögerungen, zumal auch die Bundesbank, die alte Staatsbank in Berlin, mit diesen Bergen überfordert war. Das hat uns Kummer bereitet.

Sind die Rückstände jetzt abgearbeitet?

Geiger: Weitgehend. Es besteht noch eine Art Altlast fehlgeleiteter Aufträge bei allen Kreditinstituten. Aber das laufende Geschäft ist jetzt normal. Die Sparkassen haben für Ostdeutschland eine eigene Automationsgesellschaft gegründet. Ende 1991 waren alle Sparkassen auf die neuen Computercenter in Leipzig und in Ostberlin umgestellt und arbeiten seit der zweiten Hälfte 1991 mit Geldausgabeautomaten, Kontoauzugsdruckern und dem westlichen Standard. Wir haben dadurch in Ostdeutschland einige tausend neue Arbeitsplätze geschaffen.

Standen Sie irgendwann an einem Sparkassenschalter zwischen Rostock und Suhl?

Geiger: Ich erinnere mich zum Beispiel an einen in der Stadt Brandenburg: ein Haus, fast zusammengefallen, das Dach war leck, notdürftig mit Dachpappen geflickt. Früher offenbar ein Wohnzimmer, wo in einem küchenähnlichen Raum der Panzerschrank stand. Daß der Tresor nicht in den Keller gefallen war, hing damit zusammen, daß unter ihm ein Pfeiler errichtet worden war. Und in dieser kleinen Zweigstelle arbeiteten sechs ostdeutsche und drei westdeutsche Angestellte. Die Kunden standen Schlange. Die Mitarbeiter bündelten das alte DDR-Geld, füllten die Alu-Chips in Säcke, um sie anschließend abzukippen. Aber es gab auch andere Zweigstellen in besserem Zustand, und heute ist das schon fast vergessen.

Hat die Währungsumstellung im Kopf so rasch stattgefunden wie die Umstellung auf eine neue Technik?

Geiger: Das ging relativ schnell. Zunächst gab es vorübergehend einen Kaufrausch. Aber dann sind die Menschen doch sehr rasch zum Rechnen übergegangen. Sie haben die D-Mark schnell als ihre Währung anerkannt und sich entsprechend verhalten. Das zeigt sich auch daran, daß die ostdeutschen Sparkassen 1991 wieder die Bilanzsumme vom 1. Juli 1990 erreicht und zum Jahresende deutlich überschritten haben. Die Guthaben wachsen, obwohl eine Reihe von Kunden natürlich zu den Großbanken abgewandert ist. Davon sind allerdings auch etliche wieder zu ihrer Sparkasse zurückgekommen.

Die Sparkassen bieten jetzt in Ostdeutschland auch die breite Angebotspalette für Geldanlagen und Kredite, und die Kunden nutzen diese neuen Möglichkeiten.

Ihre Konkurrenz, die Banken, scheinen das Problem geräuschloser bewältigt zu haben.

GEIGER: Die Großbanken schafften es lediglich schneller, die moderne Technik hinüber zu transportieren, weil sie nicht das Massenproblem mit der Währungsumstellung zu bewältigen hatten und neu beginnen konnten. Aber die hohen Sparkassen-Marktanteile bei Privatkunden konnten weitgehend gehalten werden.

Viele bezeichneten die Ausbildung von Mitarbeitern als das größte Problem. Sie auch?

GEIGER: Das ist nach wie vor ein großes Problem. In allen Ostblockländern war der Bankberuf ein ausgesprochener Frauenberuf. Er galt gesellschaftlich wenig und wurde entsprechend schlecht bezahlt. Die Frauen in den Sparkassen sind aber außerordentlich motiviert, sie trugen über Monate eine riesige Last. Man konnte die Mitarbeiterinnen an den Schaltern und im Innendienst nur bewundern, daß ihr Nervenkostüm dem Ansturm standhielt. Die Sparkassenorganisation hat daher von Anfang an Lehrgänge der verschiedensten Art eingerichtet. Dazu gehört auch ein spezieller Fernlehrgang der Deutschen Sparkassenakademie für ostdeutsche Mitarbeiter. 1992 wird nochmals ein großer Ausbildungsschub folgen. Dann werden wir in etwa vergleichbare Verhältnisse mit Westdeutschland hinbekommen; vor allem dann, wenn es gelingt, im Mittelbau noch mehr westdeutsche Fachleute zu plazieren. In den Vorständen ist dies im Laufe des Jahres 1991 bereits gelungen. Unser Motto lautet: Gemischtes Doppel, einer aus Ost, einer aus West.

Das hat sich bewährt?

GEIGER: Ja. Die Geschäftsergebnisse beweisen es.

Die verdienen heute noch gut 60 Prozent der Westeinkommen?

GEIGER: Ja, bis Ende 1991. Danach, in 1992, kommen sie bis auf 75 Prozent des Westniveaus. Das ist gerade für die Mitarbeiter und Mitarbeiterinnen der Sparkassen ein deutlicher sozialer Aufstieg. Sie waren früher sehr schlecht bezahlt, nur rund 700 Mark Ost.

Warum war der Gang der Sparkassen in die neuen Bundesländer von soviel negativen Schlagzeilen und Turbulenzen begleitet?

GEIGER: Weil wir viel mit der Politik zu tun haben und die Politik nicht ohne Schlagzeilen auskommt. Man muß unterscheiden: Die Stabilisierung der örtlichen Sparkassen in der DDR verlief außerhalb der Schlagzeilen und reibungslos. Trotz aller Probleme haben sie die Währungsumstellung gemeistert und ihre hohen Marktanteile behaupten können. Die Querelen fingen erst an, als die Zuständigkeiten auf die neuen Landesregierungen übergingen.

Sparkassenrecht ist eben Landesrecht. Der Knatsch begann, als es um die nächste Stufe der Sparkassen ging, also die Verbände, die Verbundeinrichtungen, die Landesbanken, Bausparkassen und Versicherungen.

Auch die 400-Millionen-Pleite in Halle lieferte einige peinliche Schlagzeilen.

GEIGER: Dort gab es keinen richtigen Vorstand und auch noch keine Organe, die das Geschäft sachkundig überwachen konnten, als die westdeutschen Betrüger ihr Spiel begannen. Wir haben uns sehr früh darum bemüht, mit den neuen Landräten und Bürgermeistern ins Gespräch zu kommen.

Der Aufbau des Sparkassennetzes lief parallel zum Aufbau der Kommunalverwaltungen. Wir hatten also zunächst keine Partner, weil sich die Kommunen noch nicht konstituiert hatten. Und in dieser Zwischenzeit sind solche Pleiten wie in Halle passiert, weil eben keine Kontrollmechanismen vorhanden waren.

Hat die Sparkassenorganisation eine Chance vertan? Wäre es nicht angezeigt gewesen, das System grundsätzlich zu überarbeiten und für eine Reform zu nutzen?

GEIGER: Das verkennt die Gesetzmäßigkeit des deutschen Föderalismus. Jedes Bundesland möchte natürlich selber bestimmen. Wir waren der Auffassung, die westdeutschen Strukturen hätten sich im großen und ganzen bewährt und könnten im wesentlichen übertragen werden. Bei den relativ kleinen ostdeutschen Bundesländern war eine zwischenstaatliche Zusammenarbeit zwischen mehreren Bundesländern zweckmäßig, was jetzt bei der Beibehaltung des ostdeutschen Sparkassen- und Giroverbandes für vier Bundesländer auch erfolgt. Nur bei den Landesbanken, wo es vielen westdeutschen Institutionen auch darum ging, ihren Einflußbereich auszudehnen, ist das dann nicht gelungen.

Die Eifersüchteleien um die steckengebliebene Fusion im Norden schauen nicht wie ein gesamtdeutscher Modellfall aus.

GEIGER: Das zeigt die Gesetzmäßigkeit des deutschen Föderalismus. In der Landeshauptstadt wird zunächst gezählt, wie viele Arbeitsplätze man vor und wie viele man nach der Fusion

HELMUT GEIGER

hat. Bekommt man mehr oder weniger Direktorenposten? Daran scheitert leider vieles, weil die Politik weniger nach ökonomischen Notwendigkeiten als nach augenblicklichen politischen Gefechtslagen entscheidet. Jede größere Stadt will auch ein Finanzzentrum werden. Wo nach solchen Vorstellungen entschieden wird, hat es die Sachgerechtigkeit schwer.

Entspricht das Gewürge etwa zwischen dem Südwesten und Sachsen und zwischen Hessen/Thüringen Ihren Vorstellungen einer modernen Kreditwirtschafts-Organisation?

GEIGER: Ich glaube, es wird sich einrangieren und 1992 zu einigermaßen geordneten Verhältnissen führen. Mehr Konzentration und mehr Wirtschaftlichkeit statt politischer Überlegungen sind notwendig.

Hat das aus Sparkassensicht den Einigungsprozeß gestört oder Ihr Image beschädigt?

GEIGER: Auf der lokalen Ebene haben die Sparkassen prima funktioniert und ein gutes Image. Jetzt beginnen auch die Landräte und Bürgermeister, die zunächst überhaupt nicht wußten, was eine Sparkasse ist, zu verstehen, welche nützlichen Instrumente das sind, zum Beispiel für die kommunale und gewerbliche Infrastruktur. Wenn sie 1992 ihre Gewerbesteuerzahlungen von den Sparkassen bekommen, werden sie merken, was sie an ihnen haben. Oft ist ihre Sparkasse nicht nur der größte, sondern sogar der einzige Gewerbesteuerzahler.

Eine Sparkasse, die achtbar Zahlungsverkehr betreibt und emsig Spareinlagen einsammelt, wird auf Dauer keine Überlebenschancen haben.

GEIGER: Richtig. Die örtliche Sparkasse, wenn sie sich im Wettbewerb mit den Großbanken, die sich fest etabliert haben, behaupten will, muß Service-Leistungen anbieten, die sie allein kostengünstig nicht darstellen kann. Sie bedarf einer ergänzenden Einheit für viele Geschäftsbereiche in Gestalt von Verbundunternehmen. Ich habe frühzeitig mit allen neuen Ministerpräsidenten Gespräche geführt, um dafür Verständnis zu wecken. Das ist sehr schwierig, weil dann auch Gegenkräfte hineinwirken und auch die eine oder andere Landesregierung nach der Wurst greift und sagt, was in zwei, drei Jahren passiert, interessiere sie nicht.

Haben die Lobbyisten der Großbanken die Ministerpräsidenten und die Kommunalpolitiker schon in den Sack gesteckt, bevor Sie überhaupt auftauchten?

GEIGER: Nein, die Großbanken laufen auf anderer Schiene, indem sie in Ostdeutschland Filialen betreiben, aber keine selbständigen neuen Institute errichten. Sie haben zum Beispiel damals die Geschäftsstellen der Staatsbank übernommen, streiften die Altlasten ab und kümmerten sich nur um das Neugeschäft. Wir haben beispielsweise Informationstage mit den neu gewählten Landräten und Bürgermeistern durchgeführt und sie auf ihre Aufgaben im Verwaltungsrat der Sparkassen vorbereitet. Durchgesetzt haben wir dadurch, daß wir den ostdeutschen Sparkassenverband zusammengehalten haben als Klammer und Service-Leister für die selbständigen Sparkassen, was keineswegs selbstverständlich war.

Wie stark ist Ihr Spitzenverband eigentlich noch?

GEIGER: Wir haben dafür gesorgt, daß die Sparkassen flächendeckend betreut wurden. Wir sorgten dafür, daß die westlichen Betreuungssparkassen nicht etwa alle in den Großraum um Berlin und an die innerdeutsche Grenze, aber keine an die Oder oder in die Lausitz gingen, sondern die Betreuung im ganzen Ostdeutschland sicherstellten. Wir verhinderten also die Rosinentheorie, weil wir Hilfe zur Marktfestigung, nicht zur eigenen Bereicherung geben wollten. Umgekehrt haben wir erreicht, daß heute auch überall in Ostdeutschland die Menschen, die Betriebe, die Kommunen moderne kreditwirtschaftliche Leistungen am Ort erhalten.

Muß man das als Teil Ihres öffentlichen Auftrags begreifen?

GEIGER: Ja, aber auch verbunden mit Marktstrategie. Ich habe in unseren Gremien gesagt, wir können nicht zulassen, hier den Großbanken das Feld kampflos zu überlassen. Das geht nur auf, wenn wir die dortigen Sparkassen stützen, damit sie in Konkurrenz mit den Großbanken bestehen können. Da sie das allein nicht schaffen konnten, mußten sich die westdeutschen Sparkassen dahinterstellen, weil sonst die ganze Marktposition verlorengegangen wäre. Das war unser geschäftspolitisches Ziel. Hätten wir regionale Streitereien, wer vom Kuchen das größere Stück bekommt, ausufern lassen, hätten die westdeutschen Sparkassen nicht länger mitgemacht.

Vermeidbare Fehler?

GEIGER: Objektiv ja, aber subjektiv, das heißt aufgrund unserer föderalen und politisch bedingten Struktur, nein.

Gibt es eine gesamtdeutsche Emsigkeit beim Sparen? Wie nähern sich ost- und westdeutsche Sparverhalten?

GEIGER: Sparen hängt vom Einkommen ab, es kann nur mit dem Einkommen wachsen. Die Anlagegewohnheiten hängen dann wiederum von den Vermögensverhältnissen ab. Dieser Prozeß wird in Ostdeutschland eine lange Zeit dauern. Mentalitätsmäßig sind beide Teile Deutschlands schon recht nahe beisammen. Die Bürger sparen im Osten auch. Aber sie sparen anders, mit anderen Zielen und mit ganz anderen Summen. In Westdeutschland sind ja allein die jährlichen Zinsgutschriften höher als die gesamten Vermögensbestände der ostdeutschen Sparer. Die Einkommen werden sich relativ rasch annähern, aber die Vermögensbestände werden noch lange weit auseinanderklaffen.

Gab es beim Sparverhalten der Kundschaft Überraschungen?

GEIGER: Nein. Ich habe es so eingeschätzt, wie es eingetreten ist. Die Kunden befriedigten zunächst ihren Nachholbedarf an Konsum, dann schauten sie auf ihr Konto und ihre Einkommensverhältnisse und wurden sehr vorsichtig. Im Gegensatz zu den Westdeutschen verschuldeten sie sich sehr, sehr vorsichtig. Man mag keine Schulden, was in der ungewissen Situation auch richtig ist.

Wir haben jetzt viel über das Sparen geredet, aber wenig über die Aktivseite, die Kredite an die mittelständische Kundschaft.

GEIGER: Sie bildet sich langsam. Die Sparkassen waren bei den ERP-Krediten zur Existenzgründung durchaus erfolgreich, hatten Marktanteile von teilweise bis 40 Prozent. Das Kreditgeschäft läuft mit hohen Zuwachsraten, aber auch mit einem überdurchschnittlichen Risiko, weil man unsere Beleihungsmaßstäbe im Kreditgeschäft dort nicht anwenden kann. Es fehlen Bilanzen, man kann auf keine geschäftlichen Erfahrungen zurückgreifen. Die Marktchancen von neuen Unternehmen sind nicht zu bewerten, weil unsere betriebswirtschaftlichen Instrumente mangels Daten nicht anwendbar sind. Aber dafür bringen die Sparkassen gute Kenntnis des örtlichen Marktes mit.

Sind Ihre westlichen Kredit-Sachbearbeiter mit der Risikoeinschätzung überfordert?

GEIGER: Die Beurteilungsmaßstäbe sind schwierig. Deswegen ist es notwendig, daß auch erfahrene Ostleute da sind, die ihre Menschen kennen und die sofort die Kreditwürdigkeit vom Kreditrisiko trennen kön-

Dr. h. c. Helmut Geiger, geboren am 12. Juni 1928 in Nürnberg

	Studium der Rechtswissenschaften und der Volkswirtschaft an der Universität Erlangen und der Freien Universität Berlin
1953	Erstes juristisches Staatsexamen in Erlangen
1954	Diplom-Prüfung für Volkswirte in Erlangen
1957	Zweites juristisches Staatsexamen in München
1957 bis 1959	Wissenschaftlicher Assistent beim Deutschen Bundestag Anwaltsassessor in Bonn
April 1959	Geschäftsführer der Geschäftsstelle Öffentlicher Bausparkassen im Deutschen Sparkassen- und Giroverband Rechtsanwalt in Bonn
1965	Mitglied des Deutschen Bundestages
Juli 1966	Hauptgeschäftsführer des Deutschen Sparkassen- und Giroverbandes
seit April 1972	Präsident des Deutschen Sparkassen- und Giroverbandes
6.7.1978	Verleihung der Ehrendoktorwürde der wirtschafts- und sozialwissenschaftlichen Fakultät der Universität Köln

Herr Dr. h. c. Geiger ist Vorsitzender des Verwaltungsrates der Deutschen Girozentrale – Deutsche Kommunalbank –, Frankfurt, Vorsitzender des Aufsichtsrates der SIZ-Informatik Zentrum der Sparkassenorganisation GmbH, Bonn, Präsident des Deutschen Sparkassen- und Giroverbandes ö. K., Berlin, Mitglied des Verwaltungsrates der Kreditanstalt für Wiederaufbau, Frankfurt, Mitglied des Verwaltungsrates der Landwirtschaftlichen Rentenbank, Frankfurt, Mitglied des Aufsichtsrates der Deutschen Bau- und Bodenbank AG, Frankfurt, Mitglied des Aufsichtsrates der WIBERA – Wirtschaftsberatungsgesellschaft AG, Düsseldorf, u. v. a. m.
Zahlreiche Buchveröffentlichungen, zuletzt »Kreditwirtschaftliche Perspektiven«, 1989.

nen. Die Risiken sind übrigens vor allem dadurch entstanden, daß sich der eine oder andere Ostdeutsche von westdeutschen Gaunern hat reinlegen lassen. Die Mehrheit der Kreditausfälle kommt nicht durch Ostvergabe, sondern durch Wessis, die die Unerfahrenheit in den neuen Ländern ausnutzten.

Mehrheit bedeutet mehr als 50 Prozent.

Geiger: Die größeren Schieflagen sind fast alle durch Wessis entstanden. Viele Bürger Ostdeutschlands haben sich täuschen lassen durch großspuriges Auftreten und vollmundige Versprechungen. Nachdem westdeutsche Sparkassenmitarbeiter in die Vorstände einrückten, ist das Risiko geringer. Das Kreditgeschäft läuft jetzt mit guten Zuwachsraten. Der Engpaß ist die Sachbearbeitung. Wir haben immer noch zu wenige Fachleute. Künftig aber legen wir unser Augenmerk nicht so sehr auf die Sparschweinchen, sondern auf den Aufbau eines soliden Kreditgeschäfts.

Wenn Sie einen Blick auf den fünften Jahrestag der deutschen Einheit werfen – reden wir dann noch über den Aufschwung Ost?

Geiger: Da müßte er schon bewältigt sein. In vier, fünf Jahren haben wir eine neue industrielle Infrastruktur, eine leistungsfähige Dienstleistungswirtschaft und einen gut funktionierenden Handel. Hoffentlich auch vernünftige Hotels. Was wir dann noch nicht bewältigt haben werden, ist die Beseitigung der Arbeitslosigkeit. Die Industrie allein kann es in der Schnelligkeit nicht schaffen. Sie braucht mit ihren modernen Maschinen natürlich sehr viel weniger Arbeitskräfte als in den alten Gemäuern der Kombinate. Und wir werden wahrscheinlich ab 1995 starke regionale Ungleichgewichte haben. Um Berlin herum und im Süden, vielleicht auch auf der Achse Hannover–Braunschweig–Berlin wird es blühende Industriestrukturen geben, während es an der Oder, im Norden und den umweltgeschädigten Problemgebieten schwierig bleiben wird.

Schätzen Sie das regionale Gefälle zwischen Leipzig und dem Oderbruch größer ein als zwischen Rhein-Main und Ostfriesland?

Geiger: Es wird ähnlich sein. Sachsen und die Dienstleistungsbereiche haben die allergrößten Chancen, an der polnischen Grenze und im Osten bleiben die Probleme zäh. Deswegen konzentrieren sich die Privatisierungen auch

FIRMENPORTRAIT

Der Deutsche Sparkassen- und Giroverband in Bonn repräsentiert 13 regionale Sparkassen- und Giroverbände mit 748 Sparkassen, 12 Landesbanken/Girozentralen, 13 Landesbausparkassen sowie die Deutsche Kapitalanlagegesellschaft. Die deutsche Sparkassenorganisation entspricht in ihrem Aufbau dem föderativen Organisationsprinzip der Bundesrepublik, also dem Regionalprinzip mit der Eigenständigkeit der Länder. Der Deutsche Sparkassen- und Giroverband vertritt die Interessen der Sparkassenorganisation auf Bundesebene gegenüber dem Deutschen Bundestag, der Bundesregierung, den einzelnen Fachministerien sowie auch gegenüber der Öffentlichkeit. Er hält ferner engen Kontakt zur Deutschen Bundesbank, zum Bundesaufsichtsamt für das Kreditwesen sowie zu den anderen Spitzenverbänden und -organisationen der Wissenschaft und der Wirtschaft. Neben der Verbandstätigkeit »nach außen« ist der Deutsche Sparkassen- und Giroverband auch für die Infrastruktur der Sparkassenorganisation tätig: Dazu zählen Gemeinschaftsaufgaben der Betriebswirtschaft, des Marketing, der EDV-Anwendung mit einem zentralen Datenservice zur Kundenberatung und der Weiterbildung der Mitarbeiter bis hin zur Deutschen Sparkassenakademie in Bonn. Zwei Drittel der Bevölkerung und nahezu jeder Betrieb in der Bundesrepublik Deutschland haben ein Konto bei den Instituten der Sparkassenorganisation. Mit einem Anteil von 35 Prozent am Geschäftsvolumen aller Kreditinstitute in der Bundesrepublik und über 300000 Mitarbeitern ist die Sparkassenorganisation die größte Gruppe des deutschen Kreditgewerbes.

auf die verkehrsgünstigen und nicht auf die schwachen Räume.

Übersieht die Wirtschaftspolitik diesen Prozeß?

GEIGER: Sie hat bisher seine Langfristigkeit übersehen. Das haben wir alle unterschätzt, weil wir die DDR-Industrie als leistungsfähiger einstuften, als sie es tatsächlich war. Die alten Fabrikgemäuer, Baujahr 1905 oder früher, mit ihrem klapprigen Maschinenpark, dazu die verseuchten Böden und Gewässer – alles wurde in dieser Schärfe erst nach und nach sichtbar. Daher kommt auch die Fehleinschätzung der Treuhandanstalt. Herr Rohwedder hat damals im Überschwang das gesamte Staatsvermögen einschließlich Grund und Boden auf 600 Mrd. DM geschätzt. Ich nehme an, das ist in Wahrheit ein Minuswert, weil das industrielle Vermögen mit soviel Altlasten befrachtet ist. Was für den Aufschwung Ost am Anfang 1991 angeschoben wurde, hätte ein paar Monate früher gemacht werden sollen. Dann wäre auch das psychologische Tief in den neuen Bundesländern nicht so deprimierend gewesen.

Das klingt nach baldigem Konkurs.

GEIGER: Keineswegs. Der Einigungsprozeß war durch vier Wahlen belastet. Daß es dann noch einigermaßen gutging, ist immer noch ein kleines Wunder. Es wurde bis jetzt ohne größere Brüche und ohne soziale Unruhen geschafft. Insofern sollte man zufrieden sein. Bei diesem Tempo ist die ganze Sache doch erstaunlich gut gelungen.

Wird sich im Jahre 2000 eine Sparkassenfiliale in Schwerin von einer in Recklinghausen noch unterscheiden?

GEIGER: Das dauert nicht so lange. Schon im Jahre 1993/1994 werden Sie nicht mehr sehr viele Zweigstellen finden, die sich vom westdeutschen Standard unterscheiden.
Bis Ende 1992 sind wir aus dem Gröbsten heraus. Es ist natürlich immer noch viel zu tun, aber ich glaube, daß wir in wenigen Jahren über den Berg sind.

Ohne Optimismus geht gar nichts

RWE-Chef Friedhelm Gieske über den Umgang mit ökologischen Mondlandschaften, Großinvestitionen und das gesamtdeutsche Energienetz des Jahres 2000

Peter Gillies: *Was ist für einen Manager wichtiger – Herz oder Hirn?*

Friedhelm Gieske: Beides ist wichtig. Die Zeit seit 1990 hat in hohem Maße die Emotion, das Herz angesprochen, ohne daß ich behaupten würde, zum Chauvinisten geworden zu sein. In diesem Sinne bin ich ein Patriot, der sich über die Wiedervereinigung freut.

Aus Ihrer Biographie sind emotionale Ostbindungen nicht zu erkennen. Geboren sind Sie in Osnabrück und Ihre Karriere ist eine westdeutsche. Woher das Engagement?

Gieske: Sich als Deutscher für Deutsche zu freuen, ist von keiner Landsmannschaft abhängig. Allerdings will ich gleich hinzufügen: Auch wenn Träume wahr werden, bleibt die Vernunft gefordert. Um so mehr, als das Gefälle zwischen Ost- und Westdeutschland rasches Handeln erfordert.

Emotion zeichnet sich meist dadurch aus, daß sie unrentabel ist.

Gieske: Emotion ist sicherlich eine wichtige Triebfeder. Die Führung eines großen, international tätigen Wirtschaftsunternehmens verlangt aber, daß man dabei das wirtschaftliche Kalkül im Auge behält. Wäre ich bei einer karitativen Einrichtung, sähe das vielleicht anders aus. Aber ich trage Verantwortung für das uns anvertraute Kapital und für mehr als 100 000 RWE-Mitarbeiter.

Wann hat sich bei Ihnen und in Ihrer Führungsmannschaft die Vision eines gesamtdeutschen Energienetzes konkretisiert?

GIESKE: Wenige Wochen, nachdem die Mauer sich öffnete. Damals hatten wir allerdings noch keinen genauen Überblick über die Komplexität der vor uns liegenden Aufgaben.

Wann haben Sie die erste Anlage in Ostdeutschland besichtigt und welchen Eindruck hatten Sie?

GIESKE: Das war Anfang 1990 im Braunkohlentagebau und im Kraftwerksbereich in den Regionen Cottbus, Bitterfeld, Senftenberg und Leipzig. Dabei bekamen wir einen Eindruck von der Dimension der technischen und ökologischen Probleme.

Wo sehen Sie die größeren energiewirtschaftlichen Probleme – im Verbund oder auf der regionalen Ebene?

GIESKE: Braunkohlenförderung, Stromerzeugung und Stromabsatz bilden eine Kette, aus der man nicht ohne gravierende Folgen ein Glied heraustrennen kann. Gerade dies versuchen aber die 146 Kommunen mit ihrer Klage vor dem Bundesverfassungsgericht gegen den sogenannten Stromvertrag. Wenn die Kommunen ihre Stromversorgung in eigener Regie organisieren, ist die Auslastung der Kraftwerke und damit der Absatz der Braunkohle nicht mehr gesichert. Für die Milliardeninvestitionen im Kraftwerksbereich brauchen wir aber diese Sicherheit.

Ich meine, die Elektrizitätswirtschaft hat in den vergangenen Jahrzehnten in Westdeutschland nicht unwesentlich zur Prosperität beigetragen. Da sollte man die neuen Bundesländer nicht als Experimentierfeld für fragwürdige Wettbewerbsmodelle benutzen. Energiewirtschaftliche Kleinstaaterei paßt im übrigen auch nicht in die europäische Landschaft von morgen.

Verübeln Sie es den Kommunalpolitikern, daß diese ihre eigenen Vorstellungen bei der regionalen Energieversorgung durchsetzen wollen?

GIESKE: Keineswegs. Nur sie sollten ihre Absichten auch zu Ende denken. Darauf hinzuweisen fühlen wir uns verpflichtet.

Nach der Verfassungsklage wurde Ihnen verschiedentlich vorgeworfen, Sie hätten einen Investitionsboykott verhängt.

GIESKE: Das stimmt in keiner Weise. Die Verträge vom 22. August 1990 enthalten die Geschäftsbesorgung für 15 regionale Gesellschaften und für die VEAG – Verbundgesellschaft in den neuen Bundesländern – durch die drei großen westdeutschen Verbundunternehmen sowie mehrere kleinere EVU-Partner (Energieversorgungs-Unternehmen). Wir haben nie gesagt, wir würden die Investitionen stoppen. Doch wenn die Kommunen klagen, müssen wir das Urteil abwarten. Bis dahin können wir keine Beteiligungen erwerben, denn sie würden das Risiko der Rückübertragung beinhalten – mit allen Konsequenzen.

Wir haben aber – und darauf möchte ich hier noch einmal mit aller Deutlichkeit hinweisen – alle für die Versorgungssicherheit notwendigen Investitionen durchgeführt.

Es gab und gibt Unternehmen, die haben in der Ex-DDR wie in ein Niemandsland investiert.

GIESKE: Das mag sein. Ich sage Ihnen nur: Bei der Sanierung der Stromwirtschaft handelt es sich um riesige Investitionen. Allein für die Elektrizitätsversorgung müssen bis zum Jahr 2005 von den beteiligten Unternehmen insgesamt rund 60 Milliarden D-Mark investiert werden. Davon entfallen nach den Planungen 37 Milliarden D-Mark auf Kraftwerke und das Verbundnetz sowie 23 Milliarden D-Mark auf die regionale Versorgung. Es handelt sich hier nicht um kurzlebige Projekte, sondern um solche mit Amortisationszeiten von 30, 35 Jahren. Hierfür brauchen wir langfristige Verläßlichkeit. Energiepolitik darf sich nicht an Wahlterminen orientieren. Es sind viele Dinge abzuwägen. Denken Sie an die Widersprüche zwischen der Wirtschafts-, Energie- und Umweltpolitik.

Der Bereich der leitungsgebundenen Energieversorgung macht knapp 40 Prozent des RWE-Geschäfts aus. Welche Rolle wird die Braunkohle im vereinigten Deutschland spielen?

GIESKE: In den neuen Bundesländern dominiert heute die Braunkohle. Ich gehe davon aus, daß auch die Politik daran festhalten will, etwa die Hälfte der Stromerzeugung auf Braunkohlenbasis bereitzustellen. Selbst das macht eine Reduzierung der Förderung unabdingbar: von mehr als 300 Millionen Tonnen im Jahr 1989 auf rund 100 Millionen Tonnen. Wer nun ein Kraftwerk auf Braunkohlenbasis bauen soll, muß aber wissen, ob diese Energiequelle für die nächsten 30 bis 40 Jahre wirtschaftlich zur Verfügung steht. Hier ist zu bedenken, daß die Verfeuerung von Braunkohle mit Emissionen verbunden ist. Kohlendioxid ist bei Verbrennungen nicht zu vermeiden. Es wird trotz moderner Anlagen immer Belastungen geben. Auch der

Bergbau ist ohne temporäre Eingriffe in die Natur, die wir aber durch große Anstrengungen in der Rekultivierung sehr begrenzen, nicht möglich. Wer das alles dennoch als störend empfindet, muß es sagen – hier und heute. Dann können wir nicht investieren, denn wir sind hierzu nur in der Lage, wenn wir für Planung, Genehmigung, Bau und Nutzung auf mehrere Jahrzehnte von einer Akzeptanz der Braunkohle ausgehen können.

Wenn aber die Parteien und die anderen gesellschaftspolitischen Kräfte hierüber zu einem dauerhaften Konsens nicht fähig sind, antworte ich: Dann können wir den Bau neuer Braunkohlekraftwerke nicht verantworten, weder vor unseren Mitarbeitern noch vor unseren Aktionären. Das ist weder Nötigung noch Pression, sondern eine unternehmerische Abwägung.

Sieht das bei Steinkohle anders aus?

GIESKE: Bei einem Steinkohlekraftwerk wäre das insofern anders, als man Steinkohle auch aus Polen, Amerika oder Australien importieren kann.

Ist Ihnen der politische Horizont einer Legislaturperiode zu kurz? Hin und wieder, beispielsweise bei der Rentenpolitik, wird er auch übersprungen.

GIESKE: Er ist nicht nur für Braunkohle, sondern für alle Großinvestitionen im Energiebereich zu kurz. Das gilt auch für die Kernenergie. Ohne einen breiten partei- und länderübergreifenden Konsens über die Rolle der einzelnen Energieträger im Rahmen eines ausgewogenen Energiemix können wir keine neuen Kernkraftwerke bauen. Kernenergie ist der derzeit einzige praktisch CO_2-freie Energieträger, der in größerem Maß zur Verfügung steht. Strom aus Kernenergie hilft, die Schadstoffemissionen bei der Energieversorgung wesentlich zu verringern und die fossilen Energieträger zu strecken. Die Sicherheit kerntechnischer Anlagen hat beim Bau und vor allem beim Betrieb absolute Priorität. Der Sicherheitsstandard unserer Kraftwerke ist weltweit führend und wird zudem durch eine konsequente Sicherheitsforschung laufend fortentwikkelt.

Man kann Probleme wie Ozonloch oder Treibhauseffekt nicht nur beklagen, sondern sollte konstruktive Wege aufzeigen, wie die schädlichen Emissionen wirkungsvoll zu verringern sind.

Der Bundeswirtschaftsminister kämpft um diesen Konsens, unter anderem dadurch, daß er Quoten für die zukünftigen

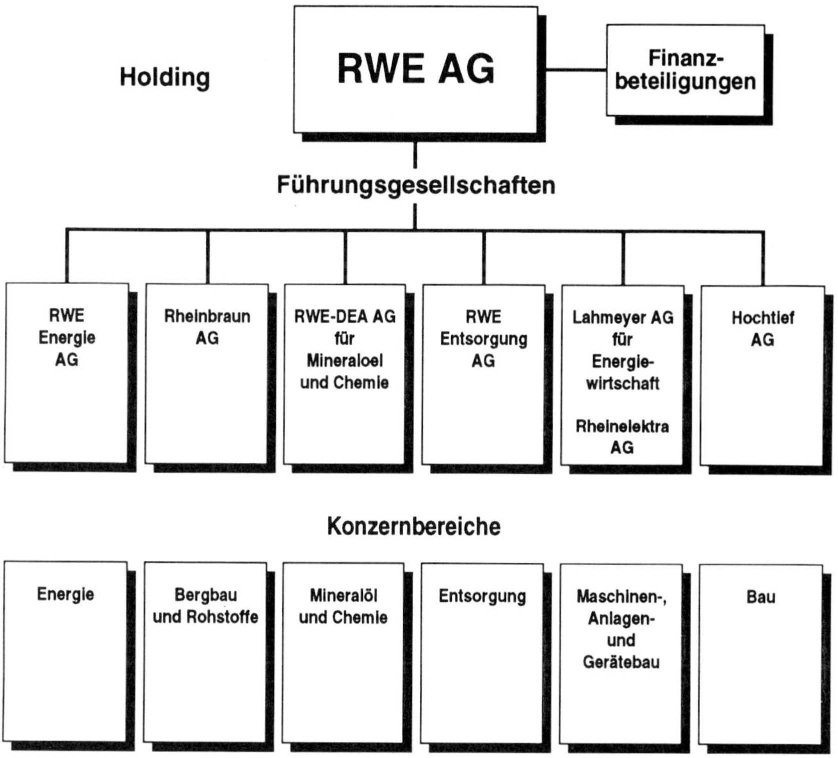

RWE AG, Essen:

Vorstandsvorsitzender:	Dr. Friedhelm Gieske
Zentralbereich Finanzen/Rechnungswesen:	Wolfgang Ziemann
Zentralbereich Personal:	Bruno Steinborn (bis 30.11.1991) Dr. Ulrich Büdenbender (ab 01.12.1991)
Zentralbereich Forschung und Entwicklung:	Prof. Dr. Werner Hlubek
Unternehmensbereich Energie:	Franz Josef Schmitt
Unternehmensbereich Bergbau und Rohstoffe:	Dr. Hans-Joachim Leuschner
Unternehmensbereich Mineralöl und Chemie:	Dr. Armin Schram
Unternehmensbereich Entsorgung:	Dr. Herbert Krämer
Unternehmensbereich Maschinen-, Anlagen- und Gerätebau:	Dr. Friedhelm Gieske
Unternehmensbereich Bau:	Dr. Enno Vocke

Steinkohle-Fördermengen festsetzen will. Ist die Politik auf dem richtigen Weg?

GIESKE: Man will Subventionen abbauen – was übrigens alle wollen, wenn sie nicht selbst betroffen sind. Andererseits möchte man einen deutschen Steinkohlenbergbau in gewissem Unfang erhalten. Wenn man das will, darf man nicht nur Fördermengen vergeben, sondern muß für die betroffenen Bergleute auch eine Perspektive aufzeigen. Das Durchschnittsalter der Kumpel an der Ruhr beträgt 33 Jahre. Ihnen keine Perspektive zu geben, wäre unverantwortlich – bedeutet »Sterben auf Raten«. Ich hoffe deshalb auch sehr, daß das Entwicklungskonzept der Landesregierung, das derzeit mit den betroffenen Regionen beraten wird, möglichst bald erfolgreich verabschiedet wird.

Ist Strukturwandel nicht immer Sterben auf Raten, damit auf diesem Humus wieder Neues erblühen kann?

GIESKE: Ein Verzicht auf den heimischen Bergbau ist für mich keine Perspektive. Strukturwandel muß politisch flankiert sein. Das kann auch die vorübergehende Erstattung von Kosten einschließen.

Kostenerstattung durch den Staat regt vor allem zur Produktion von Kosten an.

GIESKE: Das bestreite ich nicht. Letztendlich muß das Ziel aber ein unverfälschter Wettbewerb sein. Staatliche Eingriffe in die Kosten- und Wettbewerbsstrukturen sind immer problematisch.

Wenn Sie die Braunkohle mit einer CO_2-Abgabe und einer Abfallabgabe – beides von Herrn Töpfer vorgeschlagen – belasten, kostet das allein im rheinischen Revier rund zwei Milliarden D-Mark jährlich. Auf dieser Basis rechnen sich keine Kraftwerke mehr.

Hängt die Rentabilität nicht auch bei der Energie vom Verkaufspreis ab?

GIESKE: Richtig, aber das richtet sich nach der Konkurrenz. Die französische EdF (Electricité de France) produziert vier Fünftel ihres Stroms aus Kernenergie und ist um einiges kostengünstiger als die mit politischen Sonderlasten belegte Stromerzeugung in Deutschland. Ich kenne eine ganze Reihe von Firmen, die verlagern schon heute Betriebsteile aus Kostengründen – Energiekosten haben dabei Gewicht – ins Ausland. Nur: Im Gegensatz zu früher kündigen sie das in den Medien nicht mehr an, weil sie den Ärger scheuen.

Energiekosten als Auslöser für einen Exodus der deutschen Industrie?

RWE-Konzern

	Außenumsätze				Mitarbeiter (Durchschnitt)
	Geschäftsjahr 1990/91		Geschäftsjahr 1989/90		Geschäftsjahr 1990/91
	Mrd. DM	Anteil in %	Mrd. DM	Anteil in %	Anzahl
Energie	18,6	37,3	18,8	42,6	31.305
Bergbau und Rohstoffe	1,6	3,1	0,9	2,1	16.498
Mineralöl und Chemie	20,2	40,5	15,9	35,9	7.452
Entsorgung	0,5	0,9	0,1	0,2	2.154
Maschinen-, Anlagen- und Gerätebau	5,8	11,7	5,7	12,8	28.290
Bau	3,2	6,5	2,8	6,4	16.215
Sonstige Tochterunternehmen/Holding	.	.	.	.	276
Insgesamt	49,9	100,0	44,2	100,0	102.190
davon Auslandsanteil	9,7	19,5	7,6	17,2	

GIESKE: Nicht nur diese, sondern Löhne, Steuern, Abgaben und Umweltschutzauflagen wirken daran mit. Wenn die Bundesrepublik gut ein Drittel ihres Bruttosozialprodukts exportiert, muß sie auf ihre internationale Wettbewerbsfähigkeit besonders achten: Im Vergleich zu den wichtigsten Wettbewerbern sind wir bei Löhnen und Gehältern ganz oben, bei Steuern und Abgaben in einer Spitzenposition, und beim Umweltschutz nehmen wir eine Vorreiterrolle ein. Vor diesem Hintergrund werden Investitionen ins Ausland verlagert, Arbeitsplätze exportiert. Eine High-Tech-Nation bekommt dann schnell ihre Quittung.

Auch die Chemie und andere Branchen klagen über Standortnachteile. Ist das ein wohlfeiles Abwehrargument gegen Umweltschutz?

GIESKE: Nein. Wir begreifen Umweltschutz – übrigens nicht erst seit heute – als eine zentrale unternehmerische Herausforderung.

Ansonsten könnten wir darauf verzichten, Kraftwerke zu bauen und würden statt dessen billigen Strom aus Frankreich beziehen. Wir ersparten uns die ständigen Auseinandersetzungen mit Politikern und Bürgerinitiativen. Allerdings würden wir uns dann auf Dauer auch aus der technologischen Spitzengruppe verabschieden.

Die Sanierung der neuen Bundesländer bietet doch die einmalige Chance, noch einmal völlig neu zu beginnen.

GIESKE: Prinzipiell ist dies richtig. Aber die Medien haben doch für den schnellen Transport von Glasnost gesorgt, was zunächst in großen Teilen der Bevölkerung zu erheblicher Verunsicherung geführt hat. Wenn Sie heute mit einem Leipziger über die Braunkohle reden, muß man sehen, daß die schonungslose Aufdeckung der ganzen Misere – insbesondere hinsichtlich der Umweltschäden – zu erheblichen Akzeptanzverlusten für die Braunkohle geführt hat. Ich verstehe das sehr gut. Nicht zuletzt im Interesse der Arbeitsplatzsicherung muß die Akzeptanz für die Braunkohle aber sehr schnell wiederhergestellt werden. Deshalb wollen die Verantwortlichen der Mibrag (Mitteldeutsche Braunkohle AG) von uns wissen, wie wir im Rheinland Akzeptanz herstellen für die einzige heimische Energie, die konkurrenzfähig ist.

Können Sie es den Leipzigern verdenken, wenn sie die Umweltprobleme ihrer Braunkohle zusammen mit der Vergangenheit abwerfen wollen?

GIESKE: Nein. Aber es muß Politiker geben, die eine vernünftige Perspektive aufzeigen. Man kann die Frage nicht allein auf die Wirtschaft abschieben und ihr dann gleichzeitig Profitgier unterstellen.

Hängen auch in den neuen Bundesländern viele Arbeitsplätze davon ab, wieviel Standfestigkeit die Politik beweist?

GIESKE: Selbstverständlich. Deshalb gebe ich die Hoffnung nicht auf, daß die Politiker am Schluß auf dem Umweg über die Wähler doch noch zur Vernunft kommen. Es muß doch möglich sein, einen partei- und länderübergreifenden energiepolitischen Konsens zu finden. Dazu gehören nicht nur eine realistische Beurteilung der Möglichkeiten der Energieeinsparung und des Einsatzes der Wasserkraft und der Solarenergie, sondern auch der Rolle der Braunkohle als Teil im Energiemix.

Über Einsparungen allein kann man das Klimaproblem nicht lösen, wenn man bedenkt, daß alsbald sechs Milliarden Menschen auf dieser Erde leben. Heute darben 80 Prozent der Erdbevölkerung, aber der Rest verbraucht drei Viertel der Energie. Das ist ein unakzeptables Mißverhältnis.

Ist der Glaube an diesen Konsens nicht etwas naiv, wenn man sieht, daß die Politik ihn nicht einmal bei der hochbrisanten Asylfrage zustande bringt?

GIESKE: Ohne Optimismus geht gar nichts. Für vernünftige Lösungen muß man kämpfen, obgleich die Erfahrungen nicht immer ermunternd sind. Ich erinnere an Stichworte wie Kalkar, Wackersdorf, Mülheim-Kärlich. Daraus ergibt sich offenbar, daß wir milliardenschwere Investitionen dieser Art, die mit High-Tech verbunden sind, in Deutschland kaum noch in Angriff nehmen können. In direkten Gesprächen mit Vertretern aller Couleur finden wir für unsere Haltung Verständnis. Nur: Die Bereitschaft, dies auf dem offenen Markt auch entsprechend klar und deutlich auszusprechen, ist gering.

Mit wie vielen Arbeitsplätzen ist das RWE-Investment in den neuen Ländern verbunden?

GIESKE: Exakt läßt sich das derzeit angesichts der angesprochenen Unwägbarkeiten noch nicht beziffern. In Schwedt an der Oder, wo wir wie Veba mit 37,5 Prozent beteiligt sind, sind es rund 2000 Beschäftigte. Im Braunkohlentagebau geht es dagegen um Zehntausende. Aber eine Antwort auf die Frage, wieviel Braunkohlenförderung im Lausitzer und im Leipziger Raum von seiten der Politik akzeptiert wird, wissen wir nicht. Unser Vorschlag liegt bei Minister Möllemann und der Treuhand. Die zweite Unsicherheit ist das Verhalten der Kommunen. Die möchten sich die Wahl ihrer Energieträger völlig freihalten. Wenn die Stadtwerke sich dann für ein Blockheizwerk auf Gasbasis entscheiden, stellt sich die Frage, ob es neue Kohlekraftwerke noch geben kann. Die Stromverträge sehen vor, daß der Verbund der Veag 70 Prozent der Gesamtversorgung übernimmt. Sollte das nun nach dem Verfassungsgerichtsurteil nicht mehr gelten, müssen die vorliegenden Unternehmenskonzepte neu überdacht werden.

Wie sieht das Energienetz des Jahres 2000 aus?

GIESKE: Man wird ihm die Patenschaft der alten Bundesrepublik ansehen. Klärungsbedürftig ist, wie schon gesagt, die Rolle der Braunkohle, die in der Verstromung die besten Chancen hat. Gas in nennenswertem Umfang zur Verstromung einzusetzen, halte ich für nicht angebracht.

Wird das Stromnetz 2000 dem Verbraucher in Bitterfeld und in Essen denselben Abnehmerkomfort bieten?

GIESKE: Das wird nicht so schnell gelingen, und ob es dasselbe Strompreisgefüge geben wird oder die Wettbewerbspolitik uns zwingt, zwischen Stadt und Land unterschiedliche Tarife anzubieten, das kann heute noch nicht gesagt werden.

Wann wird sich das Gefälle beim Umweltbewußtsein zwischen Ost und West einebnen?

GIESKE: Es ist derzeit sehr groß, aber mittel- und langfristig werden die Parteien und gesellschaftlichen Gruppen schon dafür sorgen, daß es sich in allen 16 Bundesländern ähnelt. Im Einigungsvertrag steht beispielsweise, daß die Großfeuerungsanlagen-Verordnung am 1. Juli 1996 auch in der ehemaligen DDR gelten soll.

Geht das nicht etwas früher?

GIESKE: Nein, der Zeitplan ist bereits sehr eng gefaßt. Es ist noch gar nicht sicher, ob die riesigen Investitionen bis dahin durchzuführen sind. Wir haben vor, acht Braunkohlenblöcke von je 500 Megawatt zu erhalten, zu überholen und die nötigen Umweltschutzmaßnahmen zu treffen. Ferner wären 3000 Megawatt neue Kraftwerkskapazität zu bauen.

Ist die Politik zu wenig entschlossen?

GIESKE: Vielen Politikern mangelt es an Mut. Sie scheuen den augenblicklichen Konflikt und unbequeme Fragen, ohne deren Beantwortung ein längerfristiges Problem aber nicht zu lösen ist.

Mondlandschaften haben Sie auch im ökologischen Sinne vorgefunden. Gibt es ein Sanierungskonzept?

GIESKE: Ja. Eine wichtige Voraussetzung für den Start eines Unternehmens ist, daß es befreit von seinen ökologischen Altlasten antreten kann. Von diesem Zeitpunkt an wird es dann aber voll in die Pflicht genommen. Wer die Kraterlandschaft bei der Braunkohle in den neuen Bundesländern sieht, ist über Altlasten von 20 Milliarden Mark kaum mehr erschüttert. Das ist die schiere Katastrophe! Aber es muß saniert werden, und die Kosten müssen vom Staat, das heißt vom Steuerzahler getragen werden.

Rund ein Viertel des RWE-Umsatzes entfällt auf Maschinen- und Anlagenbau sowie die Bauwirtschaft. Sind die politischen Hürden für diese Aktivitäten in der Ex-DDR geringer?

GIESKE: Ja. Am geringsten sind sie bei der Entsorgung, die wir auch betreiben. Unsere Maschinenbau-Tochter Heidelberger Druck verzeichnet in den neuen Bundesländern erfreuliche Auftragseingänge. Auch in der Medizintechnik läuft es sehr gut; die Krankenhäuser richten sich alle neu ein. Für den Hoch- und Tiefbau sind die Perspektiven ebenfalls günstig.

Wird die neue Nachfrage aus westlicher Produktion bedient?

GIESKE: Nein, es wird auch kräftig investiert. Heidelberger Druck beispielsweise baut in

Dr. Friedhelm Gieske, Vorsitzender des Vorstandes RWE Aktiengesellschaft, Essen

Geboren	am 12. Januar 1928 in Schwege/Bohmte bei Osnabrück
	Nach Abitur und kaufmännischer Lehre Studium der Rechtswissenschaften und Betriebswirtschaftslehre in Göttingen
1952	Erste juristische Staatsprüfung
1954	Promotion zum Doktor jur.
1953	Beginn der Tätigkeit beim RWE
1968	Bestellung zum stellvertretenden Mitglied des Vorstandes
1972	Bestellung zum ordentlichen Mitglied des Vorstandes (Finanzressort)
1. Januar 1988	Berufung zum Vorstandssprecher des RWE
seit dem 1. Juli 1989	Vorsitzender des Vorstandes der RWE AG

Vorsitzender des Aufsichtsrates verschiedener RWE-Konzerngesellschaften sowie Mitglied des Aufsichtsrates der Allianz Lebensversicherungs-AG, Stuttgart; Deutsche Hypothekenbank Frankfurt AG, Frankfurt/Main; Ferrostahl AG, Essen; Karstadt, Essen; Metallgesellschaft AG, Frankfurt/Main; National-Bank AG, Essen

Vizepräsident der Industrie- und Handelskammer Essen sowie des Deutschen Nationalen Komitees der Weltenergiekonferenz

Brandenburg für eine Milliarde Mark ein neues Werk mit 2000 Arbeitsplätzen. Unter der DEA-Marke werden bereits 44 Tankstellen, davon zwölf an Autobahnen, betrieben.

Wo bekommen Sie Ihren Tankwart her, der in Marketing und Kundennähe ausgebildet ist?

GIESKE: Den bilden wir aus. Nehmen Sie beispielsweise unsere beiden Tankstellen an der Autobahn Berlin–Leipzig bei Niemegk. Sie bieten neben großzügig angelegten Tankeinrichtungen auch Einkaufsmöglichkeiten und Service-Hallen für Pannenhilfe und kleinere Reparaturen.

Die Ausbildung dafür findet im Rahmen unseres breitangelegten Trainings- und Schulungsprogramms statt. Das gilt übrigens auch für Ingenieure im

FIRMENPORTRAIT

High-Tech. Versorgung. Entsorgung. Mit diesen Begriffen beschreibt der RWE-Konzern sein breites Leistungsspektrum. Aus dem ehemaligen Rheinisch-Westfälischen-Elektrizitätswerk entstand durch Umstrukturierung und Diversifikation ein Versorgungs-, Entsorgungs-, Dienstleistungs- und Technologie-Konzern. Die sechs Sparten des Gesamtunternehmens operieren eigenverantwortlich und selbständig in ihren Märkten.

Die RWE AG fungiert als konzernleitende Holding. Mit der klaren Bereichsgliederung wurde nach außen hin deutlich sichtbar gemacht, was schon seit Jahren Realität war: die Ausdehnung der Aktivitäten des klassischen Stromerzeugers und -verteilers in eine Vielzahl anderer Aktivitäten, die sich sinnvoll ergänzen und so vielversprechende Synergiepotentiale bieten.

Energie: Mit der RWE Energie AG als Führungsgesellschaft und ihren Beteiligungsunternehmen erfüllt dieser Konzernbereich die klassischen Aufgaben der Strom-, Gas-, Wärme- und Wasserversorgung.

Bergbau und Rohstoffe: Die schon seit Jahrzehnten eigenständig operierende Rheinbraun AG wurde als Führungsgesellschaft für diesen Konzernbereich etabliert.

Mineralöl und Chemie: Nach der Zusammenführung unserer Aktivitäten dieses Bereichs ist die RWE-DEA AG als Führungsgesellschaft tätig. Das internationale Engagement wurde 1991 durch die Übernahme von Vista Chemical, Houston/Texas, verstärkt.

Entsorgung: Dieser neue Konzernbereich arbeitet unter der Führungsgesellschaft RWE Entsorgung AG. Die Aktivitäten umfassen alle Aspekte der Entsorgungswirtschaft.

Maschinen, Anlagen, Geräte: Das breitgefächerte Leistungsspektrum dieses Konzernbereichs wird vorwiegend von der Lahmeyer/Rheinelektra-Gruppe getragen.

Zu den bekanntesten Beteiligungen dieser Unternehmen gehören die Heidelberger Druckmaschinen AG und die Stierlen-Maquet AG.

Auch die international tätigen Ingenieurgesellschaften des Konzerns sind dieser Sparte zugeordnet.

Bau: Nach der auf einen Mehrheitsanteil erweiterten Beteiligung ist HOCHTIEF die Führungsgesellschaft dieses Konzernbereichs. HOCHTIEF gehört zu den bedeutenden europäischen Bauunternehmen und ist mit Niederlassungen sowie Beteiligungsunternehmen weltweit präsent.

Maschinenbau. Von der Heidelberger Druck wurde mir berichtet, daß die Ingenieure mit der allerbesten DDR-Ausbildung vor den modernen Westmaschinen vor Ratlosigkeit geweint hätten. Eine zweimonatige Schulung im Rahmen der Ausbildungsmaßnahmen hat ihre Motivation aber rasch wieder aufgebaut.

Ist das Tempo dieser Motivationsanpassung auf beiden Seiten gleich stark entwickelt?

GIESKE: Diese Vorbildfunktion von hochmotivierten Mitarbeitern kann man nicht durch Befehl bewirken. Auch nicht mit der 37-Stunden-Woche. Unsere Leute arbeiten 70, 80 Stunden in der Woche. Andererseits gibt es Bereiche wie das Rechnungswesen, wo es im Gegensatz zur Technik noch Probleme gibt. Die Leute spüren aber: Hier entwickelt sich Zukunft, nicht nur die Zukunft der Bundesrepublik Deutschland, sondern auch in Richtung Osteuropa.

Wo liegen dort die Schwerpunkte?

GIESKE: Ohne Zweifel im Bausektor; im technischen Bereich vor allem beim Anlagenbau für die chemische Industrie, Raffinerien und Tankstellen, ferner bei der Entsorgung sowie beim Maschinenbau. Im Jahre 1992 wird die ehemalige DDR in das westeuropäische Stromverbundnetz integriert werden. Dann gehe ich davon aus, daß sich die Ungarn, die Tschechen und die Polen auch dort anschließen wollen. Aus der Einbindung der ehemaligen DDR ergibt sich eine automatische Brückenfunktion nach Osten – wie auch umgekehrt in Richtung Berlin, Ruhrgebiet und Paris.

Wenn Sie diesen Bogen schlagen – welche besonderen Akzente setzen Sie?

GIESKE: Letztlich geht es in diesem wiedervereinigten Deutschland darum, die Kluft zwischen Arm und Reich tendenziell abzubauen – nicht nur für Deutschland. Dabei können wir nicht davon ausgehen, unseren Wohlstand voll zu erhalten. Hier muß jeder Bürger, jedes Unternehmen einen Beitrag leisten. Wir müssen diese Ressourcen nutzen, damit die Menschen in ihrer Heimat etwas Dauerhaftes aufbauen und nicht in das deutsche, französische oder Schweizer Zimmer flüchten.

Die öffentliche Befindlichkeit der Deutschen vermittelt dieses Klima des Aufbruchs allerdings nicht immer.

GIESKE: Das stimmt leider. Nur Optimisten werden hier etwas bewegen – wer sonst? Und wenn die Politik weise Entscheidungen fällt, werden wir dies sehr begrüßen. Unsere Aufgabe ist: bis zum Jahr 2000 den deutschen Wohlstand auf 16 Bundesländer auszudehnen und damit zugleich auch einen Beitrag für ein friedliches Europa zu leisten.

Wie Stasi-Mielke die Chip-Produktion verzehnfachte

»Selbstvertrauen heißt, Fehler machen zu dürfen« – Ein deutsches Lohndrama befürchtet IBM-Chef Hans-Olaf Henkel

Er nennt sich einen »frühen Fan der deutschen Einheit«, und was ihn besonders stolz macht: Seine Computer haben die erste freie Wahl in der DDR be- und hochgerechnet.

»Es war für mich nicht nur nationaler Lustgewinn oder eine Prestigefrage für die Firma, sondern etwas mehr«, meint Hans-Olaf Henkel, Vorsitzender der Geschäftsführung von IBM-Deutschland. »Wir hockten damals am Wahlabend im Palast der Republik und konnten den Aufstieg und den Fall von Politikern beobachten. Das überraschende Abschneiden der CDU rückte Lothar de Maizière unvermittelt in den Mittelpunkt: Er sah sich plötzlich von Journalisten überfallen. Ibrahim Böhme dagegen, der damalige Hoffnungsträger der SPD, saß niedergeschlagen vor einem IBM-Bildschirm. Ein Herr stand etwas verloren herum und beobachtete, wie der Glamour der Einheit auf seinen Konkurrenten, Herrn Momper, niederging: Eberhard Diepgen.«

Vom Palazzo Prozzi zur Computerbranche. Dort kriselt es weltweit. Überall im Westen werden Mitarbeiter abgebaut. Kommt die deutsche Einheit mit ihrer hohen verdeckten Arbeitslosigkeit nicht zur Unzeit? »Nein, ganz im Gegenteil«, meint Henkel. »Wir haben durch den zusätzlichen Absatz in den neuen Bundesländern die Produktivität der gesamten IBM ordentlich steigern können, da wir die gesamte administrative Abwicklung des Geschäfts von Hannover aus bewältigt haben.«

Der geschäftliche Schub des annähernd Fünfzehn-Milliarden-Unternehmens durch die Einheit sei schwer zu quantifizieren. Er komme aus drei Quellen: Zum einen gehe es um Computersysteme, die direkt in der ehemaligen DDR abgesetzt und dort installiert werden; zweitens um Anlagen, die westliche Firmen von IBM kaufen und innerhalb ihres eigenen Netzwerks installieren. Die dritte Gruppe seien Kunden, deren Geschäftsvolumen durch ihr Engagement in den neuen Bundesländern so gestiegen ist, daß sie im Westen aufstocken mußten. »Alle drei Aspekte werden bei mir umsatzwirksam, sind aber nur schwer einzuschätzen. Wir kommen wohl auf ein Plus von rund 750 Millionen Mark.« Diese expansiven Effekte schätzt Henkel als dauerhaft ein, »da das Wachstum der Informationstechnik dort auf Jahre hinaus schneller sein wird als in Westdeutschland«. Und begonnen werde praktisch bei Null.

Auf die Frage, welche elektronische Landschaft der Computerriese dort vorgefunden habe, antwortet Henkel mit der deutungsfähigen Formel vom »Leipziger Allerlei«. Es waren Installationen von IBM und der westlichen Konkurrenz, »die meisten offiziell und ehrlich eingeführt, aber nicht alle«. Ferner gab es Kopien westlicher Elektronik »unter Verletzung des Urheberrechts«. Vieles sei nahezu Schrott gewesen. Dazu rechnet er auch die Eser-Systeme der einstigen Renommierfirma Robotron. Wie haben sich eigentlich die mit allen Wassern gewaschenen EDV-Experten über den Entwicklungsstand eines Nachbarlandes so schwer täuschen können? Henkel: »Das hat auch mich überrascht. Ich nenne Ihnen ein Beispiel: Da hat der Herr Mielke dem Herrn Honecker öffentlich vor den Fernsehkameras den Mega-Bit-Chip übergeben. Wir wissen heute, daß es den nie gab. Er hat nie funktioniert. Und Mielke war es auch, der die jährliche Produktion von 20000 PCs im Jahre 1988 auf 200000 Stück verzehnfacht hat, indem er einfach eine Null hintendranhängte.«

An eine launige, aber wahre Geschichte erinnert er sich aus dem Juni 1988, also rund fünf Monate vor dem Fall der Berliner Mauer. »IBM hatte damals ihre Starverkäufer nach Dresden eingeladen. Die Festrede hielt Professor Manfred von Ardenne. Er sprach in seinem Vortrag von den riesigen Reserven, die noch im Kommunismus lägen, während der Kapitalismus sie schon ausgequetscht hätte. Ich habe mich danach für die Rede höflich bedankt, aber ihm auch gesagt, die Geschichte mit dem Mega-Bit-Chip sei ein ziemlicher Un-

sinn – es sei denn, der ist einen Quadratmeter groß. Meine Leute haben sich kaputtgelacht.« Dieser Vorzeige-Chip der Sozialisten habe nie funktioniert, weil es nicht gelang, ihn zur industriellen Reife und Nutzung zu entwickeln. »Die PCs von Robotron waren genausowenig konkurrenzfähig wie der Trabi.«
Sein Unternehmen habe damals, als es diesen neuen Markt plötzlich zu entwickeln galt, mit den 380 Top-Führungskräften folgende Vorgaben festgelegt: Man wollte das kundenfreundlichste Unternehmen der Branche werden, auch in den neuen Ländern so schnell wie möglich zum Marktführer avancieren; es galt, die Gelegenheit beim Schopfe zu ergreifen, das gesamte Unternehmen produktiver zu machen (also möglichst keine Verwaltungs-Wasserköpfe bilden), und »wir wollten ein sichtbarer, aktiver und konstruktiver Partner beim Wiederaufbau in den neuen Bundesländern sein«. Diese Strategie sei bisher aufgegangen. Bei der Definition von Marktanteilen ziert sich Henkel jedoch etwas. »In den neuen Bundesländern dürfte der Marktanteil der IBM jetzt einige Punkte höher liegen als in der alten Bundesrepublik.«

Eine alte Tür kehrt zurück

Ein wenig stolz ist der IBM-Chef schon darauf, daß er sich auch in DDR-Zeiten stark in Berlin engagierte. »Wenn ich irgendwo über die Standortproblematik geredet habe, sprach ich immer vom ›Standort Deutschland‹ und nie vom ›Standort Bundesrepublik‹. Das hat auch zu Debatten mit meinen Mitarbeitern geführt.« Sehr gut erinnert er sich an die fast konspirativen Treffs in einer kleinen Arbeitsgruppe des Ministerpräsidenten de Maizière. »Elmar Pieroth (später Finanzsenator in Berlin) war vom Bundeskanzler beauftragt worden, der ersten frei gewählten DDR-Regierung wirtschaftspolitisch zuzuarbeiten. Wir trafen uns einmal in der Woche, den ganzen Sommer über, im Ostberliner Haus der Ministerien: Hermann Rappe von der IG Chemie, Professor Gerhard Fels vom Institut der deutschen Wirtschaft sowie einige Kombinatsdirektoren und Professoren. Vielleicht haben wir nicht viel bewegt, aber immerhin eine Menge verhindert – unter anderem den Plan einer Zollmauer zwischen den beiden Teilen Deutschlands.«
IBM hat schon vor dem Fall der Mauer erste Aktivitäten »drüben« geplant, erinnert sich Henkel. »Sie müssen wissen, daß die IBM Deutschland 1910 als Deutsche Hollerith-Gesellschaft in Berlin gegründet wurde – vier Jahre vor der Gründung der IBM in den USA.

Diese alten Wurzeln haben wir nie vergessen. Und als die Wiedervereinigung in Sicht kam, tauchten ehemalige IBMer auf und meldeten sich zur Mitarbeit. Besonders rührte mich ein früherer IBMer an, der nach dem Kriege die letzte Tür aus der Leipziger Geschäftsstelle ausbaute, in seinen Keller stellte und uns mitteilte, diese Tür werde er der Gesellschaft bei der Wiedervereinigung Deutschlands zurückgeben. Und wir haben sie wiederbekommen.« In den ersten Monaten seien an den Universitäten kostenlos Computer aufgestellt worden, um den Hochschulen rasch den Anschluß an westliche Technologien und Wissenschaftsnetze zu ermöglichen.
Eine der Firmenregeln des Stuttgarter Elektronik-Unternehmens lautet: »Wir hören besser zu.« Haben die Westdeutschen den Ostdeutschen in den letzten zwei Jahren seit der Einheit ausreichend gut zugehört? »Nein, das ist wahrscheinlich eines der größten Probleme«, räumt Henkel ein, »wir sagen denen immer nur, wo es längs geht. Wir haben Tausende Beamte aus dem Westen hinübergeschickt, die Vorstände und Aufsichtsräte fast nur mit Westdeutschen besetzt, in der Treuhandspitze gibt es nur einen ›Ossi‹. Heute mache ich mir langsam darüber Sorgen, daß wir mit dieser Taktik den Menschen das Selbstvertrauen nehmen, weil wir sie nicht mehr ihre eigenen Fehler machen lassen.«
Unvermittelt folgt ein kleiner Exkurs nach Saudi-Arabien: »Ich kenne dieses Land aus vielen Reisen. Öl im Überfluß. Kein Mensch muß eigentlich mehr arbeiten. Eine Generation von verwöhnten und nicht engagierten Menschen wächst heran. Die saudiarabische Führung ist besorgt, daß ihr Volk in eine totale Abhängigkeit vom Ausland gerät.« Auf Ostdeutschland projiziert hieße das: Nach dem warmen Regen der Deutschen Mark und den Sozialtransfers könnten die Menschen auf lange Zeit kein eigenes Selbstbewußtsein entwickeln – für eine Region, die in dauerndem Strukturwandel lebt, aber nicht aus ihren eigenen Fehlern lernen kann, eine riskante Entwicklung. Schon heute zeige sich, daß viel zu wenige es wagen, kritische Fragen zu stellen.

Wettlauf mit einer Verheißung

Die Herstellung gleicher Lebensverhältnisse – ein Phantom? »Die Idee, in großer Geschwindigkeit gleiche Lebensbedingungen herstellen zu wollen, halte ich für falsch, wenn nicht gleichzeitig das Selbstvertrauen mitwächst.« Henkel erinnert an das Saarland, das 1956 durch Volksabstimmung zur Bundesrepublik kam. »Aber zwischen 1945 und 1956 hatten sich die prägenden Investitionsentscheidungen in Deutschland bereits abgespielt – alles am Saarland vorbei. Der Nachteil dieses Spätstarts war auf Jahrzehnte nicht aufzuholen. Ostdeutschland wird es ähnlich gehen.« Man solle sich nicht einbilden, »daß man dies in zwei oder drei Jahren übers Knie brechen kann«.

Für einen Zusammenhang findet der eher kühle Hanseat eine ungewöhnlich poetische Bezeichnung: »Die Lohnpolitik ist ein Drama. Wenn die Löhne weiter so stark steigen, finden Investitionen in Produktionsstätten überhaupt nicht mehr statt – übrigens auch nicht im Westen. Nicht nur die Politiker haben dafür gesorgt, daß die Erwartungen ganz hoch geschraubt wurden. Und jetzt laufen wir Wirtschaftler dieser Verheißung nach und versuchen, ihr gerecht zu werden. Das aber können wir nicht.« Schon der Umrechnungskurs von Ostmark in Westmark sei »idiotisch« gewesen, »ein ganz großer Fehler. Man hätte ihnen ehrlicherweise sagen müssen, der Wiederaufstieg dauert zehn Jahre. Sie wären trotzdem gekommen.«

Henkel sieht die Standortqualität Deutschlands als ein gemeinsames Problem. »Es gibt sehr wenige spektakuläre Neuinvestitionen in Produktion in Ostdeutschland, es gibt keine in Westdeutschland. Fragen Sie mal unter den hundert größten Unternehmen herum, wie deren Personalplanung für die nächsten zwei Jahre aussieht. Das Ergebnis ist: Alle bauen Mitarbeiter ab, einige Kaufhäuser oder Banken vielleicht ausgenommen.« Westdeutschland sei schon vor der Einheit kein international interessanter Standort für Neuinvestitionen in Fabriken gewesen. Daran habe die deutsche Einheit nichts geändert – trotz der jährlichen Transferleistungen von 140 Milliarden Mark. Hinzu komme, daß sich aus dem Herzen Ostdeutschlands, nämlich aus Berlin, auch noch viele Produzenten verabschiedeten, weil die Berlinförderung entfällt. Henkel bedauert deshalb, daß der Vorschlag, das Modell der Berlinförderung auf die gesamte DDR zu übertragen, verworfen wurde, weil es zu teuer erschien. »Dabei ist die heutige Förderung mindestens genauso teuer geworden.«

1990 und 1991 einmal zusammengenommen, habe seine Firma rund 200 Millionen Mark in Ostdeutschland investiert, vor allem in die terrestrischen Netze. »Wir stellten überall diese Schüsseln auf, um sicherzustellen, daß die mittlerweile 28000 Anschlüsse miteinander kommunizieren können. Wegen chronischer Kapitalknappheit forcieren wir das Mietgeschäft. Aber: Eine neue Fabrik werden wir in Ostdeutschland nicht bauen. Das macht auch keinen Sinn. Wenn Siemens-Nixdorf eine Fabrik in Westberlin schließt, wenn Philips sich aus der Halbleiterei verabschiedet, wenn wir in Hannover dichtmachen müssen, wenn 40000 Leute von Robotron umgesetzt werden, dann ist eine neue Investition einer Fabrik in Ostdeutschland nicht darstellbar.«

Dennoch sieht Henkel für Service- und Software-Mitarbeiter gute Chancen. »Es gab dort sehr gut ausgebildete Ingenieure. Die Tüftler mußten sich mit einem schwachen und fehlerhaften System herumschlagen, um es einigermaßen zum Laufen zu bringen. Das brauchen wir nicht. Deswegen fanden wir viele sehr gute Ingenieure vor. Sie werden alle gebraucht. Es gibt heute schon in Ostdeutschland eine Knappheit an Informationstechnikern.«

IBM ist ein internationaler Konzern. Wie sehen Henkels Kollegen in den europäischen Ländern oder in Übersee das Projekt deutsche Einheit? »Sie beneiden mich, weil sie wissen, daß wir plötzlich eine Möglichkeit haben, über die sie nicht verfügen: nämlich unsere Produktivitätsprobleme in den Griff zu bekommen.« Außerdem liege es in der Philosophie seines Hauses, daß sich auch ein Multi voll mit seiner nationalen Aufgabe identifiziert. »Wir sind schon mehr als 80 Jahre hier, und es hat noch nie einen ausländischen Geschäftsführer oder eine höhere Führungsposition gegeben, die nicht von einem Deutschen besetzt war. Wir haben es immer als Niederlage empfunden, wenn wir eine Spitzenposition irgendwo mit einem Ausländer besetzen mußten. Diese Firma hat sich stets als eine Summe von nationalen Gesellschaften betrachtet. Insofern bin ich durchaus ein Patriot, wenn auch zugleich Europäer.« Den SPD-Vorwurf, die Deutschen seien vaterlandslose Gesellen, hält er für ausgemachten Blödsinn. »Ich habe nur deswegen keinen Protestbrief an die Parteiführung geschrieben, weil ich fest davon überzeugt bin, daß sich die SPD dieser Bemerkung schämt.«

Für den Abbau des Wohlstandsgefälles empfiehlt Henkel einen Blick in die deutsche Nachkriegsgeschichte. »Die rasante Entwicklung in Baden-Württemberg war unter anderem darauf zurückzuführen, daß dort über Jahrzehnte weniger gezahlt wurde als im Norden. Als ich damals von Hamburg nach Stuttgart ging, war das hier eine relativ unterentwickelte Region mit niedrigeren Löhnen. Daraus hat sich hier ein phantastischer Mittelstand entwickelt, weil Investitionen dorthin gehen, wo die Löhne niedriger und die Chancen größer sind. Deshalb bin ich auch gegen die rasante Anhebung der Löhne und Gehälter im Osten.«

Hans-Olaf Henkel, Vice President, IBM Corporation, Vorsitzender der Geschäftsführung, IBM Deutschland GmbH.
Henkel wurde am 14. März 1940 in Hamburg geboren. Nach kaufmännischer Lehre und Studium an der Hochschule für Wirtschaft und Politik, Hamburg, trat er 1962 in den Produktionsbereich der IBM Deutschland ein und absolvierte dort ein zweijähriges Ausbildungsprogramm.
Ab 1964 bekleidete er verschiedene Linien- und Stabspositionen in den USA, Ostasien, Deutschland und der europäischen Zentrale in Paris.
1982 wurde Henkel Vice President der IBM Europa und 1983 wurde er als President der Areas Division verantwortlich für alle europäischen, afrikanischen und nahöstlichen Länder mit Ausnahme von Frankreich, Deutschland, Italien und Großbritannien.
1985 wurde er zum stellvertretenden und im Januar 1987 zum Vorsitzenden der Geschäftsführung der IBM Deutschland bestellt. 1989 wurde er zum Vice President der IBM Corporation gewählt. Seit 1991 ist Henkel Mitglied des Executive Office Committee der IBM Europa.
Hans-Olaf Henkel ist Mitglied der Aufsichtsräte der Continental AG, der Deutschen Aerospace AG, der IBM World Trade Europe/Middle East/Africa Corporation sowie der Konzernbeiräte der Allianz Versicherungs AG, der Commerzbank AG, der Bayerischen Hypotheken- und Wechselbank AG, der Karlsruher Lebensversicherung AG und der Hermes Kreditversicherung AG. Er ist Mitglied des Außenwirtschaftsbeirates beim Bundesminister für Wirtschaft, persönliches Mitglied des Vorstandes des Stifterverbandes für die Deutsche Wissenschaft e. V. und Senator der Max-Planck-Gesellschaft zur Förderung der Wissenschaften e. V. Henkel ist verheiratet und hat drei Kinder.

Lohnpolitik ist für den Unternehmer aber ein gesamtdeutsches Problem, gravierender noch im Westen als im Osten. »Der Luxusabschluß 1991 war eine Katastrophe. Er hat überall Arbeitsplätze exportiert. Wenn es im Frühjahr 1992 nicht zu einer Trendwende kommt, fahren wir gegen den Baum. Davon bin ich fest überzeugt.« Aber jeder Tarifvertrag trägt, so wende ich ein, eine zweite Unterschrift – die des Arbeitgebers. »Richtig. Den Vorwurf mache ich auch nicht Herrn Kohl, sondern den Tarifpartnern. Deswegen trägt sich

IBM mit dem Gedanken, aus dem Arbeitgeberverband auszusteigen.« Dabei gehe es der Firma nicht darum, einige Lohnprozente zu sparen: »Wenn wir aussteigen, dann deshalb, weil wir länger arbeiten und flexibler zahlen wollen. Wir kämpfen gegen Japaner, die 15 Wochen im Jahr mehr arbeiten. Und wir können nicht mehr leistungsgerecht bezahlen, wenn alle nach sozialistischem Muster kollektiv sechs Prozent Zuschlag bekommen und wir nicht mehr differenzieren können zwischen jenen, die hart arbeiten, und denen, die weniger leisten.«

Könnte es sein, daß die Deutschen mit ihrer Einheit die Chance verpaßt haben, das Arbeits- und Tarifrecht etwas flexibler zu gestalten? »Noch nicht. Ich glaube, wir haben noch eine Chance, es zu ändern. Sie liegt darin, daß das Arbeitskräftepotential drüben, das irgendwann hier auf den Markt drängt, die Gewerkschaften bewegen kann, von ihren Ansprüchen herunterzusteigen. Damit würden wir auch insgesamt wieder konkurrenzfähiger. Es ist Teil dieses Investitionsdramas, daß die Deutschen im Ausland zehnmal soviel investieren wie Ausländer in Gesamtdeutschland. Dieser Standortnachteil ist nicht durch gutgemeinte Appelle und auch nicht durch Werbereisen von Herrn Möllemann zu beseitigen.«

Trotz dieser düsteren Beschreibung sei er für ganz Deutschland optimistisch, meint Henkel. »Irgendwann kommt der Punkt, der auch Gewerkschaften nachdenklich machen muß. Wenn zwei Millionen Arbeitskräfte arbeiten wollen, es aber zu diesen Löhnen nicht dürfen, werden die Gewerkschaften erkennen, daß sie mit der Arbeitszeitverkürzung innehalten müssen, daß sie einige kleinere Lohnrunden fahren müssen, damit Arbeitsplätze geschaffen werden.«

Unser Gespräch findet zu einem Zeitpunkt statt, an dem es nur wenige Monate bis zum grenzenlosen EG-Binnenmarkt sind. Verstellt den Deutschen ihre Einheit den Blick für internationale Konkurrenzzwänge? »Dieses Problem treibt mich besonders um. Früher war ich oft in Japan, dauernd in Amerika, oft in Paris. Heute bin ich einen Tag in der Woche bei der Treuhand, viel weniger im Ausland. Daß die Deutschen von ihrer Wiedervereinigung fasziniert sind, ist schön. Aber ich glaube, sie sind davon auch absorbiert. Und das ist gefährlich. Wir verbraten sehr viel unserer Managementzeit für Probleme, die dazu verführen könnten, daß wir unsere japanische Konkurrenz aus den Augen verlieren. Wir müssen aufpassen, daß uns die Japaner nicht hinter unserem Rücken die Fabriken leerräumen, während wir auf die ehemalige DDR starren.«

FIRMENPORTRAIT

Die IBM entwickelt, produziert, vertreibt, installiert und wartet Produkte der Informations- und Kommunikationstechnik, also beispielsweise Großrechner, Systeme für die graphische Datenverarbeitung, Dialogstationen, PC's, Heim- und Arbeitsplatzrechner. Dazu werden Dienstleistungen angeboten: Organisations- und Anwendungskonzepte, Beratung, Schulung und Programme.

Die IBM Deutschland geht auf die Deutsche Hollerith Maschinen GmbH (DEHOMAG) zurück, die von Hermann Hollerith 1910 in Berlin gegründet wurde.

Die Verantwortung für das Geschäft in der ehemaligen DDR wurde der IBM Deutschland bereits im Januar 1990 wieder übertragen. Am 14. Juli desselben Jahres gründete sie die IBM Deutschland System und Service Ost GmbH mit Sitz in Dresden.

Die IBM Deutschland ist wie alle nationalen IBM Gesellschaften ein weitgehend selbständiges und eigenverantwortliches Unternehmen, das mit Produktionsstätten, Forschungseinrichtungen, Niederlassungen, Geschäftsstellen und Bildungszentren in mehr als 50 Städten der Bundesrepublik Deutschland vertreten ist.

Von den europäischen IBM Gesellschaften ist die IBM Deutschland die größte. Das Unternehmen beschäftigte 1991 durchschnittlich rund 31 500 Mitarbeiterinnen und Mitarbeiter und erreichte einen Umsatz von 14,8 Milliarden DM.

In der Bundesrepublik Deutschland hat die IBM Werke in Berlin, Mainz und Sindelfingen mit zusammen rund 9500 Mitarbeitern. Sie produzieren u. a. Magnetplattenspeicher, Dünnfilm-Magnetköpfe, Magnetplatten, Plattenlaufwerke, Mehrschicht-Leiterplatten, Speicher- und Logikchips, Keramiksubstrate sowie Geld- und Serviceeinheiten für Banken. Das deutsche Laboratorium für Entwicklung und Forschung befindet sich in Böblingen, das Programmentwicklungszentrum in Sindelfingen und ein Software- und Servicezentrum in Hannover. Das Unternehmen betreibt zudem ein Wissenschaftszentrum in Heidelberg und ein Anwendungsentwicklungszentrum in Berlin.

Schweiß und Tränen statt Milch und Honig

Das hoffnungspendende Bild, die neuen Bundesländer würden an der Jahrtausendwende zum Japan Europas, hält der IBM-Chef nicht für abwegig, wenn auch für wenig realistisch. »Dann müßten wir auch das tun, was die Japaner über Jahrzehnte getan haben, um sich selbst dahin zu bringen, wo sie heute sind. Beispielsweise mehr arbeiten und den Sozialluxus drosseln.«

Mit den Politikern ist Henkel in diesem Zusammenhang nicht zufrieden. »Sie reden zuviel von Milch und Honig und zu wenig von Schweiß und Tränen.« Die Verteilungswünsche »der Herren Geißler, Blüm und Fink« sind ihm so populistisch wie unfinanzierbar. Politiker, die damit Wähler kaufen wollten, unterschätzten die Menschen. »Ich glaube, die Menschen vertragen die wirklichen Zusammenhänge durchaus. Wenn Politiker sagen, was Sache ist, wird ihnen auch wieder zugehört. Deshalb sind Leute wie Strauß oder Schmidt auch populär gewesen, ohne populistisch sein zu müssen.«

»Kennen Sie, Herr Henkel, den Namen Olaf Gutskowski?« Kurzes Zögern. »Ach ja, das ist der junge Mann, der unseren ersten PC in der ehemaligen DDR gekauft hat.« Über die jungen Leute, vor allem die jungen Mitarbeiter und ihre Motivation, mag er überhaupt nicht klagen. Die Ausbildungszentren laufen über. Die Leute sind begeistert. Sie lernen neue Werkzeuge kennen, die ihnen phantastische und bisher unvorstellbare Möglichkeiten eröffnen. »Deswegen ist es für mich besonders bedauerlich, daß man Leute in Kurzarbeit schickt und sie vor dem Fernseher hocken läßt. Ausbildung ist eine Holschuld. Früher wurden sie zur Ausbildung abkommandiert, heute müssen sie lernen, sich selbst um ihre Zukunft zu kümmern.«

Eine »Hexenjagd« nach alten SED-Mitgliedern mag er überhaupt nicht. »Ich habe Verständnis dafür, wenn die Menschen einen Funktionär loswerden wollen, unter dem sie zwanzig Jahre gelitten haben. Die Stasi-Leute müssen weg. Aber man kann anderthalb Millionen Menschen nicht ausgrenzen. Diese Hexenjagd findet weder in Polen noch in der Tschechoslowakei oder in Ungarn statt.« Liegt das daran, daß die Deutschen in allem etwas gründlicher sind? »Wir waren nach dem Kriege mit der Bewältigung der Nazivergangenheit nicht gründlich genug, das stimmt. Das Interessante ist, daß die Leute besonders hart vorgehen wollen, die sich früher eilfertig um Termine bei Honecker und Konsorten bemüht haben.« Der Chronist ist unsicher: War das in Richtung Ost oder in Richtung West gesprochen?

Vom eigenen Tempo überrascht

Siemens-Chef Karlheinz Kaske über Politiker, Elektriker und das Ohmsche Gesetz

Peter Gillies: *Viele Politiker haben sich bei der deutschen Wirtschaftseinheit von Emotionen mitreißen lassen – der Siemens-Chef auch?*

Karlheinz Kaske: Nein. Leider hat die Tatsache, daß die Wiedervereinigung und die mit der Umwandlung der Planwirtschaft in eine Marktwirtschaft verbundenen Fragen zu einem Wahlkampfthema wurden, der ganzen Sache geschadet. Seit Bestehen der Bundesrepublik bestand ein ungeschriebener Konsens darüber, daß über bestimmte Grundfragen der Außen- und Verteidigungspolitik im Wahlkampf nicht geredet wurde. Diesmal jedoch fand ein Wahlkampf statt, wo das historisch wichtigste Ereignis für die Deutschen zum Wahlkampfthema wurde.

Wiederbewaffnung, Nachrüstung oder Ostpolitik waren früher auch Wahlkampfthemen.

Kaske: Ja. Aber im allgemeinen hat die Bundesrepublik über Jahrzehnte die sensiblen Themen der Außen- und Verteidigungspolitik aus den Wahlkämpfen ausgespart.

Dienen aber nicht gerade Wahlkämpfe dazu, das Interesse für strittige Probleme zu wecken und sie kontrovers zu diskutieren?

Kaske: Das ist sicherlich richtig. Nur: Derart schwerwiegende Probleme, die künftige Jahrzehnte prägen, sollte man nicht in drei Wochen durch pauschale Sprüche aufheizen.

Hat diese Erhitzung zu einer Schieflage des Problems, zu falschen Entscheidungen oder

zu falschen Erwartungen geführt?

KASKE: Sie hat primär zu einer Emotionalisierung geführt. Ich will Ihnen ein Beispiel nennen: Die Debatte führte dazu, daß nicht mehr zwischen Kosten und Investitionen unterschieden wurde. Der Aufbau des Telekommunikationsnetzes in den neuen Bundesländern bedeutet eine Investition von 55 oder 60 Milliarden Mark, mit einem sehr raschen und kalkulierbaren Return on Investment. Man tat jedoch so, als handele es sich um verlorene Kosten. Selbstverständlich verursachen Investitionen betriebswirtschaftlich zunächst Kosten. Aber es sind keine Kosten im Sinne eines Konsums. Jemand, der zwanzig Jahre auf den Telefonanschluß gewartet hat und dann, wenn er ihn bekommt, zu telefonieren anfängt, beginnt sofort, das Investment zu verzinsen.

Hat sich das nicht inzwischen korrigiert?

KASKE: Sicher. In den letzten drei, vier Monaten trat in der veröffentlichten Meinung und in den Reden der Politiker eine Trendwende ein.

Dennoch hat sich die Politik über das Tempo der wirtschaftlichen Einheit getäuscht – die Unternehmer auch?

KASKE: Nein.

Lief bei Siemens alles berechenbar und nach Plan ab?

KASKE: Nein, das natürlich nicht. Aber wir haben nie kurzfristige Erwartungen gehegt. Wir wissen, wie lange es dauert, bis ein Werk aufgebaut ist oder bis eine Produktionsstätte anläuft. Ich selbst habe das dem Herrn Bundeskanzler in der Runde im Kanzleramt immer wieder zu verdeutlichen versucht. Wenn wir in Westdeutschland eine total neue Produktlinie aufbauen, dann dauert das einige Monate Planung, weitere Monate, bis die Werkzeugmaschinen da sind, und dann noch eine gewisse Zeit, bis die Linie schließlich läuft.
Das können Jahre werden – vorausgesetzt, das Gebäude ist bereits vorhanden. Denn wenn wir es noch bauen müssen, kommt noch die Zeit für die Baugenehmigung hinzu. Also: Unter drei bis fünf Jahren ist an neue Produktlinien kaum zu denken. Was für den Neubau von Automobilfabriken gilt, gilt auch für Siemens. Schneller geht es nur dann, wenn man in vorhandene, geeignete Gebäude vorhandenes, eingefahrenes Equipment aus dem Westen hinstellen kann. Nur dann sind die Mitarbeiter innerhalb weniger Monate auf dem Leistungsstand einer westdeutschen Fabrik.

War das bei den Siemens-Erwerbungen in den neuen Bundesländern der Fall?

KASKE: Teilweise ja. Ein Beispiel: Wir haben am 6. November 1990 in Leipzig mit etwa 1200 ostdeutschen Beschäftigten die Produktion von Telefonnebenstellen-Anlagen begonnen. Natürlich auf Produktionslinien, die wir hingestellt haben. Und bereits nach vier Monaten war der Qualitätsstandard mit dem unseres Werkes in Witten durchaus gleichwertig, sogar die individuelle Produktivität der Mitarbeiter war mit der westlichen vergleichbar. Unsere Fertigung für Nachrichtenkabel in Schwerin wurde ebenfalls komplett neu aufgebaut. Das geschah in der bemerkenswert kurzen Zeit von zehn Monaten. In wenigen Wochen läuft die Produktion dort nach westlichen Maßstäben. Leider sind das Einzelfälle.

Wo liegen hier denn Ihre Ziele in der Ex-DDR?

KASKE: Als sich das Geschehen abzeichnete, haben wir im Vorstand diskutiert und gefragt, wie es denn um die Grundphilosophie von Siemens ausschaut. Ich habe es schlicht so formuliert: Es gibt keinen Grund, warum Siemens im neuen und größeren Deutschland eine schwächere Position haben sollte als in der alten Bundesrepublik. Ich glaube, diese Formel gilt für viele andere Unternehmen genauso.

War der Name Siemens ein ungeteilter deutscher Markenartikel, der auch östlich der Elbe trotz Trennung seine Wurzeln nie verloren hat?

KASKE: Das trifft nicht nur für die neuen Bundesländer, sondern für viele Länder Europas und der Welt zu. Der Name Siemens ist in den neuen Bundesländern traditionell immer bekannt und anerkannt gewesen. Wir verfügten ja über ein begrenztes Geschäftsvolumen mit der ehemaligen DDR. Bis zur Wiedervereinigung war das eine Größenordnung zwischen 70 und 100 Millionen Mark jährlich.

Wann führte Ihr Vorstand diese Grundsatzdebatte?

KASKE: Sehr früh. Sie fand kurz nach dem Fall der Berliner Mauer statt, als sich der Zusammenbruch der DDR als irreversibel herausstellte.

Gab es allgemeine Zustimmung am Vorstandstisch?

KASKE: Ja. Es ist ja nicht einzusehen, warum Siemens in Gesamtdeutschland schwächer vertreten sein sollte als in der alten Bundesrepublik.

Der Beschluß zum Aufbruch hat ökonomische Folgen. Sie müssen viel Geld in die Hand nehmen.

Kaske: Ja, sicher. Wenn die Richtung klar und eine mittel- und langfristige Wirtschaftlichkeit mit hoher Wahrscheinlichkeit abzusehen ist, dann scheiterten Investitionen bei Siemens noch nie am Geld. Im ersten Anlauf mußten die Rechtsverhältnisse sondiert werden. Das barg Probleme. Rechtlich abgesichert war das Investment erst nach der offiziellen Wiedervereinigung – was nicht ausschließt, daß wir vorher natürlich viele Gespräche und Erkundigungen führten. Manchmal hat man uns sogar ausdrücklich gerufen.

Wer rief Sie und worum wurden Sie gebeten?

Kaske: Ich will darauf allgemein antworten. Als ich im Frühjahr 1990 in Berlin einer Ostberliner Zeitung ein Interview gab, wurde ich gefragt, ob Siemens ein ganzes Kombinat übernehmen wolle. Ich habe nein gesagt. Auf die Frage, warum nicht, habe ich geantwortet, Gemeinkosten hätten wir selbst genug. Im Klartext: Die Konstruktion der Kombinate war überhaupt nicht kompatibel mit der geschäftlichen und organisatorischen Ausrichtung der Siemens AG. Und das gilt für alle westlichen Unternehmen.

Wann haben Sie erstmals persönlich ein Werk besichtigt, das heute zu Siemens gehört, und den ersten Blick auf Anlagen geworfen? Können Sie sich noch an Ihre erste Begegnung mit der volkseigenen Industriestruktur erinnern?

Kaske: Ich habe zu Beginn mehrere Gespräche geführt, aber ich bin nicht persönlich in die in Frage kommenden Werke gefahren. Nicht etwa deswegen, weil ich es nicht gerne getan hätte. Nur hätten die Menschen bei einem Besuch des Vorstandsvorsitzenden einen derartigen Erwartungshorizont entwickelt, daß es bitter gewesen wäre, ihnen danach traurige Wahrheiten zu sagen. Später habe ich die neuen Länder ausführlich bereist.

Diplomatische Rücksicht als notwendiger Sanierungsbeitrag?

Kaske: Aber selbstverständlich. Wir haben heute dort 20000 Mitarbeiter. Ich habe es in den letzten Monaten für dringend notwendig gehalten, diese Mitarbeiter vor dem dummen Geschwätz »faul und gefräßig« zu beschützen. Sie sind unsere Mitarbeiter. Ich stelle mich genauso vor jeden anderen Mitarbeiter, dem vorgeworfen wird, er sei weniger produktiv. Die handwerklichen und technischen Kräfte waren hervorragend ausgebildet. Sicher nicht nach dem letzten Schrei der Hochtechnologie, aber mit der Bereitschaft, innerhalb weniger

Wochen zu lernen. Umgekehrt gibt es im Westen viele, die können vor lauter Numerik nicht mehr manuell mit einer Drehbank umgehen.

Diese Mitarbeiter können noch einen Lichtschalter reparieren, unsere dagegen oft nur noch mit Chips umgehen?

KASKE: Manchmal hat es den Anschein.

Welchen Eindruck machte Ihre erste Werksbesichtigung auf Sie?

KASKE: Ich war jetzt im August vierzehn Tage in Ostdeutschland, habe ein Dutzend Betriebsstätten besucht und mich überall mit den leitenden Leuten unterhalten – von Chemnitz, Leipzig, Dresden und Görlitz bis hinauf nach Rostock und Schwerin. Das war zum Teil erschreckend, in welchem Zustand diese Werke sind. Aber in vielen Fällen helfen anfangs auch Farbe und Pinsel.

Viele klagen über die alten SED-Bonzen, die an ihren Sesseln kleben – Sie auch?

KASKE: Zunächst glaube ich, daß im technischen Bereich die Dinge anders liegen. Das Ohmsche Gesetz ist weder kapitalistisch noch sozialistisch. Zwei mal zwei sind vier – unabhängig von der Ideologie. Obgleich die Politiker immer wieder versuchen, aus zwei mal zwei entweder fünf oder drei zu machen. Von der Ausbildung, vom beruflichen Lebensweg der Facharbeiter, Industriearbeiter und Techniker, fanden wir eine andere Grundstruktur vor. Selbstverständlich verlangten wir von jedem, der im Sinne unseres Gesetzes leitender Angestellter ist, eine Erklärung, daß er mit dem Stasi nichts zu tun gehabt hat. Aber ich kann das doch nicht von einem Meister oder einem Vorarbeiter verlangen. Wir arbeiten deshalb mit den Betriebsräten in der gleichen Weise zusammen wie im Westen. Wir haben sie geschult, und wir gehen Hinweisen aus der Belegschaft in jedem Fall nach. Mir ist nicht bekannt, daß es in irgendeinem unserer Werke ernsthafte Schwierigkeiten gegeben hätte. Es gibt sogar Betriebe, wo die Belegschaft in Versammlungen sagte: Dieser Mann soll bleiben, obwohl er auch früher unser Chef war.

Diesem Votum beugen Sie sich?

KASKE: Nein, wir akzeptieren es. Denn wir kennen die letzten zwanzig Jahre dieser Damen und Herren nicht. Wir müssen uns darauf verlassen, was der Betriebsrat und die Belegschaft äußern.

Sind jene 20000 Arbeitsplätze für Siemens mit weltweit 402000 Mitarbeitern das letzte Wort?

KASKE: Das ist schwer zu sagen. Man darf eines nicht übersehen: Siemens hat eine völlig andere Struktur als die Automobilindustrie. Von unseren 20 000 Leuten drüben ist nur etwa die Hälfte in der Produktion tätig, die andere Hälfte in Montage, Service und so weiter. Bei der Automobilindustrie werden die Beschäftigten eines Unternehmens sozusagen ab Werkstor gezählt. Wir haben noch den Vertrieb, das Engineering, Montage, die Wartungs- und Serviceorganisation. Der Trend in unserer Branche geht schon seit Jahren dahin, daß relativ immer weniger Menschen in der Produktion tätig sind und immer mehr außerhalb. Deswegen kann ich also keine Arbeitsplatzzahlen voraussagen. Aber man kann sagen: Wir beschäftigen auf dem Gebiet der ehemaligen Bundesrepublik rund 240 000 Mitarbeiter. Sie sind zu mehr als fünfzig Prozent für Export und Auslandsgeschäft tätig. Wenn wir das Bevölkerungsverhältnis Ost und West unterstellen, liegt Siemens in den neuen Bundesländern nicht so schlecht. Der Aufbau- und Akquisitionsphase wird in den nächsten Jahren die Konsolidierungs- und Modernisierungsphase folgen. Und wir hoffen ja, daß wir auch bei der Entwicklung der Märkte in Osteuropa noch weitere Vorstöße unternehmen.

Wie wird Siemens dort vorgehen?

KASKE: Viele haben von unvergleichlichen Chancen im Osten gesprochen. Ich will es etwas einfacher ausdrücken: Im selben Moment, in dem die ehemaligen Ostblockländer ihren Zahlungs- und Warenverkehr in harten Devisen abwickeln, kauft jeder, der Dollar oder D-Mark besitzt, das Beste, was er dafür auf dem Weltmarkt bekommen kann. Und das sind leider nicht jene Produkte, die zur Zeit der ehemaligen DDR produziert wurden. So einfach ist das.

Wurde dieser einfache Grundsatz von der Öffentlichkeit ignoriert?

KASKE: Leider gibt es immer wieder Leute, die meinen, daß jemand, der jetzt statt in Transferrubeln in Dollar bezahlen muß, weiterhin bei dem bestellt, der ihm die Ware zu Transferrubeln geliefert hat. Sicher gibt es Kunden, die nicht sofort abspringen, weil sie systemtechnisch gebunden sind. Aber wenn der Kunde zum gleichen Zeitpunkt kein hartes Geld hat, dann kann er nicht bestellen. Daraus ergibt sich, daß sie so schnell wie möglich bei der Produktqualität Welt-

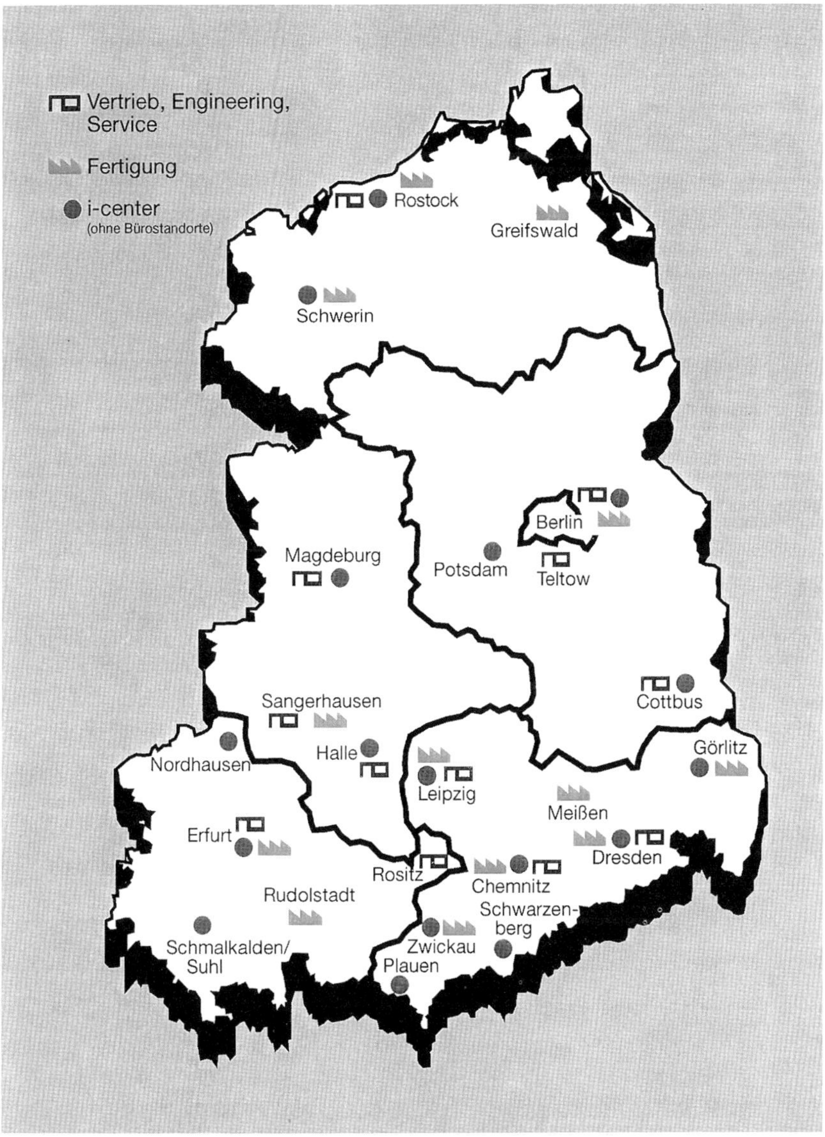

Regionale Koordinierung Neue Bundesländer 9.91

standard erreichen müssen. Daran arbeiten unsere Leute. Wir können niemals hinnehmen, daß ein Siemens-Produkt aus Leipzig gegenüber einem aus Witten schlechter ausfällt. Im Umkehrschluß habe ich allerdings auch veranlaßt, daß alle leitenden Mitarbeiter im Hause bei Auftragsvergaben an Zulieferanten die Ostbetriebe besonders berücksichtigen müssen. Nicht, weil es sich da um große Mengen handelt, sondern weil die Zulieferanten das brauchen, um westliche Anerkennung zu bekommen. Siemens oder Bosch auf der Kundenliste zu führen, gilt als vorzügliche Referenz.

Ist das eine emotionale Entscheidung zu Lasten der Rentabilität?

KASKE: Wir sind auf Gedeih und Verderb auf unsere Zulieferanten angewiesen. Da mag es anfangs Sondersituationen geben, aber letztlich müssen Preis und Qualität stimmen. Die Bundesregierung ist auf viele Hinweise, unter anderem von mir, eingegangen und hat angeordnet, bei öffentlichen Aufträgen die Betriebe aus den neuen Bundesländern unter Voraussetzung gleicher Qualität in das Angebot eines westdeutschen einsteigen zu lassen. Wenn wir das nicht schaffen, schaden wir uns langfristig.

Begreift die Politik die Arbeitsteilung zur Wirtschaft und ordnet sie die Funktion des Unternehmers zutreffend ein?

KASKE: Das Problem begrenzt sich nicht auf die neuen Bundesländer. Es gibt Länder, einschließlich beispielsweise der USA, in denen der Dialog zwischen Wirtschaft und Politik wesentlich enger ist als bei uns. Ich sage das, weil es gerade das größte Sorgenkind des BDI-Präsidenten ist, daß die Politik zu wenig mit der Industrie spricht.

Hat nicht andererseits die deutsche Einheit einen intensiveren Dialog zwischen beiden erzwungen?

KASKE: Das Problem sind nicht industrielle Schwierigkeiten, sondern die Menschen in den nichtindustriellen Bereichen der ehemaligen DDR. Beantworten Sie mir einmal die Frage: Was tut man mit einem 45jährigen Lehrer, der zwanzig Jahre lang Marxismus-Leninismus unterrichtet hat? Wir wissen nur, daß er jedenfalls nicht mehr Marxismus und Leninismus unterrichten wird. Er muß umlernen, einen neuen Beruf ergreifen – und willens dazu sein.

Teilen Sie die technologische Begeisterung, die neuen Bundesländer würden zum Japan des nächsten Jahrtausends werden?

Kaske: Da bin ich sehr optimistisch. Kein Mensch stellt doch veraltete Technik dort auf. Die bekommen das neueste Equipment und die beste Infrastruktur. Schließlich war Sachsen bis 1945 das industrielle Herz Deutschlands.

Ist das der Grund, warum sich die Siemens-Stützpunkte im Süden ballen?

Kaske: Jein. Das ist teilweise zufalls-, teilweise strukturbedingt. Wenn in Mecklenburg-Vorpommern keine Turbinenfabrik existiert, dann kann man auch keine übernehmen. Die steht nämlich in Görlitz.

Welcher der Schwerpunktbereiche – Kommunikation, Verkehrstechnik und Energie – strahlt die größte Wachstumsdynamik aus?

Kaske: Vorweg ist der riesige Nachholbedarf an Infrastruktur zu decken. Er betrifft die Telekommunikation ebenso wie Verkehrs- und Energiesysteme, aber auch die Medizintechnik. Alle Krankenhäuser und Kliniken wollen dringend moderne Ausrüstungen. Das Konsumgütergeschäft, soweit es elektrotechnisch ist, machen die Bosch-Siemens-Hausgeräte. Aber das Kerngebiet von Siemens ist nun mal die Infrastruktur, deren Ausbau jetzt besonders gefragt ist. Kein Land in der Welt ist in der Lage – vielleicht mit Ausnahme der Kuwaitis –, seine Infrastruktur mittel- und langfristig ausschließlich zu importieren. Die Wertschöpfung muß hier weitgehend vor Ort erfolgen. Das ist auch der Grund, weshalb wir entschieden haben, daß wir auf dem Gebiet der neuen Bundesländer Werke, Werkstätten und Montageabteilungen brauchen. Wenn die Infrastruktur einen Mindeststandard erreicht hat, werden die anderen Dinge folgen. Ein großer Teil der Elektrotechnik geht heute in den Bau, denn in einem modernen Einfamilienhaus sind heute schon mehr als zehn Prozent Elektrotechnik. Auf dem Bau ist es aber so, daß der Elektriker immer zuletzt kommt. Wenn die Bauwirtschaft anzieht und der Renovierungsschub kommt, wird die bauabhängige Industrie einen Schub bekommen.

Ihr designierter Nachfolger sagte kürzlich, man müsse jetzt wieder stärker an Fernost denken. Ist die ehemalige DDR nur ein Zwerg im Weltkonzern Siemens?

Kaske: In der Zeit der Trennung machten wir mit der DDR ein jährliches Geschäftsvolumen zwischen 70 und 100 Millionen Mark. In diesem Jahr sind es vom Auftragseingang her etwa drei Milliarden und vom Umsatz knapp zwei Milliarden

Mark – ohne die Direktumsätze der dortigen Gesellschaften, die wir erst im Geschäftsjahr 1991/92 in unserer Bilanz konsolidieren können. Das ist doch beachtlich. Das einzige, wo ich mich vor einem Jahr geirrt habe, war die Geschwindigkeit dieser Entwicklung. Wenn ich ein Bevölkerungsverhältnis von eins zu vier unterstelle, entfällt auf das Gebiet der DDR für Siemens rechnerisch ein Geschäftsvolumen von 7,5 Milliarden, wegen der besonderen Struktur vielleicht 5 Milliarden Mark. Als ich gefragt wurde, wann wir das erreichen, habe ich geantwortet: vielleicht in fünf Jahren. Mein Irrtum war, daß wir das schon in zwei Jahren erreicht haben. Das ist auch für Siemens keine Quantité négligeable. Wir haben im Gegenteil Mühe, bei internationalen Diskussionen unseren Freunden klarzumachen, daß Siemens trotz dieses Engagements in den neuen Bundesländern die anderen Länder keineswegs vernachlässigt.

Wurde dieser Verdacht geäußert?

Kaske: Aber selbstverständlich. In jeder internationalen Runde kommt der Verdacht auf, die Deutschen haben doch jetzt gar keine Zeit mehr für Spanien, Portugal, geschweige denn für Afrika oder Lateinamerika. Die müssen jetzt alle ihre Energie und ihr Geld für Ostdeutschland einsetzen. Denen muß ich immer wieder sagen, daß Siemens im letzten Jahr sieben bis acht Milliarden Mark investiert hat, wovon bisher 250 oder 300 Millionen nach Ostdeutschland gegangen sind. Wir bleiben also außerhalb Deutschlands genauso aktiv wie bisher.

Japan haben Sie nicht genannt.

Kaske: Ich muß hier etwas zurechtrücken. Auf dem Gebiet der Medizintechnik sind wir weltweit Nummer eins oder Nummer zwei. Der erste Japaner kommt mit Abstand hinter uns. Auf dem Gebiet der Energietechnik – Kraftwerksbau und Verteilung – ist mir noch kein einziger japanischer Turbogenerator auf europäischem Boden begegnet. In der Telekommunikation verkaufen wir unsere Systeme in mehr als fünfzig Ländern der Welt. Man darf sich nicht immer nur auf die Produkte fixieren, wo die Japaner anerkannterweise Weltmarktführer sind: Konsumelektronik, Optik, Fotoapparate, Armbanduhren. Und die Massenproduktion von Chips. Die Sorgen, die sich offenbar zur Zeit die Automobilindustrie macht, die habe ich nicht.

Hat sich das Selbstbewußtsein von Siemens durch die Einheit

Dr.-Ing. Karlheinz Kaske, Vorsitzender des Vorstands

Betreuung: Halbleiter, Forschung und Entwicklung, Zentralstelle Außenbeziehungen
Geboren: 19. April 1928 in Essen

Ausbildung:
Oberschule, Abitur
Studium der Physik in Danzig und Aachen
Dipl.-Physiker
Dr.-Ing.

Beruflicher Werdegang:
1950 Eintritt in die Siemens & Halske AG, Wernerwerk für Meßtechnik
Entwicklungsabteilung, Karlsruhe
1953 Verein der Steinkohlenwerke des Aachener Bezirks
Dozent an der Bergschule Aachen
1960 Siemens & Halske, Wernerwerk für Meßtechnik
Abteilung Technik, Karlsruhe
1963 Leiter des Vertriebsgebiets Kraftwerksautomatisierung
1967 Berater bei Fuji Electric, Tokyo
1968 Planungsabteilung
(Vorbereitung der Neuorganisation der Siemens AG)
1969 Werkleiter des Nürnberger Zählerwerks
1973 Leiter des Geschäftsbereichs Meß- und Prozeßtechnik
1975 Leiter des Geschäftsbereichs Meß- und Prozeßtechnik und des Hauptbereichs Gemeinsame Technische Aufgaben
Mitglied des Vorstands der Siemens AG
1977 Leiter des Unternehmensbereichs Energietechnik
1980 Stellv. Vorsitzender des Vorstands der Siemens AG
1981 Vorsitzender des Vorstands der Siemens AG

gewandelt, nachdem die Deutschen auch politisch eine Mittelmacht geworden sind?

KASKE: Ich glaube, das kann man nicht sagen. Daß 20000 Leute hinzugekommen sind, ist sicherlich bedeutend im deutschen Maßstab, aber im Weltmaßstab nimmt sich das anders aus. Es ist ja kein Geheimnis, daß wir in den letzten zehn oder zwölf Jahren von einigen hundert Mitarbeitern in den USA auf etwa 30000 gekom-

FIRMENPORTRAIT

Die im Jahre 1847 gegründete Siemens AG ist mit einem jährlichen Geschäftsvolumen von über 75 Mrd. DM eines der größten Unternehmen der Elektrotechnik und Elektronik. Die Gesellschaft ist fast ausschließlich im Investitionsgüter-Geschäft tätig und zählt auf den Arbeitsgebieten der Energieerzeugung und -verteilung, der Büro- und Nachrichtentechnik, bei Systemen der Produktions-, Medizin- und Verkehrstechnik sowie der Automobilelektronik und Bauelementen weltweit zu den führenden Herstellern.

Siemens orientiert seine langfristigen strategischen Ziele am Weltmarkt. Dieser Markt zählt mit einem Volumen von rund 2600 Mrd. DM und einem realen Trendwachstum von knapp 7 Prozent pro Jahr zu den größten und zugleich dynamischsten Industriezweigen. Rund 60 Prozent des Umsatzes erwirtschaftet das Unternehmen im internationalen Geschäft; gut die Hälfte davon wird durch über 200 Produktionsstätten außerhalb der Bundesrepublik direkt im Lande erbracht. Mehr als ein Drittel der weltweit mehr als 400000 Mitarbeiter des Unternehmens sind im Ausland tätig; rund die Hälfte der Investitionen entfallen auf die Aktivitäten außerhalb der Bundesrepublik. Die Schlüsselmärkte des Unternehmens sind Europa und die USA, auf die rund 85 Prozent des Geschäftes entfallen.

Mit der Vereinigung Deutschlands hat sich der nationale Elektromarkt zu heutigen Werten um rund 14 Mrd. DM vergrößert; dies ist ein Zuwachs von 8 Prozent. Eine dynamische Entwicklung ergibt sich hier durch den gewaltigen Bedarf beim Ausbau der Infrastruktur (Stromversorgung, Nachrichtentechnik, Verkehrssysteme, Medizintechnik) sowie bei der Modernisierung der Betriebe (Umwelttechnik, Automatisierungs- und Anlagentechnik, Installations- und Informationstechnik). Nachdem Siemens in der ehemaligen DDR zuvor ein Auftragsvolumen von etwa 100 Mio. DM pro Jahr realisierte, wurden im Geschäftsjahr 1990/91, das am 30. September zu Ende gegangen ist, ein Umsatz von 1,8 und ein Auftragseingang von 3,3 Mrd. DM erreicht. Ziel ist es, in den neuen Bundesländern eine ähnliche Marktposition zu erreichen wie in den westlichen Bundesländern. Dem entspricht mittelfristig ein jährliches Geschäftsvolumen von über 5 Mrd. DM. Die strategische Zielsetzung des Unternehmens, die Position im europäischen Markt weiter zu festigen sowie die Marktstellung in den USA auszubauen, bleibt trotz dieser neuen Herausforderungen unverändert.

Einen weiteren Schwerpunkt bildet die technologische Zukunftssicherung des Unternehmens durch intensive Forschungsaktivitäten. Siemens wendete deshalb im abgelaufenen Geschäftsjahr 7,8 Mrd. DM (rund 11% des Umsatzes) für Forschung und Entwicklung auf. Rund 43000 Mitarbeiter sind weltweit mit dieser Aufgabe befaßt.

Die Zahl der Siemens-Aktionäre ist während der 80er Jahre auf über 580000 gestiegen. Das Unternehmen ist eine der größten börsennotierten Gesellschaften Europas. Rund die Hälfte ihres Grundkapitals ist außerhalb der Bundesrepublik gestreut. Die Siemens-Aktien werden außerhalb Deutschlands (Berlin, Bremen, Düsseldorf, Frankfurt, Hamburg, Hannover, München und Stuttgart) an europäischen Aktienplätzen in Frankreich (Paris), Belgien (Brüssel), Großbritannien (London), den Niederlanden (Amsterdam), Österreich (Wien) sowie in der Schweiz (Basel, Genf und Zürich) geführt.

men sind. Das strahlt auf das ganze Unternehmen aus, macht es internationaler. Sicherlich ist das Selbstverständnis von Siemens durch die Wiedervereinigung, soweit es die deutsche Belegschaft betrifft, berührt worden, aber im internationalen Rahmen glaube ich das nicht.

Wie motiviert sind Ihre Mitarbeiter an die neue Aufgabe herangegangen?

KASKE: Wir stellten ein ungeheures, auch persönliches Engagement fest. Mit der 35-Stunden-Woche können Sie da nichts anfangen.

Eine erfreulich große Zahl von Mitarbeitern hat mit erheblicher innerer Bereitschaft diese einmalige Aufgabe übernommen. Nicht wenige wurden drüben geboren, haben teilweise auch dort studiert und hier Karriere gemacht. Sie sagen jetzt: Nun gehen wir wieder zurück.

Über Motivationsmängel können Sie sich nicht beklagen?

KASKE: Nein, auch bei unseren neuen ostdeutschen Mitarbeitern nicht. Hunderte und Tausende von Mitarbeitern sind zunächst einmal auf Baustellen und in Werke und Betriebe in den Westen gebracht worden, haben sechs oder acht Wochen, manchmal ein Vierteljahr hier Training on the job gemacht. Deswegen ging das so schnell. Sie mußten mit unserer Technik vertraut gemacht werden. Dann sind sie zurückgegangen und haben ihre Kollegen angelernt. Für das ganze mittlere Management haben wir drüben Schulen eingerichtet. Dieses Programm hat allein im letzten Jahr Tausende von Mitarbeitern qualifiziert. Offenbar ist es im öffentlichen Dienst nicht so leicht möglich, daß die Menschen aus den neuen Bundesländern in den Verwaltungen mal ein Vierteljahr in einem westlichen Finanzamt lernen.

Stellt die deutsche Einheit in Ihrer Siemens-Karriere eine Art Höhepunkt dar?

KASKE: Für Kaske selbstverständlich. Ich habe auch keinen Zweifel, daß das Erfolg haben wird.

Herr Kaske, Sie sind in Essen geboren und leben in München. Haben Sie emotionale Bindungen nach »drüben«?

KASKE: Ja, denn ich bin in »Könichsbarch« zur Schule gegangen, und meine Eltern und Vorfahren sind aus Pommern.

Wenn eine gute Fee Ihnen einen Wunsch freigäbe – was würden Sie den Deutschen dann wünschen?

KASKE: Verständnis dafür, daß gut' Ding manchmal auch gut' Weile braucht.

HILMAR KOPPER

Bankier mit leichtem Gepäck

Hilmar Kopper: Vom Sparfleiß überrascht – »Schau mir in die Augen, Kleinunternehmer«

Bankiers kann so leicht nichts überraschen. Behaupten Bankiers. Als Hilmar Kopper kürzlich einen ostdeutschen Bürgermeister traf, war er jedoch überrascht. Der wollte nämlich am Marktplatz keine Bankfiliale zulassen, sondern einen Wolladen, »weil die Frauen hier soviel stricken«. Überrascht war allerdings auch die Konkurrenz darüber, wie die Deutsche Bank in die neuen Bundesländer einzog.

Er würde alles noch einmal so machen, meint der Chef des größten deutschen Kreditinstituts. Die Politik habe, unter unglaublichem

Handlungszwang stehend, die deutsche Einheit nahezu fehlerlos bewältigt. »Ich wußte damals keine anderen Rezepte und wüßte auch heute keine, hätte aber einen Verbesserungsvorschlag: allen Beteiligten und allen Betroffenen deutlicher zu sagen, was die Wirtschaftsunion bedeutet.« Wer hat denn diese Informationspflicht versäumt? »Wir alle«, entgegnet der Bankier, die übliche Schuldzuweisung an die Politik sorgsam meidend.
Wo sind eigentlich die fabelhaften volkswirtschaftlichen Abteilungen der Banken geblieben, als es den wirklichen inneren Zustand der DDR darzustellen galt? Kopper: »Die Kritik stimmt, aber wir hatten uns doch 40 Jahre für das, was jenseits der Mauer passierte, nicht interessiert. Das war eine andere Welt, unglaublich weit weg. Wir kannten die Bilanz keines VEBs, konnten sie auch gar nicht lesen.« Vor diesem Hintergrund sei die Unkenntnis über dieses »andere Deutschland« nicht mehr als eine läßliche Sünde der Experten.
Die deutsche Wirtschaft wachse »sicherlich nicht überall optimal zusammen«, aber vieles sei doch in Bewegung gekommen. In der Kreditwirtschaft ist es gut gelaufen. »Wir haben es auch einfacher, weil wir mit leichtem Gepäck marschieren«, erläutert Kopper. Eine Bank brauche keine minutiöse, langwierige Investitionsplanung, sondern nur Eigenkapital. »Deswegen hat es bei uns einen schnellen Schub gegeben.«
Daß sein Institut in den neuen Bundesländern so schnell war, begründet Kopper zweifach: »Wir haben sehr früh, nämlich schon am Jahresausgang 1989, in der DDR sondiert und später auch mit einem Nachfolgeinstitut der Staatsbank ein Joint-venture gegründet – zu einem derart frühen Zeitpunkt, als andere noch in Unsicherheit verharrten. Wir haben drüben die erste zugriffsfähige Datenkartei über die volkseigenen Betriebe aufgebaut, was ein erhebliches Risiko war. Und der zweite Grund: Wir hatten eine entschlossene und beherzte Mannschaft.«

Vom Reiz der grünen Wiese und letzten Herausforderungen

Ist der Mitarbeiter, der diese Herausforderung annimmt, zu typisieren? »Es war nicht der Typ der Mitte, sondern es waren die jungen Leute, und es waren die älteren Mitarbeiter. Die Jungen reizte es, drüben auf der grünen Wiese völlig neu anzufangen. Die Älteren, etablierte Mitarbeiter, Direktoren, Prokuristen, sagten sich: Fast alles haben wir schon gemacht, dreißig oder vierzig Jahre Bank auf dem Buckel, diese letzte Herausforderung am Ende unseres Berufslebens nehmen wir noch einmal an.« Zwischen diesen beiden Extremen gäbe es die durchschnittlich Motivierten: Sie gehen dorthin, wohin wir sie schicken.

Das Partei- und Stasiproblem nennt Kopper »ausgestanden«, fügt aber vorsichtig an, »jedenfalls nach unseren Erkenntnissen«. Er schließe überhaupt nicht aus, daß die von der Staatsbank übernommenen Mitarbeiter belastet seien, vornehm ausgedrückt: »den Durchschnitt dessen darstellen, wie man sich in der alten DDR arrangierte«. Deswegen aber keine Hexenjagd.

Den Wunsch aller Unternehmen, in den neuen Bundesländern mindestens den Marktanteil der alten abzudecken, konnte sich sein Institut erfüllen. Mehr noch: »Unser Marktanteil drüben ist leicht höher als in den alten Bundesländern.« Gemessen wird er an den Einlagen. Die stramme Marktposition der Deutschen Bank in den neuen Ländern begründet Kopper etwas pauschal. Der Einsatz seiner Leute sei natürlich vorbildlich gewesen und die Kundschaft ganz begierig auf die Produktpalette der Deutschen Bank, »nachdem es mehr als dreißig Jahre nur ein einziges Produkt gab, nämlich das Konto mit 3,25 Prozent Verzinsung«.

Gewinnträchtige Filialen sind derzeit die Ausnahme, »denn wir befinden uns noch in der Expansionsphase«. Für die Beschäftigten ergibt sich trotz gewundener Erklärungen: Mit Entlassungen ist zu rechnen. Kopper: »Alle betriebswirtschaftlichen Kennziffern – Bilanzvolumen pro Kopf, Kredite oder Einlagen pro Kopf – zeigen, daß wir personell noch überbesetzt sind. Gleichzeitig treiben wir den Schulungs- und Weiterbildungsprozeß voran. Über zehn Prozent unserer Mitarbeiter befinden sich ständig in einer Qualifikation. Aber wir wissen auch, daß wir in zwei bis drei Jahren weniger Mitarbeiter haben werden als heute.«

Wegen der völlig anderen Altersstruktur habe die Bank 1200 Lehrlinge eingestellt, um die Mannschaft zu verjüngen. Wird die Deutsche Bank zum nächstmöglichen Termin einige hundert Leute feuern? »Nein, wir feuern nicht. Wenn wir uns von Mitarbeitern trennen müssen, tun wir das nach den Spielregeln, wie sie auch im Westen gelten. Das heißt: Eine Trennung muß der Person gerecht werden und sozialverträglich sein.«

Als Beispiel einer Aufgabe, die entfallen ist, nennt Kopper die treuhänderische Verwaltung der Alt-Kredite. Das hatte die Deutsche Bank übernommen, aber jetzt nimmt die Treuhandanstalt dies wahr.

An die Währungsunion erinnert sich der Deutschbankier wie an einen Laborversuch der klassischen Verhaltensformen des Menschen gegenüber dem Geld. Die Menschen reagierten so wie in der alten Bundesrepublik vor vierzig Jahren: vorsichtig, sparsam, kostenbewußt – trotz der Verlockungen. Die Währungsunion habe sich allerdings von den beiden Währungsschnitten in den Jahren 1923 und 1948 dadurch unterschieden, daß es diesmal galt, sich an ein höherwertiges Geld anzupassen, statt eine Hyperinflation zu beenden. »Uns hat dabei der Wille zum Sparen und zur Vorsorge außerordentlich überrascht.«

Fingerspitzengefühl in Gründerzeiten

Emsig wie das Sparen scheint auch der Wettbewerb zu sein. In Städten wie Dresden und Leipzig haben sich bereits 40 Banken niedergelassen. »Das ist gut, denn Wettbewerb ist eine Veranstaltung für den Verbraucher und nicht für den Anbieter.« Allenthalben buhlen die Banken und Sparkassen um die mittelständische Kundschaft, »denn die Großbetriebe kämpfen entweder ums Überleben oder hängen am Tropf der Treuhand«.

Über den alten Witz, daß ein Kunde nur dann Kredit von seiner Bank bekommt, wenn er ihr beweist, daß er keinen benötigt, kann man in den neuen Bundesländern nicht lachen. Die üblichen Methoden der Kreditprüfung – Bilanz, Sicherheiten, Marktstudien etc. – gibt es beim Aufbruch Ost nicht. »Wir mußten die Kreditprüfung wieder neu üben. Unsere Sachbearbeiter hatten keine verläßlichen Daten und keine Sicherheiten. Sie waren wieder darauf angewiesen, das Kreditrisiko an der Person festzumachen. Wenn ein Existenzgründer kommt und zwei gebrauchte Lkws finanziert haben will, um Bauschutt abzufahren, dann muß man ihm fest in die Augen blicken und an drei Dinge glauben: erstens, daß er 14 Stunden täglich auf dem Bock sitzt und Geld verdient, zweitens, daß seine Frau am Wochenende die Buchführung macht und drittens, daß der Kredit von 150000 Mark verzinst und getilgt wird.«

Die Kreditvergabe nach Art von Bahnhofsmission und Heilsarmee – Rührung steigt dem Chronisten in die Augenwinkel. »Nein, mit Caritas hat das nichts zu tun«, korrigiert Kopper, »aber beim Personalkredit müssen wir schon ganz mutig unser Herz über die Hürde werfen. Unter diesen schwierigen Bedingungen gehört viel Fingerspitzengefühl dazu. Außerdem vergessen viele: Wir verleihen nicht unser eigenes Geld, sondern das unserer Kunden.« Mit einem Hauch

Deutsche Bank in den neuen Filialbezirken Berlin und Leipzig

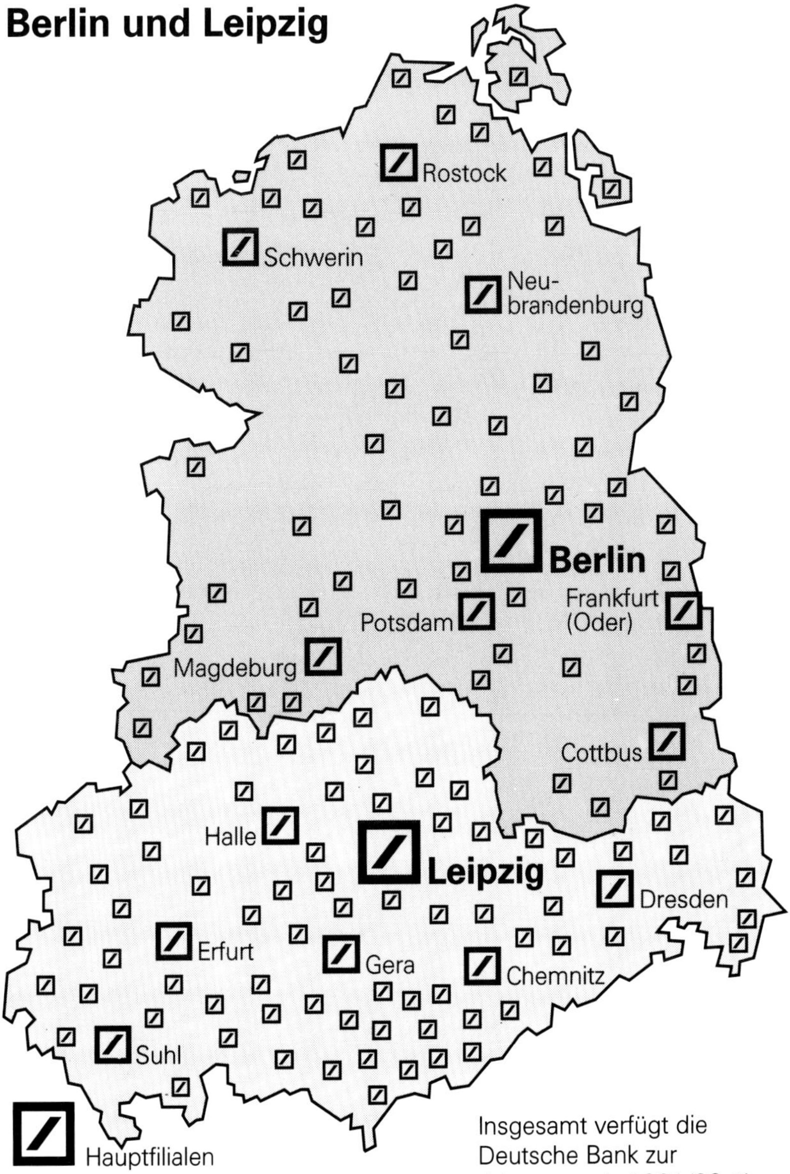

Hauptfilialen

Bezirksfilialen

sonstige Filialen und Zweigstellen

Insgesamt verfügt die Deutsche Bank zur Jahreswende 1991/92 über fast 270 Geschäftsstellen in den neuen Bundesländern

Ironie fügt er an: »Und die wiederum sollten das berechtigte Gefühl haben, sie bekämen es eines Tages wieder von uns zurück.«
Könnte es sein, daß die Öffentlichkeit diese transformatorische Funktion der Banken nicht ausreichend zur Kenntnis nimmt? »So ist es. Man sagt uns, die Banken seien reich. Daß wir das Geld unserer Einleger treuhänderisch verwalten, kommt in dieser schlichten Sicht nicht zum Ausdruck.« Und dann denkt Kopper natürlich an seine Aktionäre, die er nicht für verwöhnt hält: »Die Aktionäre haben uns ein Eigenkapital von 17,5 Milliarden Mark anvertraut, womit wir – nach Steuern – rund eine Milliarde verdient haben. Eine ganz miese Verzinsung, nicht eben zum Totlachen. Die hätten wohl besser Bundesschätzchen gekauft.«
Zeiten der deutschen Einheit waren stets Gründerzeiten. Vor hundertzwanzig Jahren haben vor allem deutsche Banken die aufblühende Großindustrie finanziert und sich mit Eigenkapital engagiert. Warum tun sie es heute in Ostdeutschland nicht? »Weil diese Möglichkeit noch nicht besteht«, behauptet Kopper. Die Großbanken befänden sich wahrscheinlich längst mitten in dem Prozeß einer solchen Gründungsfinanzierung. »Aber wenn wir etwas finden, handelt es sich immer um etwas, was andere schon dreimal im Schnabel umgedreht und wieder ausgespuckt haben.«
Der Bankier sieht sich mit einer gespaltenen Zunge angeredet: »Im Osten verlangt man etwas von uns, was man im Westen ständig kritisiert: unsere Beteiligung an Unternehmen. Da ist irgend etwas nicht logisch.« Die Debatte über die Macht der Banken darf eine neue Wendung nehmen. Andererseits lehnt Kopper die Vermutung ab, den Instituten gebreche es an Mut und Phantasie. »Wir sind der Zeit sogar weit voraus. Wir sind mit einer ersten Emission aus Sachsen auf den Markt gekommen, wo im Prospekt steht: ›Lieber Aktionär, beteilige Dich an dieser guten Anlage! Sie wirft leider fünf Jahre lang keinen Pfennig Dividende ab, weil es sich um einen reinen Zukunftswert handelt!‹ So etwas ist nicht leicht zu verkaufen.« Vermutlich war diese Anspielung Koppers eine ironische.
Abgesehen von den Potemkinschen Dörfern in der »Ehemaligen«, auf die westliche Politiker hereinfielen, wird sich – so Kopper – an der gesamtdeutschen Bankenlandschaft wenig ändern. »Der Anteil der öffentlich-rechtlichen Sparkassen wird im Osten etwas größer sein. Er wächst drüben sehr stark. Kleiner wird dagegen der genossenschaftliche Sektor (Volks- und Raiffeisenbanken), weil er etwas mehr Zeit braucht, um den Anschluß zu finden.«

Mit der deutschen Währungsunion und den seinerzeit umstrittenen Umtauschkursen mag sich Kopper nicht mehr befassen. Alles sei ausdiskutiert, trefflich lasse sich heute debattieren. »Natürlich war das wirtschaftlich nicht richtig«, meint er heute, »die Treuhand hat deswegen die Probleme mit den hohen Altschulden, weil sie eben zwei zu eins umgestellt worden waren.« Müßig, denn einen Weg zurück gebe es nicht.

Gleiches gilt für die Steuern. »Ich habe damals gesagt, daß wir Steuererhöhungen nicht benötigen, wenn es gelingt, schon im Haushalt des Jahres 1991 rund 35 Milliarden Mark zu streichen. Tatsächlich gekürzt haben wir allerdings nur 1,8 Milliarden Mark. Dann brauchen wir in der Tat Steuererhöhungen. Wir haben sie dann auch bekommen.«

Kennen Sie Hans-Joachim Corsalli? Der Chef der Deutschen Bank stutzt einen Augenblick. Aber dann hellen sich seine Züge auf: »Ja richtig, das war der erste DDR-Bürger, der damals D-Mark bekommen hat. Kurz nach Mitternacht, am 1. Juli 1990, in unserer Filiale am Alexanderplatz. Ein Kohlenfahrer aus Berlin.«

»Wunder dauern etwas länger«

Manche Prognostiker sehen etwas bekniffen drein, wenn man sie an ihre Vorhersage erinnert, privates Kapital setze in Blitzesschnelle den Aufschwung Ost ins Werk. Kopper wird keineswegs verlegen: »Wir haben einen Aufschwung, und wir haben eine Trendwende. Allerdings haben wir ihn mit 15000 Mark pro Nase an Transferzahlungen finanziert. Wenn er sich beschleunigen soll, wird dies nur durch private Investitionen geschehen.«

Über das Tempo sei er nicht enttäuscht, denn »viele vergessen, daß es zwölf Monate nach der Vereinigung ständig abwärts gegangen ist, bevor es zur Wende kam. Ich finde zwölf Monate erstaunlich kurz – nach einem derartigen Absturz.« 1992 werde ein Jahr mit zweistelligen Wachstumsraten.

Sind die Deutschen ein ungeduldiges Volk, das zur Hysterie neigt? »Ja, absolut«, meint Bankier Kopper. Aber für diese Neigungen hat er Verständnis: »Es waren absurde Vorstellungen geweckt worden. Als sie nicht eintraten, war die Enttäuschung programmiert. In fünfzig Jahren hat man die Menschen mit der Ideologie verführt, morgen werde alles besser, der Durchbruch des Sozialismus, ohnehin auf der Überholspur gegenüber dem Kapitalismus, stehe unmittelbar bevor. In Wahrheit vergrößerte sich jedoch der Rückstand, was allerdings verschleiert wurde. Und nun kommen wir und verkünden wiederum ein neues System – das marktwirtschaftliche. Wir sollten die ersten sein, die realistische Versprechen abgeben: Wunder dauern etwas länger.«

Lebensstandard, was ist das? Kopper empfiehlt Vorsicht bei der Benutzung dieses Begriffs. »Die gesamte Bau- und Wohnungssubstanz muß erneuert werden: Straßen, Schulen, Infrastruktur. Von der verrotteten Industrie einmal abgesehen. Zum Lebensstandard gehört übrigens auch der Wiederaufbau der Dresdner Frauenkirche. Wir haben in Frankfurt – am Main – vierzig Jahre für den Aufbau der Alten Oper gebraucht. Da wäre es doch schon schön, wenn wir sagen könnten, in zwanzig Jahren ist Dresden wieder aufgebaut, die Frauenkirche eingeschlossen.«

Aber so schlecht stehe es um die Stimmung in den neuen Bundesländern keineswegs. »Wie enorm sich alles verbessert, drückt sich in den jüngsten Meinungsumfragen aus. Die Menschen in den neuen Bundesländern sind auf eine bemerkenswert optimistische Grundstimmung eingeschwenkt. Eine tolle Veränderung! Wenn mir jemand vorhergesagt hätte, ein Jahr nach der Wiedervereinigung schaue der Osten positiver in die wirtschaftliche Zukunft als der Westen – ich hätte es nicht geglaubt.«

»Die Deutschen sind etwas zu brav«

Osteuropa, ein überaus sensibles Thema für den Chef einer Großbank. Hier fallen ihm zuerst Polen, Ungarn, die Tschechoslowakei ein. »Aber auch dort wird es etwas dauern, bevor ein Brückenbau stattfinden kann. Den einen Pfeiler konnten wir in Ostdeutschland schon aufsetzen, aber für den anderen finden wir noch keinen Boden«, meint Kopper. Die Hilfe für die zerbrochene Sowjetunion, die bei den Deutschen am höchsten in der Kreide steht und ihnen deswegen auch die meisten Kopfschmerzen bereitet – Kopper ist düster gestimmt, aber zuversichtlich, was die westliche Nothilfe zur Überbrückung angeht.

Dem gängigen Bild, die Deutschen schmissen allerorten mit Geld um sich, würfen gar das gute dem schlechten nach, vermag der Deutschbankier nichts abzugewinnen. »Im Augenblick werfen wir mit überhaupt nichts. Schon gar nicht mit Geld. Wir versuchen es an vielen kleinen Punkten auf der großen Landkarte. Für mich ist es ein haarsträubender Fehler anzunehmen, der Sanierungsprozeß in der ehemaligen DDR sei ohne weiteres nach Osten verlängerbar. Das ist er

Hilmar Kopper, geboren am 13. März 1935 in Oslanin.
Nach dem Abitur folgte eine Lehre bei der Deutschen Bank in Köln.
Anschließend Trainee bei der J. Henry Schroder Banking Corporation, New York.
Danach Auslandsabteilung der Düsseldorfer Zentrale. 1960 Wechsel in die Filiale Leverkusen, deren Leitung er 1969 übernahm.
1972 wurde Hilmar Kopper Mitglied des Vorstandes der Deutsch-Asiatischen Bank, Hamburg, und blieb in dieser Position auch bei dem Nachfolgeinstitut, der European Asian Bank AG.
1975 wurde er zum Generalbevollmächtigten der Deutschen Bank ernannt und 1977 zum Mitglied des Vorstandes bestellt.
Seit 12. Dezember 1989 ist Hilmar Kopper Sprecher des Vorstandes der Deutschen Bank.
Kopper hat den Vorsitz des Aufsichtsrats bei der Daimler-Benz AG und der Klöckner-Humboldt-Deutz AG inne.
Außerdem gehört er Aufsichtsorganen zahlreicher Gesellschaften an, u. a. Akzo N. V., Bayer AG, Deutsche Lufthansa AG, Mannesmann AG, Münchener Rückversicherung, Pilkington plc, Solvay S.A., VEBA AG und Xerox Corp.

natürlich nicht. Die deutsche Wiedervereinigung ist ein einmaliger Fall: Über Nacht haben Menschen eine der härtesten Währungen der Welt bekommen, zudem ein marktwirtschaftliches, demokratisches System, eine bewährte Verfassung eingeschlossen. Alles das müssen sich die Polen und Ungarn erst noch erarbeiten. Es wird Jahre dauern, bis sie es haben.«
Auf der internationalen Finanzszene begegnen ihm schon mal Bankierskollegen, die ihm die bange Frage stellen, ob sich die Deutschen mit ihren weltumspannenden Hilfsangeboten nicht verhöben. »Diese Frage wird sehr oft und sehr kritisch gestellt. Ich habe immer geantwortet, daß es sich hier um Chancen und weniger um Risiken handelt. Herausforderungen, die positiv enden, wenn wir sie auch nur halbwegs geschickt anpacken.« Er bestreitet allerdings nicht, daß die Deutschen bei ihrer Osthilfe nicht eben von zahlreichen Mitstreitern begleitet werden. Hilfsangebote unterhalb der Schwelle der Wahrnehmbarkeit.
»Alle haben ihre Probleme zu Hause. Die deutsche Sicht täuscht etwas: Die USA, Großbritannien, auch Skandinavien oder Frankreich

und Italien haben große wirtschaftliche Sorgen. Teilweise bedeutende Fehlentwicklungen. Trotzdem wäre es falsch, wenn sich alle in ihr Schneckenhaus zurückzögen. Lassen Sie mich auf den strapazierten Ausdruck der Friedensdividende zurückgreifen: relativ wenig einsetzen, damit vermieden wird, daß wir hernach das Zehnfache für die Korrektur früherer Fehler aufwenden müssen.«

Finanzen sind Teil der Politik. Die geopolitische Lage sei labiler geworden, nicht verläßlicher, resümiert er. »Wir sind aus der Balance geraten, und wir suchen derzeit eine neue.« Fast kommt man auf den Verdacht, hier schwinge Wehmut mit, daß der Eiserne Vorhang, der diese Welt einst so verläßlich teilte, vermißt würde. Diese Vermutung nennt Kopper abwegig, aber die aufgebrochenen Probleme seien heute weit weniger berechenbar. »Die Deutschen sind dabei zu brav. Wir müssen uns vorwerfen lassen, daß man nicht alle Pflichten durch Zahlungen abgelten kann, sondern daß auch politisches Engagement nötig ist.«

Konditorei mit Kontoführung

Nach der Abschweifung zurück nach Deutschland, beispielsweise nach Thüringen. Wann kann der Kunde den Bankschalter in Erfurt nicht mehr von jenem in Mannheim unterscheiden? »Vielleicht in fünf Jahren...«, vermutet Kopper, zögert dann aber, den Satz zu vollenden. »Hier können Dinge dazwischenkommen, die wir nicht steuern können. Uns ist es zum Beispiel bis heute trotz aller Anstrengungen noch nicht gelungen, auch nur ein einziges unserer alten Gebäude in der einstigen DDR zurückzuerwerben.«

Unterschriftsreife Kaufverträge lägen allenthalben vor, auch die Preise seien nicht einmal das Entscheidende. »Es steht einfach nicht fest, wem die Grundstücke nun wirklich gehören. Offensichtlich sind das sogar andere als die, die in den wiederentdeckten Grundbüchern als Eigentümer eingetragen sind. Wir müssen neu erwerben, weil wir nach Verfassungsgerichtsurteil zu denen gehören, die zu Recht enteignet wurden. Wir müssen die Gebäude kaufen, damit wir sie unter den Auflagen des Denkmalschutzes renovieren können.« Eine leicht resignative Pause: »Wir kommen dort viel zu langsam voran.«

Hilmar Kopper schildert, wie er seine Kollegen beim Bankgeschäft beobachtete, das im ersten Stock einer ehemals volkseigenen Konditorei abgewickelt werden mußte. Ein Café mit dem Charme der fünfziger Jahre, aber dem eurocheque der neunziger. »Wir müssen

FIRMENPORTRAIT

Die Deutsche Bank ist ein internationaler Bank- und Finanzkonzern mit dem umfassenden Angebot einer Universalbank. Sie versteht sich als ein multinationales Dienstleistungsunternehmen, das insbesondere, aber nicht ausschließlich Finanzdienstleistungen anbietet.

Zum Konzern gehören mehr als sechzig Konzern- und Beteiligungsgesellschaften, die – so beispielsweise als Geschäftsbanken, Realkreditinstitute oder Investmentbanken, aber auch als Bausparkasse oder Lebensversicherungsgesellschaft – Finanzdienstleistungen anbieten.

Die Deutsche Bank ist seit vielen Jahren das größte Kreditinstitut in Deutschland und gehört zu den führenden Banken der Welt. Die Bilanzsumme des Konzerns beläuft sich auf 438 Milliarden DM, die eigenen Mittel hingegen auf 17,8 Milliarden DM.

Weltweit mehr als 7,7 Millionen Kunden werden in 1880 Niederlassungen (davon 365 außerhalb Deutschlands) von fast 71 400 Mitarbeitern betreut.

Die Deutsche Bank wurde 1870 in Berlin gegründet und hat seit 1957 ihren Sitz in Frankfurt am Main. In Deutschland verfügt sie über 1515 Niederlassungen, darunter 265 Geschäftsstellen in den neuen Hauptfilialbezirken Berlin und Leipzig.

Die Deutsche Bank hat sich mit einem konsequent betriebenen Ausbau ihres europäischen Netzes schon früh auf die Herausforderungen des künftigen Binnenmarktes eingestellt.

Den Grundstein legte sie mit der Eröffnung von Filialen und Tochtergesellschaften sowie mit dem Kauf von Banken in Italien, Spanien, Portugal, den Niederlanden, Großbritannien und Österreich.

Mit Blick auf den Binnenmarkt verfolgt die Bank das Ziel, auf den lokalen Märkten in Europa, vor allem im Wertpapiergeschäft, dem Geld- und Devisenhandel sowie in der Unternehmensfinanzierung, kompetent vertreten zu sein.

Das neue Europa soll künftig das werden, was Deutschland schon lange für die Deutsche Bank ist: ihr Heimatmarkt.

renovieren, denn frische Farbe beeinflußt auch das Geschäft. Bei Gebäuden sind wir ein Investor wie die Industrie, wobei Modernisierung auch Arbeitsplätze schafft. Dieses zähe Handikap bedrückt mich«, meint er.

Der Ausbau des Zweigstellennetzes der Deutschen Bank wird im Frühjahr 1992 abgeschlossen sein, vermutet Kopper. Dann unterhält das Institut in den neuen Bundesländern rund 300 Niederlassungen – Berlin eingeschlossen. Annähernd 270 bestanden schon 1991. Etwas länger dauere es mit den Stadtfilialen. »Auch wenn wir dort bauen wollten – wir bekommen keine Baugenehmigung. Weil niemand weiß, wem das Grundstück gehört. Auch viele andere haben dieses Problem, aber ein gutwilliger Investor wird einfach unzufrieden.«

Diese Hürden seien im übrigen systemimmanent. Man habe sich bemüht, im Osten die Verwaltung nach Westmuster aufzubauen, das System der Beamten in Stellung zu bringen, und durch bewährte Staatsdiener drüben Korsettstangen einzuziehen. »Das alles geht nun seinen beharrlichen, deutschen Gang. Die bei uns fast erstarrte Geschwindigkeit des Dienstweges wird nach drüben übertragen. Wir haben also keinen Mut gehabt, die Einheit dafür zu nutzen, Ballast abzuwerfen und die Verwaltung zu vereinfachen.« Und wenn es einmal versucht wurde – bei der Treuhand in Teltow –, »dann bricht über die Verantwortlichen ein derartiges Gewitter herein, daß sie jeden Mut zur Entscheidung verlieren und künftig 27 weitere Prüfungen durchführen – womit sich das Verfahren um ein weiteres Jahr verlängert«. Vor diesem Hintergrund plagt Kopper eine große Sorge: »Wir müssen verhindern, daß die Treuhand zur Staatsholding des Jahres 2000 wird. Es muß eine gewisse Großzügigkeit geben, die auch einmal erlaubt, Fehler hinzunehmen, aber dafür Bewegung zu schaffen.«

Von Karl Marx zu Karl May. Nach Radebeul, dem feineren Teil von Dresden. In der Moritzburger Straße 1 steht eine Filiale der Deutschen Bank. Wenn Christo sie nicht verpackt, könnte man sie renovieren. Es wäre dringend anzuraten. Der Vorstandssprecher würde als erstes seinen Wappenspruch über die Tür pinseln: »Mit Mut gemeinsam aufwärts!« Für weitergehende Modernisierung bedürfte es einer Baugenehmigung. Und das dauert und dauert und dauert...

Mit Hochdruck zu mehr Umweltschutz – Netzausbau schneller als erwartet

Die Perspektiven sind positiv, meint Ruhrgas-Chef Klaus Liesen

PETER GILLIES: *Herr Liesen, wie sieht der Ruhrgas-Chef die künftige gesamtdeutsche Energielandschaft?*

KLAUS LIESEN: Die Energielandschaft in Ost und West wird kurz- und mittelfristig noch ein differenziertes Bild zeigen. Das gemeinsame Problem ist ein Weltproblem – das der Verringerung der Emissionen. Dabei gilt, daß jede Mark, die in der Energiewirtschaft in Ostdeutschland mit dem Ziel der Umweltverbesserung investiert wird, einen ungleich größeren Effekt bringt als eine Mark im Westen. Es gilt auch hier das Gesetz des abnehmenden Grenznutzens: Je mehr wir erreichen, desto schwerer wird es, noch etwas an Umweltschutz draufzulegen.

Ist dieser Effekt allseits bekannt?

LIESEN: Ich glaube ja. Der hohe Effekt im Osten ergibt sich insbesondere, wenn Erdgas statt Braunkohle eingesetzt wird. Experten haben errechnet, daß eine Substitution von Braunkohle durch Erdgas eine jährliche Entlastung der Umwelt von rund 30000 Tonnen Schwefeldioxid je Milliarde Kubikmeter Erdgas bringt; gleichzeitig werden die treibhauswirksamen Kohlendioxid-Emissionen um jährlich zwei Millionen Tonnen reduziert.

Warum springen Sie bei meiner Frage sogleich auf den Umweltschutz?

LIESEN: Weil er vorrangig ist, wenn auch von unterschiedlichem Gewicht in Ost und West. Im Unterschied zu Ostdeutschland ist in Westdeutschland der Beitrag des Erdgases zum Umweltschutz durch langfristige Erdgasbezugsverträge und Optionen in den nächsten zehn, fünfzehn Jahren weitgehend abgesichert.

Die aktuellen Schwierigkeiten des Lieferanten, der früher Sowjetunion hieß, haben darauf keinen Einfluß?

LIESEN: Die seit langem bestehenden Verträge über russische Erdgaslieferungen nach Westdeutschland haben eine Laufzeit bis weit über das Jahr 2000 hinaus. Die Erfüllung der Verträge über die Erdgaslieferungen an westeuropäische Länder ist vor dem Hintergrund zu werten, daß diese Exporte insgesamt nur sieben Prozent der russischen Erdgasförderung ausmachen.

Herrscht Klarheit über Ihren Vertragspartner?

LIESEN: Ja. Zuständig für den Export russischen Erdgases ist die Außenhandelsorganisation Sojuzgazexport. Gazprom und die russische Republik haben erklärt, zur Erfüllung der Verträge zu stehen.

Wann sind die Verbrauchsgebiete in Ost- und Westdeutschland identisch?

LIESEN: Wenn Erdgas in Ost- und Westdeutschland in der Energiebilanz den gleichen Anteil hat, auch in Ostdeutschland eine flächendeckende Erdgasversorgung aufgebaut ist und wie in Westdeutschland eine vielfältige Struktur von Erdgasversorgungsgesellschaften besteht – mit einer Vielzahl von Stadtwerken, jedes souverän in seiner Entscheidung. Der Anteil des Erdgases an der ostdeutschen Energiewirtschaft beträgt derzeit rund zehn Prozent, an der westdeutschen rund 18 Prozent. In Ostdeutschland erhalten lediglich rund dreihunderttausend Haushalte Erdgas zum Heizen, in Westdeutschland sind es rund neun Millionen. Vorrangig braucht Ostdeutschland zusätzliches Erdgas. Deshalb hat sich die Ruhrgas AG schon im April 1990 vertraglich verpflichtet, noch vor dem Winter 1992 langfristige Erdgaslieferungen nach Ostdeutschland aufzunehmen.

Findet der Wettbewerb Öl gegen Gas in den neuen Ländern in abgeschwächterer Form als in den alten statt?

LIESEN: Nein. Ich glaube, daß er schon heute, allerdings mit einem Handicap für das Erdgas, etwa so abläuft wie hier. Als im Westen das Erdgas Mitte der sechziger Jahre in Konkurrenz zum Heizöl antrat, war der Marktanteil des Öls sehr hoch. Das Erdgas hat seinen Marktanteil – im wesentlichen zu Lasten des Öls – erobern müssen.

Ähnliches passiert heute in den neuen Bundesländern. Denn bis die Investitionen aufgebracht, ein Erdgasnetz verlegt ist, die örtlichen Organisationen geschaffen sind und funktionieren, das ist ein langer Weg. Es wiederholt sich jetzt das alte Muster: Das Öl ist schneller präsent, das Erdgas muß sich danach gegen Öl auf dem Markt durchsetzen.

Die neuen Kommunen scheinen aber sehr viel Verständnis für Erdgas zu haben.

LIESEN: Verständnis ja. Aber in den neuen Bundesländern geht es um einen weitgehend neuen Anwendungsbereich für das Erdgas – die Wohnraumbeheizung. Es ist ein mühsamer Weg, das Erdgas in die Haushalte zu bringen. Dazu gehört vieles: wettbewerbsgerechte Preispolitik, Marketing, ein gewisser Unternehmergeist wie auch versiertes Personal auf wirtschaftlichem und technischem Gebiet.

Wie lange dauert es, diese Aufbruchstimmung zu bewirken?

LIESEN: Die Aufbruchstimmung ist da. Schon frühzeitig hat es auf allen Ebenen Kontakte zwischen der ost- und westdeutschen Gaswirtschaft gegeben. Ruhrgas vereinbarte im Dezember 1989 eine umfassende Kooperation mit dem Gaskombinat Schwarze Pumpe, zu dem auch Verbundnetz Gas gehörte. Es folgten Vereinbarungen über Erdgaslieferungen der Ruhrgas nach Thüringen und Sachsen, wir stellten Personal zur Verfügung und begannen unmittelbar, Know-how auf allen gaswirtschaftlichen Gebieten zu transferieren. Andere Unternehmen der hochentwickelten Gaswirtschaft im Westen taten das Ihrige. Dieser Prozeß geht weiter und wird sich auch noch beschleunigen.

Wie selbstbewußt sind die Bürgermeister von Chemnitz oder Rostock, wenn die Ruhrgas mit ihrem Angebot kommt?

LIESEN: Die Ruhrgas ist nicht als Anbieter in den neuen Bundesländern tätig. Sie konzentriert sich darauf, die ostdeutsche Verbundnetz Gas AG als importierende Ferngasgesellschaft so zu unterstützen, daß sie künftig ihre anspruchsvollen Aufgaben beim Aufbau der Gaswirtschaft selbständig erfüllen kann. Wir hören von einer großen Aufgeschlossenheit auch der Bürgermeister. Sie stehen jedoch vor großen Problemen, die Verwaltungen aufzubauen und die praktischen Arbeiten auf den Weg zu bringen. Vielen geht es zu langsam. Das Bewußtsein ist aber da, daß man mit dem Erdgas nicht nur Wohnungen modernisieren, sondern auch viel zum Umweltschutz beitragen kann.

So wurde als großer Erfolg verbucht, daß die 320 Kilometer lange Erdgasleitung der Erdgasversorgungsgesellschaft, Leipzig, in Thüringen und Sachsen innerhalb eines Jahres in den Boden gebracht werden konnte – mit 680 Millionen Mark die größte energiewirtschaftliche Investition 1991 in den neuen Bundesländern. Es ist bewunderungswürdig, wie schnell dafür die behördlichen Genehmigungen und Wegerechte beschafft werden konnten und anschließend Baufirmen aus Ost und West tätig wurden. Das ist auch für uns im Westen eine großartige Leistung.

Wie kommt das?

LIESEN: Hier war es den Behörden möglich, schnell etwas Konkretes zu bewirken. Und die Menschen verlangten einfach danach, daß etwas passiert.

Die ostdeutsche Gaswirtschaft plant Investitionen von rund zwanzig Milliarden Mark. Wie sieht der Zeitplan dafür aus?

LIESEN: Er reicht bis etwa Anfang 2000. Die genannte Summe umfaßt alle Stufen der Gaswirtschaft, insbesondere den Bau und die Sanierung der großen überregionalen Leitungen und der Verteilungsnetze in den Städten. Auf der Ferngasstufe muß aus den heute noch getrennten Netzen für verschiedene Erdgase und das aus Braunkohle hergestellte Stadtgas ein integriertes Verbundsystem geschaffen werden. Die Versorgung von über drei Millionen Haushalten sowie einer Vielzahl von Betrieben in Handel, Gewerbe und Industrie ist von Stadtgas auf Erdgas umzustellen – insgesamt ein komplettes Investment für den Aufbau einer flächendeckenden Erdgasversorgung.

Wie viele Arbeitsplätze sind damit verbunden?

LIESEN: Sicherlich Tausende von Arbeitsplätzen mit Dauerbeschäftigung. Diese Arbeitsplätze ergeben sich unmittelbar in den neu gegründeten Unternehmen der regionalen und örtlichen Gaswirtschaft. Dazu kommen die Handwerksbetriebe, die mit der Gaswirtschaft zusammenarbeiten: der Mann, der den Gasherd und die Gasheizung anschließt und regelmäßig wartet; schließlich die Produktionsbetriebe, die Rohre, Verbrauchsgeräte und -anlagen sowie Zähler herstellen.

Wo liegt Ihr Beitrag, die bisherige Energieverschwendung zu beenden?

LIESEN: Der Einsatz des Erdgases in Haushalten, Handel und Betrieben mit technisch hochentwickelten Geräten und Anlagen ist ein Beitrag dazu. Die

Gasleitungen in der Bundesrepublik Deutschland

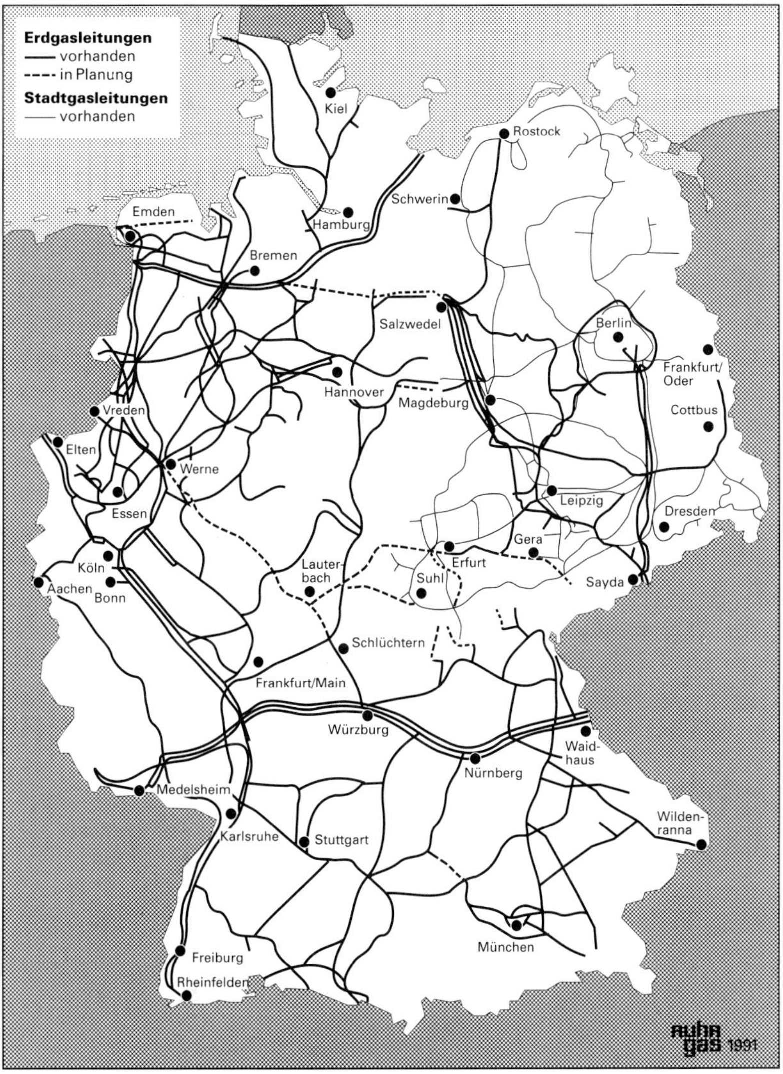

Ruhrgas fördert seit Jahr und Tag mit ihren technischen Forschungsaktivitäten die Weiterentwicklung des effizienten und umweltschonenden Einsatzes von Erdgas. Die Entwicklungsergebnisse stellen wir den Geräteherstellern zur Vermarktung zur Verfügung. Außerdem setzt die Ruhrgas ein Team hochqualifizierter Ingenieure ein, die sich auf Wunsch unserer Kunden – der Gasunternehmen und der Industrie – um einen möglichst wirkungsvollen Einsatz des Erdgases in neuen und bestehenden Verbrauchsanlagen kümmern. Damit wird zugleich die Wettbewerbsfähigkeit des Erdgases in Konkurrenz zu anderen Energien gestärkt.

Aber auch mit intelligenten Geräten kann man Energie verschwenden.

LIESEN: Das wird bei einem ausgeprägten Einsparbewußtsein vermieden. Triebfeder dieses Bewußtseins sind knappheitsgerechte Preise, die nicht zum Beispiel durch Subventionen verfälscht sind. Hinzu kommt die technische Möglichkeit der fein abstufbaren Regulierung, die gerade mit Erdgas möglich ist. Daher sind mit Erdgas betriebene Anlagen auch für Automatisationsprozesse in der industriellen Fertigung besonders geeignet.

Themenwechsel. Sind die Deutschen bei ihrer Einheit diplomatisch genug miteinander umgegangen?

LIESEN: Weniger Diplomatie als vielmehr Sensibilität war gefordert. Die Frage lautet bis heute, ob die Westdeutschen sensibel genug waren, die psychische Verfassung der Ostdeutschen richtig zu begreifen, und ob die Ostdeutschen empfindlich genug waren, ihre Zwänge zu erkennen. Ich habe den Eindruck, daß die meisten im Westen das schon spürten. Wenn Sie als Ingenieur rübergehen und mit den Ingenieuren aus der Gaswirtschaft dort sprechen, werden Sie schnell eine kollegiale Basis finden. Aber bei Buchhaltung, Rechnungswesen und Marketing fangen unsere Partner im Osten praktisch am Punkte Null an. Hier nicht lehrmeisterlich zu wirken ist schwer. Da können leicht Irritationen entstehen. Ich will es umgekehrt sagen: Wenn die DDR den Kampf der Systeme gewonnen hätte und ihre Funktionäre wären zu uns gekommen und hätten uns den Lauf der Planwirtschaft erklärt – da hätten sich unsere Leute doch auch sehr schwergetan. Dieser Eindruck, da kommen Leute, die alles besser wissen, ist fatal. Es liegt am Menschen, wie er ihn vermeidet.

Welchen Go-East-Elan haben Sie festgestellt?

LIESEN: Einen sehr ausgeprägten. Sehr beeindruckt war ich von der Reaktion unserer Mitarbeiter, die sich bereit erklärt haben, ihre Kollegen in der ostdeutschen Gaswirtschaft zu unterstützen. Diese Mitarbeiter haben sich nicht gescheut, die für uns völlig ungewohnten Arbeits- und Lebensbedingungen auf sich zu nehmen. Aber auch viele Mitarbeiter, die ihren Arbeitsplatz nicht nach Osten verlegt haben, sind von dem Go-East-Elan des Unternehmens getragen. Viele Aufgaben haben sich bei diesen Mitarbeitern zusätzlich aufgetürmt, und das Engagement ist groß, sich ihrer anzunehmen. Sicherlich hätte es sich das Unternehmen auch leichter machen können: Es hätte sich die Rosinen auf dem ostdeutschen Markt herauspicken können, das heißt die Industriebetriebe, die mit einem großen Rohr und relativ geringem Aufwand mit Erdgas direkt beliefert werden können. Das ist aber nicht unser Konzept.

Wann haben Sie erstmals die Schwarze Pumpe besichtigt?

LIESEN: Die Frage ist ein Volltreffer: noch nie! Aber das war für unsere Aktivitäten nicht entscheidend. Denn wir wollten nicht die Schwarze Pumpe unterstützen, sondern den zu ihr damals gehörigen Betrieb, Verbundnetz Gas (VNG), den ich natürlich kenne.

Haben Ihre Gesprächspartner dort gewechselt?

LIESEN: Der damalige Kombinats-Chef der Schwarzen Pumpe hat heute mit der VNG nichts mehr zu tun. Die VNG ist als Aktiengesellschaft selbständig geworden. Den Kombinats-Chef hatte ich auf dem Weltenergiekongreß im September 1989 in Montreal kennengelernt. Er war von 1988 bis 1991 Präsident der Internationalen Gasunion, einer Vereinigung von Gaswirtschaften aus 45 Ländern.

Gab er Ihnen damals schon irgendwelche Signale?

LIESEN: Nein. Erst ein paar Monate später rief ich ihn an. Das war am 1. Dezember 1989. Und am 13. Dezember haben wir die schon erwähnte gaswirtschaftliche Kooperation unterzeichnet. Wir standen – lange vor der Währungsunion – beide unter dem Eindruck, daß jetzt mit einer Zusammenarbeit begonnen werden müßte und die Chance bestünde, die Erdgasleitungssysteme West- und Ostdeutschlands zu verbinden.

Waren Ihre Gesprächspartner offen, verkrampft oder zukunftsbezogen?

LIESEN: Ziemlich realistisch.

Also nicht verklemmt?

LIESEN: Ich habe keine Schwierigkeiten in den Kontakten und Gesprächen gespürt.

Fand man da sofort den richtigen Tonfall?

LIESEN: Ja. Die Gaswirtschaft ist eine Spezialbranche. Sie hat immer, und zwar über die Blockgrenzen hinweg, während vieler Jahrzehnte vielfältige Kontakte gepflegt. Wir versuchten, die Themen soweit wie möglich ideologiefrei zu halten.

Immerhin sprechen Deutsche die gleiche Sprache.

LIESEN: Ja, sicher. Aber das war natürlich keine Garantie gegen Mißverständnisse.

Wann werden die neuen Bundesländer für Sie ein völlig normaler Markt sein wie Bayern oder Nordrhein-Westfalen?

LIESEN: Wenn Sie den finanziellen Ertrag mit einschließen, dann dauert es vermutlich etwa zehn Jahre. Die Ruhrgas ist nicht angetreten, um Erdgas direkt an Stadtwerke und Industriebetriebe in den neuen Bundesländern zu verkaufen. Wir stellten uns damals die Frage, wie eine technisch intakte, aber sanierungsbedürftige Gaswirtschaft auf westlichen Standard gebracht werden kann. Unser Beitrag liegt darin, daß wir mit Know-how unterstützen und investieren. Unsere Perspektive besteht darin, daß wir als ein Aktionär der VNG eines Tages an einer florierenden Gasgesellschaft beteiligt sein wollen.

Wann kommt die erste Dividende?

LIESEN: Auf diese Frage habe ich gewartet. Ich antworte: Etwa im Jahre 2000. Das habe ich auch im Ruhrgas-Aufsichtsrat gesagt, als ich die 350 Millionen Mark beantragt habe, die als Kaufpreis zunächst fällig wurden.

War Ihr Aufsichtsrat von diesen vagen Gewinnaussichten begeistert?

LIESEN: Verständnisvoll. Wir haben einen kritischen Aufsichtsrat. Er besteht aus Kennern.

Ein Gremium von Patrioten?

LIESEN: Entscheidend für seine Zustimmung war wohl die Auffassung, die Gaswirtschaft müsse eine große Aufgabe anpacken. Diese Branche hat immer langfristig gedacht.

Sind Sie ein Patriot?

LIESEN: Auch wenn ich es nicht wäre, hätte ich diese Entscheidung getroffen. Patriotismus schließt die vernünftige Entscheidung ein, kaufmännisch langfristig zu denken. Letztlich ist ein wirtschaftlicher Erfolg zu erwarten. Die wirtschaftlichen Bedingungen der Betätigung im Energiebereich werden in Ostdeutschland nach einer Übergangszeit die gleichen sein wie in Westdeutschland. Eines ist sicher: Es wird in Ostdeutschland Nachfrage nach Erdgas geben, genau wie in Westdeutschland und in ganz Europa. Also muß es sinnvoll

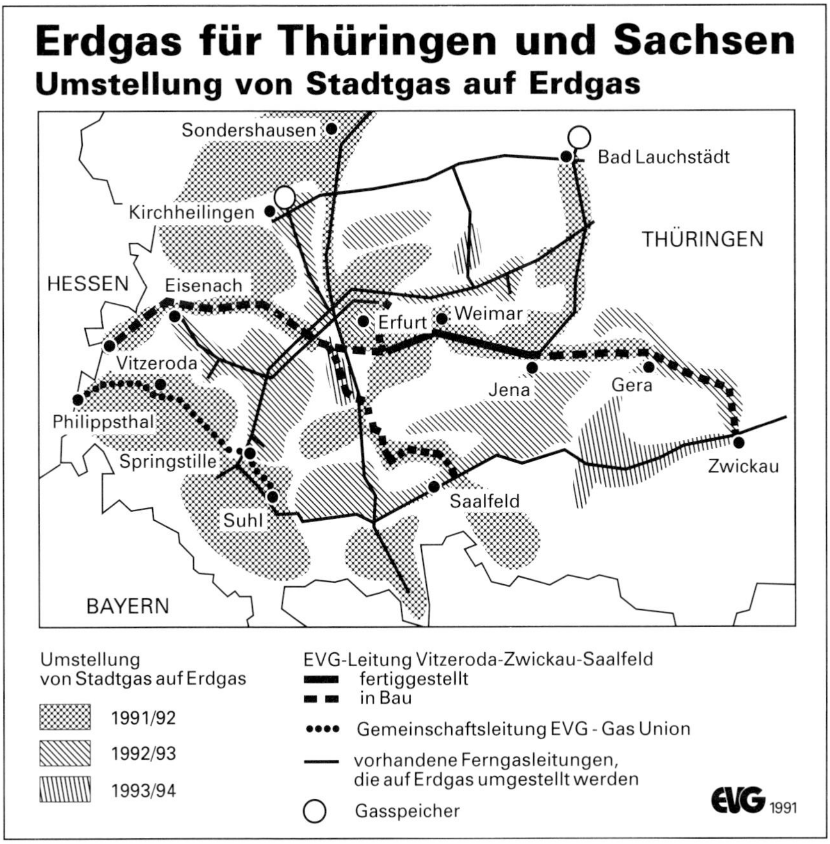

sein, dort für dieses Produkt zu investieren.

Wenn es ein Erfolg werden muß, liegt der Verdacht nahe, daß es zu wenig Wettbewerb gibt.

Liesen: Nein. Wettbewerb und erfolgreiche Entwicklung von Branchen und Unternehmen sind ja kein Gegensatz, im Gegenteil. Es ist mit ausgeprägten Wettbewerbsverhältnissen zu rechnen. Den Wettbewerb zum Heizöl habe ich schon erwähnt. Außerdem: Die energiepolitischen Rahmenbedingungen und die Zutrittsmöglichkeiten zum Markt sind im gesamten Bundesgebiet gleich. Jedes Unternehmen hat in Deutschland das Recht, zusätzliches Erdgas zu importieren, Erdgasleitungen zu bauen und damit Wettbewerb zu machen.

Ist das Gas nicht zu kostbar zum Verfeuern?

Liesen: Solange auf dem Markt für diese Art der Verwendung von Gas mehr gezahlt wird als für andere Verwendungen, ist es an der richtigen Stelle alloкiert. Sollte Gas zu schade zum Verbrennen sein, verböten sich eigentlich weitere Explorationen. Sie sind sehr teuer. Wenn wir auf den Tag warten, an dem aus Gas vornehmlich Industrieprodukte gemacht werden, wären die heutigen Explorationsanstrengungen Fehlinvestitionen. Das zeigt, daß das Argument nicht schlüssig ist.

Aber das Argument wird oft und gern benutzt.

LIESEN: Wenn der Produzent Gas erschlossen hat, dann muß er versuchen, es so bald wie möglich in jene Verwendungsbereiche zu bringen, die diesem Produkt den höchsten Wert beimessen. Das ist eben heute in der Regel der Wärmemarkt.

Liegen Sie mit dem Netzausbau in den neuen Bundesländern im Zeitplan oder hinken Sie nach?

LIESEN: Der Ausbau läuft nach Plan. Der Bau neuer überregionaler Leitungen ist sogar noch zügiger vorangekommen. Jetzt geht es darum, die örtlichen Netze zu ertüchtigen. Das ist eine komplexe Aufgabe. In vier bis fünf Jahren müßte das im wesentlichen geschafft sein.

Sie feierten kürzlich Ihren 60. Geburtstag. War die deutsche Einheit für Sie ein persönlicher Höhepunkt, ein besonderer beruflicher Kick?

LIESEN: Das war etwas ganz Besonderes. Beruflich wie emotional.

Waren Sie einmal Anhänger der Urknall-Theorie im Erhardschen Sinne von 1948?

LIESEN: Ja. Aber nicht in bezug auf die neuen Bundesländer. Der große Unterschied zu 1948 besteht in zweierlei Punkten: Damals hatte die Bevölkerung keine Standort-Alternative. Heute kann der tüchtige Mann aus Ostdeutschland, wenn er dort mit der wirtschaftlichen Entwicklung nicht zufrieden ist, in den Westen gehen. Zweitens: Ich bin immer davon ausgegangen, daß die Löhne und Gehälter in Ostdeutschland nicht parallel zur Produktivität steigen, sondern sehr viel schneller. Daraus ergibt sich eine ganz andere Situation als 1948.

Stimmen Sie denn in das allgemeine Klagelied ein, daß forcierte Lohnerhöhungen Arbeitsplätze gefährden?

LIESEN: Die Aufgabe besteht darin, Lohnerhöhungen und Produktivitätszuwachs nicht allzusehr auseinanderdriften zu lassen.

Dann entsteht Arbeitslosigkeit. Wollen Sie sie hinnehmen oder auf Dauer finanzieren?

LIESEN: In der Marktwirtschaft sind Friktionen kaum vermeidbar. Wir befinden uns in lau-

Dr. jur., Dr. rer. pol. h. c. Klaus Liesen, geboren am 15. April 1931 in Köln.
Studium der Rechte in Marburg, Köln und Göttingen, Promotion zum Dr. jur. 1957, zweite juristische Staatsprüfung 1958.
Mehrjährige Tätigkeit im Bundesministerium für Wirtschaft.
Seit 1963 tätig in verschiedenen Funktionen in der Ruhrgas AG, Essen, 1970 Berufung in den Vorstand, seit 1976 Vorsitzender des Vorstandes der Ruhrgas AG.
Präsident des Bundesverbandes der deutschen Gas- und Wasserwirtschaft e. V. (BGW); Vorsitzender des Stifterverbandes für die Deutsche Wissenschaft; Mitglied in Aufsichtsräten der deutschen Wirtschaft, u. a. Volkswagen AG (Vorsitzender).

fenden Anpassungsprozessen, die um so leichter bestanden werden können, je besser die Wirtschaft läuft.

Dieses soziale Risiko überantworten die Tarifparteien dem Staat.

LIESEN: In Ostdeutschland geht es darum, daß zu niedrige Löhne eine Bevölkerungsbewegung von Ost nach West auslösen können. Man sollte sich hierüber keinen Illusionen hingeben.

Ihre illusionsfreie Darstellung bedeutet, daß die Anpassungslasten dem Steuerzahler aufgebürdet werden. Betrachten Sie das als Preis für den sozialen Frieden?

LIESEN: Das könnte als Preis der Einheit verbucht werden. Natürlich muß versucht werden, die finanziellen Folgelasten nicht ausufern zu lassen.

Haben Sie mit diesem Preis der Einheit gerechnet, den wir jetzt bezahlen?

LIESEN: Damit habe ich von Anfang an gerechnet. Jedoch habe ich nicht geahnt, wie gering die Produktivität der ostdeutschen Wirtschaft war. Wir haben alle eine falsche Vorstellung gehabt. Wir dachten, alles sei schlechter als bei uns, aber eben nicht so viel schlechter, wie wir es heute wissen.

In welchen Zeiträumen kalkulierten Sie vor der Einheit?

LIESEN: Ich hielt sie zu meinen Lebzeiten kaum mehr für möglich. Viele waren wohl in einer Art Schweigespirale gefangen. Was in Ihrer »Welt« an Tatsachen berichtet wurde, galt ja schon als dogmatische Außenseitermeinung. Heute wissen wir: Alles, was Sie über die Zustände, gerade auch in struktureller Hinsicht, geschrieben haben, war noch untertrieben.

Unternehmer gelten als besonders weitsichtig. Von wem haben Sie sich hinters Licht führen lassen?

LIESEN: Solche Vorgänge wie der Zusammenbruch des kommunistischen Systems sind mit dem Unvorstellbaren behaftet. Auch die Wirtschaftsprognosen sind ein treffliches Beispiel für die menschlichen Grenzen, in die Zukunft zu sehen.

Könnte es dann sein, daß wir uns heute auch über den Fortgang des Aufschwungs Ost täuschen?

LIESEN: Natürlich kann das sein. Fast alle Wirtschaftsprognosen treffen niemals so ein, wie sie aufgestellt wurden. Das liegt unter anderem daran, daß man von bestimmten Prämissen ausgehen muß und in der Regel schon im vorhinein weiß, daß nicht alle eintreffen können. Aber ich glaube nicht, daß sich die neuen Bundesländer zu einem deutschen Mezzogiorno entwickeln. Bei dieser Bevölkerung, dieser Mentalität und dem enormen politischen Zwang, innerhalb Deutschlands einheitliche Lebensverhältnisse herzustellen, nehme ich nicht an, daß das Schicksal der neuen Bundesländer längerfristig ein anderes sein wird als das der alten Bundesländer.

Ist die Lage besser als die Stimmung?

LIESEN: Die Stimmung ist bei uns in der Gaswirtschaft gar nicht schlecht. Wir haben zwar einige Spezialprobleme und Auseinandersetzungen, aber die Aussichten dieser Branche sind positiv, wie schon die bisherigen Investitionen und die organisatorischen Maßnahmen der zahlreichen neuen Gasversorgungsunternehmen in ostdeutschen Kommunen zeigen. Die Stimmung in den neuen Bundesländern generell ist unterschiedlich, bei den Rostocker Werften vielleicht weniger gut als in Zwickau, wo Volkswagen immerhin zirka fünf Milliarden Mark investiert.

Gehört denn zu Ihrer Vision des nächsten Jahrhunderts auch ein gaswirtschaftlicher Verbund, der über die Oder nach Osten hinausreicht?

LIESEN: Ja. Die ČSFR und Polen zum Beispiel hätten gern einen Anschluß an den westeuropäischen Erdgasverbund. Die Nachfrage nach Erdgas ist auch in diesen Ländern vorhanden. Die weitere Entwicklung hängt davon ab, wieviel Erdgas aus welchen Quellen verfügbar ist.

Beschleunigt der Zusammenbruch im Osten die Kooperation oder hätten Sie sich dort ohnehin engagiert?

FIRMENPORTRAIT

Die Geschäftstätigkeit der Ruhrgas AG konzentriert sich auf die Beschaffung und die Vermarktung von Erdgas. Das Unternehmen bezieht Erdgas von inländischen und ausländischen Produzenten zu Bedingungen, die einen Absatz auf dem wettbewerbsintensiven Wärmemarkt ermöglichen. Die Ruhrgas AG verkauft Erdgas an überregionale, regionale und lokale Gasversorgungsunternehmen, Industriebetriebe und Kraftwerke. Zur Durchführung ihrer Einkaufs- und Verkaufsaktivitäten erbringt sie umfangreiche gaswirtschaftliche Leistungen. Sie baut und betreibt die dazu notwendigen technischen Anlagen und Einrichtungen. Hierzu gehören insbesondere ein rd. 8700 km langes Leitungsnetz, 29 Verdichterstationen und neun Untertagespeicher.

Unternehmens-Kenndaten (1991):
Gasabsatz: 548 Mrd. kWh
Umsatz: 13,6 Mrd. DM
Mitarbeiter: 2962

LIESEN: Vieles ist nur durch diese Entwicklung im Osten möglich geworden. Es hat sich eine neue qualitative Dimension aufgetan.

Sind Sie in diesem dramatischen Prozeß von bestimmten Entwicklungen überrascht worden?

LIESEN: Insbesondere von der Entwicklung der Wirtschaft in den ehemaligen RGW-Ländern, die vom westlichen Standard stärker entfernt war als bisher allgemein angenommen.

Gefällt Ihnen die häufig verwendete Metapher von der »Mauer in den Köpfen«?

LIESEN: Für die ältere Generation könnte sie eventuell eher zutreffen als für die jüngere, die sich leichter auf eine offene Gesellschaft umstellen wird. Als allgemeines Phänomen ist die Metapher wohl falsch.

Sind Sie alles in allem optimistisch?

LIESEN: An sich ja.

»An sich« läßt eine Einschränkung vermuten.

LIESEN: Die Einschränkung bezieht sich auf den Zeitablauf. Längerfristig bin ich optimistisch. Aber das wird eben mindestens zehn Jahre dauern, bis wir die Unterschiede nicht mehr deutlich spüren. Schauen

Sie sich doch einmal Bilder deutscher Städte aus dem Jahre 1960 an: Sie werden überrascht sein, wie es damals aussah, obgleich der Krieg 15 Jahre vorüber war. Wir können nicht erwarten, daß sich in Ostdeutschland alles über den Tag ändert.

Sie haben zwei Doktorhüte, einen ehrenhalber. Gebildete Menschen verfügen über Lebensweisheiten, die ganz gebildeten sogar in Latein. Unter welches Motto wollen Sie den Aufschwung Ost stellen?

Liesen: Hoffnung und Beharrlichkeit. In dieser Reihenfolge.

JÜRGEN W. MÖLLEMANN

Aufschwung Ost muß neu gezündet werden

Jürgen W. Möllemann und Roland Berger: Müden Unternehmern etwas Beine machen – Die grüne Wiese lädt ein

Wenn ein Politiker und ein Unternehmer miteinander diskutieren, kann aus einem Duett rasch ein Duell werden. Das jedenfalls wünscht sich der Journalist, dem ausbrechende Harmonie als Informationsverhinderung gilt. Aber das Gespräch zwischen dem Bundeswirtschaftsminister und dem Unternehmensberater nahm eine andere Wendung: Der Politiker betrieb herbe Gewissenserforschung, der Unternehmer bemühte sich, ihn aufzurichten. Beide jedoch waren sich einig: Das wirtschaftliche Zusammenwachsen der Deutschen ermüdet und braucht neue Schubkraft. Beispielsweise durch Investitionen auf der grünen Wiese.

Peter Gillies: *Der Aufschwung Ost sei für Sie, so sagten Sie, Herr Minister, die größte Herausforderung Ihrer politischen Laufbahn. Sind Sie mit seinem Tempo, sind Sie mit den Unternehmern zufrieden?*

Jürgen W. Möllemann: Es ist nicht nur die größte Herausforderung meiner Laufbahn, sondern an dieser Frage wird sich der Bestand der Bundesregierung entscheiden. Nein, ich bin weder mit dem Tempo zufrieden, noch mit den Unternehmern, noch mit den Leistungen der Politik. Ich glaube, daß wir die Intensität und Qualität unserer Arbeit verstärken müssen, weil wir sonst 1992 unter derart massiven Druck geraten, daß unsinnige Reaktionen drohen.

Gillies: *Was machen die Unternehmer falsch?*

Möllemann: Sie engagieren sich nicht genug. In bestimmten Branchen verfolgen sie offenbar die Absicht, durch Zurückhaltung neue Konkurrenz zu verhindern. Das gilt jedenfalls für Problembereiche wie Stahl, Werften, Chemie.

Roland Berger: Das kann ich nicht in allen Großindustriebetrieben feststellen, siehe beispielsweise den Streit zwischen BSW/Thyssen und der italienischen Riva-Gruppe in Henningsdorf und Brandenburg. Und außerdem – die Medaille hat doch eine andere, freundlichere Seite: den Mittelstand.

Möllemann: Richtig. Bei kleinen und mittleren Unternehmen, der Bauwirtschaft und bei den Dienstleistungen ist das Problem geringer. Aber die alten Schlüsselindustrien der ehemaligen DDR sind kaum privatisiert. Und jetzt lese ich auch noch in der »Welt«, daß einige zu Staatsunternehmen gemacht werden sollen. Das halte ich für völlig falsch.

Gillies: *Eine starke Gruppe von Unionsabgeordneten fädelt diesen Plan bei der Treuhand ein.*

Möllemann: Herr Blüm fädelt auch unablässig Pflegeversicherungen ein und wird trotzdem auf die Nase fallen. Wenn die dort einzelne Betriebe wieder in die Staatswirtschaft übernehmen wollen, ist das ein grundsätzlich falscher Weg. Er ersetzte die alte Planwirtschaft durch eine neue. Wir brauchen statt dessen mehr Rückendekkung für die Arbeit der Treuhand, damit sich deutsche und internationale Investoren stärker engagieren.

Berger: Unsere Strategie ist zu sehr der Vergangenheit verhaftet. Ihre Kritik, Herr Möllemann, an der Politik bis etwa Anfang 1991 halte ich für richtig. Die Regierung war durch Wahlkämpfe gelähmt und hat der Entwicklung mehr oder weniger tatenlos zugesehen. Auch die Kritik an den Unternehmen ist teilweise berechtigt. Andererseits: Der Vorrang der Privatisierung und Sanierung mit dem Ziel des Verkaufs der alten Strukturen kann ab 1992 nicht mehr der alleinige Weg sein. Es gibt nämlich Strukturen, die man besser erst gar nicht saniert, sondern auf der grünen Wiese neu errichtet. Dies gilt für einzelne Werke, aber auch für neue Industriezweige. Für diese Strategie fehlt sowohl bei der Treuhand wie bei Ländern und Kommunen noch die entsprechende Politik und die Initiative zum Verkauf nicht betriebsnotwendiger Grundstükke. Um jeden Preis privatisieren oder sanieren zu wollen, kann der teuerste Weg sein. Deswegen müssen wir jetzt einen dritten Schritt tun: Ansiedlung auf der grünen Wiese. Nur so wird es wirklich produktive Engagements in den neuen Bundesländern geben.

GILLIES: *Die unausweichliche Folge wäre, die bisherigen großindustriellen Standorte zu schleifen und auszuschlachten.*

BERGER: Das machen wir im Westen ja auch. Wir wollen nicht Gebäude und alte Maschinen erhalten, sondern Arbeitsplätze schaffen. Wenn es eine Chance für die neuen Bundesländer gibt, dann jene von japanischer Modernität.

GILLIES: *War es dann richtig, einzelne Standorte staatlich zu garantieren, wie es der Bundeskanzler bei der Chemie in Leuna tat?*

MÖLLEMANN: In dieser Gefahr ist man als Regierungsmitglied ständig. Aus Mitgefühl mit den Menschen versucht man, ihnen eine gewisse Sicherheit zu geben.

GILLIES: *Ihnen Unmögliches zu versprechen, gibt keine Sicherheit, sondern trügerische Hoffnung. Sind das politische Mogelpackungen?*

MÖLLEMANN: Die Realität ist differenzierter. Bis Ende 1991 hat die Treuhand 5000 Unternehmen privatisiert, 5000 weitere müßte sie privatisieren. Die schreiben jedoch zu 98 Prozent rote Zahlen. Wer kauft solche Verlustunternehmen, wenn wir das nicht subventionieren? Es ist doch schizophren: Würden wir im Westen die gleichen strengen Kriterien anlegen wie im Osten, gäbe es keine einzige Zeche an Ruhr und Saar, und es müßten auch alle westdeutschen Werften geschlossen werden.

Natürlich ist es absurd, alte Strukturen retten zu wollen und deswegen Neuansiedlungen auf der grünen Wiese zu verhindern.

Gillies: *Alle klagen über die schwebende Eigentumsfrage. Sie auch?*

Möllemann: Ihre Klärung hat zu lange gedauert. Ich hätte damals das Prinzip »Entschädigung vor Rückgabe« gewünscht, aber der Justizminister und die Mehrheit der Regierung waren für »Rückgabe vor Entschädigung«. Mit dem Investitions-Vorfahrtsgesetz haben wir einen Kompromiß versucht, aber die Unsicherheiten sind nicht ausgeräumt. Beim weiteren Verwaltungsaufbau wird sich zeigen, ob die Vorfahrtsregelung tatsächlich der »Durchbruch« ist, von dem Rohwedder sprach. Wir werden sie jetzt weiter verbessern, an Hand der bisherigen Erfahrungen, um sie dann über 1992 hinaus zu verlängern.

Berger: Aber nicht nur diese schwebende Rechtsfrage behindert Investitionen, sondern auch der Verwaltungsaufbau in den neuen Ländern läuft schleppend und – was noch wichtiger ist – mit den falschen Akzenten.

Möllemann: Politik und Treuhand arbeiteten im ersten Jahr einfach nicht professionell genug. Beim Aufbau der Verwaltungsstrukturen haben sich Bund, Länder und Gemeinden im Westen nicht mit Ruhm bekleckert. Statt 60 000 oder 70 000 Verwaltungsbeamte haben wir nur 10 000 rübergeschickt. Am Geld hat es übrigens nicht gelegen, denn Geld ist jede Menge hinübergeschoben worden.

Gillies: *Haben die Deutschen und ihre Unternehmer die Dimension der deutschen Einheit im Grundsatz verkannt?*

Berger: Ich bin immer erstaunt, wie wenig Unternehmer mit 2000 oder 3000 Beschäftigten noch über die Investitionschancen in den neuen Bundesländern Bescheid wissen. Hier hat die Politik deutlich versäumt, offensiv zu informieren.

Gillies: *Sind diese Chancen eine Hol- oder eine Bringschuld? Darf ich von Unternehmern nicht erwarten, daß sie erkennen, wo es sich lohnt, etwas zu unternehmen?*

Berger: Eigentlich eine Holschuld für Unternehmer. In der Praxis leider eine Bringschuld der Politik.
Wenn schon dreistellige Milliardensummen ausgegeben werden, dann sollten einige Millionen übrig sein, um eine aufklärende Ansiedlungsförderung zu finanzieren. Da geschieht einfach zu wenig.
Manchen Unternehmern muß man die Botschaft regierungsamtlicher Großzügigkeit eben bis ins Haus liefern. Leider ist das so.

Möllemann: Ein berechtigter Hinweis. Wir wenden im Jahr 1991 rund 160 Milliarden Mark auf, und dann fehlen uns einige Millionen für eine massive Werbekampagne. Absurd. Neulich hat sich im Bundestag jemand darüber aufgeregt, daß unsere Werbekampagne in den USA zwei Millionen gekostet hat – lächerlich. Die Treuhand mit einem Budget von 30 Milliarden Mark hat ein viel zu niedriges PR-Budget.

Berger: Ich stimme Ihnen, Herr Möllemann, zu, wenn Sie den schleppenden Verwaltungsaufbau beklagen. Viel wichtiger ist aber etwas anderes: Wir haben die Verwaltungsbeamten mit der falschen Botschaft hinübergeschickt. Wir gaben ihnen den Auftrag, die Westerfahrungen im Verhältnis eins zu eins auf die neuen Bundesländer zu übertragen. Ein Kommunalbeamter aus Stuttgart, der nach Leipzig entsandt wird, beschlagnahmt natürlich als erstes das EVU (Energieversorgungs-Unternehmen) für die Stadt, als zweites die Wasserversorgung und schließlich die Entsorgung. Alle diese Projekte könnten technisch wie betriebswirtschaftlich sehr viel schneller aufgebaut und sehr viel effizienter betrieben werden – durch private Unternehmen und nicht durch die Staatshand und zwar zum Wohlstand der Bürger.

Möllemann: Das stimmt. Aber Sie können den Kuchen nicht essen und ihn zugleich behalten. Die Leute in den Verwaltungen sind so, wie sie sind. Viele leben den Perfektionismus, den sie zu Hause kennen, dort noch einmal kräftig aus.

Gillies: *Der deutsche Staatsdiener wendet Gesetze an. Die ausschweifende Phantasie ist nicht seine Art.*

Möllemann: Es gibt durchaus kreative Beamte!

Berger: Aber dann riskieren sie, mit Vorschriften in Konflikt zu geraten. Es wurde einfach verpaßt, sie auf ihre Aufgabe in den neuen Ländern mit Hinweisen auf Verwaltungsvereinfachung und die Möglichkeiten privater Infrastruktur hinzuweisen.

Möllemann: Das ist richtig. Auf der Konferenz der Wirtschafts- und Umweltminister wurde in aller Deutlichkeit beklagt: Die größten Hemmschuhe sind die aus Westdeutschland angereisten Beamten. Der Versuch, mit Sondergesetzen die Planungen zu beschleunigen, ist richtig, bleibt aber Stückwerk, weil die Perfektion des Gesamtsystems bestehen bleibt. Wenn wir für größere Projekte zwischen Planung und Fertigstellung nach altdeutschem Recht 15 Jahre benötigen, dann finanzieren wir uns dumm und dusselig.

Berger: Eine Vereinfachung der Vorschriften bedeutet auch weniger Beamte. Unser Staat ist 1950 mit weniger als zwei Millionen Beschäftigten im öffentlichen Dienst ausgekommen, heute benötigt er rund fünf Millionen. Wir waren also in der Aufbauzeit mit weniger öffentlichen Lasten befrachtet. Es ist die heutige Perfektion, die uns unbeweglich macht – heute, wo wir wieder Aufbauzeit haben und Aufbruchzeit haben sollten.

Möllemann: Das ist eben der Trend zur Dienstleistungsgesellschaft!

Berger: Nein, das ist der Trend zur Verkalkung. Von dem Zustand, in dem der öffentliche Dienst sich als Service-Unternehmen für den Bürger versteht, sind wir weit entfernt.

Möllemann: Der Investor aus Amerika, Japan oder Münster erwartet zu Recht, daß sein Projekt nicht auf die lange Bank geschoben wird. Das geschieht auch dadurch, daß die Leute sich nicht zu entscheiden wagen.

Gillies: *Aber es gibt auch Unternehmer, die investieren in diesen Nebel ungeklärter Rechtsverhältnisse hinein.*

Möllemann: Ja, deswegen preisen wir deren gute Taten auch immer. Es könnten aber mehr sein.

Gillies: *Sind Sie Opfer Ihrer eigenen überspannten Erwartungen oder der unvermeidlichen Verhältnisse geworden?*

Möllemann: Wir hatten hochgespannte Erwartungen, die wir auch bei anderen erweckten. Denn wer sagt in Wahlkampfzeiten schon das Unpopuläre? Zweitens spielten die Verhältnisse und die Unzulänglichkeiten zusammen. Drittens war dieser Fall in manchen Lehrbüchern der Wissenschaftler überhaupt nicht vorgesehen. Dort wurde der Kollaps des vermeintlich maroden Kapitalismus und sein Übergang in den Sozialismus beschrieben. Aber erlebt haben wir das genaue Gegenteil.

Berger: Es ist ja nicht so, daß wir keine Erfahrungen in der Restrukturierung maroder Betriebe hätten. Wir werden die Quote der zu schließenden Unternehmen in den »alten« Industrien drastisch erhöhen müssen. Da wir andererseits den Kollaps der neuen Bundesländer vermeiden wollen, müssen wir über die Neuansiedlung und zwar zukunftsträchtiger Wirtschaftsstrukturen neu nachdenken. Zu den Anreizen, die auf diesem Wege ausgelegt werden müssen, gehören die Investitionshilfen. Ich meine, Herr Minister, sie sollten um ein oder zwei Jahre verlängert werden. Es werden sich nämlich immer weniger Unternehmer bereitfinden, in die alten Strukturen hineinzuinvestieren. Und die Vorlaufzeiten für die Planung und Genehmigung und Realisierung der neuen Strukturen brauchen länger als bis Ende 1992.

MÖLLEMANN: Kürzlich war ich in Magdeburg bei SKET (Schwermaschinenbaukombinat Ernst Thälmann). Da arbeiteten einst 30 000 Leute, bald werden es noch 6000 sein. Die Kapazitäten sind nicht nur dort vollständig überdimensioniert.

GILLIES: *Ist SKET deswegen ein Anwärter für die Staatsholding?*

MÖLLEMANN: Ja, herzlichen Glückwunsch! Das wäre eine grundsätzliche Fehlentwicklung. Die Frage ist, ob wir beim Verteilungskampf die Kraft haben, den investiven Sektor zu stärken, oder ob wir resignieren, unseren Sozialtransfer überweisen und die alten Strukturen konservieren.

GILLIES: *Wenn Sie nach zwei Jahren einen nur mäßigen Erfolg feststellen, müßte jetzt die zweite Stufe des Aufschwungs Ost gezündet werden.*

MÖLLEMANN: Ja. Die alte Strategie habe ich bereits im Januar 1992 ergänzt.

BERGER: Voraussetzung dafür ist, daß die alten Strukturen schnell liquidiert und wirklich neue technologie- und know-how-intensive Industrie mit modernen, den japanischen überlegenen Organisationsformen, angesiedelt werden. Das technologische Potential vor Ort ist vorhanden, die Leute sind flexibler, als wir annehmen, und die Forschungsinstitutionen stehen bereit. Wir müssen aktiv auch den dritten Weg neben Privatisierung und Sanierung gehen.

GILLIES: *Herr Minister: Verlangt Herr Berger zuviel von der Treuhandanstalt?*

MÖLLEMANN: Die Treuhand hatte einen schwierigen Start. Es ist eigentlich erstaunlich, daß sie bisher schon 5000 Privatisierungen vornahm. Aber schnellere Investitionen werden vor allem von den Kommunen gebremst: Einerseits trauen sie sich nicht zu entscheiden, andererseits versuchen sie, durch überhöhte Grundstückspreise die schnelle Mark zu machen. Hinzu kommt ein Trend zur Basisdemokratie in den Räten der Kommunen. Die Verwaltungen haben Angst vor den Räten, die wiederum drangsalieren – zusammen mit den Bürgerbewegungen – die Verwaltungen. Deswegen habe ich Verständnis für den Mittelständler, der mir sagt: Ich bin es leid, wegen eines Grundstücks zum fünfzehnten Mal von irgendeinem lustlosen Beamten abgefertigt zu werden. Wenn ich in dieser Kommune als Investor nicht erwünscht bin, gehe ich eben nach Portugal. Aber Opel, General Motors, hat immerhin in Eisenach investiert – ohne Elektrizitäts- und Verkehrsanbindung, unter miserablen Umweltbedingungen und ohne vernünftige Schulen für die leitenden Angestellten. Die deutschen Unternehmer sind zwar keine vaterlandslosen Gesellen, aber eben auch nicht engagierter in dieser Frage als sonst irgendwer.

BERGER: Ich denke schon, daß eine ganze Reihe von Investitionsentscheidungen auch emotional getragen ist.

MÖLLEMANN: Das ist zu loben. Aber auf Dauer bringt der Appell an die vaterländische Gesinnung gar nichts. Man muß die Investitionen interessanter und attraktiver machen. Insofern war das Konzept eines Niedrigsteuergebietes in der ehemaligen DDR eben richtig.

GILLIES: *Ihr Parteivorsitzender Graf Lambsdorff scheiterte mit dieser Idee. Sehen Sie jetzt neue politische Mehrheiten dafür?*

MÖLLEMANN: Man wundert sich manchmal, wie man plötzlich Mehrheiten findet. Für das Niedrigsteuergebiet spricht manches. Generell niedrigere Steuern, auch für die Lohnsteuerzahler, sind natürlich Subventionierungen. Die Frage ist nur, welche Art der Subvention die meisten Marktkräfte bewegt.

BERGER: Entscheidend ist für mich, daß dort wirklich nicht nur verlängerte Werkbänke entstehen.

GILLIES: *Eine verlängerte Werkbank ist immer noch besser als eine verlängerte Ladentheke.*

BERGER: Richtig. Aber die neuen Länder brauchen Firmenzentralen wie in den alten Ländern. Warum eröffnet der Bremer Vulkan nicht in Rostock einen zweiten Kopf für seine Schifffahrtsaktivitäten? Es wäre recht attraktiv, wenn dann die guten Leute mit steuerlichen Anreizen gelockt werden könnten. Es ist ganz wichtig, daß unternehmerisches Spitzenpotential in den neuen Bundesländern angesiedelt wird. Das Niedrigsteuergebiet, dessen Freund ich nicht unbedingt bin, sollte deshalb vor allem auf die Leistungsträger angewendet werden. Ich würde Sie da ermuntern, Herr Minister.

MÖLLEMANN: Manche Vorschläge muß man zum zehnten Mal einbringen, bevor es klappt. Beim Subventionsabbau bin ich auch nicht so erfolgreich gewesen, wie ich mir das gewünscht hätte.

Gillies: *An dieser Stelle, Herr Minister, wäre Widerspruch zwecklos. Aber ich möchte ein Thema in den Ring werfen, das vielfach als Aufschwunghemmnis bezeichnet wird: die Tarifpolitik.*

Berger: Die Lohnpolitik ist ein Abschreckungssignal für den gesamten Standort Bundesrepublik – für Ost wie für West. Der Westen hat das schlechte Vorbild gegeben. Ein gleiches Niveau der Effektivlöhne in beiden Teilen Deutschlands wird wahrscheinlich erst 1997/98 erreicht sein. Bis dahin aber müßten die ostdeutschen Betriebe westdeutsches Produktivitätsniveau erreicht haben. Genauso wichtig wie die Lohnhöhe ist jedoch die Arbeitsorganisation. Wir im Westen sind einfach gegenüber den Japanern nicht flexibel genug, die Arbeit so intelligent und kostenbewußt zu organisieren, daß neue Arbeitsplätze motivierend und zugleich rentabel möglich sind. Warum installieren wir im Osten so oft wieder die starren Arbeitssysteme der antiquierten Massenproduktion wie im Westen?

Möllemann: Deswegen habe ich kürzlich auf der Tagung der Textilindustrie zugesagt, ich würde mich für die Zulassung von Nacht- und Wochenendarbeit einsetzen, um die Maschinenlaufzeiten besser ausnutzen zu können. Das führt ja nicht zu verlängerten Arbeitszeiten, sondern nur zu besser organisierten Abläufen. Aber die Kernpunkte der Standortdiskussionen lauten nach wie vor: Steuern, Löhne und Lohnnebenkosten.

Gillies: *Die Steuereinnahmen des Staates steigen überproportional. 1990 waren es 567, 1991 rund 660 und 1992 schätzungsweise 720 Milliarden Mark.*
War vor diesem Hintergrund die Entscheidung, die Steuern zu erhöhen, falsch? Sie plädierten ja vor den Wahlen auch gegen Steuererhöhungen.

Möllemann: Ja sicher. Aber es war ein Fehler, den Leuten zu suggerieren, man komme ohne Steuererhöhungen aus. Eine Steuererhöhung, der Solidaritätszuschlag, ist auf ein Jahr befristet. Die Erhöhung der Mehrwertsteuer von 14 auf 15 Prozent ab 1993 ist ein Beitrag zur Harmonisierung in der EG und verbessert das Verhältnis der indirekten zu den direkten Steuern.

Gillies: *Stimmen Sie zu, Herr Berger?*

Berger: Absolut. Ich wäre gleich auf 16 Prozent Mehrwertsteuer gegangen.

Gillies: *Hängt das damit zusammen, daß die Mehrwertsteuer für Unternehmer ein durchlaufender Posten ist und ohnehin auf den Endverbraucher abgewälzt wird?*

Berger: Es würde unseren Standort attraktiver machen, wenn wir die Mehrwertsteuer dazu nutzten, die direkten Steuern auf Einkommen und vor allem die ertragsunabhängigen Steuern zu verringern.

Möllemann: Es hat keinen Zweck, heute zu besingen, was man alles hätte tun können. Die 15 Prozent halte ich für vertretbar, sie tun am wenigsten weh und treffen am ehesten alle.

Berger: Hier sind wir uns ausnahmsweise einig. Aber ansonsten scheint mir der gesellschaftliche Konsens mangelhaft zu sein. Die Japaner beispielsweise machen das ganz anders, indem sie vorausschauend alte Industriestrukturen auf neue umschichten. Dieser Grundkonsens der gesellschaftlichen Meinungsbildner fehlt bei uns.

Möllemann: Andererseits gibt es eine beklagenswerte Verfilzung. Im Bergbau beispielsweise sitzen dieselben Leute auf der Arbeitgeber- wie auch auf der Arbeitnehmerseite, die auch in den Parlamenten sitzen. Sie schieben das Geld nur aus der Staatskasse in die eigene oder in die nächste Tasche. Beim Bauernverband ist das mehr eine Machtfrage und bei den Werften bestimmt eine gut organisierte Küsten-Lobby. Daneben gibt es weite Bereiche der Wirtschaft, die keinen Pfennig Subvention erhalten. Daß die sich das gefallen lassen, ist mir rätselhaft.

Gillies: *Hängt das damit zusammen, daß sie keine Lampe am Helm, keine Waschkaue und keine Hymne haben?*

Möllemann: So ähnlich. Kein Mensch in der Textilindustrie behauptet doch, er habe einen Teppich unter Einsatz seines Lebens gewebt und schlafe auch noch darauf. Diese Blut- und-Boden-Ideologie ist eben auf die Gruppe der Subventionsempfänger beschränkt.

Gillies: *Herr Berger, wenn wir den Blick über die Grenzen schweifen lassen – welches Problem fällt Ihnen zuerst ins Auge?*

Berger: In Richtung auf Osteuropa sehe ich vor allem eine Gefahr: Deutschland wird Weltmeister im Bauen von Straßen, Häusern und Fabriken, während die Japaner unterdessen die siebte Chip-Generation bauen. Wenn die deutsche Wirtschaft ihren Wettbewerbsstatus erhalten will, muß sie die Integration der neuen Bundesländer im großen und ganzen

1993 bewältigt haben. Sie muß sich wieder in Richtung Weltmarkt orientieren und sich nicht in mehr als zwei Dritteln ihrer Vorstandssitzungen mit der Ex-DDR befassen.

GILLIES: *Ist die Erwartung nicht etwas verwegen?*

BERGER: Ich halte sie unter zwei Annahmen für wahrscheinlich: Die grundlegenden Investitionsentscheidungen sind bis Ende 1992 bei den Großunternehmen gefallen; und das Management hat sich darauf eingerichtet.

MÖLLEMANN: Das glaube ich übrigens auch. Auch bei den Amerikanern und Japanern sind die Entscheidungen zwar noch nicht umgesetzt, wohl aber getroffen. Sie haben ihre Köpfe dann frei für den normalen Wettbewerb.

BERGER: Wenn uns das nicht gelingt, nach der deutschen Einheit rasch wieder die weltwirtschaftliche Orientierung zu finden, spielen wir im Jahr 2000 in der zweiten Liga. Und zwar ohne Aufstiegschancen in die erste.

GILLIES: *Aber Polen und Rußland und viele andere warten auf unsere Lieferungen.*

BERGER: Das ist ja das Problem. Nichts ist schädlicher als die Versuchung eines leichten Marktes. In Osteuropa werden uns Produkte und Qualitäten auf zehn Jahre abgenommen, die anderswo wesentlich schwieriger verkäuflich sind. Darüber verschlafen wir Entwicklungszeit für moderne Technologien. Wir dürfen unser Land nicht zu lange mit der Thematik der neuen Bundesländer festhalten.

GILLIES: *Die deutsche Einheit ist in eine glückliche Konjunkturphase gefallen. Kann es sein, Herr Möllemann, daß diese Glückssträhne abreißt?*

MÖLLEMANN: Das ist in der Tat der wunde Punkt. Unsere gesamte Anschubfinanzierung ist nur möglich, solange es Wirtschaftswachstum im Westen gibt. Und das läßt leider nach. Auch deswegen müssen wir in den neuen Bundesländern mehr Tempo machen.

GILLIES: *Was sagt der Unternehmensberater zur Qualifikation und Mobilität der Mitarbeiter?*

BERGER: Wenn wir die jungen Leute voranbringen wollen, war es Schwachsinn, im Westen nicht die Chance zu ergreifen, die üblichen 13 Jahre Schulzeit auf die in der Ex-DDR gewohnten 12 Jahre zu senken. Zeitverschwendung und Frust beim Wehrdienst müßten in einer reduzierten Bundeswehr überdacht werden. Diese Zeit müßte Lehr- statt Leerzeit für die jungen Leute werden. Drittens sollte sich ein aufgeblasenes Hochschulprogramm mehr mit der Vermittlung von Basis- und Führungswissen und weniger mit professoralen Spezialisten-Hobbys beschäftigen.

Möllemann: Die Kultusministerkonferenz arbeitet traditionell im Tempo einer griechischen Landschildkröte. Wir brauchen 12 Jahre Schulzeit, nicht 13. Auch zehn bis elf Semester an der Universität würden ausreichen. Derzeit haben wir vierzehneinhalb Semester Studiendurchschnitt. Die Bundeswehr braucht vermutlich demnächst nur 250 000 Mann, der Wehrdienst wird auf neun Monate abnehmen. Andererseits brauchen wir innovative Impulse und auch mehr Geld für die Grundlagenforschung.

Berger: Dies darf allerdings nicht zu einer Industriepolitik à la française führen. Es geht nicht um die Protektion von Märkten, sondern um ihre Rahmenbedingungen. Deswegen wird der Euro-Chip nicht funktionieren, denn dieser Markt ist global. Sinnvoll sind dagegen strategische Allianzen, etwa wie die von Siemens mit IBM. Es ist doch beklagenswert: Die Deutschen haben den Computer erfunden, die Amerikaner haben ihn vermarktet und miniaturisiert, und die Japaner haben ihn perfektioniert und auf dem Weltmarkt implantiert. Das haben wir in Westeuropa verschlafen.

Gillies: *Hängt das mit Technikfeindlichkeit zusammen?*

Berger: Es ist doch absurd, daß wir uns in Deutschland mehr mit den negativen Folgen als mit dem Nutzen moderner Technik beschäftigen. Das erinnert mich immer an meinen jährlichen Schulaufsatz über das Thema: »Schaden und Nutzen der modernen Technik«, wobei mir klar war, daß der Lehrer von mir die Aussage erwartete, daß die Technik allgemein von Übel sei. Mit dieser Grundhaltung werden wir keine Nation der Hochtechnologie werden.

Möllemann: Der Trend ist schon umgeschlagen. Die jungen Leute sind von modernen Technologien fasziniert. Das Grün-Ökologische war an den Schulen so lange modern, wie es die Lehrer nicht waren. In dem Augenblick, als die Lehrer zu Grünen oder die Grünen zu Lehrern wurden, bäumten sich die Schüler auf. Das ist normal. Ein gesellschaftlicher Konsens scheint mir so fern nicht.

Gillies: *In der Energiepolitik scheint er mir nicht sonderlich nahe zu sein.*

Möllemann: Es gibt aber auch Bewegungen zur Mitte hin. Das fällt mir bei der SPD auf. Der frühere »Brockdorf-Klose« äußert sich heute sehr viel differenzierter. Wir müssen zu dem gesellschaftlichen Konsens kommen, daß die Umweltpolitik mit nichts anderem gesichert werden kann als mit besserer Technik. Kein Mensch protestiert gegen den Katalysator im Auto, gegen fortschrittliche Umwelttechnologien, gegen größere Sicherheit oder intelligente Verkehrsleitsysteme. Hier haben wir verpaßt, die Sinnhaftigkeit überlegener Technik darzustellen.

Berger: Ich ermuntere zu einem Blick über die Grenzen: Wir verbrennen hier 70 Millionen Tonnen Kohle im Jahr; die Chinesen werden im Jahr 2000 zweieinhalb Milliarden Tonnen Kohle im Jahr verbrennen. Vor diesen Dimensionen spielen unsere deutschen Emissionen auf dem Globus gar keine Rolle mehr.

Möllemann: Ich habe Schwierigkeiten, einem Rotchinesen mitzuteilen, daß die von ihm geplante massenhafte Verbrennung von Steinkohle Widersinn ist, denn er entgegnet mir: Die Deutschen betreiben dies auch zu Hause, obgleich ihre eigene Steinkohle um ein Vielfaches teurer ist. Die andere grenzübergreifende Dimension ist die Kernkraft, die emissionsfrei ist. Ihre Zukunft liegt vermutlich beim Fusionsreaktor.

Gillies: *Sie bemühen sich um einen Konsens zur Energiepolitik. Kommt darin auch die neue deutsche Realität über die Braunkohle zum Ausdruck?*

Möllemann: Sie sollte bekannt sein, ist es aber nicht überall. Die Braunkohlenförderung wird dramatisch reduziert, auf etwa ein Drittel. Hier gibt es eine Schieflage: Dem Kumpel in der Lausitz drücken wir 5000 Mark Abfindung in die Hand und entlassen ihn. Der Kumpel an der Ruhr bekommt dagegen 110000 Mark öffentlicher Subventionen, und ihm muten wir nicht einmal eine Umschulung zu, geschweige denn eine Entlassung.

Gillies: *Das scheint mir weder ein fairer noch ein sensibler Umgang mit den Neubürgern der deutschen Einheit zu sein.*

Möllemann: Das ist wohl wahr. Warum müssen wir einem 33jährigen Bergmann soviel Geld geben, statt ihn mit einer Umschulung auf den Arbeitsmarkt zu entlassen? Kein Mensch kommt auf die Idee, einem Handwerksmeister, dessen Fünf-Mann-Betrieb dichtmacht, 110000 Mark zu zahlen. Aber ich sage trotz dieser Probleme: Wir werden den Aufschwung Ost bis Ende 1994 in trockenen Tüchern haben.

Berger: Als ich im Frühjahr in Leipzig nur noch eine Schlange sah, spürte ich, daß die Wende wirtschaftlich vollzogen ist. Sie befand sich übrigens vor der Autozulassungsstelle.

GILLIES: *Wie sehen Sie die Rolle der Gewerkschaften?*

BERGER: Sie war nicht konstruktiv. Die Gewerkschaften sind das Thema der Wirtschafts- und Währungsunion nicht positiv angegangen, sondern zögernd und destruktiv. Sie haben ihren Kollegen in den neuen Bundesländern nur beigebracht, wie man Forderungen stellt. Sie haben die Unwissenheit ihrer östlichen Gesprächspartner ausgenutzt, die in der Regel die alten Funktionäre waren und nicht die wirklichen Arbeitnehmer- oder Arbeitgebervertreter.

MÖLLEMANN: Ich will etwas differenzierter antworten: Der DGB hat sich auf der zentralen Ebene vernünftig artikuliert. Aber er bestimmt nicht den Kurs der Einzelgewerkschaften. Zwischen dem, was der DGB-Vorsitzende in Bonn erklärt, und dem, was die IG Metall in Magdeburg aufführt, herrscht eine erstaunliche Diskrepanz. Als ich kürzlich bei SKET in Magdeburg war, wurde ich mit unglaublichen Behauptungen der IG Metall konfrontiert. Ich wäre gegen Arbeitsbeschaffung, gegen Hilfen für arbeitslose Frauen und überhaupt völlig unsozial. Alle diese Behauptungen waren erlogen. Ich habe dann mit den Leuten geredet und auch bald – ohne jede Aggressivität – einen Konsens gefunden. Als ich den Verantwortlichen zur Rede stellen wollte, merkte ich schon am Dialekt: ein aus dem Westen entsandter Scharfmacher. So ist es eben: Bei Hofe redet man nett, unten heizt man an.

GILLIES: *Wir leben in der Zeit der eingängigen PR-Formeln. Wie lautet Ihr Motto für den Aufschwung Ost?*

BERGER: Unsere Chance, dieses Land wieder regierbar zu machen.

MÖLLEMANN: Nur Mut!

Die letzten Meter bringen es

Als die Marktwirtschaftler eine Sozialistin bewunderten, wunderte sich auch Kaufhof-Chef Jens Odewald

Der Vorstandsvorsitz eines Kaufhaus-Konzerns pflegt einen Manager auszulasten. Dennoch hat Jens Odewald, als ihn der Telefonanruf des Bundeskanzlers ereilte, einen weiteren Job angenommen: den Vorsitz des Verwaltungsrates der Treuhandanstalt. Unter den Schubkräften ist Odewald einer, der mit beiden Schultern anschiebt.

Gegenüber einem früheren Interview – als Odewald »nur« Vorstandschef der Kaufhof Holding und die deutsche Einheit noch fern war – fällt dem Journalisten auf: Das heutige Gespräch ist etwas stressiger, die Antworten knapper. Früher pflegte er sich entspannt zurückzulehnen, wenn es um die Phantasie des Erlebniskonsums auf künftigen Märkten ging, schlug die Beine übereinander und geriet auch schon mal ins Plaudern. Heute geht es rasch zur Sache – Blick auf die Uhr. Der nächste Besucher wartet. Im vereinten Wirtschaftsdeutschland ticken die Uhren schneller.

»Völlig unvorbereitet« hätten den deutschen Einzelhandel die politischen Turbulenzen erwischt, sagt Odewald. Die vielen klugen Strategiepapiere veralteten rascher als sie erstellt wurden. Für den Kaufhof habe es drei Phasen gegeben. Erste Stufe: Markteintritt Anfang 1990 mit Joint-ventures, wobei sich schon während der Vorverhandlungen weitergehende Chancen abzeichneten. Daraus ergab sich die zweite Phase: Erwerb direkter Beteiligungen bis 49 Prozent. Die Währungsunion schließlich eröffnete die Phase drei: Beteiligungen »unter extremem Zeitdruck und auf einer dünnen Datenbasis«.

Im Wettlauf um attraktive Standorte in den Städten ist Odewald auf ein Objekt besonders stolz: das Centrum-Warenhaus am Berliner Alexanderplatz. Damit will er vermutlich langfristig dem Nobelkonkurrenten KaDeWe am Tauentzien (das zum Hertie-Konzern gehört) Paroli bieten. Der Warenhausbereich von Kaufhof übernahm sieben Standorte (rund 670 Millionen D-Mark Umsatz, 3200 Mitarbeiter); Neubauten in Leipzig, Dresden, Berlin und Halle sind geplant. Die Tochter Kaufhalle tummelte sich im Kleinpreis-Segment, der Textil-Fachmarkt Mac Fash faßte in den neuen Bundesländern ebenso Fuß wie Reno (Schuhe), Wenz (Versand), ITS (Reisebüros), Vobis (Computer).

Peter Gillies: *Läuft die deutsche Wirtschaftseinheit nach den Anfangsschwierigkeiten jetzt nach Plan?*

Odewald: Manchmal etwas langsamer als geplant und erhofft. Wenn man sich vor Augen führt, daß der Tag der deutschen Einheit gerade 15 Monate zurückliegt, muß man sagen, daß wir erstaunlich weit sind. Dennoch: Wir hatten es uns schneller vorgestellt.

Wann wurde diese temporeiche Vorstellung korrigiert?

Odewald: Mit der Einsicht, daß Eigentumserwerb sehr kompliziert ist. Hinzu kam, daß die Staats- und Kommunalverwaltung nicht so schnell aufzubauen war, um die Gesetze zu exekutieren und zügig die Ansiedlung zu betreiben.

Gibt es denn heute schon einen gesamtdeutsch-identischen Verbraucher?

Odewald: Nein. Der Verbraucher in den neuen Bundesländern hat eine Erwartungshaltung, wie wir sie vielleicht 1955, 1960 hatten. Er wird zwar nicht zwei oder drei Jahrzehnte benötigen, um gleichzuziehen, wohl aber drei bis sechs Jahre. Es dominiert Versorgungskonsum, im Westen dagegen die verfeinerte Nachfrage, die Erlebniskonsum beinhaltet.

Ein strukturelles Gefälle?

Odewald: Nur insofern, als die Ansprüche mit der Zeit steigen. Wir müssen auch darauf achten, daß die Innenstädte Urbanität bekommen, daß Schauen, Kaufen und Flanieren Spaß macht.

Hat das auch mit dem Verkehrsinfarkt der Innenstädte zu tun?

Odewald: Weniger damit, als daß die Eigentumsverhältnisse auf der grünen Wiese in der Regel schneller geregelt werden können als die komplizierten rechtlichen Eigentumsrelationen in den Innenstädten. In Leipzig beispielsweise sind fast vier Fünftel des innerstädtischen Immobilienbesitzes mit Restitutionsansprüchen behaftet.

Hat die Politik hier eine marktnahe und investitionsfördernde Lösung versäumt?

ODEWALD: Ich hoffe, daß die Novellierung des Vermögensgesetzes einen vernünftigen Kompromiß zwischen Restitution und Entschädigung bietet. Aber: Bis heute geht es noch quälend langsam.

Wiederholen sich wie im Westen die Möbel-, Reise, Freß-, Unterhaltungs- und Edelfreßwellen im Zeitraffer?

ODEWALD: Es mag sein. Aber die Einkommen steigen langsamer als die Ansprüche. Wir sehen es in unserem Warenhaus in Berlin-Alexanderplatz: Das Hochpreisige wird gemieden, gedeckt wurde der Nachholbedarf: Kühlschränke, braune Ware (Unterhaltungselektronik), es folgten Einrichtung, Urlaub und Auto. Diese ersten Wellen laufen allerdings schon langsam aus.

Die Ware ist neu, das Personal das alte.

ODEWALD: Im Handel weitgehend, aber die alten Geschäftsführer sind meist ersetzt. Die Belegschaften sind motiviert und tüchtig, sie zeigen oft mehr Leistungsbereitschaft als in den alten Bundesländern. Das Problem ist der Mangel an Verkaufspersonal bei gleichzeitig überbesetzten Verwaltungen. Da wir die Mitarbeiter behalten wollen, müssen wir Verwaltungs- zu Verkaufspersonal umschulen. Das ist nicht immer leicht und auch nicht immer erfolgreich.

Wie lange dauert diese Umwidmung?

ODEWALD: Das wird zwei, vielleicht auch drei Jahre dauern. Jedenfalls ist die Behauptung von den schwach motivierten Ostmitarbeitern törichtes Gerede. Es gibt solche Fälle, aber sie sind die Ausnahme. Natürlich gibt es Leute, die im Alter von 56 Jahren sagen, sie könnten das Tempo nicht mithalten.

Die gibt es im Westen auch.

ODEWALD: Aber vielleicht nicht so stark. Man darf nie vergessen, daß die Menschen in den neuen Bundesländern von einem grausamen und blitzschnellen Strukturwandel überrollt wurden.

Überfordern wir sie?

ODEWALD: Es wird ihnen sehr viel abverlangt. Stahlkrise, Werftenkrise, Kohlekrise – alles Prozesse, an die man sich bei uns jahrelang hatte anpassen können. Und von den Menschen in den neuen Bundesländern verlangen wir, daß sie innerhalb weniger Monate vollziehen, was auch wir in vier Jahrzehnten noch nicht bewältigt haben – ich denke an die Kohleproblematik in Nordrhein-Westfalen.

Dann bäumt sich die Frage auf, ob das Hau-Ruck-Verfahren der Währungsunion falsch war.

Odewald: Nein. Es gab keine Alternative. Aber wir müssen deswegen gewisse soziale Abfederungen in Kauf nehmen – als Hilfsmittel des Übergangs, nicht als Dauerlösung.

Wie sieht sich der Kaufhof in der Handelslandschaft des Jahres 1995?

Odewald: Unser Investment in den neuen Bundesländern addiert sich auf ein- bis anderthalb Milliarden Mark. Arbeitsplätze rund zehn- bis fünfzehntausend, wobei die Kette von Schuhen über Media-Märkte bis zu Freizeitparks und Reisebüros reicht. Unser strategisches Ziel ist, bei Warenhäusern einen etwas höheren Marktanteil als im Westen und bei Produkten wie Computern einen deutlich höheren Marktanteil zu erreichen.

Die Rolle der westdeutschen Wirtschaft als Aufbauhelfer im Osten ist nicht unumstritten. Ist das ein realer Befund oder einer der Medien?

Odewald: Viele Unternehmen erkennen nicht, daß es auch in ihrem eigenen Interesse liegt, dort etwas zu tun, um Arbeitsplätze und Einkommen zu schaffen, das Steueraufkommen zu steigern und – generell gesprochen – an der Gleichheit der Lebensverhältnisse mitzuwirken. Manche denken zu kurzfristig und rechnen zu spitz. Die deutsche Industrie hat durch erhebliche Lieferungen in die neuen Bundesländer einen Zuwachs von anderthalb bis zwei Prozentpunkte Bruttosozialprodukt gewonnen. Aber sie hat nicht entsprechend investiert.

Auf diesen Vorwurf entgegnen Unternehmer, daß sie auch im Westen kaum noch Erweiterungsinvestitionen tätigen. Überall wird Produktion abgebaut, rationalisiert, verlagert.

Odewald: Es gibt interessante Investitionsanreize. Es gibt Facharbeiter, die gut geschult sind, und es bietet sich die Chance auf attraktive Standorte, wie es sie im Westen nicht mehr gibt.

Die Strategie der Treuhand, also das Verhältnis von Sanierung zu Privatisierung, wurde mehrfach variiert. Sind hier weitere Schritte in Richtung auf sanfte Privatisierung durch längere Sanierung nötig?

Odewald: Die Grundaussage, daß Privatisierung die beste Form der Sanierung sei, ist bis heute nicht zurückgenommen worden. Wir müssen uns aber fragen, ob eine längere Sanie-

Der Kaufhof Konzern in den neuen Bundesländern

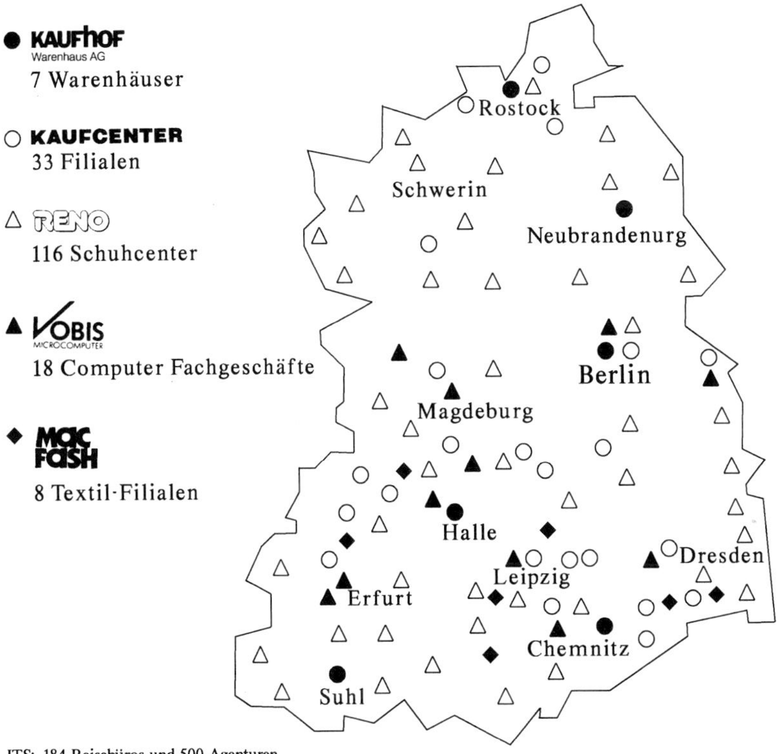

ITS: 184 Reisebüros und 500 Agenturen
Kaufhof-Gastronomie-Service-Gesellschaft: 5 Gastronomie-Betriebe

rung in einigen Fällen nicht die bessere Alternative ist, wenn die reine betriebswirtschaftliche Lösung Arbeitslosenquoten von 50 oder 60 Prozent an einzelnen Standorten bedeuten könnte. Diese Überbrückungsmaßnahmen dürfen nur vorübergehend und für Branchen gelten, die überleben werden. Eine künstliche Beatmung von Todeskandidaten scheidet aus.

Die Überlebensfähigkeit kennt man erst hinterher. Wissen die »Wessis« nicht nur alles besser, sondern auch alles im voraus?

Odewald: Es gibt Erfahrungen der alten Bundesländer mit Problembranchen, die auch in den neuen Bundesländern zutreffen. Man muß sie übertragen, allerdings sensibel und mit dem dabei notwendigen Fingerspitzengefühl.

Bleibt es denn bei dem Ziel, die Treuhand 1994 im wesentlichen aufzulösen?

ODEWALD: Man sollte davon ausgehen, daß der Prozeß der Privatisierung, also der Verkauf von Treuhandbeteiligungen spätestens 1994 im wesentlichen abgeschlossen ist. Dann werden sicherlich einige Unternehmen zurückbleiben, die längerfristig saniert werden müssen. Ich denke an Unternehmen aus kritischen Branchen, wie beispielsweise Braunkohle, Kalibergbau oder Textilien. Nach 1994 wird es unter Umständen die Treuhand in anderer Form geben, vielleicht als Abteilung des Bundesfinanzministeriums – ähnlich, wie früher die Veba und Salzgitter dort verwaltet und später in den Markt entlassen wurden.

Bleibt da nur noch – pardon – Schrott zurück?

ODEWALD: Es könnten auch Unternehmen sein, die auf längere Zeit begleitet werden müssen, um dann eines Tages doch noch zu überleben. Ein Land wie beispielsweise Mecklenburg-Vorpommern, das durch Monostrukturen, Werften und Landwirtschaft gezeichnet ist, könnte eine aktive Regional- und Strukturpolitik vertragen.

Aktive Struktur- und Regionalpolitik als Tarnung für Subventionen?

ODEWALD: Ja, aber vorübergehend. Wo immer die Treuhand veräußert hat, lautet die Erfahrung: In Betrieben, in denen zwei Millionen Menschen gearbeitet haben, behielten 50 bis 60 Prozent ihre Arbeitsplätze, während circa 40 Prozent freigesetzt wurden. Dieser Prozeß läßt sich bei den noch der Treuhand verbliebenen anderthalb Millionen Beschäftigten nicht in dem Umfang wiederholen, weil bei diesen Gesellschaften mehr Sanierungsfälle auftreten. Hier müssen wir Übergangslösungen finden. Ein Investitionsland mit zu vielen Arbeitslosen ist auch nicht attraktiv.

Warum hat die Treuhand allgemein einen so schlechten Ruf?

ODEWALD: Der Ruf wird besser. Im übrigen ist es menschenunmöglich, die Dimension der Aufgabe überzubringen. Die Treuhand wird für alles, was nicht funktioniert, verantwortlich gemacht. Sie steht für die ganze Malaise der sozialistischen Erb- und Konkursmasse. Und sie ist dem Streit der Interessen ausgesetzt, was bei den großen Immobilien-Fällen am plastischsten war. Es sind auch die Zukurzgekommenen und die hereingefallenen Spekulanten, die so laut klagen.

Wenn ich an Teltow oder ähnliche Vorkommnisse denke – die Treuhand hat mitunter eine höchst unglückliche Figur abgegeben.

ODEWALD: Es gab Fehler, zum Teil auch dilettantische. Aber bei einer Aufgabe dieser Dimension und bei der Schnelligkeit des Prozesses sind sie nicht zu vermeiden. Wir haben allein in diesem Jahr rund 4500 Unternehmen und Unternehmensteile verkauft – das hat es weder in der westlichen noch in der östlichen Welt jemals gegeben.

Zu Ihrem 50. Geburtstag kam abends der Bundeskanzler bei Ihnen vorbei und nannte Sie einen Patrioten, der sich in schwieriger Lage einer schwierigen – und zusätzlichen – Pflicht stellte. Ohne lange nachzufragen (den Aufsichtsrat einmal ausgenommen). Sie schienen leicht verlegen.

ODEWALD: Ich bin Deutscher, der in Europa lebt und sein Vaterland liebt.

Gibt es eine Begegnung, ein Ereignis, das einen besonders tiefen Eindruck beim Unternehmer Odewald hinterlassen hat?

ODEWALD: Ich erinnere mich an ein Treffen in Ostberlin. Frau Luft, die damalige DDR-Wirtschaftsministerin, stellte uns Joint-ventures in Aussicht. Das war, ich werde es nicht vergessen, am 13. Januar 1990. Da trat eine Frau mit großem Anspruch auf, die tief im marxistischen Gedankengut verwurzelt war. Sie sprach engagiert von Leistungsbereitschaft und allen Begriffen, die selbst den rechten Flügel von bürgerlichen Parteien entzückt hätten. Dann aber schloß sie mit der Bemerkung, daß alles Eigentum an Produktionsmitteln natürlich weiterhin dem Volke gehören müsse. Bemerkenswert für mich war, wie viele Unternehmer und Industrielle von dieser Frau fasziniert waren. Besetzt war dieser Kreis übrigens mit den drei Gruppen, die die DDR-Sozialisten für allein wichtig hielten: Schwerindustrie, Schwerindustrie, Schwerindustrie. Dienstleistungen und Handel, die heute mehr als 50 Prozent der Beschäftigten in Westeuropa stellen, kamen in diesem Bild gar nicht vor.

Viele Unternehmer pflegen über die Politik zu klagen. Stimmen Sie in diese Klage ein?

ODEWALD: Nein. Ich halte auch wenig von Klageliedern, weil sie so lange zumindest keine ethische Berechtigung haben, wie Unternehmer sich der politischen Betätigung versagen. Nur distanziert danebenstehen und kritisieren, reicht nicht aus. Wir sind nicht nur Unternehmer, sondern auch Staatsbürger. Aus dieser Position als Staatsbürger ist auch der vielbeschäftigte Unternehmer nicht entlassen. Er hat die Pflicht, an seiner Stelle zum Wohle des Staatsganzen mitzuwirken. Irgendwie, irgendwo, der eine etwas mehr, der andere ein bißchen weniger. Ich finde, daraus ist keiner zu entlassen.

Politisches Engagement kann riskant sein. Viele Unternehmer, die sich stark politisch engagiert haben, beklagen später oft, daß die Deutschen nicht unterscheiden können zwischen einem Unternehmer, der Gewinn machen muß und will, und einem Politiker, der die Marktwirtschaft vertritt, sich aber am liebsten auf ihre segensreichen Nebenwirkungen – Wohlstand und Soziales – beschränkt.

ODEWALD: Ich glaube, das Problem liegt woanders. Unternehmer gehen oft ein wenig locker an die Politik heran und übersehen, daß dort andere Aufstiegsmaßstäbe gelten als im Unternehmen. Die Bemessungsmaßstäbe sind anders. Es gibt keine jährlichen Bilanzen und keine kurzfristigen Erfolgsrechnungen. Die Akzeptanzgrundsätze sind andere. Mancher Unternehmer glaubt, in der gleichen Zeit und mit der gleichen Schnelligkeit und Effizienz wie in seinem Betrieb auch in der Politik etwas bewirken zu können. Es gibt weitere, wichtige Unterschiede. Ich bedauere die politische Abstinenz um so mehr, als der unternehmerische Sachverstand in vielen politischen und vorpolitischen Gremien außerordentlich nützlich und hilfreich wäre.

Wieviel Arbeitszeit verwenden Sie auf die betriebsfremde Arbeit, die Treuhand?

ODEWALD: Das ist schwer zu sagen. Am Anfang, in den ersten sechs Monaten, war es rund die Hälfte. Danach wurde es sehr schnell weniger, und zwar in dem Umfang, wie der Vorstand der Treuhandanstalt, der ab Ende 1990 vollständig war, selbst die aktive Geschäftspolitik übernahm. Heute konzentrieren wir uns auf die monatliche Verwaltungsratssitzung und auf Beratungen, die vorrangig am Abend oder am Wochenende stattfinden. Unabhängig davon gibt es natürlich abends oft Arbeitslektüre.

Im Verwaltungsrat sitzen Unternehmer, die über Unternehmen ihrer Branche entscheiden. Gibt es da Loyalitätskonflikte und Interessenkollisionen?

ODEWALD: Diese Konflikte gibt es. Das Treuhandgesetz fordert, daß versierte Unternehmer im Verwaltungsrat sitzen sollen. Wollte man jeden theoretischen Konflikt ausschließen, müßte man Lehrer und Theologen berufen, nicht eben Brut-

Dr. Jens Odewald, Vorsitzender des Vorstandes der Kaufhof Holding AG

Geboren	am 21. 9. 1940 in Hannover verheiratet, 4 Kinder
1960	Abitur
1960–1964	Studium Jura und Betriebswirtschaftslehre
bis 1967	Referendar-Zeit während dieser Zeit Promotion zum Dr. jur., ebenfalls während der Referendar-Zeit Fortsetzung des Studiums Betriebswirtschaftslehre
1968	Eintritt in die Firma Esso AG, Hamburg (Training und Rotation im Bereich Finanzen, Rechnungswesen und Steuern – während dieser Zeit Examen als Steuerberater)
1974	als Hauptabteilungsleiter Steuern, Austritt aus der Firma Esso
1974–1978	Kühne und Nagel, Hamburg (Generalbevollmächtigter Kühne und Nagel Deutschland und Mitglied der Geschäftsleitung Kühne und Nagel International Schweiz)
1978–1979	Rechtsanwalt und Steuerberater in der Wirtschaftsprüfungsgesellschaft Susat und Partner, Hamburg
1.5.1979	Stellvertretendes Vorstandsmitglied der Kaufhof AG, Köln
1.1.1981	Vorstandsmitglied der Kaufhof AG, Köln (Finanzen und Betriebswirtschaft)
1.1.1984	Stellvertretender Vorsitzender des Vorstandes der Kaufhof AG, Köln
21.6.1985	Ernennung zum Vorsitzenden des Vorstandes der Kaufhof AG, Köln (jetzt Kaufhof Holding AG)
August 1990	Ernennung zum Vorsitzenden des Verwaltungsrates der Treuhandanstalt, Berlin

stätten des wirtschaftspolitischen Sachverstandes. Wir haben das Thema praktisch so gelöst: Jeder der Unternehmer, die in der Treuhandanstalt im Verwaltungsrat sitzen, hat irgendwelche unternehmerischen Interessen in den neuen Bundesländern. Umgekehrt: Hätte er sie nicht, wäre er auch kaum sachverständig und deswegen nicht geeignet. Infolgedessen ist vereinbart worden, daß sich jedes Verwaltungsratsmitglied, das eine Interessenkollision vermutet, aus der Beratung zurückzieht und nicht mitstimmt.

Und das klappt?

Odewald: Ich gehe davon aus, daß es klappt.

Gab es im Verwaltungsrat der Treuhand auch einmal kritische Debatten?

Odewald: Es gab eine kritische Situation im Oktober 1990. Vorstand und auch Teile des Verwaltungsrats waren von einer Angst geschüttelt, daß es im Winter 1990/91 zu einer Versorgungskrise in den vielen kleinen Kommunen der neuen Bundesländer kommen könnte. Auch Rohwedder hatte diese Furcht und er bat mich, ich möge die Privatisierung des Handels initiieren, damit die Versorgung auf dem Lande in leistungsfähige Hände komme. In diesem Zusammenhang wurde fast der gesamte Handel aus der Treuhandanstalt in die Gesellschaft für Privatisierung des Handels ausgegliedert. Aus dieser Gesellschaft wurde in nur fünf Monaten der Handel privatisiert – 22 000 Geschäfte, Apotheken etc. Von Versorgungskrise war keine Rede mehr.

War das damals eine reale Befürchtung oder eine Selbstsuggestion am grünen Tisch?

Odewald: Ein reale Furcht. Die Marktwirtschaftler hatten zu wenig Vertrauen in ihre eigene Marktwirtschaft.

Ist die Befürchtung, in der einstigen DDR entstünde eine ökonomische Wüste mit 70 Prozent Arbeitslosen, von der gleichen Qualität?

Odewald: Sie ist ähnlich. Wir können heute schon davon ausgehen, daß die Menschen in einigen Jahren genauso beschäftigt sein werden wie im Westen. Wie die letzten zwölf oder acht Prozent Arbeitslosen dann unterzubringen wären, weiß ich heute auch noch nicht. Auch im Westen haben wir ein Beschäftigungsproblem – aber eben kein unlösbares.
Dort wie hier werden Markt und Wettbewerb neue Chancen eröffnen.

Sind die Treuhand-Gremien mit Optimisten oder mit Realisten besetzt?

Odewald: Realismus schließt Optimismus nicht aus, sondern ein. Der Vorstand, allen voran die Präsidentin, und der Verwaltungsrat haben am Gelingen dieses Prozesses keine Zweifel. Bis zur Mitte des Jahres 1992 haben wir allerdings noch eine schwierige Wegstrecke vor uns.

FIRMENPORTRAIT

Am 14. August 1879 eröffnete Leonhard Tietz in Stralsund einen Textilladen. Tietz filialisiert in den Westen Deutschlands und gründet 1905 die Kaufhof AG. 1925 bietet die EHP Einheitspreis-Handelsgesellschaft mbH, heute Kaufhalle AG, erstmals ihre Waren an. Mit International Tourist Services (ITS) steigt die Kaufhof AG 1970 in das Reisegeschäft ein. 1979 Beteiligung an dem Großversandunternehmen Wenz. Seit 1984 findet eine breite Diversifizierung statt. Stammgeschäft bleibt die Kaufhof Warenhaus AG, die knapp 40 Prozent des Konzernumsatzes tätigt. Einige wichtige Tochter- und Beteiligungsgesellschaften: Kaufhalle AG; Media Markt-Gruppe mit Saturn-Hansa als größtes Unterhaltungselektronik-Unternehmen der Bundesrepublik; ITS mit Beteiligungsgesellschaften in Holland, Belgien und Spanien; Vobis Microcomputer-Gruppe; Reno-Gruppe; Hawesko-Gruppe; Rungis Express GmbH. Der Kaufhof Konzern ist mit 850 Filialen in neun europäischen Staaten vertreten. Umsatz 1991: knapp 18 Milliarden DM.

Da gibt es diese regelmäßigen Kamingespräche beim Kanzler. Sind sie hilfreich?

ODEWALD: Ja. Dort kommt ein Kreis zusammen, der dem Problem in verschiedener Weise verbunden ist, ohne daß die Teilnehmer die Möglichkeiten haben, sich gegenseitig die Probleme zuzuschieben. Jeder muß für sich und seinen Bereich geradestehen und wird gefordert.

Manche Teilnehmer sagen, der Wert dieser Runde habe sich im Laufe der Zeit abgenutzt, der Kreis sei in vorbereiteten Reden erstarrt.

ODEWALD: Nach einem Feiertag ist die Stimmung auch nicht mehr so gut. Die Einheitsfreude ist vorbei, der Jubel der ersten Monate verklungen. Jetzt kommt eben die harte Arbeit. Die Fortschritte waren am Anfang sicherlich größer als jetzt. Aber ich bin sicher: Die letzten Meter werden es bringen.

Motivation für Menschen ist wie Hefe für den Kuchen

Wundersame Flüge mit der Puddingmeise – Ein Kamingespräch mit Bier bei August Oetker

Für den Bielefelder Apotheker Dr. August Oetker mag es keine Sensation gewesen sein, daß sein legendäres »Backin« in allen deutschen Gauen verkauft wird. Sein Urenkel August Oetker war dagegen überrascht, wieder jenseits der Elbe produzieren zu dürfen. Das Nahrungsmittelunternehmen, fest in familiärer Hand, kennt aber auch andere Adressen. Beispielsweise Danzig-Oliwa oder den Newskij Prospekt 40 in St. Petersburg. Ein Kamingespräch in der Bielefelder Senne.

Schon die trickreiche Frage »Was möchten Sie trinken?« führt den Gast unausweichlich auf ein Oetker-Produkt. Denn das Unternehmen bietet Bier (Binding oder Dortmunder Actien), Sekt (Henkell oder Söhnlein), Wein vom Johannisberg, notfalls auch den Schnaps mit den sensationellen Verkaufserfolgen (»Wodka Gorbatschow«). Fast scheint August Oetker ein wenig irritiert, als ich mich für Wasser entscheide. Aber vermutlich stammt es auch aus einem Oetker-Brunnen. Rasch schiebe ich nach, daß ich auch backe. Diese hervorragenden Backmischungen seien einfach zu verführerisch.

Das sei auch kein Wunder, meint er, denn mit diesen Backmischungen könne selbst jeder Laie einen trefflichen Kuchen zaubern. Wäre es nicht so, »hätten unsere Experten etwas falsch gemacht«! Für die reichsdeutsche Hausfrau waren die Backhilfen von Oetker das Nonplusultra der Küchenkultur. Wiederholt sich das in den neuen Bundesländern? Genau das wiederholt sich, meint er. Aber es braucht

Zeit. Nicht für die Produktion, sondern für den Ausbau des Handelsnetzes.

Emanzipation zwischen Backpulver und Fertigtorte

Sein Markenzeichen sei in Sachsen und in Brandenburg ebenso tief verankert wie in Holstein oder Bayern. Es sei wachgehalten worden, weil das Unternehmen auch in den Jahren der Trennung seine Produkte über Intershops und andere Wege in der DDR verkauft habe. »Da hat das Fernsehen natürlich eine große Rolle gespielt. Wir haben immer bundesweit geworben, waren die ganzen Jahre stets auf der Leipziger Messe.« In Leipzig hatte ihn nur gestört, daß die Konsumenten dort nichts kaufen durften und sich die Nase am Oetker-Stand plattdrückten.

Offeriert der Nahrungsmittelkonzern unterschiedliche Produktpaletten, im Westen ein Komfortangebot, im Osten nur schlichte Ware? Oetker widerspricht. »Wir haben auch im Bayerischen Wald stets etwas anderes angeboten als in Düsseldorf. Das hängt mit den Lebensgewohnheiten auf dem Lande, aber auch mit der örtlichen Kaufkraft zusammen. Beispiel Tiefkühlkost: Ein ländlicher Haushalt besitzt stets eine größere Tiefkühltruhe, nicht selten haben die Landwirte auch eine Jagd. Da gibt es Wild, das eingefroren werden muß, und dort greift man auch eher zur tiefgekühlten Fertigtorte.«

August Oetker skizziert die Emanzipationsstufen der deutschen Hausfrau: Die traditionsbewußte backt selbst und bedarf der Bielefelder Hilfen nur in Form von Backartikeln; der zweite Schritt zur größeren Bequemlichkeit ist die Kuchenmischung; die modernste Kundin ist jedoch die mit der Fertig- oder Tiefkühltorte. Ja natürlich, selber gebacken hat er auch schon. Die Leistung der Versuchsküche bestehe darin, daß auch jedem Ahnungslosen sein Kuchen gelinge. Wenn er zusammenfällt, beginnt das Problem, denn den Mißerfolg schreibt er sich nicht selber zu, sondern der Firma. »Und da hat er recht.«

Direkt nach der Wirtschafts- und Währungsunion Mitte 1990 konnte man das Kaufverhalten einer Mecklenburgischen Hausfrau von dem ihrer rheinischen Schwester nicht unterscheiden. »Da dominierte das Kauferlebnis. Man wollte alles ausprobieren und genießen, was vorher unerreichbar war. Aber einige Monate nach der Währungsreform mußte die Hausfrau wieder ans Geld denken und scharf rechnen.« Das war wie bei unserer Freßwelle in den fünfziger Jahren.

Diese Wellentheorie wiederholt sich heute in den neuen Bundeslän-

dern – nur in verkürzter Form. Es begann mit den Lebensmitteln, dann fegte die Autowelle den volkseigenen Trabi hinweg, und es setzte die Reisewelle ein. Wozu die alte Bundesrepublik mehrere Jahrzehnte brauchte, »wiederholt sich dort im Zeitraffer weniger Monate«.
Ärgert es August Oetker, wenn die deutschen Unternehmer in der öffentlichen Meinung als Lethargiker oder als Profiteure der deutschen Einheit dargestellt werden? »Das ärgert mich persönlich, weil es nicht zutrifft. Wir tun viel, jedenfalls mehr, als die Öffentlichkeit zur Kenntnis nimmt. In den östlichen Bundesländern entwickelte sich der Mittelstand relativ schnell. Das fängt meist mit der Gastronomie an. Da werden Kneipen von den Bierbrauereien – auch von unseren – finanziell und betriebswirtschaftlich unterstützt. Auch im Handel ging es zügig. Bei den Großkomplexen wie Robotron in Dresden oder den Rostocker Werften, wo Zehntausende von Arbeitsplätzen betroffen sind, dauert das sehr viel länger.«

August Oetker im Politbüro

Auf den Vorwurf des Profiteurs entgegnet Oetker: »Wenn wir nicht hätten profitieren wollen oder sollen, hätten wir darauf verzichten müssen, unsere Waren dort anzubieten? Liefersperre für Nahrungsmittel? Das wäre doch absurd.« Investive Zurückhaltung? Die sprunghafte Nachfrage stieß damals auf Kapazitäten, die im Westen nicht voll ausgelastet waren, »folglich mußten wir auch nicht sofort investieren«. Daß Oetker mit und nach der Einheit zusätzliche Gewinne machte, bestreitet er nicht. »Aber die werden sich so nicht wiederholen, denn jetzt kommen die Kosten. Mit ihnen der ganz normale Wettbewerb.«
Nein, das Unternehmen habe nicht sofort nach dem 9. November 1989 – dem Tag der Maueröffnung – heiße Strategien entworfen, wie der ostdeutsche Markt aufzurollen sei. Es habe etwas abgewartet, bis der Staub sich zu legen begann. »Der Apparat eines Unternehmens war auch etwas beharrend. Man muß sich vor Augen führen, daß zur gleichen Zeit auch die westdeutsche Konjunktur auf vollen Touren lief. Wir hatten alle Hände voll zu tun. Da wirkten die Ostmärkte« – er zögert einen Wimpernschlag – »beinahe etwas störend.«
August Oetker hatte anfangs an eine rasche Währungsunion nicht geglaubt. Das Risiko eines Wohlstandsgefälles schien ihm zu groß. »Aber ich habe mich geirrt. Aus heutiger Sicht klingt es etwas merk-

würdig, wenn ich sage, ich habe mich nicht weniger geirrt als mancher Politiker, der glaubte, man könnte diesen Prozeß in Teilabschnitte zerlegen. Erst später erwies sich, daß wir insofern nicht mehr Herr dieses Prozesses waren, der da ablief.«
Seine Meinung geändert hat er im März 1990, als in der DDR die ersten freien Wahlen stattfanden. »Dann haben wir neu darüber nachgedacht, wie dieses Wirtschaftsgebiet auf die Beine kommen soll. Entscheidend war nicht die Frage, wie wir uns als Hersteller von Konsumgütern bei den Lieferungen verhalten sollten, sondern wo auf Dauer eigentlich die Kaufkraft herkommen soll.« Dafür sieht Oetker zwei Strategien: Transferzahlungen größten Stils, die zu 17 Millionen Almosenempfängern geführt hätten. »Das ist keine ernsthafte Perspektive«; der zweite Weg war, an Ort und Stelle Arbeitsplätze und damit Kaufkraft zu schaffen.
Im monatelangen Meinungsbildungsprozeß hat eine Veranstaltung auf ihn besonderen Eindruck gemacht: die Gesprächsrunden beim Bundeskanzler. »Ich fand die Treffen ausgesprochen hilfreich«, erinnert sich August Oetker. Dort habe Helmut Kohl den versammelten Spitzenunternehmern gleich klargemacht: Keine patriotischen Gesänge, keine Festreden von Verbandspräsidenten, sondern konkrete Investitionsanstöße. »Ich habe mich dort unter Hausaufgabendruck gefühlt«, meint er heute. Schmunzelnd erinnert er sich an eine andere Runde bei Lothar de Maizère, die im Haus des SED-Politbüros stattfand. »Das war schon ein komisches Gefühl, dort auf dem Stuhl der einstigen Befehlshaber zu sitzen.«
Überrascht war er von dem anfänglichen Kaufrausch nach der Währungsunion. »Die Menschen konnten sich einfach nicht vorstellen, daß ein Regal, das sie heute leerkauften, am nächsten Morgen schon wieder gefüllt ist. Da bildeten sich manchmal die gewohnten Schlangen, weil die Leute das nicht glauben konnten, daß der Warenstrom nie endet.« Aber mit diesem Blockadegefühl ging es rasch zu Ende. Dann wurde der billigere Faber-Sekt statt Henkell gekauft. Nein, für den volkseigenen Rotkäppchen-Sekt sieht er wenig Chancen. »Sekt muß einen Hintergrund haben. Unser Fürst Metternich kommt aus dem Rheingau, der Champagner aus der Champagne. Die Ostgebiete sind eben keine Weinregionen.« Deswegen sei eine Kooperation mit »Rotkäppchen« auch nicht in Frage gekommen.
Gibt es andere Markennamen, die in die neue Zeit hinüberzuretten wären? Für das Puddingpulver von »Rotplombe« wagt Oetker den Versuch. »Aber wir müssen sehen, daß die alten Marken mit der

alten Vergangenheit verbunden sind. Und die war ungeliebt.« Dennoch wolle man sie zu retten versuchen, ohne daraus einen Glaubenskrieg zu machen.

Ein Volk von Biertrinkern

Das Familienunternehmen peilt für die neuen Bundesländer ein Investment von rund 350 Millionen Mark an, »der allergrößte Teil für Brauereien«. Die deutsche Bierlandschaft sucht in der Welt ihresgleichen. Hierzulande gibt es mehr als tausend Brauereien, während die Vereinigten Staaten mit einer guten Handvoll auskommen. »In Deutschland ist die Verbindung der Biertrinker mit ihrer örtlichen Brauerei, deren Braubottiche sie sehen können, eine besondere Tradition. Der Einzugsbereich rund um Schornstein und Sudhaus wird aber immer kleiner. Anfangs hat Oetker sein Dortmunder Actienbier rübergeschickt, aber es ist nur eine Frage der Zeit, bis die Leute sagen, ich möchte gerne das Bier meiner Brauerei trinken.«

Als Biertrinker sind die Deutschen etwas geblieben, was nicht für alle Bereiche gilt: ein Volk. Oetker zitiert seine Marktexperten: »Bier braucht Heimat.« So sei man zwangsläufig auf das Radeberger Pilsener gestoßen. »Das war die Renommiermarke schlechthin. Sie war knapp und teuer. Man konnte sie kaum kaufen. Mit ihr zeigte sich die DDR immer von ihrer besten Seite, wenn sie Staatsoberhäupter empfing.« Radeberger ist mit rund 500000 Hektolitern Bier im Jahr keine Großbrauerei, aber eine hochbegehrte Marke.

August Oetker legt einige Scheite auf den Kamin nach, bietet belegte Brötchen an, und ich greife, dem Thema entsprechend – zu einem Bier der Oetker-Gruppe. Und er greift in die Geschichte: Radeberger war die erste deutsche Pilsmarke. Das kam so: Die Radeberger hatten schon im letzten Jahrhundert gegen das Pilsmonopol der Tschechen (Pilsen) geklagt und 1913 den Prozeß gewonnen. Seither dürfen alle deutschen Brauereien Pilsener brauen. Auch diese Tradition hat Oetker bewogen, über seine Binding-Tochter bei den Radebergern einzusteigen. Es wurde aufgeräumt, modernisiert, der Brauprozeß auf das deutsche Reinheitsgebot umgestellt. An gescheiterte Versuche mit nationalen Biermarken erinnert er sich ungern.

»In Radeberg gab es nur Flaschen- und überhaupt kein Faßbier. Letzteres aber ist das tragende Element für jede Brauerei. Deswegen haben wir erst einmal begonnen, Faßbier abzufüllen und über die Gastronomie zu vertreiben.« Der Kneipier ist auch nach der Wende der wichtigste Partner einer Brauerei. Das hat in der ersten Stufe

rund 40 Millionen Mark gekostet. Von den Brauereiinvestitionen (rund 315 Millionen Mark im Jahre 1991) ging der Löwenanteil in die neuen Länder.
Oetker lehnt sich zurück und plaudert über Radeberger – »ein Stück deutscher Biergeschichte vor wie nach der Revolution«. In der alten DDR mußte man schon Gast im FGDB-Heim sein, Funktionär oder besonders pfiffig, um ein Radeberger trinken zu dürfen. »Selbst in Leipzig erhielt eine Gaststätte während der Messe höchstens 20 bis 40 Kisten davon, und manche Lieferung ist schon auf dem verschlungenen Weg verdunstet.«

Sogkraft einer Renommiermarke

Nach der Wende waren die alten Absatzkanäle verschüttet. Die Westmanager wußten zwar um das hohe Image des sächsischen Bieres – aber wie würde es sich im Wettbewerb gegenüber den etablierten Spitzenmarken des Westens behaupten, die plötzlich einströmten? »Eine einmalige Situation in der deutschen Biergeschichte: Bekanntheitsgrad 99 Prozent, aber Absatz von nahezu null.«
Unter den möglichen Strategien entschied sich das Unternehmen für die riskante: Voller Marktauftritt im Osten mit zunächst einem dünnmaschigen, aber flächendeckenden Netz, gepaart mit der Option eines anschließenden Auftritts im Westen. Man begann mit »einem soliden Faßbiergeschäft in guten Gaststätten und der Hotellerie, um im ganzen Land sichtbare Signale zu setzen«. – Mit einem Boom konnte man hier nicht rechnen, dazu waren die Eigentumsverhältnisse noch zu diffus. Technisch galt es, die Brauerei für alle Gastronomen und Hoteliers stets lieferfähig zu halten.
Um nicht den Zorn der Biertrinker zu erregen, die wegen ihres Lieblingsbieres ja nicht ins Hotel gingen, galt der zweite Schritt dem Vertrieb im Handel. Dabei erwies sich, daß die Sogkraft der Marke groß ist. So kam die Brauerei Schritt um Schritt auf rund 400 000 Hektoliter, für 1992 kommt die Marke von 600 000 in Sicht. Mit den Erweiterungen im Frühjahr 1992 um einen neuen Produktionsblock zeichnet sich eine Kapazität von einer Million Hektolitern ab.
Aufgebaut wurde das Vertriebssystem über Verleger, wofür 50 Getränkefachhändler gewonnen wurden – aus den alten wie aus den neuen Bundesländern. Viel Kopfzerbrechen bereitete die Preisgestaltung. Man entschied sich gegen das Billigsegment. »Ein besonderes Bier steht eben nicht jeden Abend auf dem Tisch. Aber wenn Freunde kommen oder es etwas zu feiern gibt, dann leistet man es

sich eben. Eine Kiste kostet derzeit beim Endverbraucher zwischen 23 und 25 Mark – das liegt im Preisband prominenter Westbiere, aber immer etwa eine Mark über Warsteiner oder Bitburger.«

Mittlerweile ist die Marke in allen großen Hotels und Restaurants auch der Ostseebäder vertreten, natürlich auch in den Räumen Berlin, Leipzig/Halle und Dresden/Chemnitz, im Thüringer Wald. »Der Außendienst ist trotz der Anfangsschwierigkeiten hochmotiviert.« Die früher technisch bedingte Knappheit wird mit der Produktionserweiterung überwunden sein.

Unter den gleichen Prämissen wird Radeberger auch im Westen antreten, verspricht Oetker, möchte sich aber auf den exakten Termin noch nicht festlegen. »Aufgrund der Pils-Affinität der norddeutschen Biertrinker werden wir in Schleswig-Holstein und Niedersachsen beginnen und uns dann langsam nach Süden vorarbeiten.« Oetker nennt Radeberger »eine Erbschaft mit hohen Chancen, aber keineswegs geringen Risiken«. Recht flott schäumte es 1991 übrigens auch bei der Berliner Kindl-Brauerei, die zusammen mit der Brauerei Potsdam 1,5 Millionen Hektoliter absetzte – genau doppelt soviel wie 1989. In der Oetker-Familie befindet sich auch die nordsächsische Ur-Krostitzer Brauerei, »die in der Gastronomie tüchtig verkauft hat, aber deren Handelsabsatz noch verbesserungsfähig ist«.

Was hält der Unternehmer von der wohlfeilen Forderung, der Aufschwung Ost bedürfe lediglich weiterer Überweisungen? Geld sei, so entgegnet Oetker, keineswegs das Kernproblem. Die Gretchenfrage sei dagegen, wem man das Geld in die Hand drückt und wer das Richtige damit macht. Die Schwierigkeiten beginnen mit der Kapazität der Bauwirtschaft und enden mit den langen Planungszyklen. Die können ihre Kapazitäten nicht von heute auf morgen aufstocken.

Sind wir bei der deutschen Wirtschaftseinheit zu ungeduldig? »Ja«, meint er. »Aber wir sind auch zu ungeduldig gemacht worden, weil anfangs alles machbar schien.« Die Politiker hätten dies wissen müssen.

Über das Auseinanderdriften von Stimmung und Lage in den neuen Bundesländern macht er sich so seine Sorgen. »Wenn die Menschen zuversichtlich sind, führt das zu entsprechenden Aktivitäten, wobei es keine Rolle spielt, ob die gute Stimmung objektiv berechtigt ist oder nur subjektiv empfunden wird. Zwischen Stimmung und Lage gibt es eine feste Korrelation.« Deswegen sei es besonders wichtig, daß etwas passiert, daß Grundsteine gelegt, erste Spatenstiche getan und Gebäude angestrichen werden.

August Oetker

Geburtsjahrgang: 1944

1963	Ausbildung: Abitur, Schule Schloß Salem
1965	Ausbildung zum Reederei-Kaufmann bei Knoehr & Burchardt, Hamburg
1966	Tätigkeit bei verschiedenen Reedereien und Agenturen im In- und Ausland
1968	Studium der Betriebswirtschaftslehre in Hamburg und Münster
1972	Diplom-Kaufmann

Wichtige berufliche Stationen:

1972	Übernahme verschiedener Aufgaben in der Oetker-Gruppe
1975	Managing Partner der Fa. Nautconsult Shipping Co. Ltd., London
1977	Associate bei der Fa. Lehman Brothers Kuhn Loeb, Inc., New York
1978	Leiter verschiedener strategischer Projektgruppen der Oetker-Gruppe in den USA
1979	Geschäftsführender Gesellschafter der DIBONA Markenvertrieb KG, Ettlingen
seit 1981	Persönlich haftender Gesellschafter der Fa. Dr. August Oetker, Bielefeld (= Holding der Oetker-Gruppe)
seit 1989	Vorsitzender der Geschäftsführungen Dr. August Oetker Nahrungsmittel KG und Oetker International

Woran liegt es, daß viele Unternehmer unfähig sind, ihre Anschubleistungen stimmungsfördernd an die Menschen zu bringen? »Da stehen wir uns manchmal selbst im Wege. Industrielle gelten als nüchtern und sachlich, die Emotion ist ihnen fremd. Und in unserem Hause neigen wir nie zur großen Geste. Hier herrscht das alte preußische Prinzip: Weniger ist mehr.« Da könne man gewiß mehr tun, aber Oetker erinnert sich an ein Gegenbeispiel: »Als wir in der DDR in die Medien gehen wollten, um unsere Ziele darzustellen, haben uns betriebsinterne Experten davor gewarnt. Damit lösten wir eine Erwartungshaltung aus, die am nächsten Tag am Ladenregal nicht erfüllt werden könne.«

Kein Durchlauferhitzer für Osteuropa

Wirtschaftspolitisch etwas anzuschieben kann mit unterschiedlichen Mitteln erreicht werden. Oetker erinnert an ein probates Erfolgsrezept nach dem Zweiten Weltkrieg: die Abschreibungsvarianten nach einem Paragraphen des Einkommensteuergesetzes (was Backin für den Kuchen, war der Paragraph 7 c für den Aufbau der Oetker-Flotte). Die Sonderabschreibungen nützten aber nur jenen Betrieben, die Gewinne machten. Existenzgründer mit einer längeren Durststrecke von Verlusten gehen bei dieser Förderung leer aus. Sie brauchten Investitionszuschüsse. Abschreibungsvergünstigungen hätten noch die unerwünschte Nebenwirkung, daß die Westunternehmen, die daraus den (gewollten) Nutzen zögen, als Profiteure gebrandmarkt würden.

Würde denn das Bankhaus Lampe (ein Institut der Oetker-Gruppe) leichtfüßiger Kredite für Existenzgründer vergeben? »Wahrscheinlich zögert es genauso wie die anderen Banken. Aber wir müssen bei der Beurteilung der wirtschaftlichen Leistungsfähigkeit etwas mehr Risikobewußtsein an den Tag legen. Erstaunlicherweise finanzieren deutsche Bankiers Engagements in Südamerika, Togo oder Indonesien und gehen Wagnisse ein, die größer sind als in den neuen Bundesländern. Wir sollten uns wieder an die echte Wagnisfinanzierung erinnern. Es gibt sie auch zu Hause«, empfiehlt der Unternehmer.

Von der Vision, die neuen Bundesländer seien ein Durchlauferhitzer für Ost-Engagements, hält August Oetker nichts. Für ihn gilt zunächst das deutsche Thema, im zweiten Schritt das völlig andere in Ländern wie Polen, Ungarn und der Tschechoslowakei, Rußland sei wiederum anders gelagert. Das hinge vom volkswirtschaftlichen Reifestadium dieser Regionen ab und davon, wie schnell sie sich zur Europäischen Gemeinschaft orientieren. »Wir glauben nicht, daß wir in den neuen Bundesländern investieren sollten, um dann weiter nach Osten liefern zu können. Sondern wir setzen auf das deutsche Thema, und unabhängig davon glauben wir an polnische, ungarische und andere Chancen.« In Danzig hat Oetker gerade ein ihm früher gehörendes ehemaliges Unternehmen zurückgekauft. »Mit 51 Prozent übrigens, einschließlich Grund und Boden«, bemerkt er stolz. Das gleiche werde in Ungarn geschehen und in der ČSFR. Rußland ist ein noch viel größeres, unübersichtliches Problem. Aber auch da sei Ostdeutschland kein Brückenkopf, ausgenommen die betrieblichen und sprachlichen Kontakte, die man nutzen könne. Wer jedoch

FIRMENPORTRAIT

Die Oetker-Gruppe gehört zu den großen Familienunternehmen in Deutschland. Alle Gesellschafteranteile liegen bei der Familie, die mit August Oetker, als einem der persönlich haftenden Gesellschafter der Firmenholding, aktiv die Geschäftspolitik bestimmt.
Charakteristisch für die Unternehmensgruppe ist die Diversifikationsstrategie. Durch Betätigung in verschiedenen Branchen findet ein Risikoausgleich statt. In Bielefeld »legt man nicht gern alle Eier in einen Korb«. Strategische Felder sind die Geschäftsbereiche Nahrungsmittel, Bier, Sekt mit Wein und Spirituosen, Schiffahrt und Finanzdienstleistung. Die Oetker-Gruppe nahm über die Jahre eine kontinuierliche Aufwärtsentwicklung, die durch Wachstum und Akquisitionen in den letzten Jahren an Tempo zunahm. 1991 dürften die Netto-Umsätze der Gruppe (ohne Banken und Versicherungen) die Sieben-Milliarden-DM-Schwelle erreicht haben.

auf die alten Bonzen setze, werde sich täuschen. »Die alte Nomenklatura hat jeden Wert verloren.«
Für Tochtergesellschaften in Osteuropa kommen Westmanager kaum in Frage, denn »erstens sind sie nicht besonders mobil, und praktisch haben sie keine örtlichen Vorkenntnisse«. Warum hat sich Oetker am eleganten Newskij Prospekt in St. Petersburg niedergelassen? Das sei nur ein Miniobjekt mit Investitionen von 600 000 Mark, »aber es läuft glänzend«. Das russische Partnerunternehmen backe allerlei, unter anderm auch etwas, das in der einstigen Sowjetunion knapp zu werden droht: Brot. Diese Petersburger Bäcker versorgten die gesamte Region mit Brot. Da werde in der Zusammenarbeit sicherlich noch einiges folgen, vermutet er.

Unternehmer-Entscheidung aus dem Bauch

Familienunternehmen pflegen stärker als anonyme Aktiengesellschaften in Generationen zu denken. Bei Oetker ist dies Pflicht. »Die Generation meines Vaters hatte die unglaubliche Chance, Deutschland nach dem Kriege aufzubauen und es in den Westen zu integrieren. Die Chance meiner Generation liegt vielleicht darin, eines Tages das gleiche für Mittel- und Osteuropa in Bewegung zu bringen. Das ist ein erregendes Motiv für mich. Denn im Westen ist der Markt verteilt. Hier ist es unglaublich teuer, sich auf etablierten Positionen noch auszuweiten. Im Osten dagegen sind die Märkte völlig offen. Da können wir nicht darauf warten, bis alles geklärt ist, denn dann wären die Märkte auch dort besetzt. In dieser unklaren Situation muß ein Unternehmer oft aus dem Bauch heraus entscheiden.«

1991 feierte die Firma das hundertjährige Jubiläum ihres legendären Backpulvers. Kann er sich vorstellen, daß im Jahr 2091 auf hundert Jahre eines neuen Abschnitts in der Firmengeschichte zurückgeblickt wird? »Das könnte ich mir vorstellen und ich hoffe es. An dieser 200-Jahr-Feier könnten dann vielleicht manche sagen, was für eine tolle Zeit dies gewesen sei, als man nach Osten ging.« Es folgt ein Nachsatz: »Aber es könnte auch sein, daß man dabei eine Kleinigkeit übersehen hat und das Unternehmen nicht mehr Oetker gehört.« Dieses Risiko markiere die Grenze der Herausforderung eines Familienunternehmens. »Ich kann mich nicht darauf einlassen zu sagen, jetzt gehen wir mal richtig in die vollen. Trotz aller unglaublichen Chancen – man muß auch nein sagen können.« Ja, aufregende Zeiten seien das schon. Mit viel positivem Streß. Aber überrascht ist August Oetker immer noch, wenn er die »Puddingmeise«, das Firmenflugzeug, besteigt – und problemlos nach Danzig fliegen kann.

KLAUS PILTZ

Erst aus der klaren Perspektive wächst die Motivation

Ein Premierentag im Leben des Veba-Chefs Klaus Piltz – Truppenbesuch per Hubschrauber in Schwedt an der Oder

Sechs Uhr vierzig – Sicherheitsschleuse am Düsseldorfer Flughafen. Der Röntgenblick der Grenzer ist noch etwas müde, aber Klaus Piltz begrüßt die kleine Truppe seiner Mitreisenden mit aufmunterndem Lachen. Für den Veba-Chef ist dieser 18. September eine Premiere: Er wird erstmals die jüngste – und problematischste – Konzernbeteiligung besichtigen, die Erdölraffinerie PCK AG Schwedt am deutschen Schicksals- und Grenzfluß Oder.
Auf die Frage, wie oft er sich auf derartige Inspektionen begebe,

meint Piltz: »Nicht so oft, Sie wissen, die Arbeit am Schreibtisch...« Mit von der Partie, deren Tagesprogramm drei eng beschriebene Seiten umfaßt, sind Hubert Heneka, Vorstandskollege und Chef der Veba Oel, und Henrich Wilckens, dessen Funktion als Leiter des Vorstandsbüros unzureichend umschrieben wäre. Reisemarschall Wilckens ist einer jener aufstiegsorientierten »jungen Leute«, wie sie in den industriellen Beletagen zu finden sind: Der Chef weiß alles, sein Büroleiter weiß manches besser. Er hat Daten und Namen im Kopf (und zwar komplett), warnt vor protokollarischen Pannen, feilt an Reden – und ist, wie sich im Verlauf der Tagesinspektion zeigen sollte, eine Art industrieller Thomas Gottschalk. Neben dem neugierigen Chronisten fliegt der Journalistenkollege Christopher Parkes von der »Financial Times« mit. Ihn hat es frisch aus dem Vereinigten Königreich in eine frisch vereinigte Republik verschlagen.

7.10 Uhr – Der Kapitän des Lufthansa-Fluges 6100 nach Berlin gibt ohne jede schamhafte Regung eine Verspätung von vierzig Minuten bekannt. Ein Seufzer wispert durch die Reihen. Tagesprogramme werden gedanklich gestreckt, Entschuldigungen erdacht, Termine gekippt. »Seit der Einheit kann man sich auf nichts mehr verlassen«, meint Ölboß Heneka und fügt an, »ausgenommen auf den eigenen Verstand.«

Die durch Fluglotsen-Bummelei oder andere LH-Ausreden erzwungene Muße wird zu einem Blick auf die Landkarte genutzt. Die der neuen Bundesländer hat offensichtlich Masern: überall kleine und größere Punkte, alles Standorte der Veba und ihrer Töchter. Der Multi macht vieles – unter anderem einen Umsatz von rund sechzig Milliarden Mark im Jahr –, investierte 1990 4,7 Milliarden Mark und beschäftigt 116500 Menschen in aller Welt.

Heneka (»Ich war schon zehnmal in Schwedt«) plaudert über die Probleme in der Ex-DDR. Man habe die Belegschaft von acht- auf fünftausend abgebaut. Maler, Tischler, Krankenpflegepersonal, Bäcker und viele andere wurden ausgegliedert, was heißt: auf eigene gewerbliche Beine gestellt. Im Kernbereich des Raffinerie-Komplexes gebe es dagegen nur »unwesentlich mehr Mitarbeiter als bei uns«.

8.00 Uhr – LH 6100 hebt endlich ab. »Nicht nur hier im Flugzeug warten die Menschen darauf, daß es endlich losgeht – auch in den neuen Bundesländern«, meint Piltz. Er sitzt im Verwaltungsrat der Treuhand, könnte wohl manches erzählen. Tut es aber nicht. Überraschend seine Feststellung »daß das Chemiedreieck um Halle durchaus eine Zukunft haben kann«. Schließlich gebe es nicht mehr viele Chemiestandorte in Europa. Hier spricht der Umweltschützer, der sich mit der täglichen Kritik der Porentiefen herumzuschlagen hat.

8.30 Uhr – Das kleine Plastikfrühstück wird gereicht. »Unser größtes Problem ist die Ungeduld. Mit der schnellen Angleichung der Löhne kaufen wir uns Zeit. Der Rückstand der Ostlöhne wird sehr schnell aufgeholt, die Industrie wird deshalb noch mehr unter Druck kommen.« Aber Piltz hat auch Trost, wenngleich doppeldeutigen: »Die Last der Einheit war nicht zu vermeiden. Sie wäre auch dann auf die Westdeutschen zugekommen, wenn die DDR noch fortbestanden und einige Jahre später zusammengebrochen wäre«, meint er. Die Politik, bescheinigt er ihr nebenbei, habe die Einheit »sehr beherzt« gemanagt.

9.00 Uhr – Landung in Berlin-Tegel. Wir hätten jetzt schon längst in Schwedt sein müssen. Ein Kombi holt uns ab und kurvt die kleine Truppe zum Hubschrauberlandeplatz. Piltz stimmt uns noch schnell auf die Altlastproblematik ein: »Das ist zwar sehr schwierig, aber nicht die Hauptsorge. Im Grunde ist es ganz einfach: Altlasten müssen erstens beziffert werden – was sicher schwierig ist –, dann muß man sie vom Kaufpreis des Unternehmens abziehen. Die Eigenbeteiligung, im Falle Schwedt zehn Prozent zu Lasten der Veba, ist ein Anreiz für uns, klar Schiff zu machen.« Die hysterische Reaktion der Öffentlichkeit hält er für übertrieben.

9.15 Uhr – Die Herren Schröder (Kapitän) und Roespel (Co-Pilot) in schmucker Wiking-Uniform begrüßen uns an einer Sikorsky S 76 Executive. Drei Minuten später zieht der »Schrapp-schrapp« mit der Kennung D-HOSD steil nach oben. Das grüne Berlin. Wandlitz, Oder-Havel-Kanal, Eberswalde. Trotz tief hängender Wolken: ein zauberhaftes Land, dieses Deutschland. Die idyllischen Seen der Uckermark. »Dort ist die Schorfheide, Sie wissen ja, Honis Jagdrevier«, erläutert der promovierte Reisemarschall Wilckens.

9.50 Uhr – Der Helikopter sinkt auf das Werksgelände von Schwedt nieder. Der Begrüßungsdelegation flattern die Krawatten, Frisuren und die Hosenbeine, nicht aber die Mienen. Angetreten sind: der PCK-Vorstand mit den Herren Hans-Otto Gerlach, Claus Götze, Hans Joachim Knust, Rudolf Kotzulla, der stellvertretende Aufsichtsratsvorsitzende Jürgen Wingefeld, der Betriebsratsvorsitzende Karl-Heinz Schwellnus. In der übrigen Entourage fällt die Fotografin auf: Sie knipst für die Betriebszeitschrift. Der erste Besuch des obersten Bosses aus dem fernen Düsseldorf will festgehalten sein. Die Begrüßung freundlich, betont salopp, manches Flackern im Blick ist auszumachen.

10.00 Uhr – Besichtigung der Anlagen im Schnelldurchgang. Piltz geht mit dem Vorstand in Kurzklausur. Schon aus der Luft war zu erkennen: Mancher Kessel und manches Röhrenungetüm wird durch Rost zusammengehalten (es sei denn, es ist aus »Plaste und Elaste«). Dazwischen auch viel modernes Gerät. Equipment aus Japan, ein Fahrstuhl von Krupp, viele Maschinen aus dem, wie es früher hieß, nichtsozialistischen Ausland. »Sie wundern sich vielleicht, warum die Anlagen so weit auseinandergezogen sind. Das hatte strategische Gründe.« Ach so ja, wenn der Klassenfeind mit Bomben angegriffen hätte, konnte er mit einer Welle nicht alles zerschlagen. Darauf muß man erst mal kommen! Aber bei der DDR hatte es sich schließlich um die größte DDR der Welt gehandelt. Ein derart rekordverdächtiges Gebilde ist eben anfällig gegen Neider und Feinde.

Schon aus der Luft – die polnischen Wälder jenseits der Oder sind zum Greifen nahe – hatte Piltz das Spargelfeld von Schornsteinen mit, nun sagen wir, interessierter Gelassenheit beobachtet. Auf die Frage »Wie sind Ihre Empfindungen bei diesem Premierenblick?« antwortet der Veba-Chef knapp: »Im Verhältnis zu Leuna ganz ordentlich.« Überschwang ist nicht festzustellen. Auch hier wieder das Thema Altlasten: »Rings um die Raffinerie haben wir Probebohrungen niedergebracht, um die Schäden festzustellen. Aber es wird immer schwieriger werden festzustellen, was eine alte Altlast und was eine neue Altlast ist.«

10.30 Uhr – Die Vorstandsmitglieder in gemischt ost-westlicher Besetzung geben »den Herren aus Düsseldorf« einen Überblick über die Probleme dieses schwierigen Standorts. Pipeline, Petrochemie, Durchsatz, Paraffine, Hydrocracker, Kondensationsturbine und allerlei Fachausdrücke gehen über den Tisch. Auch von den alten Ölmengen der SU ist die Rede – gemeint ist die ehemalige Sowjetunion: Wer diesen Lieferanten als UdSSR bezeichnet, ist aus den alten Bundesländern, in Schwedt heißt er noch »SU«.

»Die Kapazitäten sind schon komplett durchsaniert«, wird betont. Früher mußten Produkte wie Benzin per Pipeline zur Minol nach Berlin geschickt werden, um dann per Lastkraftwagen wieder nach Schwedt zu kommen. Ein neuer Terminal soll unrentable Transporte von Flüssigem überflüssig machen. Ein wenig stolz sind die Herren, »daß hier noch keine betriebliche Kündigung ausgesprochen wurde«. Zwar sei die Belegschaft von 8650 Mitarbeitern im Jahre 1990

auf jetzt 4820 verringert worden, dies aber durch Ausgründungen, Vorruhestand und normale Fluktuation.
10.40 Uhr – Hans-Otto Gerlach, Vorstandssprecher der PCK, gibt einen knappen Überblick, schildert die Investitionen: In den Jahren 1992 bis 1996 sollen es 1,6 Milliarden Mark sein, davon rund dreißig Prozent für den Umweltschutz, insbesondere auch zur Behebung der Altlasten, weitere vierzig Prozent für das Angleichen der Kapazitäten an moderne Standards. Der Höhepunkt dieses Prozesses werde 1994 sein. Claus Götze nennt auch die Belegschaftszahl von Ende 1993: nur noch rund 2600 Mitarbeiter.
1537 Mitarbeiter haben außerhalb des ehemaligen Kombinats einen Arbeitsplatz gefunden (mit Hilfe der PCK), 1015 glitten in den Vorruhestand, 875 schieden mit Abfindung aus. Durchschnittsalter der Verbliebenen: 37,3 Jahre, wobei die Produktionsarbeiter mit 35 Jahren jünger sind als das Verwaltungspersonal (Durchschnittsalter 40 Jahre). Insgesamt ist die Belegschaft »überqualifiziert« gegenüber dem Westen: 27 Prozent besitzen Hoch- oder Fachschulausbildung, 63 Prozent sind Facharbeiter, 6 Prozent Meister und nur 3 Prozent Angelernte. Der Rationalisierungsprozeß birgt die Gefahr einer negativen Personalauslese. Auf das Lohngefälle angesprochen, wird entgegnet: »Derzeit bezahlen wir das gleiche Geld wie im Westen – nur für mehr Köpfe.«
11.10 Uhr – Firmenwagen (ohne Stern, aber gediegene Mittelklasse) befördern uns in die Berliner Allee 44. Eröffnung einer neuen Aral-Tankstelle. Zuvor noch rasch die Frage an den Betriebsratsvorsitzenden, wie denn die Stimmung im Werk sei. »Gedrückt, manchmal sogar explosiv«, meint er, »aber die Leute spüren, daß sie einen starken Partner im Rücken haben.« Sie bekommen von den »neuen Chefs« (neben der Veba ist auch die DEA mit 37,5 Prozent beteiligt, während 25 Prozent von dem Trio Agip, Total und Elf übernommen wurden) etwas, was in volkseigenen Zeiten rar war: eine Perspektive.
Der Chronist ist ein wenig verlegen, als er die Frage stellt, wie man in Schwedt mit dem Problem der alten SED-Bonzen fertig werde. Die Antwort fällt knapp aus. Das werde »von innen«, also von den Belegschaften gelöst. Die Männer an der Spitze hätten sich der Belegschaft in einer geheimen Vertrauensabstimmung gestellt. Nur die Tatsache, daß jemand SED-Mitglied gewesen sei, reiche nicht aus, ihn abzulösen.
11.20 Uhr – Das Ehepaar Carola und Gerd Genzmer ist stolz. Sie

sind Pächter der nagelneuen Aral-Tankstelle an der Berliner Straße, Arbeitgeber für zwanzig Beschäftigte. Volksfeststimmung mit Bratwürsten, Luftballons, Cola und Sekt. Man freut sich, nicht mehr von der alten Minol abhängig zu sein. Es riecht nach Kirmes statt nach Benzin. »Ich hätte gern mehrere dieser Anlässe«, meint der Bürgermeister. Stolz sind auch die Planer: Das Baugenehmigungsverfahren habe nur ein Jahr gedauert (»In Berlin dauert es drei Jahre«), und zwischen dem ersten Spatenstich und der Eröffnung seien nur dreizehn Wochen vergangen. Der Shop in der Tankstelle bietet das volle Westangebot, vom Keilriemen bis zur Scheinwerferbirne – aber auch zwei Sorten Champagner. Hundert Meter weiter werden wohl auch DEA und Agip eine Station bauen.
12.00 Uhr – Rückfahrt zur PCK, Umstieg in den Hubschrauber. Es geht nach Frankfurt an der Oder. Landung auf dem Sportplatz Mittelweg/Am Schlachthof. Orts- und Themenwechsel, denn jetzt geht es um Energieversorgung, Heizsysteme und Kraftwerke. Die Fernheizversorgung ist zu sanieren. Ob Gas herangeführt werde, könne man heute noch nicht entscheiden. Die Gemeinden hätten zu befinden, ob die Sanierungen sich lohnten.
Das Wetter hat aufgeklart. Der Blick auf die Windungen der Oder und ihre grünen Ufer lohnt sich. Während des Fluges gibt Piltz einige Stichworte. Die alten Schmutzanlagen würden abgeschaltet und in der Zwischenphase durch Westimporte überbrückt. Voraussetzung sei die Realisierung des Stromverbundes. Es werde wohl zehn Jahre dauern, bis Nachrüstung, Abriß und Neubau abgewickelt seien. »Eine Kernfrage dabei ist, wie schnell die Braunkohle zurückgeführt werden kann. Vermutlich um nicht mehr als die Hälfte bis Ende der neunziger Jahre.« Noch in der Luft wird Piltz von seinem Reisemarschall daran erinnert, daß einer der zu begrüßenden Herren »nicht nur Doktor, sondern auch Professor ist«.
12.30 Uhr – Ob dieser Sportplatz, auf dem wir einschweben, schon öfter derart komfortable Sikorsky-Hubschrauber gesehen hat, ist ungewiß. Aber Autos der Oder-Spree Energieversorgungs AG (OSE) stehen bereit. Fahrt in den Norden der Stadt, wo es die Grundsteinlegung eines neuen Spitzenheizwerks gediegen zu feiern gilt. Auftragswert rund vierzig Millionen Mark, achtzig Prozent der zuzuliefernden Bauleistungen verbleiben in dieser Region, um dem örtlichen Gewerbe Starthilfe zu geben. Die OSE gehört zwar noch der Treuhand, aber die Veba-Tochter PreussenElektra macht sich »berechtigte« Hoffnungen auf den Erwerb.

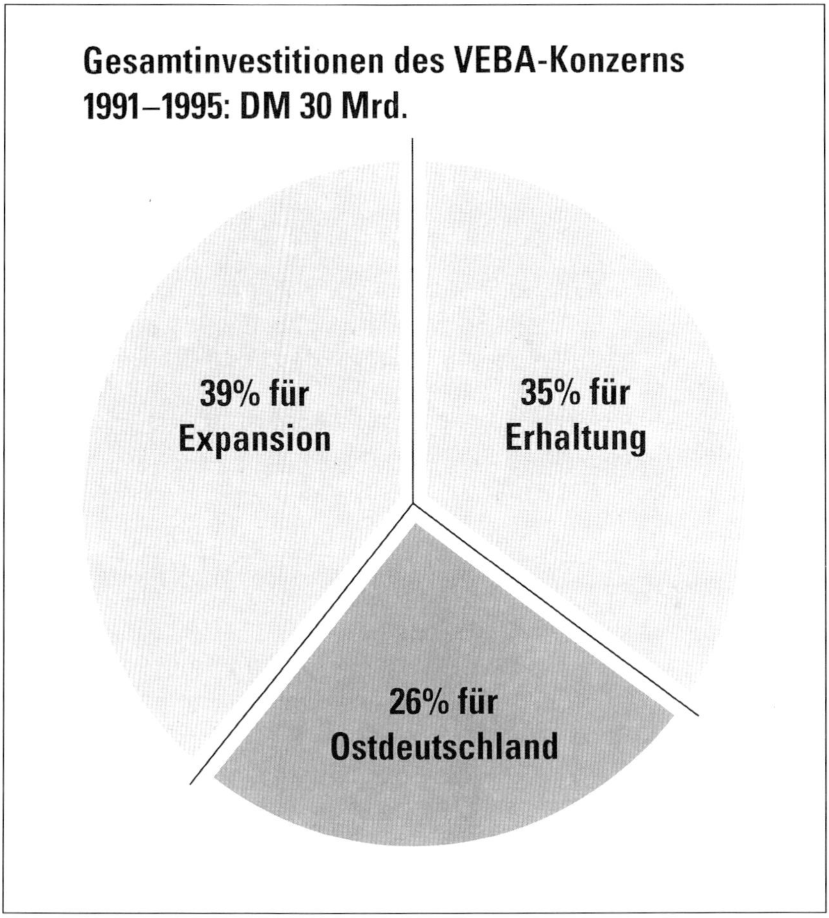

12.40 Uhr – Kurze Festreden an der riesigen Baugrube des Heizwerkes. Nach dem Bürgermeister – auch er hätte gern mehrere dieser Anlässe – umreißt Piltz in wenigen Worten das Projekt. Er legt sein vorbereitetes Manuskript zur Seite und spricht davon, daß man gegenseitig Vertrauen schaffen muß, »was nicht ohne Mißverständnisse ablaufen kann«. Die Veba habe »Veständnis dafür, daß die Gemeinden ihre neuen Freiheiten wahrnehmen«. Er verstehe sich nicht als Goldgräber aus dem Wessi-Land. »Die schnelle Mark ist hier nicht zu machen, aber wir freuen uns auf neue Aufgaben.« Er bat zu bedenken, daß man die Energieversorgung sehr langfristig planen müsse, was eine große Finanzkraft erfordere. »Sie geben uns die Chance, und uns macht es Freude«, meint Piltz.

Nachdem der Polier die traditionellen Hammerschläge getan und seinen gereimten Richtspruch aufgesagt hat, begibt man sich in ein Festzelt. Ein kleiner, deftiger Imbiß ist angesagt. Techniker, Ingenieure, Belegschaft und einige örtliche Journalisten lassen sich auf Holzbänken Wurstbrote und Bier schmecken. Gesprochen wird über Themen, die im festlichen Teil nur angedeutet wurden: über die Furcht des Oberbürgermeisters, »ob unsere Bürger in diesem Winter eine warme Wohnung haben werden oder nicht«. Daß in sibirischen Wintern das bisherige Uralt-Kraftwerk bis an die Bruchgrenze gefahren wurde – wie die meisten in der alten DDR. Fachgespräche über Kraft-Wärme-Kopplung, über mögliche Kooperationen mit US-Firmen, über die Frage, wie rasch man sich von der Braunkohle als Energieträger trennen kann und muß, und wie wichtig eine funktionierende Infrastruktur (Fernwärmenetz) ist.
14.00 Uhr – Weiterfahrt zum Spitzkrug Center in Frankfurt/Oder, wo es eine besonders emsige Veba-Tochter in Augenschein zu nehmen gilt: einen von vielen Stinnes Baumärkten. Es sollen künftig 25 in den neuen Bundesländern sein. Zwischen Eckbadewannen und Bohrmaschinen wird der »oberste Boß« von einer munteren Truppe mit dem Stinnes-Vorstandsmitglied Norbert Ring als Anführer empfangen. Wo liegen die Schwerpunkte Ihres Angebots und wieviel Ostwaren sind in den Regalen? will Piltz wissen. Aus den Antworten ergibt sich eine national tröstende Antwort: Der deutsche Heimwerker ist längst vereinigt, wenngleich der östliche vieles nachzuholen hat, was im Westen schon längst Alltagsnorm ist. »Am 2. April hatten wir hier kein Dach über dem Kopf, am 26. April hat bereits der Verkauf begonnen«, sagt der Marktmanager stolz. Die Stinnes-Leute erklären ihre Standortplanung, verschweigen ihre Investitions- und Bauprobleme nicht. Auf die Frage »Wie ist Ihre Marktdurchdringung hier in Frankfurt?« erhält der Veba-Chef die kühle Antwort: »Besser als im Westen.« Begründung: »Weil es hier noch weniger Wettbewerber gibt.« Will heißen: Es existierte weder ein Fach- noch ein Baustoffhandel.
Von den vierzig Mitarbeitern – zwei Lehrlinge inklusive – haben die meisten ein Handwerk gelernt. Fliesenleger, Maurer, Gärtner. Auch die Führungspositionen sind nach einer Blitzschulung mit »Ossis« besetzt worden. Der Eindruck, daß hier eine hochmotivierte Mannschaft am Werkeln ist, fällt ins Auge. Der Marketingspruch, daß nur gutgelaunte Verkäufer gutgelaunte Kunden bewirken, scheint hier Realität. »Wenn ick daran denke, wie die Westberliner hier denken,

hätten wir det hier nich durchjezogen«, meint Stinnes-Mann Bernd Bückner. 50 bis 60 weitere Standortmöglichkeiten seien in Prüfung. Daß der konsumnahe Handel bundesweit wirtschaftliche Fahrt aufgenommen hat, will man gern glauben.

14.50 Uhr – Rückfahrt zum Landeplatz und ein halbstündiger Weiterflug von Frankfurt nach Bernau am Rande des Großraums Berlin. Ziel: das Werk Bernau der Hüls Troisdorf AG (HT), einstmals Elektrolaminate GmbH. Via Treuhand am 25. Januar 1991 erworben. Auch während des Fluges läßt Piltz die Energiepolitik nicht los: »Wir waren die ersten, die die deutsche Energieeinheit gefördert haben. Und dann sind andere auf den fahrenden Zug aufgesprungen. Dolle Sachen sind da passiert. Wenn das Bundeskartellamt Konkurrenten zu Konsortien zusammenspannt – entsteht da mehr Wettbewerb?«

Das HT-Werk in Bernau macht einen modernen Eindruck. Laminate (Schichtpreßstoffe) mit Kupferauflage sind die Basis für gedruckte Elektronik-Schaltungen, ohne die keine HiFi-Anlage dröhnt. Gebraucht werden die Platten auch für die Elektrotechnik und den Maschinenbau. Der Standard ist weitgehend westlich, die Zahl der Beschäftigten leider nicht. Einst fanden hier 1500 Menschen eine Beschäftigung. Von der Treuhand übernahm HT noch 517 Leute, davon 39 Lehrlinge (die nur im Wessi-Land Azubis heißen). Derzeit sind es noch 342 Beschäftigte. Investitionen von 20 Millionen Mark sind vorgesehen. Der Kaufpreis wird nicht verraten, dürfte aber aufgrund der zahlreichen Sanierungsaufgaben relativ niedrig gewesen sein.

Auch im Umweltschutz ist dieser Betrieb tätig. Er erhofft sich von der dringend nötigen Kanalsanierung viele Aufträge. Zur Bevölkerung bestehe, wie der Betriebsrat sagt, »eine angespannte Situation«. Sie hängt mit der Geruchsbelästigung (Phenolharze) zusammen. Im Sozialismus mußte man sie hinnehmen, heute darf man gegen sie protestieren. Und tut es vehement (obgleich die Anlagen schon sauberer wurden). Daß ausgerechnet die SED-Nachfolge-Partei PDS heute den Protest anführt und Stillegung fordert, empfinden Beschäftigte als »Treppenwitz«. Schließlich ist das Werk der einzige größere Steuerzahler des Kreises Bernau, in dem die Arbeitslosigkeit 18 Prozent beträgt. Der »Break-even«, das Ökonomen-Kürzel für die Gewinnschwelle, »wird 1992 erwartet«.

16.30 Uhr – Ein Viertelstundenhüpfer von Bernau nach Berlin, exakter: Dahlwitz-Hoppegarten (ja, genau: die traditionsreiche Galopprennbahn). Landeplatz ist das Werksgelände der NordChem Brenntag-Venoc Chemievertrieb GmbH. Piltz weist aus dem Hubschrauber-Fenster: »Sehen Sie dort: Wir fliegen über die russischen Kasernen. Das hätte ich mir vor zwei Jahren auch nicht träumen lassen.« Der Helikopter geht neben riesigen Tanks nieder, in denen chemische Unaussprechlichkeiten gelagert werden. Säuren, Laugen, Trichlorethylen, Perchlorethylen, Methylenchlorid, Formaldehyd, Aceton. Zum Trost: Auch destilliertes Wasser kann hergestellt werden.

Die Brenntag bezeichnet ihre Lager als Puffer zwischen den kontinuierlichen Großproduktionen der chemischen Industrie und dem diskontinuierlichen Kleinbedarf einer vieltausendfachen Kundschaft in der gewerblichen Wirtschaft. 3000 Tonnen werden im Jahr umgeschlagen, aber 20000 Tonnen könnten es sein. Um die Auslastung zu erhöhen, ist zusammen mit der Hamburger Firma Biesterfeld eine gemeinsame Umschlaggesellschaft gegründet worden. Aber Gewinne habe man in allen Joint-ventures in den fünf neuen Bundesländern von Anfang an gemacht. Derzeit wird das Lager saniert. In zwei bis drei Jahren soll westlicher Sicherheitsstandard erreicht sein. Belegschaft: rund 100 Menschen.

Als Piltz von den leitenden Herren zur Kurzkonferenz geladen wird, schaut er sofort nach der Herkunft des Sprudels auf den Tischen und fügt hinzu: »Dieses Mineralwasser kommt zwar aus Bielefeld, aber bei der Treuhand trinken wir nur ›neue Bundesländer‹.« Die Brenntag knüpft Verbindungen quer durch die neuen Bundesländer. Ein schwieriger Kampf um neue Kunden, berichtet Vorstandsmitglied Ernst Luttmann. »Noch vor der Währungsunion hat ein Kunde 30 Fässer in den weiß-grünen Landesfarben (Sachsen) haben wollen. Er hat sie bekommen – und wir einen guten Kunden.«

17.45 Uhr – Der Hubschrauber hebt in Hoppegarten mit dem Ziel Airport Berlin-Tegel ab. Aus der Luft nochmals das verblüffend grüne Berlin, freilich verschandelt durch die Hochhaus-Platinen des Sozialismus. Die Plattenbauten schauen aus wie Baustellen, die noch nicht geräumt sind. Wohnwaben ohne Städtebau. In der Ferne kommt der Alexanderplatz mit dem Fernsehturm in Sicht, den man einst »Ulbrichts Renommierspargel« nannte. Spreebogen mit Reichstag, Objekt des Mißtrauens für eingefleischte Bonner. Aber auch aus der Luft: Impressionen einer Metropole.

18.10 Uhr – Händedruck für die beiden Hubschrauberpiloten. Einchecken für Air France 1786 nach Düsseldorf. Die Damen vom Bodendienst haben sichtlich Mühe, die Passagiere auf die vorgesehenen Plätze zu buchen. Nur ihr charmanter französischer Akzent

Petrolchemie und Kraftstoffe Aktiengesellschaft Schwedt

macht die viertelstündige, teilweise komische Diskussion erträglich. Auch das verhindert den Abflug nicht.
Der Rückflug – Gelegenheit zum Rückblick auf einen prall gefüllten Tag. Klaus Piltz verwendet, sagt er, zwei bis drei Arbeitstage im Monat auf seine Arbeit bei der Treuhand. Die Probleme der neuen Bundesländer haben anfangs ein Drittel seiner Veba-Arbeit bestimmt, heute nur noch ein Viertel. Kann er sich ein Silicon Valley – besser: Saxonia Valley – in der einstigen DDR vorstellen? Das sei Zukunftsmusik, weil die Infrastruktur noch fehle.
Ihn treibt die Energiepolitik um. Die Braunkohle muß reduziert, aber langfristig erhalten werden. Von Mitte der neunziger Jahre an stellt sich die »Kernfrage«, wieviel Kernkraft nötig sei oder durch was sie ersetzt werden soll; ohne Konsens läuft sie aus. Für den Veba-Konzern war es logisch, mit seinen inlandsorientierten Aktivitäten in den neuen Bundesländern eine gleiche Position wie in den alten aufzubauen. »Wir sind voll im Plan.«
»Schon unter der neu gewählten De-Maizière-Regierung hatten wir Gespräche und Interesse an Aktivitäten im Chemie- und Ölbereich. Ab November 1989 kümmerte sich die PreussenElektra um die regionalen Stromversorger.« Die Planung nennt Piltz relativ simpel und logisch. Veba wollte den neuen Markt versorgen, bei Strom und vor allem Mineralöl vor Ort beteiligt sein. Der Strombereich ist durch den Vertrag, der im letzten Jahr unterschrieben wurde, »vorschattiert«. Den schwelenden Rechtsstreit zwischen der Bundesrepublik und Kommunen vor dem Bundesverfassungsgericht muß man abwarten. »Es stimmt im übrigen nicht, daß sich die Stromversorger sperren, den Kommunen die Gründung von Stadtwerken zu ermöglichen«, meint er.
Der Vorwurf, man sei in Gutsherrenart über die neuen Deutschen gekommen, werde von den Ahnungslosen erhoben. »Wir sind nicht als Luftlandetruppe eingeflogen, sondern als Problemlöser gekommen.« Am einfachsten ging es für den Mischkonzern Veba dort, wo man Neues aufbauen konnte. Im Handels- und Dienstleistungsbereich war es unproblematisch. Bei großen Industriekomplexen – wie in Schwedt – ging es langsamer, hierfür muß man Verständnis haben. »Daß es viel schneller hätte gehen können und müssen, ist aus der Sicht der Politiker ein verständlicher Wunsch. Diese übersehen jedoch oft die Komplexität der Aufgabe.«
Der Veba-Vorsitzende nennt das emotionale Engagement »eine wichtige Antriebsfeder« für den Aufbau. Veba ist ja ein altes, vom

Klaus Piltz, geboren am 16. 10. 1935 in Stuttgart

1955–1962	Studium der Wirtschaftswissenschaften in München, Paris und Köln; Dipl.-Kfm./Dipl.-Volkswirt
1961	Eintritt in die VEBA AG
1972	Generalbevollmächtigter der VEBA AG
1975	Mitglied des Vorstandes der VEBA AG, zuständig für Finanzen, Rechnungs- und Berichtswesen
seit 9.11.1989	Vorsitzender des Vorstandes der VEBA AG Aufsichtsratsvorsitzender bei verschiedenen Konzerngesellschaften sowie bei der RUHRKOHLE AG
	Mitglied der Aufsichtsräte GERLING-KONZERN VERSICHERUNGS-BETEILIGUNGS-AG, HAPAG LLOYD AG, VICTORIA VERSICHERUNG AG
	Mitglied des Verwaltungsrates der DRESDNER BANK AG
	Mitglied des Verwaltungsrates der Treuhandanstalt
	Königlich Norwegischer Generalkonsul

Freistaat Preußen gegründetes Unternehmen. Die heutige Reise hat ihm die Faszination der Aufgabe bestätigt: in einem mühseligen Prozeß eine Wirtschaft neu aufbauen zu können. Dabei gibt es natürlich auch Rückschläge und Enttäuschungen. Aber: Die Motivation der neuen Veba-Mitarbeiter im Osten Deutschlands ist Folge der Klarheit der Verhältnisse. »Wenn wir oder auch andere Unternehmen uns irgendwo beteiligen, ist die Stimmung gut, teilweise sogar euphorisch, denn die Mannschaft weiß, wo es langgeht. In Unternehmen, die noch nicht wissen, wie es weitergeht, bleibt die Stimmung düster. Einen normalen Durchschnittsoptimismus gibt es nicht.«
Man überfordert die Treuhandanstalt, wenn man von ihr verlangt, daß sie Konzepte der unternehmerischen Entwicklung selbst einleitet. Die ständige Diskussion, die Treuhand solle sanieren statt priva-

tisieren, sei ein Scheingegensatz. Das Problem seien jene Unternehmen, die heute noch nicht privatisiert und deshalb unsicher über den unternehmerischen Markt sind. Auf die Frage, wann die neuen Bundesländer ein völlig normaler Markt seien, entgegnet Piltz bündig: »Sie sind es bereits.« Probleme haben vor allem jene, deren Geschäft mit ehemaligen Comecon-Ländern zusammengebrochen ist.
Die Brücken nach Osten »sind im Moment nicht sehr tragfähig«. Insofern wäre es unrealistisch zu glauben, daß die osteuropäischen Märkte kurzfristig wieder aufnahmefähig werden in einem Umfang, den sie im alten System kraft Arbeitsteilung und Comecon hatten. Da muß man noch neue Wege finden; ein schematisches Vorgehen ist nicht angebracht. Irreversible Fehler hätten wir Deutschen beim Wiedervereinigungsprozeß nicht gemacht. Es gilt Learning by doing.
»Wir müssen lernen, daß die Anstrengungen dieser Integration länger dauern, als vermutet wurde. Wir haben nie geglaubt, daß wir in diesen Produktionsbereichen, in denen wir tätig sind, schnell vorankommen. Im übrigen brauchen wir als Investor mindestens die Vorlaufzeit wie in der alten Bundesrepublik. Der Turn-around wird nicht in einem halben Jahr kommen, aber in zwei, drei Jahren richtig da sein.«
Aufschlußreich war für Piltz, daß sich beispielsweise in Bernau der Betriebsrat seine Gedanken über die nächste Tarifrunde macht. »Das ist das normale Leben. Und das ist gut so.« In das Gejammere über zu hohe Ostlöhne mag Piltz nicht einstimmen. »Wenn die westlichen Standards erreicht sind, dann entfallen die Gründe für nennenswerte Lohnunterschiede. Halten wir die Differenz zu lange aufrecht, ergibt sich eine negative Auslese.«
Als der Flieger auf Düsseldorf einschwenkt, kontert Piltz nochmals den Vorwurf, die Stromerzeuger hätten »sich drüben alles unter den Nagel reißen wollen«. »Der Vertrag, den wir abgeschlossen haben, hat genau jenen Teil offengelassen, bei dem dies hätte stattfinden können, nämlich die Bewertung. Von ›unter den Nagel reißen‹ kann man überhaupt nicht reden – es sei denn, man kritisiert generell, daß große, leistungsfähige Unternehmen sich hier engagieren. Sollte das kritikwürdig sein – okay, dann will ich die Kritik ertragen.«
19.50 Uhr – Ankunftshalle Düsseldorf. Der Reisemarschall des Vorstandsvorsitzenden der Veba AG stimmt seinen Chef schon auf den morgigen Tag ein. Ein Truppenbesuch mit Überraschungen? »Nein, überrascht war ich eigentlich nicht. Von vielem positiv beeindruckt, manches gibt mir Stoff zum Nachdenken. Aber morgen muß ich mich wieder um andere Aufgaben zu Hause kümmern.«

FIRMENPORTRAIT

Die VEBA-AG ist eine Holding mit Sitz in Düsseldorf. Ihre Gesellschaften sind in den Bereichen Strom, Chemie, Öl sowie Handel/Verkehr/Dienstleistungen tätig: PreussenElektra versorgt etwa 15 Mio. Einwohner in einem Gebiet, das rund ein Fünftel der Fläche der alten Bundesländer umfaßt. Zur Stromerzeugung werden überwiegend Steinkohle und Kernenergie eingesetzt. Die VEBA Kraftwerke Ruhr erzeugt Strom fast ausschließlich aus heimischer Steinkohle und ist einer der größten Abnehmer der Ruhrkohle. Der Strom wird an Versorgungsunternehmen, an die Deutsche Bundesbahn sowie an industrielle Verbraucher geliefert. HÜLS hat sich, ausgehend von einer überwiegend auf Petrochemie basierenden Grundstoffchemie, zum Hersteller einer breiten Palette höherwertiger chemischer Produkte entwickelt. Schwerpunkte des Angebots bilden heute Kunststoffe, Kautschuk, Waschmittelrohstoffe, Produkte der Siliciumchemie und Acrylate. Das Geschäft von VEBA OEL umfaßt die Rohölsuche und -produktion, die Mineralölverarbeitung und Petrochemie sowie den Vertrieb an Endverbraucher.
Mit RAAB KARCHER und ARAL verfügt VEBA OEL über Vertriebsorganisationen, die auf dem deutschen Markt eine starke Position einnehmen.
STINNES ist im internationalen Handel mit Brennstoffen, Chemikalien, Stahl, Erzen und Mineralien tätig. Die Geschäftsbereiche Baustoffe, Baumärkte, Reifendienste und Technohandel sind überwiegend national ausgerichtet. Zum Verkehrsbereich zählen der Straßengüterverkehr, Umschlag/Lagerei, die internationale Spedition sowie die Schiffahrt und Hafenbetriebe. RAAB KARCHER vertreibt die Mineralölprodukte der VEBA OEL. Mit den Aktivitäten Vertrieb, Handel und Dienstleistung ist RAAB KARCHER an über 300 Standorten in der Bundesrepublik und im westdeutschen Ausland präsent.

Die VEBA ist heute mit rund 540000 Aktionären eine der größten Publikumsgesellschaften Europas.

Auch in roten Socken stecken bunte Charaktere

Edzard Reuter, Vorstandsvorsitzender von Daimler-Benz: Prozesse, Politiker und Patrioten

PETER GILLIES: *Herr Reuter, Sie haben kürzlich gesagt, dem Menschen sei die Marktwirtschaft angeboren. Leiden unsere Bürger in den neuen Bundesländern an einem Geburtsfehler?*

EDZARD REUTER: Nein. Sie sind dabei, zu lernen und aufzunehmen, was tief in der menschlichen Natur angelegt ist, aber leider verschüttet wurde. In vier Jahrzehnten hat sich Mehltau auf ihre Eigeninitiative gelegt. Unter dieser Kruste wird Marktwirtschaft zum Vorschein kommen. Vorsicht also vor der arroganten Annahme, die Leute seien von Natur aus faul, nicht organisationsfähig oder entscheidungsunwillig.

Dieses Urteil ist freilich weit verbreitet. Dennoch bestätigt es keiner der befragten Unternehmer. Woher diese Diskrepanz?

REUTER: Das kann ich Ihnen nicht sagen. Ich halte es für ein Relikt der vergangenen Zeit, insbesondere der Zeit unmittelbar nach der Wende, als die Dinge noch in der Schwebe waren. Viele unserer westdeutschen Mitbürger gingen hinüber und fanden dort tatsächlich Menschen vor, die nicht gewohnt waren, unternehmerisch zu denken, die sich unsicher fühlten, nichts mit Marketing und Kostenrechnung anzufangen wußten. Daraus zogen sie den Trugschluß, alle seien so wie beschrieben. Jetzt dagegen gibt es praktische Erfahrungen. Sie bewirkten eine neue Stimmung des Umbruchs. Allerdings: Ein gewisser Attentismus ist bei manchen wohl durchaus noch vorhanden.

Meinen Sie damit die Industrie?

REUTER: Ja, vor allem die Industrie. Sie befindet sich in einer Phase, in der sie viel darüber nachdenkt, ob und wie sie in verlängerte Werkbänke investiert.

Der Begriff von der verlängerten Werkbank ist nicht eben positiv besetzt. Er weckt manche Befürchtungen.

REUTER: Die Vokabel ist nur im übertragenen Sinne schlimm, weil eine verlängerte Werkbank immer etwas Minderwertiges suggerierte. Hier handelt es sich weder um niedere Arbeit noch um Minderwertiges. Eine Schraube in höchster Qualität und Präzision kann für die Funktionsfähigkeit eines Automobils genauso wichtig sein wie ein hochtechnologischer Prozeß. Viele sind noch dabei, den ersten Schritt zu wagen. Er beginnt mit der Teilefertigung. Im zweiten Schritt wird daraus das Endprodukt gefertigt, und es ist noch ein langer Weg, bis Entwicklungsaktivitäten oder gar Unternehmens-Entscheidungs-Funktionen dorthin verlagert werden. Das sind Prozesse, die nicht mit einem Fingerschnalzen ausgelöst werden können. Sie entwickeln sich.

Dabei können Werkbänke durchaus eine erste Stufe für eine außerordentlich erfreuliche Entwicklung sein.

Wenn Sie die zwei Jahre seit dem Fall der Mauer Revue passieren lassen: Lief bei Ihnen alles plangemäß?

REUTER: Wir alle haben uns natürlich in vielerlei einzelnen Facetten getäuscht. Ich muß Ihnen ehrlich sagen: Ich habe mich eher im umgekehrten Sinne getäuscht, weil ich nicht erwartet hätte, daß sich in vielen Bereichen die Eigeninitiative der Bürger so erkennbar und schnell beleben würde. Die mediale Meinung ist dagegen schlimm, weil sie von Unkenntnis getragen wird. Natürlich: Wenn ich in die neuen Bundesländer gehe und dort mit Menschen rede, die eine Familie haben, 45 Jahre alt sind und ihren Arbeitsplatz verloren haben, begreife ich deren Ungewißheit. Sie müssen einen neuen Beruf lernen und zweifeln, ob ihnen das in ihrer verbleibenden Berufszeit noch möglich sein wird. Sie sind tief enttäuscht und frustriert. Davon aber kann ich Ihnen auch in den alten Bundesländern eine ganze Menge zeigen.

Das ist denen kein Trost.

REUTER: Aktuellen Trost gibt es nicht. Deswegen ist es eines unserer dicksten Probleme für die nächsten Jahre, die objektiven Fakten unserer Erfahrung zu verbreiten. Und die sind viel positiver als heute sichtbar. Auf der anderen Seite habe ich mich in einer Hinsicht weniger getäuscht als manche andere, die sich nie Gedanken darüber machten, wie lange es dauert, eine gesunde und wirklich moderne Infrastruktur aufzubauen. Da gab es Politiker, die dachten, das passiere von selber, von heute auf morgen. Das ist eben nicht der Fall. Der Nachholbedarf ist massiv, ich nenne nur die Stichworte Straßenbau, Schienenbau, Kommunikationsnetze. Hier hängen wir in einem Wust von Genehmigungsverfahren.

Was antworten Sie einem 45jährigen in Ludwigsfelde, der arbeitswillig ist und die Ärmel aufkrempeln möchte – aber keiner läßt ihn?

REUTER: Ich kann ihm nicht sagen, vertrau auf die unsichtbare Hand des Marktes, die schon dafür sorgen wird, daß du irgendwann wieder Arbeit findest. Ich kann ihm nur eine Antwort geben: Wir, du und ich, müssen gemeinsam versuchen, dir eine Chance zu verschaffen, daß du dich anderweitig beruflich qualifizierst. Dazu gibt es keine Alternative. Die vielen Versuche mit Arbeitsbeschaffungsmaßnahmen und Beschäftigungsgesellschaften – wie auch immer man darüber denken mag – dienen ausschließlich diesem Zweck, dafür Zeit zu gewinnen. Dabei wird es allerdings unweigerlich einige geben, die nicht mithalten können.

Mehr als in strukturschwachen Westregionen wie Ostfriesland oder Niederbayern?

REUTER: Das ist eine gute Frage. Aber in den neuen Bundesländern ist das Strukturproblem ein bißchen anders. Dort haben wir einerseits den nordöstlichen Gürtel von Mecklenburg, Pommern und Teilen Brandenburgs – eine große und schwierige Region. Das wirkliche Kernproblem sind jedoch die großen industriellen Ballungsgebiete, die durch künstliche Kombinate bestimmt sind: die Chemie um Leuna, Stahl in Eisenhüttenstadt. Wenn Sie sich in Hennigsdorf bei Berlin umschauen – das wird nicht ganz einfach sein.

War es klug von den Politikern, eine Standortgarantie für Stahl, Chemie oder andere Branchen abzugeben?

REUTER: Natürlich war es das nicht. Ich halte das für unmöglich, weil niemand es auf die Dauer finanzieren kann. Das Problem kennen wir doch zur Genüge: Hätten wir einige Industrien in den alten Bundesländern rechtzeitig dem Wind des Wettbewerbs ausgesetzt, dann verfügten wir jetzt über mehr Geld, um vorübergehend

zu subventionieren, was unbedingt nötig ist.

Gab es denn im Einigungsprozeß vermeidbare Fehler oder entschuldigen Sie sie mit Unkenntnis?

REUTER: Im menschlichen Leben gibt es vermeidbare und unvermeidbare Fehler. Viele scheinen ihre politischen Besuche drüben mit verbundenen Augen gemacht zu haben. Ich als einfacher Bürger, der häufig Tagesausflüge von Berlin in das Umland gemacht und einen großen Teil der DDR gesehen hat, habe bemerkt, wie verrottet die Städte und wie kaputt die Straßen sind, daß die Eisenbahnen demontiert werden müssen, weil die Schwellen zerbröckeln. Das wußte doch jeder. Daß einige es nicht sahen oder verdrängten, kann ich nicht verstehen.

Eine kollektive Selbsttäuschung, der man sich aus Lust oder Berechnung hingab?

REUTER: Ich will nicht nachtarokken. In dieser Zeit dramatischer Wandlungen müssen sich die politischen Kräfte auf das eine Thema konzentrieren. Sie dürfen dabei nicht zu sehr aufs Detail schauen, so wichtig es sein mag. Manchen fehlt einfach die Kraft für die Taktik des »Augen zu und durch«. Hätte man dem Bundeskanzler und dem Außenminister alle diese Probleme allzu intensiv vor Augen geführt, hätten sie vielleicht den Mut verloren.

Sie sind Mitglied der SPD, gelten als ihr marktwirtschaftliches Aushängeschild. Ähneln sich die Fehlerquoten von Politikern und Wirtschaftlern?

REUTER: Aushängeschild der marktwirtschaftlichen SPD bin ich ganz sicher nicht, weil ich kein Politiker bin und es auch nicht werden will. Natürlich sind Fehler gemacht worden. Aber es waren läßliche und verzeihliche Fehler. Einer davon war die Behandlung des Eigentums. Ich weiß nicht, ob das Bundesverfassungsgericht mitgespielt hätte, wenn man zuerst das Eigentum zugeteilt und erst danach entschädigt hätte. Das hätte man sicher machen können.

Wenn Sie heute durch mittlere Städte in den neuen Bundesländern gehen, fällt doch auf: Überall dort, wo das Eigentum an dem betreffenden Grundstück geklärt ist, sind Maler, Putzer und Maurer emsig am Renovieren. Die Bruchbuden drumherum sind alles Häuser, bei denen es unklar ist, wer Eigentümer ist.

Hat Daimler-Benz das gleiche Problem?

REUTER: Wir sind nicht so sehr betroffen. Die Restitutionsfrage ist für uns nachrangig, denn wir haben nicht in so riesigem Umfang Eigentum in den neuen Bundesländern gehabt. Deswegen betonten wir auch von vornherein, daß wir darauf verzichten, es mit Gewalt geltend zu machen. Aber wir haben dieses Problem wohl bei der Neuansiedlung gespürt. In Ludwigsfelde war die Eigentumsfrage leicht zu lösen. Wir sagten, wir wollen nicht auf den kontaminierten Altgrundstükken neu bauen, sondern möchten ein neues Gelände bekommen. Dessen Eigentumsstruktur war Gott sei Dank eindeutig. Aber viele Neuansiedlungen von Händlern und Service-Betrieben für Mercedes haben die Eigentumsfrage erheblich verzögert. Sicher ein Thema, das im Zuge des Einigungsvertrages nicht ausreichend diskutiert wurde. Fehler wurden auch begangen, als es darum ging, wie man eine erfahrene Administration dorthin bringt. Die Beamten nur mit Prämien zu lokken, war ein Fehler, aber kein kardinaler.

Es gibt Unternehmer, die räumen heute ein, damals im Umbruch mit den falschen Leuten – der alten SED-Garde – gesprochen und dadurch viel Zeit verloren zu haben. Wie war das bei Daimler?

Reuter: Nein, das würde ich so nicht sagen. Ich kenne nämlich rote Socken, die heute noch in Amt und Würden sind und ihren Job hervorragend machen; andererseits kenne ich welche, die keine roten Socken waren und unfähig sind. Pauschale Urteile lehne ich ab, denn in den roten Socken steckten ja sehr unterschiedliche Charaktere. Sicher ist eines: Wir alle haben vermutlich in der ersten Runde, als es die Kombinate zu zerlegen galt, unausweichlich mit jenen Kameraden geredet, die dort in Amt und Würden saßen. Denn das waren die einzig Erreichbaren, die überhaupt wußten, was im Kombinat los ist. Bis heute ist es ja nicht so, daß in den Betrieben dort nur unterschätzte Leute herumlaufen, die man zu Managern verzaubern könnte. Wir haben miteinander zu verstehen versucht, worin eigentlich die Verstrickungen bestanden. Dabei haben wir sicher nicht alles verstanden. Das gehört zu den Merkwürdigkeiten des umgekehrten Gewöhnungsprozesses zwischen den Deutschen, von denen der größere Teil vierzig Jahre eine freie und offene Demokratie genießen durfte.

Hätten wir es nicht wissen können, oder haben wir es verdrängt?

Reuter: Wissen Sie, wenn jemand auch Deutsch spricht und Ihnen glaubwürdig Zusammenhänge erklärt, dann können Sie sie noch lange nicht zutreffend werten. Wir können doch nicht hinterher behaupten, dieser ganze Staat bestand nur aus Verbrechern. Alle waren Teil eines Systems. Wie schwierig der Durchblick ist, konnten Sie am klarsten bei diesem entsetzlichen Fernsehinterview mit Honecker sehen. Politisch Ahnungslose mußten doch den Eindruck gewinnen, da spricht ein höchst ehrenwerter Mann. Trauen Sie sich zu, heute in Rußland dieselbe Auswahl zwischen gut und schlecht zu treffen? Wir haben doch alle erlebt, wie rasch plötzlich neue Mäntelchen übergestreift werden und wie ungeschickt sich manchmal die Aufrechten anstellen.

Haben Sie den Eindruck, daß Ihre neue Mitarbeiterschaft das Problem der politischen Verstrickung aufgearbeitet hat oder dabei ist?

Reuter: Sie ist nachgewiesenermaßen dabei. In unseren Betrieben, bei denen wir einen Einblick haben, ist das kein Thema.

Wenn Sie einen Blick auf 1995 werfen müßten: Was sehen Sie in der großen Daimler-Familie zwischen Mercedes, Dasa,

MBB, debis, Ihrem Sorgenkind AEG und den anderen?

Reuter: Bei denen ist also auch schon angekommen, daß die AEG unser Sorgenkind sei – phantastisch. Wir haben viele Sorgenkinder. Wie geschmiert läuft es ganz eindeutig in den Dienstleistungsbereichen. Das gilt auch für die Banken, die Versicherungen. Die industriellen Bereiche brauchen einen längeren Atem.

Wie war das denn am 10. November 1989, dem Tag, als die Mauer geöffnet wurde – meldete sich da ein Corps von Freiwilligen, das »drüben« anpacken wollte?

Reuter: Ja, das gab es. Vor allem bei denen, die gleich von Anfang an ein großes Potential witterten und es erschließen wollten. Das waren die Dienstleister. Mir fiel auf, daß sich viele Ruheständler meldeten, die es noch einmal wissen wollten. Wir wollen, so sagten sie, statt als Pensionär Philosophie zu studieren, denen das zeigen, was wir können.

Technisch gab es viele Erfahrungen, aber die Marktwirtschaft fing doch bei Null an.

Reuter: Eben. Die Frage ist, wie kann man dieses dort vorhandene, teilweise sogar sehr hochqualifizierte Potential in effiziente Strukturen einbringen. Bisher paßten Forschung und Anwendung nicht zusammen. Die dortige Akademie der Wissenschaften war ein reines Staatsorgan, das jede Forschung unter ihren Fittichen hielt, aber an der Anwendung in der Marktwirtschaft scheiterte. Lothar Späth, der sich natürlich dort wie der Fisch im Wasser zu fühlen scheint, meint, er könne die neue Struktur der Privatwirtschaft in Jena aufreißen. In den östlichen Bundesländern liegt vieles an Forschungskapazitäten brach, das bei vernünftiger Organisation erschlossen werden könnte. Das gilt nicht zuletzt für manche Bereiche der Halbleiterei und der Mikroelektronik. Da ist einiges vorhanden. Ich denke an jene Bereiche, die mit massiver Verschwendung öffentlicher Gelder an die Russen hochqualifizierte Rüstungstechnologie liefern mußten. Ich fürchte, wenn wir uns nicht etwas einfallen lassen, geht vieles davon kaputt. Das wäre schade.

Läßt sich Daimler denn etwas einfallen, beispielsweise bei seinen Töchtern Aerospace oder debis? Schwärmen Ihre Leute da aus und kaufen sich ein?

Reuter: Ja, natürlich. Die debis fing als erste an, zwei kleinere Gruppen von Computerleuten in Dresden und im östlichen

Teil Berlins anzusiedeln. Die Dasa, die Deutsche Aerospace, übernahm die Triebwerkswartung, teilweise mit Entwicklungsaktivitäten. Auch in Ludwigsfelde übrigens, das zweite Werk in der Nähe von Dresden – ein traditionsreicher Luftfahrtstandort. Da tut sich vieles. Aber wir müssen aufpassen, daß uns die hochausgebildeten Leute nicht abschwimmen. Ganz sicher könnten viele von denen auch in Frankreich, England oder in Amerika einen interessanten Job finden.

Wo wird in der Ex-DDR das erste Geld verdient?

Reuter: Das wird schon jetzt verdient, beispielsweise bei Banken, in Versicherungen und im Bau.

Auch bei Daimler?

Reuter: Wir werden noch einige Zeit brauchen, bevor wir Geld verdienen. Genau das ist das Thema: Wir sind nicht dahin gegangen und investieren nicht in neue Fabriken, weil wir uns nur in der vaterländischen Pflicht fühlen.

Aber die ist auch nicht verboten?

Reuter: Nein, ist sie nicht. Wir sind Unternehmer, wir müssen und wollen in der Marktwirtschaft Geld verdienen.

Aber es wäre Ihnen nicht unsympathisch, ein Patriot genannt zu werden?

Reuter: Nein, denn so fühle ich mich. Genau aus diesem Grund nehmen wir ja bei unseren Ansiedlungsinvestitionen auch mal eine längere Phase des Return on Investment in Kauf als anderswo. Normalerweise gilt bei uns die Regel, daß nach vier Jahren das Kapital wieder zurückgeflossen sein muß. In den neuen Bundesländern sagen wir, es reichen auch sechs oder sieben. Darin verbirgt sich ein Stück gesunder patriotischer Pflicht. Ich erzähle das jeden Tag meinen amerikanischen oder französischen oder spanischen Freunden: Wenn ihr nicht die Traute habt, eine so einmalige Chance eines neuen, sich öffnenden Marktes zu ergreifen, dann seid ihr schlechte Unternehmer.

Nehmen die Ihnen das ab?

Reuter: Sie fangen inzwischen an, mir zu glauben. Ich bin auch stolz darauf, daß ich schon den einen oder anderen französischen Unternehmer dazu überreden konnte, sich in den neuen Bundesländern zu engagieren. Die Amerikaner fangen jetzt an, das zu erkennen.

Aber viele Ausländer sehen die Deutschen eher als Minenhunde, denen sie einstweilen gern den Vortritt überlassen.

Reuter: Auch das gibt es: Laß die Deutschen mal machen, denn das kostet ihre Vorinvestitionen und ihre Zeit, und wenn das alles fertig entwickelt ist, können wir immer noch nachdackeln. Aber das ist natürlich ein Irrtum. Wo die großen Stücke einmal verteilt sind, braucht man eine lange Gabel, um etwas abzubekommen. Unterhalten wir uns in zwei Jahren – dann werden Sie sehen, wieviel in Bewegung gekommen ist. Übrigens auch in der Tschechoslowakei, in Ungarn oder Polen.

Sehen Sie den ehemaligen Ostblock zwischen Oder und Ural als industrielles Manövergebiet von morgen oder hat das noch einige Weile?

Reuter: Auch hier sollte man nicht schwarzweißmalen. Aber ich bin fest davon überzeugt, daß ein gutes Fundament in den neuen Bundesländern die weiteren Schritte in die mittel- und osteuropäischen Länder erleichtern wird, die ehemalige Sowjetunion und ihre Republiken eingeschlossen. Da ist viel Know-how vorhanden – nicht nur auf der Funktionärsebene. Osteuropa weist zwar auch kommunistische Mentalitäten auf, mehr aber nationale Mentalitäten. Es gibt eine Fülle von Kontakten. Allerdings ersetzt das Engagement in Ostdeutschland nicht die Erschließung dieser Märkte. Man muß schon beides machen.

Welches Investment wird Deutschlands größter Technologiekonzern in den neuen Ländern bis etwa 1995 vornehmen und wie viele Arbeitsplätze sind damit verbunden?

Reuter: Bis zum Jahre 1995 werden wir gut und gerne drei Milliarden Mark dort investiert haben. Direkt auf unserer Pay-roll werden rund 10000 bis 15000 Leute sein. Hinzu kommen gerade in der Automobilindustrie andere Betriebe und die Zulieferer. Es ist bestimmt nicht zu mutig, das Drei- bis Vierfache dieser Zahl als Beschäftigungswirkung anzunehmen.

Entspricht dieser Arbeitsplatzeffekt zwischen 40000 bis 60000 Beschäftigten dem gesamtdeutschen Daimler-Niveau oder muß man darauf noch ein Jahrzehnt warten?

Reuter: Bis sich das gleichmäßig verteilt, wird es länger dauern. Wir haben auch in den alten Bundesländern eine Massierung im automobilen Bereich, unserem Kerngeschäft. In Süddeutschland arbeiten in den beiden Kolossalwerken Untertürkheim und Sindelfingen zusammen 70000 Beschäftigte – keine andere Region Deutschlands kann hier mithalten. Warum sollte sich das ändern? Das ist doch nur vernünftig und richtig. Statistiker, die Beschäftigung nach gleichen Maßstä-

Edzard Reuter wurde am 16. Februar 1928 in Berlin geboren. Er studierte Mathematik, Physik und Rechtswissenschaften in Göttingen und Berlin. Während seiner Tätigkeit als Assistent an der Juristischen Fakultät der Freien Universität Berlin von 1954 bis 1956 legte er 1955 das zweite juristische Staatsexamen ab. Von 1957 bis 1964 nahm er leitende Funktionen bei deutschen Wirtschaftsunternehmen, zuletzt innerhalb der Bertelsmann-Gruppe, wahr.

Seit 1964 ist Edzard Reuter bei der Daimler-Benz AG tätig, wo er zunächst Sonderaufgaben im Finanzbereich übernahm und anschließend das Hauptsekretariat leitete. Ab 1971 für den Direktionsbereich Unternehmensplanung zuständig, wurde er 1973 zunächst als stellvertretendes und ab Frühjahr 1976 als ordentliches Mitglied des Vorstandes verantwortlich für das Ressort Unternehmensplanung und Organisation.

Anfang 1977 übernahm er zusätzlich das Ressort Technische Planung und war damit bis Ende 1979 für die Gesamtplanung des Unternehmens zuständig. In dieser Phase wurden grundlegende Beschlüsse zur umfassenden Neuordnung des Produktangebots und der Produktionsordnung im Fahrzeugbereich vorbereitet und durchgeführt. Im Januar 1980 übernahm Edzard Reuter im Rahmen der Neugliederung der Geschäftsleitung das Vorstandsressort Finanz- und Betriebswirtschaft. Im März 1987 wurde er zusätzlich stellvertretender Vorsitzender des Vorstandes. Seit 1. September 1987 ist Edzard Reuter Vorsitzender des Vorstandes der Daimler-Benz AG.

Edzard Reuter ist Mitglied zahlreicher Institutionen. So ist er u. a. Vorsitzender des Aufsichtsrates der Mercedes-Benz AG, der AEG, der Deutsche Aerospace AG, der Daimler-Benz InterServices (debis) AG und der Berliner Bank AG, Mitglied im Aufsichtsratspräsidium der Preussag AG und der VIAG AG sowie Mitglied der Aufsichtsräte der Allianz AG und der Karlsruher Lebensversicherung AG, Member of the Board of Directors L'Air Liquide, Paris. Außerdem ist er Mitglied im Vorstand und Präsidium des Bundesverbandes der Deutschen Industrie (BDI), Senator der Max-Planck-Gesellschaft, Mitglied des Stiftungsrates der Wissenschaftsstiftung Ernst Reuter, Berlin, Mitglied des Vorstandes des Stifterverbandes für die Deutsche Wissenschaft sowie Vorstandsmitglied mehrerer kultureller Förderkreise.

ben verteilen wollen, verkennen die Industriestruktur. Ich gehöre zu denjenigen, die durchaus erwarten, daß nach etwa vier, fünf Jahren in den neuen Bundesländern tatsächlich der Schub einsetzen wird. Die einmalige Modernität der Infrastruktur, die dort entstehen wird, wird einen weiteren großen Schub an Beschäftigung auslösen.

Auch wenn Japan im Hause Daimler einen besonderen Klang hat – wird zwischen Ostsee und dem Vogtland ein neues High-Tech-Land entstehen?

REUTER: Hier ist mein Optimismus aus einem anderen Grund eingeschränkt. Ich bin sicher, daß die Infrastruktur dort besser sein wird als an irgendeinem Standort Europas. Nicht sicher bin ich, ob es uns gelingen wird, die übrigen Voraussetzungen zu schaffen, die für die Wettbewerbsfähigkeit gegenüber unseren Konkurrenten, insbesondere den Japanern, erforderlich sind: Flexibilität unserer Arbeitsorganisation, die Bereitschaft zu arbeiten und gleichzeitig die ausufernden Lohnneben- oder Sozialkosten in Grenzen zu halten. Die beste High-Tech nützt nichts, wenn man von ihr nicht flexibel Gebrauch zu machen versteht. Ein Beispiel: Industrielle Tätigkeit durchsetzt sich immer mehr mit Dienstleistung, Kommunikation, Datenverarbeitung. Dieser weiche Teil der Industrie wird oft sehr viel billiger angeboten, aber dennoch in die Gewerkschaftsregeln der harten Industrie eingebunden. Bei uns ist das der Tarifvertrag mit der IG Metall, während die anderen entweder in gar keine Tarife oder in die viel weicheren der HBV eingebunden sind. Starre Gewerkschaftsregeln verhindern die nötige Flexibilität.

Sie sagten kürzlich, eine Roßkur wie im Jahr 1991 bei den Löhnen sollten wir uns nicht noch einmal zumuten. Haben die deutschen Gewerkschaften ihren Beitrag zur deutschen Einheit erbracht?

REUTER: Ich bleibe bei dieser Kritik. Die Gewerkschaften haben ihren Beitrag bisher nicht ausreichend erbracht. Ich gestehe ihnen aber zu, daß sie in dieser ungewöhnlich schwierigen Situation – die fast so schwierig war wie die der Politik – vermutlich gar nicht anders handeln konnten. Ich gehöre auch nicht zu denjenigen, die jetzt die viel zu schnelle Anpassung der Löhne beklagen. Die Substanz des Themas lautet, daß die Gewerkschaften die Chance nicht ergriffen haben, selber neue Organisationsformen auszuprobieren. Zum Beispiel:

FIRMENPORTRAIT

Daimler-Benz, ehemals ein reines Automobilunternehmen, ist 1991 mit einem Umsatz von 95 Mrd. DM umsatzstärkstes Industrieunternehmen der Bundesrepublik Deutschland. Der weltweit tätige, integrierte Technologiekonzern hat seinen Schwerpunkt im Automobilbau durch die Erschließung weiterer hochtechnologischer Geschäftsfelder ergänzt und erweitert. Seit Mitte 1989 arbeitet die Daimler-Benz AG als geschäftsführende Holding. Ihr sind als rechtlich selbständige Konzernunternehmen zugeordnet: Die Mercedes-Benz AG, die über zwei Drittel des Konzernumsatzes erwirtschaftet und in der Herstellung hochwertiger Personenwagen und wirtschaftlicher Nutzfahrzeuge führend ist; die AEG AG, die sich auf die Kerngeschäftsfelder der Automatisierungstechnik, Bahnsysteme und Mikroelektronik konzentrieren will; die Deutsche Aerospace AG, in der mit den Gesellschaften Dornier, Messerschmitt-Bölkow-Blohm, MTU und Telefunken Systemtechnik (TST) die Aktivitäten in der Luft- und Raumfahrt, der Verteidigungstechnik und im Bereich Antriebe zusammengefaßt sind; die Daimler-Benz InterServices (debis) AG, der jüngste Unternehmensbereich, mit den Geschäftsfeldern Systemhaus, Finanzdienstleistungen, Versicherungen, Handel, Marketing-Services. Der Konzern beschäftigt über 383 000 Mitarbeiter, davon die weitaus größte Zahl in Deutschland.

Kein Mensch hat sie dazu gezwungen, den neuen Bundesländern die gleichen Arbeitszeitregelungen per Tarifvertrag aufzudrücken, wie wir uns das – ich sage: katastrophalerweise – in den letzten Jahren geleistet haben. Ich habe Verständnis dafür, daß Einkommen über längere Zeiträume nicht gar zu arg auseinanderklaffen können. Aber warum hat die IG Metall nicht die flexible Denke wie die IG Chemie aufgegriffen und flexible, moderne Arbeitszeitregelungen für den Betriebsaufbau eingefädelt? Meine Kollegen bei Mercedes diskutieren darüber, wie man in Zukunft Arbeitszeitregelungen festschreiben kann für Gruppenarbeit, die es bisher bei uns kaum gegeben hat. Wir organisierten alles im Akkord, wo Zeittakte exakt vorgeschrieben und mitbestimmt waren. In der Gruppenarbeit, also eine Truppe von zehn Mann, die ein Produkt über längere Zeit begleitet, aber gleichzeitig für dessen Qualität zuständig ist, müßte dafür bezahlt werden, daß sie einen makellosen Produktteil abliefert. Dafür können die starren Tarifverträge nicht mehr gelten. Diese Chance ist verpaßt worden.

Wer läuft in dieser Weltwirtschaft schneller – Manager oder Politiker?

REUTER: Die Vernetzung bei den großen Unternehmen ist global sehr viel stärker und pragmatischer fortgeschritten als in der Politik. Man hat begriffen, daß keine Welteroberung zur Debatte steht, sondern daß man kooperieren muß. Arbeitsteiligkeit ist auch deswegen wichtig, weil die gewaltigen Aufgaben riesige Investitionen erfordern, die niemand allein aufbringen kann. Das hat mit Verantwortung zu tun. Die Politiker leiden unter der legitimen Furcht, die Wirtschaft führe ein Eigenleben. Sie grübeln über Formen, die eine demokratische Kontrolle durch Parlamente sicherstellen. Aber auch hier bin ich optimistisch, wie am Anfang unseres Gesprächs. Heute hinkt die Politik hinter der Wirtschaft her, aber zwischen beiden gab es immer unterschiedliche Geschwindigkeiten.

Wenn der Optimist Reuter einen Wappenspruch für den Aufbau Ost finden müßte, wie lautete der?

REUTER: Vertrau auf den Fortschritt und die Zukunft.

HELMUT RICKE

Telekom wirft ihr Netz aus

Technik von 1991 auf Leitungen von 1922 – Telefonisch sind die Deutschen bald normal verbunden – Ricke: Kosten und Tarife müssen runter

Helmut Ricke liebt das Segeln in steifer Brise, und er mag Süßes. Als erster Vorstandsvorsitzender der Deutschen Bundespost Telekom bekam er beides nicht: Er geriet in schweres Wetter, und die Medien gaben ihm Saures. Den Chefsessel des Telefonriesen übernahm er am 1. Januar 1990 – nur 52 Tage nach dem Fall der Mauer. Nachdem die Telekom in den neuen Bundesländern ihr Netz ausgeworfen hat, ist Ricke in einem Punkt zuversichtlich: Das Telefon verbindet die Deutschen rascher miteinander als geplant und erwartet.

Und die Einheit hat auch im Westen manchem Postler Beine gemacht. Der Kaufmann aus der Unterhaltungsindustrie drückt es natürlich vornehmer aus: »Es gibt auch Synergie-Effekte, die nach Westen wirken.«
»Wir sind mit weitem Abstand der größte Investor in den neuen Bundesländern«, meint Ricke mit dem Unterton von Stolz in der Stimme. Von rund 29 Milliarden Mark Investitionen entfielen 1991 rund sieben Milliarden auf den Osten. Dennoch gab es viel öffentliche Schelte über die »müden Strippenzieher von der Post«, die eines einfach nicht sofort fertigbrächten: daß Deutsche mit Deutschen endlich problemlos telefonieren könnten.
»Im November 1990 – einen Monat nach der Einheit – kochte in der Tat eine böse Stimmung gegen uns hoch«, räumt Ricke ein. Aber die Kritiker hätten den tatsächlichen Zeitdruck übersehen: Die Telekom habe bereits an der Jahreswende 1989/90 »mit den Postlern der DDR geredet und im Frühjahr die ersten Maßnahmen eingeleitet. Das war zu einer Zeit, als die erste demokratische Regierung noch gar nicht gewählt war.« Vehement widerspricht er dem verbreiteten Eindruck, das Unternehmen hätte anfangs eine gemächliche Gangart eingeschaltet und sei bei der Einheit sanft entschlummert.
»Wir arbeiteten anfangs auf paritätischer Basis, denn die Kollegen von der Deutschen Post legten großen Wert auf ihre Souveränität. Unseren technischen Vorsprung haben sie zwar uneingeschränkt anerkannt, aber sie hatten durchaus ihre eigenen Ideen und Vorstellungen.« Mühsam sei die Meinungsbildung gewesen, erinnert er sich, denn alle Entscheidungen mußten auf die Ebene Postminister-Ost und Postminister-West, ersatzweise Staatssekretär-West und Vizeminister-Ost, gehievt werden. Da hätten vielköpfige Regierungskommissionen zusammengesessen, so daß erst im Mai 1990 der Plan verabschiedet werden konnte, im Jahre 1991 rund 300000 neue Telefone zu schalten. Bis 1997 sollte dann Westniveau erreicht werden, Investitionsvolumen: 55 Milliarden Mark. Emissäre huschten zu Finanzminister Waigel hinüber, um dafür so eine Art Staatsbürgschaft einzuholen. »Das alles geschah noch vor der Wiedervereinigung und zu einer Zeit, wo wir nicht wußten, ob und wann sie kommt. Da müssen Unternehmer auch ein wenig vorsichtig sein.«
Der Vorwahlkampf zu den Bundestagswahlen 1990 sorgte für eine weitere Erhitzung der Gemüter. »Denn wer in Leipzig oder Dresden war und nicht nach Hamburg oder München telefonieren konnte, war für eine rationale Beurteilung der Schwierigkeiten nicht mehr

zugänglich.« Das alles habe sich jetzt beruhigt, »nachdem wir im Juli das Overlay-Netz geschaltet und den Durchbruch zur Verbesserung der Kommunikation zwischen Ost und West geschafft haben. Das geschah in kürzester Zeit, aber man kann ein Telefonnetz ja auch nicht von den Bäumen schütteln.«
Daß die Telekom die alten Stasi- und Parteileitungen benutzen sollte, war ihr gewiß nicht an der Wiege gesungen worden. Ricke: »Wir haben alles genutzt, was irgendwo vorhanden war, insgesamt 15 verschiedene Netze. Gerade in den letzten Tagen haben wir von der Westgruppe der Roten Armee deren Netz gekauft. Wenn die bis 1994 abgezogen sein wird, werden wir es übernehmen.« Als erstes sei das alte Regierungsnetz der SED requiriert worden. »Da waren aber manche Landesregierungen, die diese Netze dann nutzten, fürchterlich enttäuscht, weil sie damit nicht heraustelefonieren konnten.« Der Telekom-Chef erinnert auch daran, daß bereits am 2. Dezember 1990 das ZDF drüben flächendeckend ausstrahlen konnte – »mit unseren neuen Sendern«.
»Vergessen Sie bitte eines nicht: Wir haben am 3. Oktober 1990 rund 40000 Mitarbeiter übernommen. Diese 40000 haben 1989 für Herrn Honecker nur 50000 Telefone aufgebaut, ein Jahr später waren es bereits 300000. Weitere 200000 entstehen durch unsere schlüsselfertigen Vermittlungsstellen (Turn-Key-Projekte), die von Privatfirmen in unserem Auftrag gebaut werden. Dreieinhalbtausend Mitarbeiter aus dem Westen haben geholfen, um Management und Technik auf Westniveau zu liften.«

Mit riesigen Schritten in die digitale Elektronik

Fließt nicht auch im Sozialismus der Strom von Plus nach Minus, und muß nicht zwischen Neustadt und Altstadt wie anno dunnemals eine »Strippe« gezogen werden? »Der Begriff vom Strippenzieher täuscht«, meint er, »der technologische Sprung ist in Wahrheit gewaltig. Denn wir bauen hier digitale Vermittlungstechnik mit viel Elektronik auf und wir setzen Glasfaser ein.« Das alte Telefonnetz der DDR war 50 bis 70 Jahre alt, teilweise noch von 1922, 1925, also lange vor dem Zweiten Weltkrieg. Der Schritt in die digitale Elektronik sei vor diesem Hintergrund riesig.
Als »ganz schwieriger Prozeß« habe sich die Zusammenführung der beiden Postorganisationen nach der Wiedervereinigung entpuppt. »Wir haben aus den hundert Fernmeldeämtern 15 gemacht, darüber fünf Oberpostdirektionen gesetzt, was natürlich zuerst einmal im-

mense Reibungsverluste brachte, bis es dann richtig funktionierte«, erinnert sich Ricke. Ein ganz normales Unternehmen hätte heute größte Schwierigkeiten und wäre zwei Jahre mit sich selbst beschäftigt, müßte es über 200000 und 40000 Leute zusammenführen.

Neues Geld, neue Organisationsformen wurden hinübergeschafft, aber neue Menschen stehen nicht zur Verfügung. »Unsere neuen Leute sind motiviert und leistungsbereit, sie wollen nur wissen, wie man's macht.« Mit der neuen Technik eine neue Mentalität und andere Denkweise zu installieren, habe sich als schwieriges, aber nicht unlösbares Problem erwiesen. Meint der Telekom-Chef: »Ich höre bei Gruppendiskussionen mit Mitarbeitern immer wieder: Wir müssen viel mehr arbeiten als früher, aber es macht Spaß.« Das Wort »Aufbruchstimmung« ist dem Telekom-Chef etwas zu gewaltig, aber »eine sehr offensive und positive Grundströmung war nicht zu übersehen«.

Wettlauf mit der Zeit

Warum ist Telekom bis heute noch Zielscheibe bitterster Kritik in der ostdeutschen Presse, die unablässig Firmen nennt, die händeringend auf Telefon und Telefax warten? »Weil es so ist. Wir reißen uns wirklich ein Bein aus, um gerade gewerbliche Kunden mit Telefon zu versorgen. Wir haben drahtlose Technologien eingesetzt – neben dem Mobilfunk –, haben Funkstrecken aufgebaut und neue Vermittlungsstellen geschaffen. Aber wir haben auch Monate verloren, weil wir die entsprechenden Frequenzen nicht bekamen. Es gibt eine Reihe von Hindernissen, die wir nicht beeinflussen können. Es wird auch nach 1992 noch einen Taxifahrer irgendwo in der Lausitz geben, der noch kein Telefon hat.«

Die beiden Berliner Telefonnetze – »Ostberlin war mehrere Monate lang ein Drama« – würden in den nächsten Wochen vereinigt. In diesem Wettlauf mit der Zeit sei es immerhin gelungen, im Jahr 1991 555000 Menschen ein Telefon zu geben, deutlich mehr, als geplant war.

Wann verdient die gesamtdeutsche Kommunikation die Kennzeichnung normal? Beim Telefonieren zwischen Ost und West sei dieser Zustand weitgehend erreicht, sagt Ricke. »Was uns größere Probleme machte, als wir erwarteten, ist folgendes: Wir legen, bildlich gesprochen, mit unseren neuen Netzen eine supermoderne Autobahn mit wunderschönen Abfahrten, aber der Verkehrsfluß gerät ins Stokken, weil diese Abfahrten in holprige Fußwege einmünden. Das

Telefonhauptanschlüsse DDR/neue Länder

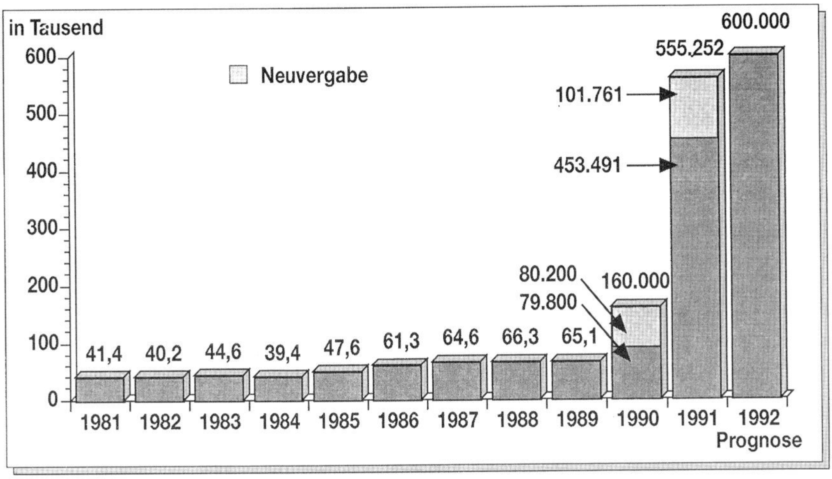

Telekom

macht uns Kopfschmerzen.« Allerdings sollte man nicht vergessen, daß es für die Menschen ein großes Erlebnis gewesen sei, plötzlich erstmals per Direktwahl nach Amerika oder Tokio telefonieren zu können.

Den Vorwurf, die Hoflieferanten der Telekom hätten nicht schnell genug produziert, will er nicht gelten lassen. »Hier ist mit viel Improvisation und Energie unglaublich gute Arbeit geleistet worden. Aber wenn Sie ein Loch von drei mal vier Metern graben wollen, können Sie zwei oder notfalls vier Mann einsetzen. Wenn Sie 40 Männer hinschicken, werden Sie das Tempo des Aushubs nicht vergrößern.«

Wie die meisten Unternehmen hat sich auch die Post über den technischen Zustand der Infrastruktur in der ehemaligen DDR gravierend getäuscht. »Wir haben nicht geahnt, wie schlimm es wirklich steht, weil uns auf der politischen Ebene immer eine gewisse Modernität vorgegaukelt wurde.«

Die Arbeiten für die gemeinsame Berliner Vorwahl 030 befanden sich, als dieses Gespräch geführt wurde, in den letzten Zügen. »Der zweite entscheidende Schritt ist die einheitliche Numerierung innerhalb der beiden Netze und die gemeinsame Vorwahl ins Ausland. Ende 1993 wird es soweit sein, daß die Vorwahlen angeglichen sind und für Deutschland die gemeinsame Nummer 0049 gilt – nach Dresden genauso wie nach Düsseldorf.« »In diesem Jahr 1992 werden wir weitere 600000 Telefone bauen. Spätestens Mitte 1993 wird es einen absolut normalen Verkehrsfluß geben.« Aber er fügt an: »Das setzt voraus, daß wir die unteren Netzebenen aus der alten DDR-Zeit komplett ausgewechselt haben. In diesem Jahr werden 40 Prozent aller Ortsnetze erneuert und modernisiert.«

Neben dem Telefon betreibt Telekom den Ausbau der Datenleitungen, »deren Umfang noch nicht der Nachfrage entspricht«. Man behelfe sich einstweilen mit Satellitenstrecken. Mit einer Normalisierung sei hier 1993/94 zu rechnen. Dann würden sich auch die Wartezeiten für die Telefonkunden normalisieren.

Was heißt Normalisierung? »Wir stellen uns vor, daß es dann im Durchschnitt nur noch wenige Wochen dauert; im Normalfall vielleicht zwei Wochen, in einem Neubaugebiet möglicherweise sechs bis acht Wochen. Die ungeduldigen Kritiker erinnert Ricke daran, »daß die Wartezeiten in der DDR 15 bis 20 Jahre betrugen, letztlich unendlich, und von der politischen Haltung oder schlicht vom Zufall bestimmt waren«.

In den Vereinigten Staaten bekommt man ein Telefon am Nachmittag angeschlossen, wenn man es vormittags bestellt. Müßte das nicht auch die Vision von Telekom sein? »Natürlich streben wir kürzere Anschlußzeiten an. Aber es gibt sogar schon heute dünner besiedelte Regionen, wo wir mit Telefonmobilen in Siedlungen dafür werben, neue Anschlüsse zu verkaufen, um die installierte Vermittlungstechnik besser auszulasten.«

Auch wenn sich das Netz verdichtet, wird seine Inanspruchnahme noch auf Jahre hinaus sehr unterschiedlich sein. Vermutlich fünf Jahre dauert es, bis die Leute hüben wie drüben gleich oft zum Telefon greifen. »Heute ist Telefonieren in den neuen Bundesländern vielfach noch Luxus. Zwischen den alten und den neuen Bundesländern hat sich in beiden Richtungen der Verkehr aber schon verdoppelt.«

Ein »schreckliches Problem« ist für den Vorstandsvorsitzenden die Telefonzelle. »Sie ist in den alten und viel mehr noch in den neuen Ländern eine Zielscheibe für Raub und Vandalismus. Da werden Apparate herausgerissen, Geld wird ausgeraubt und Zellen werden verwüstet. Über 11000 neue Telefonzellen haben wir im vergangenen Jahr in den neuen Bundesländern aufgestellt. Gleichzeitig wurden aber 4000 zerstört – viele sogar mehrmals. Wir können sie gar nicht so schnell heranschaffen, wie sie demoliert werden.« Das bargeldlose Kartentelefon, aus dem man kein Geld rauben kann, biete sich zwar an, schaffe aber andere Probleme: »Kartentelefone be-

Helmut Ricke, Vorstandsvorsitzender der Telekom.
Helmut Ricke wurde am 20. November 1936 in Oberhausen geboren. Erste wichtige berufliche Station Rickes war die Firma Nordmende in Bremen (1970 bis 1977), wo er von 1974 bis 1977 den Gesamtvertrieb geleitet hat. Im Jahre 1978 wechselte er zur Loewe Opta GmbH in Kronach. 1982 wurde er Vorsitzender der Geschäftsführung mit den Bereichen Technik und Vertrieb.
Seit dem 1. Januar 1990 ist Helmut Ricke Vorstandsvorsitzender der Generaldirektion Telekom.

dürfen einer speziellen Datenverbindung zu unserem Computer.« Damit rettet die Telekom vielleicht Geld, leider nicht die Zelle, denn manche Rowdies demolieren die Apparate gerade aus Ärger über fehlendes Bargeld.
Mit dem Investment der Telekom werden rund 43000 Arbeitsplätze gesichert. »Aber daneben erwarten wir eine indirekte Beschäftigung von weiteren rund 50000 Menschen bei Tief- und Hochbaumaßnahmen sowie der Teileproduktion.« Die Zulieferquote nennt Ricke »schon längst gesamtdeutsch«, denn Hersteller wie Siemens, SEL, Bosch und DeTeWe haben Produktionsstätten in den neuen Ländern eröffnet. Deren Fertigung ist zwischen Ost und West nicht mehr zu trennen. Deswegen ist der gutgemeinte Vorschlag, Ostprodukte zu bevorzugen, hier nicht mehr zu verwirklichen.

Von Marketinglücken und echtem Mangel – »Wir haben noch erhebliche Reserven«

Den Zustand des Kommunikationsnetzes zwischen Rügen und dem Vogtland sieht Ricke auf dem Niveau »am Ende der sechziger, Anfang der siebziger Jahre. Wir haben sicherlich einen Fehler gemacht und die öffentliche Meinung irritiert, als wir verkündeten, in sieben Jahren westdeutsche Verhältnisse zu schaffen. Umgekehrt haben aber unsere Kritiker übersehen, daß sie nicht sieben Jahre aufs Telefonieren warten müssen, sondern ein normaler Verkehrsfluß bereits sehr viel früher erreicht wird.«
Hat die deutsche Einheit auch im Westen den Postlern Beine gemacht? Wann wird man hierzulande endlich so preiswert und komfortabel telefonieren können wie in den USA? Ricke holt tief Luft, aber die Frage trifft ihn nicht unvorbereitet. »Die Einheit hat auch im

Westen mehr Tempo bewirkt, aber von den telefonierfreudigen Amerikanern sind wir Deutsche noch weit entfernt. Ein Amerikaner telefoniert dreimal soviel wie ein Deutscher, zudem mit deutlich niedrigeren Gebühren. Beim Ausbau der Netzintelligenz stehen wir beispielsweise erst am Anfang. Beim Telefondienst ist die Sättigungsgrenze noch lange nicht erreicht. Wir haben noch erhebliche Reserven. Wenn wir nur erreichen, daß jeder Deutsche einen Anrufbeantworter benutzt, steigen die Gebühren kräftig.«

Hier gebe es Marketinglücken, die die Telekom noch schließen müsse, während gleichzeitig in Ostdeutschland noch immer der Mangel bekämpft werde. Und schließlich hinge vieles von der allgemeinen Konjunktur ab, denn wenn die Wirtschaft brummt, glühen auch die Telefondrähte.

Die Reform der Deutschen Bundespost, die zur Aufteilung in die drei Bereiche Telekom, Postdienste und Postbank führte, fiel just in die Phase der deutschen Einheit – eine glückliche oder nur eine anstrengende Verknüpfung zweier Ereignisse? Ricke zögert nicht: »Es war beides. Sehr stressig, aber mit viel Charme und noch mehr Entwicklungsmöglichkeiten. Als wir die Computer des neuen Overlay-Netzes schalteten, hätten wir für die Programmierung und Beschaltung normalerweise acht bis zwölf Monate gebraucht. Tatsächlich geschah das in Arbeiten rund um die Uhr in einem Monat. Da mußten wir Mut zum Risiko entwickeln, die Motivation der Leute wecken und alte Verkrustungen aufsprengen. Hier ist in der Tat ein Elefant unter Druck geraten und hat gelernt, Tempo zu machen.«

Ricke nennt ein Beispiel dafür, wie Beamte in ungewöhnliche Entscheidungen gezwungen werden: »Ein Amtsvorsteher der Deutschen Telekom in Ostdeutschland hat seit Frühjahr 1991 das Recht, Grundstücke bis zum Preis von 100000 Mark in eigener Entscheidung zu kaufen. Über diese Möglichkeit verfügt nicht einmal ein normaler GmbH-Geschäftsführer, auch nicht ein Amtsvorsteher in Westdeutschland. Es war aber nötig, weil wir nur auf diesem Wege schnell Grundstücke bekommen und Häuser bauen können. Und wir haben dabei gelernt, daß die mit diesem Risiko gut umzugehen wissen. Dieser Gärungsprozeß wirkt auch nach Westen zurück. Das gesamte Unternehmen beginnt zu erkennen, daß es auch noch andere, effizientere Wege gibt.«

Er verschweigt nicht, daß die Wandlungen die Telekom ihrem Traumziel einen kleinen Schritt nähergebracht haben: der Privatisierung und Umwandlung in eine Aktiengesellschaft. »Der Wunsch,

FIRMENPORTRAIT

Die Deutsche Bundespost Telekom ist mit prognostizierten 50 Milliarden Mark Umsatz im Jahr 1991 und rund 250000 Mitarbeitern in Ost und West Europas größtes Telekommunikationsunternehmen. International nimmt die Staatsfirma Rang drei ein. Mit der Poststrukturreform vor fast drei Jahren begannen für die Telekom rauhe Zeiten des Wettbewerbs: Während das Telefonieren noch unter das alte Postmonopol fällt, muß sich die Telekom in immer mehr Bereichen gegen Konkurrenten – auch aus dem Ausland – behaupten. Zum Beispiel beim Verkauf von Endgeräten, aber auch beim Betreiben von Kommunikationsdiensten und -Netzen. Um die Behörde für den weltweiten Wettbewerb fit zu machen, will Bundespostminister Christian Schwarz-Schilling die Telekom noch in dieser Legislaturperiode »von den Fesseln des öffentlichen Dienstrechtes befreien«. Für die Umwandlung der Telekom in eine privatrechtliche Aktiengesellschaft, wozu Artikel 87 des Grundgesetzes geändert werden muß, braucht der CDU-Mann jedoch die Stimmen der Opposition im Bundestag.

bald eine Aktiengesellschaft zu sein, wird unisono von allen Führungskräften erhoben. Die Mehrheit der 250000 Mitarbeiter würde vermutlich noch den Status quo vorziehen – die Gewerkschaft sowieso –, aber das Grundverständnis wächst, daß man mit den Mechanismen des öffentlichen Dienst- und Haushaltsrechts auf dem hochmodernen Kommunikationsmarkt nicht operieren kann. Das ist ein Widerspruch in sich.« Die Ansicht, daß das Legen eines Telefons oder die Beförderung eines Briefes partout ein hoheitlicher Akt sein müsse, sei von gestern – freilich in Ostdeutschland ausgeprägter als im Westen. Einen Seitenhieb verabreicht Ricke der Presse: »Bei einer privaten Telekom wäre natürlich die Telefonversorgung auch kein Thema mehr, um politische Kämpfe und Stellvertreterkriege mit Ministern auszutragen.«
Die Telekom als Aktiengesellschaft ist für den Vorstandschef kein Manager-Hobby, sondern eine ökonomische Zwangsläufigkeit. Über die Geschwindigkeit dieses Prozesses gibt er sich jedoch kei-

nen Illusionen hin. »Selbst wenn wir in zwei bis drei Jahren eine Aktiengesellschaft werden, bleibt der politische Einfluß groß, denn ich gehe davon aus, daß der Bund selbst bei einer Privatisierung 51 Prozent der Aktien behalten wird. Aber das wäre ein gewaltiger Schritt in die richtige Richtung – begünstigt durch die Wiedervereinigung.« Sollte die Politik ihn nicht wagen und die nötige Verfassungsänderung verweigern, »behindert das nicht nur unseren Fortschritt im Westen«.

Was damit auf die Kommunikationswirtschaft zukommt, verschweigt er nicht: »Wir haben zu hohe Telefontarife und wir haben zu hohe Kosten.« Die Telekom habe im internationalen Produktivitätsvergleich »mindestens 20 Prozent zuviel Leute an Bord« und sei noch von einer Investitionsmentalität geprägt, die aus der industriepolitischen Vergangenheit stamme. Im Vergleich zur Konkurrenz British Telecom oder AT & T in den USA »investieren wir nach wie vor das Doppelte in Relation zum Umsatz«.

Ricke nennt sein strategisches Ziel: »Runter mit den Kosten, damit wir Tarife senken können und mehr Telefonverkehr bekommen.« Wenn es nicht gelinge, den Kreis aus hohen Investitionen und Kosten, teuren Tarifen und niedrigem Umsatz zu sprengen und der deutschen Volkswirtschaft perfekte Telekommunikation zu liefern, fürchtet die Telekom im internationalen Markt ein gefährliches Tut-Signal: das Besetzt-Zeichen.

Begeistert von den DDR-Frauen

Die Rote Armee als Werbeträger – Wir sind zu verwöhnt, meint Bernhard A. Schmidt, Vorstandschef der SPAR Handels-AG

Peter Gillies: *Dreißig Jahre sind Sie im Handel, lernten ihn von der berühmten Pike an aufwärts. War die deutsche Einheit die entscheidende Zäsur in Ihrem Berufsleben?*

Bernhard A. Schmidt: Ich bin noch begeisterungsfähig genug, mich von einem derart phantastischen Ereignis tragen zu lassen. Wer da im November nicht feuchte Augen bekam, als die Leute plötzlich über die Mauer stiegen und aufs Brandenburger Tor kletterten, muß schon sehr abgebrüht sein. Ich war noch eine Woche vor diesem Mauersturz in Berlin, da hat noch niemand derartiges erwartet.

Wann wurde aus dem politischen Drama bei Ihnen ein wirtschaftliches?

Schmidt: Es geht nicht um Dramen, sondern um Mut zum Handeln. Es geht darum, große historische Chancen konsequent in Erfolge für Menschen und Unternehmen gleichermaßen umzusetzen. Noch im Dezember trafen wir uns mit Leuten aus dem Raum Magdeburg, die dort mit Lebensmittelhandel beschäftigt waren. Also Konsum, HO (DDR-Handelsorganisation), Fleischer, Gemüsehändler, die im OGS organisiert waren. Ich habe gar nicht gewußt, was die OGS ist – jetzt weiß ich es: Obst, Gemüse, Speisekartoffeln. Wir haben ihnen erzählt, was SPAR ist. Dabei hatten wir es leichter als andere, denn SPAR ist ja nicht als Konzern, sondern als Organisation des Großhandels entstanden, um einen leistungsfähigen Einzelhandel zu erhalten und zu schaffen. Der Abnehmer des Großhandels ist der selbständige Einzelhandel. Wenn der pleite geht, weil die Großbetriebe des Handels ihn fertigmachen, hat er keine Abnehmer mehr, ist also auch pleite. Das haben wir vor Ort erläutert.

Wann warfen Sie den ersten Blick auf die ostdeutsche Einzelhandelslandschaft?

SCHMIDT: Ich flog am 8. Januar 1990 mit dem ersten Lufthansa-Flugzeug nach Dresden, in einer Handelskammer-Delegation mit unserem Hamburger Bürgermeister Voscherau. Die Maschine landete im Dunkeln auf dem einsamen Flugplatz, der nur für uns Lichter anschaltete und sie dann gleich wieder ausknipste. Mit Bussen fuhren wir durch die nächtliche Stadt. Es roch nach Braunkohle aus dem Kachelofen, einige Trabis auf der Straße, ein halbfertiges Hotel. Als erstes fiel mir ein Verbotsschild ins Auge: Kein Eintritt für Bürger der DDR. Drinnen aber alle Pracht der Welt. Da ist man als Deutscher unter Deutschen schon peinlich berührt.

Wann haben Sie den ersten HO-Laden besichtigt?

SCHMIDT: Am nächsten Morgen. Der Direktor der HO Dresden holte mich mit seinem Auto ab, einem nagelneuen Wartburg. Darauf habe er, so sagte er mir stolz, 17 Jahre gewartet. Mit Polo-Motor. Sein Dienstwagen sei nämlich kaputt. Wir fuhren durch die leicht verschneiten Straßen. Und dann betrat ich erstmals eine Kaufhalle. Meine Eindrücke: Dieser Mann kannte seine Leute, was mich überraschte, denn er war immerhin der oberste Direktor vom Kaufhallenverband; zweitens schien mir der Laden ziemlich runtergewirtschaftet. Die Artikel waren alle furchtbar häßlich und grau, lieblos präsentiert. So in etwa hatte ich mir das auch vorgestellt.

Wo stieg die SPAR zuerst ein?

SCHMIDT: Zuerst Anfang März 1990 in Haldensleben bei Magdeburg. Wir arbeiteten parallel. Ich versuchte es in Dresden, ein Kollege in Rostock, ein weiterer in Magdeburg. In Haldensleben haben wir, frech über die Grenze hinweg, dann den ersten westlichen Supermarkt in der DDR eröffnet. Ohne jede Rechts- und Währungsgrundlage, denn wir verkauften damals noch gegen Ostmark. Die waren stolz, und für uns war es ein großes Ereignis. Nicht getragen von Gewinnabsichten, sondern von reiner Motivation.

Irgendwann muß Emotion durch Rentabilität ersetzt werden.

Schmidt: Ja, natürlich, aber dieser HO-Handel war in 15 Bezirke organisiert, jeder Bezirk bediente zehn, zwölf Kreise. Wir versuchten zunächst, den Leitern unsere Philosophie nahezubringen: Hier ist eben nicht der »böse Multi«, sondern ein Verbund selbständiger Partner, der die bisherige Plan- und Kommandowirtschaft nicht durch eine Konzernwirtschaft ablösen will. Dazu stellen wir selbständigen Einzelhändlern unser Know-how, unsere Logistik und unser Sortiment zur Verfügung.

Hat Ihnen diese Anti-Konzern-Stimmung geholfen?

Schmidt: Sehr. Obwohl wir es später schwer hatten, den Menschen begreiflich zu machen, daß jeder Laden eigenständig ist, auch wenn er unter dem gemeinsamen Dach von SPAR antritt. Selbständige Kaufleute gab es nicht. Es gab kein Ostland, in dem Unternehmertum und Mittelstand so totgeschlagen worden waren wie in der DDR. In Ungarn, in der Tschechoslowakei, selbst in Jugoslawien, finden sich noch Reste von mittelständischen Unternehmen.

Woher zaubert man selbständige Kaufleute mit Risiko- und Kostenbewußtsein?

Schmidt: Ein großes Problem. Wenn wir mit ihnen etwas besprachen, setzten die immer ganz kluge Gesichter auf, so daß wir glaubten, die hätten alles begriffen. Dem war leider nicht immer so, denn vierzig Jahre war eigenes Mitdenken strafbar. Sie hatten teilweise überhaupt nichts begriffen. Für uns wurde es schwieriger, weil wir merkten, die haben immer »Jawoll« gesagt – aber es passierte nichts.

Wie halfen Sie nach?

Schmidt: Wir haben wahnsinnig viel nachgeschult, bereits im ersten Halbjahr 1990 rund 3000 Menschen. Wir boten dreitägige Standardkurse für Marktwirtschaft an. Hinterher stellte sich heraus, daß vieles davon verpuffte. Was mich am meisten überraschte: Von den Männern konnten sie wenige gebrauchen, bei den Frauen aber fast alle. Das gilt auch für Führungspositionen. Die Frauen hatten Verständnis für kaufmännische, für wirtschaftliche Abläufe. Sie standen ja nicht im Blickpunkt des politischen Interesses des SED-Regimes, waren am wenigsten durch das System verformt. Die Männer dagegen mußten sich immer verbiegen und einordnen.

Heißt das, daß die Frauen jenen natürlichen Gewerbefleiß an den Tag legten, der bei den Männern bereits verkümmert war?

Schmidt: Ganz genau. Wir haben nie ein Problem, wenn ein Laden von Frauen geführt wird: sauber und akkurat, die richtigen Titel, stets schön frisiert, immer freundlich, wendig. »Guten Tag, Frau Meier, vielen Dank, Frau Müller.« Der typische Mann war bis vor drei Jahren in der Parteizentrale, danach Leiter des Kombinats Soundso und wurde dann in den Laden gestopft. Ihm war es völlig egal, was dort geschah. Der Laden bekam Ware, die Kunden holten sie ab. Aber die Frauen haben es gepackt, weil sie im eigenen Haushalt mit der Misere fertig werden mußten. Ich bin begeistert von den DDR-Frauen.

Ist der Frauenanteil unter Ihren Partnern dort höher als hier?

Schmidt: Erheblich höher. Frauen wissen, wie man Lebensmittel behandeln muß, damit sie gekauft werden, wie es die Hausfrau wünscht. Sie wissen, was Kunden wollen, weil sie selber Kundinnen sind und waren. Den Männern fällt das wahnsinnig schwer. Unser menschliches Problem lag darin, daß wir unsere ersten Kontakte nur mit Männern hatten, die uns vertrauensvoll entgegenkamen. Wir schlossen dann 60 Joint-ventures ab – alle mit Männern, die meisten unbrauchbar. Nun saßen wir da und sollten über deren politische Vergangenheit richten. Anfangs konnten wir uns drükken, aber wenn es dann heißt: Schon wieder ein alter SED-Bonze in leitender Position, schadet das SPAR.

Wie war es um die Motivation bestellt?

Schmidt: Leider mußten wir inzwischen mehr Leute aus dem Westen in den Osten schicken, als wir uns gewünscht und vorgestellt haben. Auch noch nach zwei Jahren.

Letztlich kommt es darauf an, daß das, was Sie anschieben, schließlich in eigene Hände übergeht.

Schmidt: Im Westen machen wir zwei Drittel unserer Umsätze mit selbständigen Einzelhändlern. Im Augenblick ist es im Osten noch umgekehrt. Sie können nicht jemanden, der noch nie selbständig war und weder Kalkulation noch Kostenmanagement kennt, in einen Supermarkt setzen, der zehn Millionen Mark umsetzt. Ende 1991 haben wir aber rund tausend selbständige SPAR-Einzelhändler dort.

Sind von denen schon welche aus den roten Zahlen heraus?

Schmidt: Ja sicher, alle.

Und wie sieht es auf der Ebene darüber aus?

Schmidt: Auch gut. In unseren als Filialen betriebenen Supermärkten haben wir die Hälfte bereits auf Westniveau. Auch bei den rückwärtigen Diensten, der Logistik, der Lieferfähigkeit, der modernen Lagerung greift es jetzt, auch wenn wir noch dreimal so viele Lagerarbeiter wie im Westen benötigen. Und wir zahlen ja nicht nur ein Drittel Gehalt, sondern zwei Drittel. Das paßt noch nicht zusammen. Doch die Verkaufsfront ist in Ordnung.

Trotz Ihrer Beschwernisse haben Sie es einfacher als die Industrie, die auf einer verrotteten Trümmerlandschaft anfangen muß, die oft nur Abrißwert hat, also Kosten verursacht.

Schmidt: Darüber sind wir auch so begeistert, auch wenn diese Kaufhallen von der Eingangsstufe bis zum letzten Lichtschalter renoviert werden mußten. Hier beteiligt sich zur Hälfte die Treuhand. Es gibt Mitbewerber, die deswegen gleich neu bauten. Aber wir haben die Standorte, hinter denen unsere Mitbewerber noch herlaufen! Wir sitzen in den Wohngebieten – ein gewaltiger, manchmal konkurrenzloser Vorteil.

Mäkeln Sie also nicht über die Treuhand?

Schmidt: Überhaupt nicht, höchstens über Einzelkonflikte, und die sind sachlich lösbar.

Woher kommt die verbreitete Kritik?

Schmidt: Vielleicht versuchen manche, die Treuhand ein bißchen aufs Kreuz zu legen oder sind mit alten Seilschaften Vereinbarungen eingegangen, die die Treuhand jetzt nicht erfüllen will. Dann schimpfen sie auf die Anstalt. Es handelt sich hier um Volksvermögen, wo man von der Treuhand schon verlangen muß, daß sie es sorgfältig macht. Wir fühlen uns fair behandelt.

Wie viele Standorte haben Sie insgesamt übernommen?

Schmidt: Rund 400 Supermärkte und etwa 1600 kleine Läden. Nach Abschluß der Bereinigung wird sich das bei 400 Supermärkten und 1000 weiteren Läden einpendeln. Hinzu kommen jetzt laufend neue Standorte und bereits selbständige Einzelhändler, die zu uns wechseln.

Gibt es das Tante-Emma-Syndrom auch auf sächsisch?

Schmidt: Auch im Westen gibt es noch viele tausend kleine Läden in der Schwäbischen Alb oder im Bayerischen Wald. Viele denken nur in den Kategorien der Super- und Verbrauchermärkte, der SB-Warenhäuser. Das wirkliche Problem ist jedoch der kleine Laden und das Einkommen, das man in ihm erzielen kann. Da unsere Westleute verwöhnt sind, will keiner mehr die kleinen Läden haben.

Sichert das vorerst niedrige Lohnniveau die Standorte von Tante-Emma-Läden?

SCHMIDT: Nein, so will ich es nicht sagen. Es ist nicht der Laden, der unrentabel ist, sondern es ist der Anspruch des Ladeninhabers. Wir im Westen sind so verwöhnt, daß wir höhere Ansprüche an unseren Sozialstaat haben. Dieses Anspruchsdenken ist drüben noch fern. Da bauen sich Unternehmergeist und Selbständigkeit auf.

Wo und wie?

SCHMIDT: Viele Menschen melden sich bei uns und wollen einen Laden übernehmen. Manchmal müssen wir sie bremsen, damit sie nicht unvernünftig investieren. Dabei kämpfen wir mit dem Phänomen, daß Geld drüben in den vierzig Jahren eigentlich keinen Wert hatte. Man bekam es eben, konnte sich aber für das Papier nichts kaufen. Über der Begeisterung, eine Tiefkühltruhe jetzt problemlos kaufen zu können, vergessen viele, daß diese 20000 Mark auch abgezahlt werden müssen.

Aber die alten Läden müssen renoviert werden.

SCHMIDT: Oft warnen wir auch hier. Auch ein kleiner Laden von hundert Quadratmetern kann ganz gut sein. Lieber eng und wohl als weit und weh. Das begreifen viele nicht, weil ihnen die Bank ein tolles Existenzgründungsdarlehen gibt. Wenn wir ablehnen, gehen sie dann zur Edeka oder zu Rewe. Die bremsen allerdings genauso wie wir.

Empfinden Sie den Mittelstand als Speerspitze des Aufschwungs Ost?

SCHMIDT: Ich glaube ja. Wir sind die einzige Gruppe, die sich in allen Bundesländern dieses Themas annahm. Und wir machen es mit Begeisterung.

Wann wird die Struktur Ihres Ladennetzes in Ost und West deckungsgleich sein?

SCHMIDT: Die Renovierungswelle wird Ende 1992 ausrollen, obwohl wir uns das eigentlich erst Ende 1993 vorgenommen hatten.

Wo liegen Ihre regionalen Schwerpunkte, wo Ihre Hauptprobleme?

SCHMIDT: Die gesamte Lieferfähigkeit hängt vom Verkehrsnetz und der Ausrüstung ab. Wir mußten ja sämtliche Lkws ersetzen, allein 200 neue Laster im letzten Jahr. Wir kauften 300 VW-Polos. Als Volkswagen nicht mehr liefern konnte, bestellten wir 50 Opel-Corsa,

Gabelstapler, Regale, Schreibmaschinen, die gesamte EDV-Ausrüstung. Wir haben ein Warenwirtschaftssystem, das natürlich auf unsere westlichen Verhältnisse eingerichtet ist. Dieses Rechenzentrum Ostberlin – RZO hieß das – war zusammengebrochen. Das System auf östliche Verhältnisse einzustellen, haben wir wie folgt gelöst: Wir luden einen kompatiblen Computer mit unserem Datenmaterial, zogen ihn aus der Steckdose, transportierten ihn nach Potsdam und schlossen ihn dort an.

Ihre Aktionäre, von Tchibo bis zum Kleinanleger, waren damit zufrieden?

SCHMIDT: Ja. Wir betreiben eine rege Informationspolitik, und jeder Analyst weiß, daß ein Zuwachs mit derart gutem Preis-Leistungsverhältnis nie wieder kommt. Ich war auch in Paris, London und Edinburgh und habe dort mit unseren englischen Investoren gesprochen.

Keine Finanzierungsprobleme?

SCHMIDT: Wir sind voll auf dem Dampfer.

Sie planen ein Investment von 560 Millionen auf drei Jahre. Bleibt es dabei?

SCHMIDT: Wir gehen jetzt davon aus, daß wir vorziehen können. Unsere Konkurrenz, die auf neue Standorte setzte, bekommt die Baugenehmigungen nicht. Das gibt uns etwas Luft für Renovierungen. Es wäre schlimm gewesen, wenn überall neue Verbrauchermärkte emporgeschossen wären, und wir hätten immer noch in den alten HO-Schuppen gesessen.

Wie viele Arbeitsplätze sind damit verbunden?

SCHMIDT: Wenn diese Umstellungsphase abgeschlossen ist, werden es 15 000 Arbeitsplätze im Konzern und weitere 10 000 bei den selbständigen Einzelhändlern sein. Allerdings waren zuvor 37 000 Leute dort beschäftigt. Rund 7000 Leute erwiesen sich jedoch als Kartei- oder besser Parteileichen, denn wir übernahmen am 1. März nur 30 000 Mitarbeiter.

Wo ist der Rest geblieben?

SCHMIDT: Das wissen wir auch nicht. Wenn innerhalb von zwei Monaten 7000 Leute ohne Reaktion verschwinden, klingt das nahezu unglaublich, war aber wohl typisch.

Wie entwickeln sich Ihre Marktanteile?

SCHMIDT: Im Westen verfügen wir über einen Marktanteil von etwa zehn Prozent, im Osten derzeit von rund 20 Prozent. Der wird sich allerdings auf 15 Prozent einpendeln, wenn mehr Konkurrenz und Verkaufsfläche entsteht.

Ist der alte Widerwille gegen Ostprodukte verschwunden?

SCHMIDT: Den gibt es nicht mehr. Die häßlichen Produkte haben sich totgelaufen und werden in der Form nicht mehr produziert. Auf eigene Frischprodukte, Wurstwaren und anderes ist man inzwischen wieder stolz. Man will Thüringer Wurst haben – aber aus Thüringen. Bei unseren Eigenmarken überwachen wir Qualität, Aufmachung und Verpackung. Das funktioniert.

Sind Ostwaren mit Westaufmachung nicht Mogelpackungen?

SCHMIDT: Wieso denn? Es ist doch gut, wenn sich die Grenzen verwischen.

Wann wird es eine Konsumidentität geben?

SCHMIDT: Ich hoffe nie. Es wäre doch traurig, wenn es in der EG zwischen Portugal und Deutschland identische Konsumenten gäbe. Gerade die landsmannschaftlichen Neigungen würzen das Geschäft. Ein Unterschied liegt darin, daß im Osten mehr Geld für Nahrung ausgegeben wird. Dort ist der Warenkorb 24 Mark wert, im Westen nur 21 Mark pro Haushalt. Essen war früher das einzige, was man sich unbeschränkt erlauben konnte – zwar nicht in der Vielfalt, wohl aber in der Menge. In den neuen Bundesländern werden doppelt so viele harte Spirituosen getrunken wie im Westen. Aber auch das wird sich einschleifen.

Wie rasch geht die Umstellung?

SCHMIDT: Unser Hauptproblem ist die logistische Anpassung der Systeme, die Renovierung – ein Massenproblem. Wenn wir 400 Supermärkte renovieren müssen, aber drei jede Woche schaffen, dann sind das 150 im Jahr. Feiertage wie Weihnachten und Ostern abgerechnet, verbleiben 120. Da kommen wir in drei Jahren nicht durch. Also müssen wir pro Woche fünf Supermärkte umbauen – jeden Tag einen. Das muß bewältigt werden von den Menschen, von der Planung, der Baudurchführung, wir brauchen Architekten und Lieferanten. Um Ladenmaterial zu bekommen, gehen wir derzeit schon nach Italien, Österreich und Holland.

Wie steht es um Ihren Markennamen SPAR?

SCHMIDT: Am Anfang wurden Prestigeprodukte aus dem Westen gekauft: Coca-Cola, Suchard-Schokolade, Jacobs-Kaffee und so weiter. Inzwischen merkt man, daß man auch gut SPAR-Cola trinken kann und daß auch die SPAR-Schokolade nicht schlecht ist. Diese Produkte gelten als westliches Markenerzeugnis.

Im Westen rangiert sie nicht in der Luxusklasse.

Bernhard A. Schmidt, Vorsitzender des Vorstandes

Geboren	am 2. 7. 1935 in Altona, verheiratet, 3 Kinder
1953	Schulabschluß mit höherer Handelsschule
1953–1955	Lehre als Kaufmann im Lebensmittelgroßhandel bei der Firma M. Jürgensen in Husum (gehört seit 1987 zum Firmenverbund)
1955	Volontär bei der Firma Cadbury Schokoladen-Fabriken in Bournevill/Birmingham, England
1955–1957	Kaufmannsgehilfe in der elterlichen Firma, der Lebensmittelgroßhandlung Bernhard Schmidt in Hamburg-Altona
1957–1959	Prokurist
1959–1975	Mitinhaber an der Seite des Vaters
1975–1985	Geschäftsführender Gesellschafter der durch Fusion mit der SPAR-Großhandlung W. Pfeiffer & Co. entstandenen Firma Pfeiffer & Schmidt oHG
1980	Wahl zum Präsidenten der Deutschen SPAR
1985	Nach Fusion weiterer SPAR-Großhandlungen in Flensburg, Braunschweig, Düsseldorf und München zur SPAR-Handels-Aktiengesellschaft Vorstandsvorsitzender des größten Unternehmens innerhalb der SPAR.
1990	Wahl zum Präsidenten der Internationalen SPAR Amsterdam.

SCHMIDT: Richtig. Weil wir zu verwöhnt sind.

Weht dort der Charme der fünfziger Jahre?

SCHMIDT: Ja. Vielleicht noch nicht dieses großkotzige westdeutsche Yuppie-Leben.

Wie steht es um die Rendite?

SCHMIDT: Wir legen 1991 in den neuen Bundesländern zwischen zehn und 20 Millionen Mark drauf. 1992 hoffen wir auf die Nullinie, für das Jahr 1993 wird schließlich der erste kleine Gewinn erwartet.

Wann marschiert Tante Emma über die Oder nach Polen?

SCHMIDT: Wie soll das gehen! Wohl eher fährt Tante Emma nach Hamburg, um sich dort Logistik, Ware oder Know-how zu holen. In der Tat klopfen die Polen sehr vernehmlich bei uns an. Wir haben bei der SPAR in Europa aber eine gewisse Arbeitsteilung. Ich denke daher, daß bei Polen auch die skandinavischen SPAR-Länder gefragt sind, und es gibt die internationale SPAR in Amsterdam. Die SPAR Österreich hat schon Läden in Slowenien, und wir führen seit einigen Wochen gemeinsam mit einem russischen und zwei deutschen Partnern einen Cash-and-Carry-Laden bei Moskau. Die Tschechoslowakei werden wir von Ostdeutschland und Bayern aus bedienen, weil dort alte Verbindungen bestehen. Aber sehr vorsichtig, denn die Kaufkraft in der Tschechoslowakei beträgt 200 bis 300 Mark, in Ostdeutschland liegen wir schon bei 2000 Mark. Die abziehende Rote Armee tut ein übriges zur Markterschließung, denn sie trägt den Namen SPAR mit unseren Eigenmarken durch die gesamte Sowjetunion.

Sie gefallen sich mit der Bemerkung, Sie seien kein Konzern. Dennoch gehen Sie mit Großkonzernen zusammen, beispielsweise mit Karstadt. Verrat an der mittelständischen Idee?

SCHMIDT: Karstadt setzt zwar 15 oder 20 Milliarden Mark um, aber nur rund eine Milliarde mit Lebensmitteln. Das verteilt sich auf hundert Läden in ganz Deutschland. Daraus ergeben sich logistische Probleme. Wenn sie dort ihre Warenhäuser mit frischen Lebensmitteln beliefern wollen, dann übernehmen wir die Großhandelsfunktion und liefern adäquate Mengen. Karstadt ist unser Kunde. Ansonsten gibt es schon Karstadthäuser, in denen selbständige SPAR-Kaufleute die bisherigen Karstadt-Abteilungen in eigener Verantwortung übernommen haben. Ich denke, es werden im Laufe der Zeit noch mehr werden.

Was sehen Sie im Jahre 2000 in den neuen Bundesländern?

SCHMIDT: Keinen Unterschied mehr zu den alten. Die wahnsinnige Geschwindigkeit macht zehn Jahre zu einer Generation. Und ich sehe das größere Europa.

Verstellt der Anpassungsprozeß in den neuen Bundesländern den Blick für diesen EG-Binnenmarkt?

SCHMIDT: Manchen schon. Aber da ist viel in Bewegung. Wir sind eine europäische Marke, von Finnland über die Schweiz bis Griechenland und Sizilien mit anderen Beitrittskandidaten weltweit. Die SPAR ist ebenfalls durch gegenseitige internationale Beteiligungen schon heute europäisch geprägt. Ich will nicht verschweigen, daß man offiziell zwar überall die deutsche Wiedervereinigung begrüßt hat. Aber dahinter lugte mancher Vorbehalt und vielleicht auch Komplex hervor.

FIRMENPORTRAIT

SPAR ist in Europa die Nummer eins im Lebensmittelhandel. Gearbeitet wird nach dem Prinzip der freiwilligen Handelskette, das heißt alle SPAR-Einzel- und -Großhändler sind und bleiben selbständige Unternehmer. Jedes SPAR-Unternehmen ist finanziell unabhängig und frei in seinen Entscheidungen. Gemeinsam ist das Ziel, rationeller einzukaufen, effektiver zu werben, sich erfolgreich gegen die Wettbewerber im internationalen Markt zu profilieren und die eigene Position zu stärken.

Noch vor der Verwirklichung des EG-Binnenmarktes vereint alle SPAR-Partner so schon jetzt eine einzigartige Stellung: In der Welt ist SPAR die einzig aktive Handelsgruppe überhaupt, die unter gleichem Namen und einem einheitlichen Markenzeichen arbeitet. Aktuell sind es über 20000 Geschäfte, vorwiegend von selbständigen Kaufleuten geführt, in 24 Ländern. Sie alle profitieren vom gemeinsamen Auftritt auf dem Weltmarkt. In Europa belegt SPAR mit ca. 50 Milliarden DM schon heute Platz eins.

Größtes Einzelunternehmen innerhalb der weltweiten SPAR ist die SPAR Handels AG in Hamburg mit einem Umsatz von ca. 13,5 Mrd. DM, der sich jeweils zur Hälfte aus Großhandel mit selbständigen Kaufleuten und eigenem Filialgeschäft zusammensetzt.

Zusammen mit über 8000 selbständigen Einzelhändlern ist SPAR bei einem gemeinsamen Umsatz von 20 Milliarden DM eine der stärksten Handelsgruppen in Deutschland.

Als ich zum internationalen Präsidenten unserer Organisation nominiert war und dann die Wiedervereinigung kam, hatte ich plötzlich – ganz unüblich – einen Gegenkandidaten. Etwa nach dem Motto: Die Deutschen werden jetzt sowieso zu groß, nun kriegen die auch noch die Präsidentschaft. Dann wurde ich examiniert: Kein deutscher Direktor in der internationalen SPAR-Zentrale; das müßte ein Holländer bleiben. Ich hatte mich außerdem ferner zu verpflichten, die Zentrale in Amsterdam zu belassen.

Ist diese Irritation auf Dauer an-

gelegt oder Teil eines Übergangsprozesses?

SCHMIDT: Ich hoffe, daß es alsbald keine nationalen, sondern nur noch landsmannschaftliche Unterschiede in Europa geben wird. Wir Deutschen sollten uns aber ein bißchen zurücknehmen, meine ich. Andererseits lassen Sie uns doch ruhig manchmal ein bißchen stolz sein.

Ist Nationalstolz für Sie eine Frage der Dosierung?

SCHMIDT: Gewiß. Die Engländer spielen jeden Abend ihre Nationalhymne, im Kino nach Schluß jeder Vorstellung. Wir Deutschen genieren uns da wohl ein bißchen, weil viele die dritte Strophe nicht kennen. Symbole helfen auch ein wenig, Gemeinschaft zu prägen und alte Gräben zuzuschütten, etwa, wenn alle Deutschen wieder unter einer Flagge antreten.

Wenn einigen die Augen dabei feucht werden – ich bin froh, daß auch das dazugehört.

Mosel – ein Ort ohne Weinzwang

Der meschugge Polo am Fallschirm – Wir haben das Tempo des Wandels unterschätzt, räumt Volkswagen-Vorstand Werner P. Schmidt ein

Das Gespräch begann praxisnah: mit einem Verkehrsinfarkt. Obgleich der Chronist für die Fahrt von Bonn nach Wolfsburg eine Reservestunde eingeplant hatte, geriet er in Staus und verspätete sich um fast eine weitere Stunde. Werner P. Schmidt, Vertriebsvorstand des Volkswagenwerkes, war durch die Entschuldigung mäßig überrascht. »Unsere Produkte tragen schließlich dazu bei, daß Ihre Ausrede glaubwürdig ist.«
Nein, Berechnungen darüber, wie viele Stundenkilometer uns die deutsche Einheit dem Verkehrsinfarkt näher gebracht habe, gebe es nicht. »Besonders hier am ehemaligen Zonenrandgebiet hat die Einheit nicht nur mehr wirtschaftliches Wachstum, sondern auch mehr Verkehrsleistungen gebracht. Ich schätze: plus fünf bis sechs Prozent.«
Verkäufer reden über Verkäufe, logo. So erklärt mir Schmidt zum Anwärmen erst einmal die Konjunktur: »Ein ungeheurer Boom hat die Automobilindustrie erfaßt. Wir verkaufen hier im Westen 30 Prozent mehr Autos, und um uns herum sinkt die Nachfrage um zehn bis 15 Prozent. Das kann nicht so bleiben. Ausgeschlossen.« Die neuen Bundesländer hätten sich »wie ein trockener Schwamm« mit jenem Produkt vollgesogen, dem viele Jahrzehnte alle Sehnsucht galt. »Und die kaufen weiter wie verrückt.«
»Wie groß die Nachfrage wirklich ist, wissen wir nicht einmal, weil wir nicht genügend liefern können. Alle haben ihre Kapazitätsprobleme, besonders die Marktführer Volkswagen und Opel.« Er läßt

anklingen, wie schmerzlich ein Verkäufer berührt ist, wenn er Bestellungen nicht liefern kann.

Mit der Kauflust für Automobile hätten sich die Neubürger nicht übernommen, »jedenfalls nicht in dem Sinne, daß sie ihre Raten nicht zahlen konnten«. Aber sie strapazieren sich dadurch, daß sie einen viel höheren Anteil ihres Einkommens und ihrer Ersparnisse für ihre Motorisierung ausgeben: Im Westen gehen zehn bis 15 Prozent fürs Auto drauf, im Osten aber 20 bis 25 Prozent. Diese Präferenz wird noch signifikanter, wenn man berücksichtigt, daß die Osteinkommen bei 50 bis 60 Prozent der westlichen liegen.

Volkswagen gilt als großer wie entschlossener Investor in den neuen Bundesländern. Last oder Lust? Schmidt lehnt sich zurück. Lange vor der Einheit bestanden Geschäftsverbindungen mit der DDR. Man sprach nie so laut darüber. Seit dem »Zehntausendergeschäft« (Honecker kaufte 1977 rund 10000 Golfs) habe man 1988/89 über ein Motorenprojekt gesprochen – »ohne jeden Gedanken an irgendeine Vereinigung«. VW plauderte damals intensiv mit den Herren Mittag und Beil (Wirtschafts- und Außenwirtschaftsminister), man fahndete nach einem politischen Loch, um eine Pkw-Industrie einfädeln zu können. »Weitgehende Pläne hatten wir«, erinnert sich der VW-Mann, »sie kamen uns später bei der überraschenden Einheit sehr zupaß.«

Irrtumsfrei ging es freilich auch bei VW nicht. Schmidt: »Wir sind zwar in den ersten Monaten, bis etwa März, April 1990, davon ausgegangen, daß es zu einer Vereinigung kommt, aber daß die DDR auf vier, fünf Jahre ein getrenntes Wirtschaftsgebiet bleiben würde. Mit niedrigeren Löhnen, mit einer irgendwie gearteten wirtschaftlichen Grenze.« Dort mitmischen zu können, sei als Lust begriffen worden. »Von einer Last wurde erst geredet, als deutlich wurde, daß wir dort bald westdeutsche Löhne haben werden, und daß wir in Deutschland eigentlich nicht mehr in neue Kapazitäten investieren können.«

Ein Hochlohnland aus VW-Sicht: Wenn wir mit Leuten Autos bauen, die 20 oder 25 Mark die Stunde verdienen, können wir nicht hoffen, diese Autos an Leute zu verkaufen, die nur zehn Mark Stundenlohn bekommen. Ein kleiner Trost dabei war und ist, daß der Steuerzahler rund ein Viertel des Investments finanziert. Nur ein Viertel? Klagte da nicht kürzlich ein Politiker, geschickte Investoren beteiligten das Finanzamt gleich zu hundert Prozent? »Dann wären wir ungeschickt gewesen«, kommentiert Schmidt gelassen.

Wann die erste Mark »drüben« verdient wird, bedarf der Erläuterung. Man habe nicht nur in zusätzliche Kapazitäten investiert, sondern dem Unternehmen sei ein neuer Markt zugewachsen. »Natürlich hätten wir den Markt auch aus unserer westlichen Produktion bedienen können. Betriebswirtschaftlich war das in Zwickau nicht zwingend.« In vier Jahren aber werde die Gewinnschwelle sichtbar.
Der Vorstoß von Volkswagen kann sich sehen lassen. »Bis Anfang 1994 werden wir fünf Milliarden ausgegeben haben. Eine bis zwei Milliarden investieren unsere Händler, etwa den gleichen Betrag unsere Zulieferer.« Eine seriöse Arbeitsplatzschätzung sei nicht aufzumachen. Aber der VW-Vorstand rechnet wie folgt: »Wir nennen 30000 bis 35000 Arbeitsplätze. Wie viele gesichert worden wären, wenn wir nicht nach Sachsen gegangen wären, weiß niemand. In der eigentlichen Automobilfabrik arbeiten knapp 7000, bei den Händlern weitere 7000. Die wären aber auch gekommen, wenn wir nicht rübergegangen wären. Und die Zulieferindustrie schätzen wir auf etwa 20000 Mitarbeiter in der einstigen DDR.«
Liegt der Aufbau im Plan? Schmidt schätzt knappe Antworten: »Ja. Geldlich und zeitlich. Im Absatz etwas höher. Es wird mehr gekauft. Ein Drittel mehr als erwartet. Wir hatten mit einem Gesamtmarkt von 500000 Autos gerechnet, es könnten 600000 bis 700000 werden.« Weil VW nicht liefern könne, machten die Ausländer das große Geschäft. Schmidt kann es noch immer nicht fassen, daß die Renaults und Seats wie die warmen Semmeln weggehen, nur weil sie abholbereit auf dem Hof stehen. »Ganz was Erstaunliches.«
Ein Verknüpfung glückhafter Umstände sei das schon gewesen. »Rückgang der Automobilnachfrage weltweit, in Amerika, in Japan. Einen Boom haben wir eigentlich nur in Mexiko und in Deutschland. Und wir wären sicherlich nicht vollbeschäftigt, wenn der Boom in der Bundesrepublik, Ex-DDR-induziert, nicht so stark gewesen wäre.«
Bis wann hielt der VW-Vorstand »Mosel« für eine Weinsorte? Bis Februar 1989, entgegnet Schmidt, denn dann wußte man von der Motorenfabrik im Raum Zwickau. Heute ein »fast normaler« Produktionsstandort. »Fast normal deswegen, weil alles anders ist: die Beschäftigten, die Löhne, die Mitbestimmung, die Rechtsform.« Anders als in den VW-Werken Hannover, Emden oder Salzgitter ist Mosel das einzige Werk in Deutschland mit eigener Rechtsform: eine Tochtergesellschaft.
»Die Idee stammt aus der Zeit, als wir noch glaubten, es werde zwei getrennte Wirtschaftsgebiete geben. Die Eigentumsverhältnisse sind

schwierig, das Werk gehört uns noch gar nicht.« Die Treuhand verfügt über 87 Prozent, VW via »Volkswagen Sachsen« über den Rest. Die Motorenfertigung ist ein Teil der Ifa-Tochter in Barkas, die Zylinderkopffertigung ein Teil der Eisenacher Werke (heute Opel-Gelände). Erst am Neujahrstag 1994 werde das Eigentum endgültig übertragen.

Das originelle Rechtskleid hat Folgen: eigene Betriebsräte, anderer Aufsichtsrat. Schmidt zögert einen Wimpernschlag: »Und andere Löhne. Ein kleiner Vorteil gegenüber dem VW-Haustarif. Er wird allerdings 1994 abgeschmolzen sein.« Darüber werde nicht diskutiert, denn alle sind froh, daß sie überhaupt einen Arbeitsplatz haben.

Für die These, daß zu rasche Lohnerhöhungen weitere Entlassungen provozieren, hält der VW-Mann eine andere Deutung parat: »Volkswirtschaftlich ist das richtig, weil die Produktivität der DDR-Wirtschaft bei etwa 40 Prozent der westdeutschen liegt. Aber wenn man dort ein neues und hochmodernes Werk baut, dann bietet es praktisch die gleiche Arbeitsproduktivität wie hier. Dennoch geringere Löhne zu zahlen, ist dann ein Vorteil.«

Dann hätte man eigentlich die ganze DDR-Industrie schleifen und neu aufbauen müssen? »Ja. Das ist nur zu teuer. Und es findet sich niemand, der es finanziert.« Nach der Einheit sei keine andere Wahl geblieben: »Wir haben entschieden, dort das modernste – also auch das kapitalintensivste – Werk zu bauen. Es braucht also auch am wenigsten Mitarbeiter. Wir werden nur 6800 Leute haben, aber mehr Autos bauen als die alte Ifa mit ihren 65000 Menschen.« Mit nur zehn Prozent Personal mehr und bessere Autos als vorher? Die Fertigungstiefe sei nicht vergleichbar, meint er, aber die Produktivität sei sechs- bis zehnmal höher als vorher.

Der Milliardenrausch verdeckt, daß es in Zwickau im Do-it-yourself-Verfahren nach Art einer Bastelwerkstatt begann. Schmidt bestreitet das nicht. »Wir liefern das gesamte Blech an. Es wird dort zusammengeschweißt. Weil die Lackierereikapazität nicht ausreicht, wurden die Wagen nach Ingolstadt zum Lackieren gebracht. Jetzt ist eine kleine Lackiererei fertig. Augenblickliche Tagesproduktion: rund 350 Wagen. Höchst unproduktive Methode, um in die Gänge zu kommen! Aber wir wollen die Leute nicht nur beschäftigen, sondern trainieren – und uns zusätzliche Kapazität sichern. Denn wir sind derzeit ausverkauft. Da schaut man nicht so streng auf die Kosten, weil man sonst Geschäft verliert.

Die neuen Mitarbeiter »sind toll dabei«. Begeisterung und Pionierstimmung wie in den fünfziger Jahren. »Das gilt für Volkswagen in Zwickau, Sachsen. Ich kenne Gegenden, da ist das anders.« Daß das Tempo voll mitgehalten wird, mag auch damit zusammenhängen, daß die Mitarbeiter stolz auf die gewonnene Auslese bei VW sind. Ich habe es geschafft. Schmidt ergänzt Eindrücke: »Da sieht man, wie die Baulaster anrollen. Schutt wird abgeräumt. Fabriken werden hochgezogen. Maschinen werden geliefert. Der Bundeskanzler kommt zur Grundsteinlegung. Da bewegt sich etwas. Eines Tages werden wir 1200 Autos am Tag bauen.«

Das Politbüro auf dem Luxusdeck der Titanic

Hat die alte SED-Riege eigentlich gewußt, daß sie die DDR auf Verschleiß fuhr, daß die Abbruchbirne schon hinter der nächsten Ecke wartete? Schmidt ist sich ganz sicher: »Die haben das gewußt. Ob Honecker selber auch, kann ich nicht beurteilen. Beim Glas Bier sprachen die anders, als sie es im ›Neuen Deutschland‹ schrieben. Denen war es auch nicht peinlich, die Kapitalisten um ein Motorenwerk anzubetteln. Besonders die Technokraten waren illusionslos.«
Auch der VW-Mann weiß eine Schnurre über den SED-Bonzen und Devisenjongleur von »KoKo« zu berichten: »Im ersten Brief schrieb ich Schalck noch mit ›k‹, ein paar Monate später mit ›ck‹, schließlich adressierte ich ihn Schalck-Golodkowski.« Damit keine Mißverständnisse aufkommen, ergänzt er rasch: »Getroffen habe ich ihn nie, aber mit ihm korrespondiert wegen des Golf-Geschäfts. Die Leute, mit denen wir zu tun hatten, waren recht gewandt, kannten sich im Westen aus. Aber sie machten sich keine Illusionen über den Zustand ihrer Wirtschaft. Sie glaubten auch nie, daß der Wert der Währung wirklich eins zu eins ist.«
Das SED-Politbüro hockte auf dem Luxusdeck der »Titanic«, ließ das Orchester aufspielen, während das Wasser bereits den Maschinenraum überflutete? »Genauso war es. Die Spitzenleute wußten, daß sie auf Kosten der Zukunft lebten, weil sie nicht reinvestierten. Sie kannten keine Abschreibung, flickten nur notdürftig zusammen. Die Betriebe mußten alles abliefern und dann beim Kombinat und beim Maschinenbauministerium jedes Jahr um Finanzmittel betteln.«
Der Ansturm auf die Arbeitsplätze ist nicht nur groß, sondern »riesengroß«. Man bekomme auch alle Fachkräfte, die man benötige. Aber Schmidt bremst den Optimismus: »Mitte 1990 haben wir in einer Gesellschaft, wo vierzig Vorstände und Geschäftsführer aus der Industrie Mitglied sind, erfragt, wann die alte DDR mit der alten Bun-

desrepublik gleichgezogen haben würde. Antwort: im Schnitt 5,6 Jahre. Auch ich war viel zu optimistisch. Realistisch sind wohl zehn bis zwölf Jahre.«

Der Weg bis zum selbstverdienten Einkommen muß durch Transfers aus dem Westen geebnet werden, das ist für den Volkswagen-Manager klar. Einen identischen Wohlstand werde es ohnehin nie geben: »Nehmen Sie beispielsweise das südöstliche Niedersachsen – es subventioniert Ostfriesland. Bayern, Hessen und Baden-Württemberg subventionieren wiederum Niedersachsen. Diese regionale Umverteilung akzeptiert jedermann.« Ein Gefälle werde es deshalb auch noch in dreißig Jahren geben. »Aber der Unterschied darf nicht so groß sein, daß nur die Hälfte der Einkommen selbst erarbeitet wird, während die andere aus Überweisungen stammt.«

Management mit Kopf und Bauch

Volkswagen ist ein deutsches Unternehmen – Zweifel daran sind nicht erlaubt. »Wir spüren erstens eine Verpflichtung; zweitens wissen wir, daß uns die Unterlassung von Investitionen noch teurer käme. Drittens kommt unsere sächsische Tradition hinzu. Es ist nicht ganz ohne Bedeutung, daß Carl Hahn (Vorstandsvorsitzender) dort geboren ist. Sein Vater war Vorstandsmitglied bei der Auto-Union. In Zwickau haben wir im Museum mit leuchtenden Augen die Horchs und Audis bestaunt.« Jenseits des Rechnerischen gebe es eben den »Faktor Bauch« im Management.

»Natürlich haben wir Fehler gemacht«, räumt Schmidt ein, »beispielsweise indem wir die Dauer der Übergangszeit unterschätzt und uns auf die alte Ifa verlassen haben. Wir haben zu lange an dieser Illusion eines Gemeinschaftsunternehmens festgehalten. Monate haben wir dadurch verloren.« Auch bei der Ernennung der Händlerbetriebe habe VW zu lange (und anders als Opel) auf die alten VEB- und PGH-Strukturen gesetzt. Schmidt, lange Jahre in USA, nennt die tauben Nüsse »dead wood«.

Vollkommen übersehen hatte der Vertrieb den Haß der Leute auf ihr altes Regime. »Da gab es Kunden, die nicht ums Verrecken in ihrem Heimatort kauften, sondern nur im Westen. Zu dem alten Trabi-Händler ging man eben nicht. Da konnten wir tausendmal beteuern, daß überall der gleiche Motor und der gleiche Service geboten werde – sinnlos.«

Für Volkswagen war die Region jenseits des Eisernen Vorhangs kein völlig unbekanntes Gelände. Aber was sich heute im Osten eröffnet,

erfordert neue Überlegungen. Die neuen Bundesländer als Sprungbrett nach Osten? »Ja, aber auch nicht mehr als dies. Die Lage ist weit schlechter, als man allgemein annimmt. Hinsichtlich der preislichen Situation bin ich optimistisch, in bezug auf die wirtschaftliche Lage habe ich starke Bedenken. Ob die Leute dort stillhalten? Wenn es noch lange weiter nach unten geht, sicherlich nicht. Industrielle Kooperation in der ehemaligen Sowjetunion? Das wäre sehr mühsam und riskant. Die Voraussetzungen sind jedenfalls erheblich schlechter als zum Beispiel in China, wo wir in zwei Joint-ventures sehr erfolgreich sind.«
Wenn sich aber nun die Menschen in Sachsen einen Golf kaufen können und diese Chance auch für Polen, Ungarn oder Tschechen aufschimmert – wann treten die Ukraine, Moldawien, Kirgisien, Rußland ins VW-Visier? Schmidt zögert nicht: »Eine Generation später. Von wem soll die Hilfe denn kommen? Da bin ich skeptisch.« Den Reformern empfiehlt er eine rigide Politik: Niemals zu früh Geld geben, denn sonst gewöhnen sich die Länder daran; es muß erst alles richtig kaputtgehen, bevor es durch Eigeninitiative wieder aufwärts geht. Selbst wenn genügend Geld da wäre – es wäre unklug, es jetzt rüberzugeben. Natürlich dürfe im Winter niemand verhungern. Volkswagen könnte technische Hilfe geben, »aber wir werden keine Automobilfabrik in der Sowjetunion finanzieren«. Auch nicht in St. Petersburg oder in Riga? »Nein, die Menschen brauchen anderes dringender. Es ist auf absehbare Zeit kein Markt vorhanden.«

Überraschungen beim Go East

Völlig anders stelle sich der Erwerb von Skoda dar: »Der Zustand des Werkes ist viel besser, nicht so heruntergekommen. Die brauchen ein moderneres Produkt, aber ihre Fertigungsanlagen sind sehr gut. In Bratislava, unserer zweiten Fabrik, stehen die modernsten Anlagen. Nein – unsere Ostphantasie begrenzt sich derzeit auf den Raum, den wir früher Zentraleuropa nannten.«
Was geschieht mit dem neuen sächsischen VW-Werk, wenn die Automobilkonjunktur einmal abkippt? »In einer Rezession werden wir die Produktion in Spanien und in Belgien etwas herunterfahren, auch ein paar weniger in Emden und in Wolfsburg machen, auch in Sachsen. Da muß jeder bluten.« Die Produktivität in Spanien sei gut, die in der früheren DDR vermutlich besser. Deswegen sei modernes Investment zwar wenig arbeitsplatzintensiv, aber dafür auch weniger rezessionsanfällig.

Zu den Überraschungen beim Go East rechnet Schmidt einen Vorstandsausflug nach Zwickau. »Wir besuchten mit dem Vorstand die Ifa und ihr Museum. Wir kamen in die Technische Entwicklung. Und dort waren wir sehr überrascht, welche technischen Leistungen erbracht worden waren, die nie in Produktion gingen, weil der Staat es nicht wollte. Da trafen wir Ingenieure, so zwischen 55 und 65 Jahren alt, die uns mit Tränen in den Augen ihre Kreationen zeigten. ›Das haben wir gemacht, bevor ihr mit dem Golf gekommen seid. Wir hätten das auch geschafft, aber man ließ uns nicht.‹ Ein erschütterndes Erlebnis.«

Schwierigkeiten hatten die Volkswagenstrategen mit dem Warten. Sie glaubten ursprünglich, daß Menschen, die ihr Leben lang Schlange gestanden haben, auch drei Wochen auf ihr neues Auto warten könnten. »Völlig falsch. Keiner war bereit, auf einen neuen Volkswagen auch nur drei Tage zu warten. VW hat starke Sympathien in den neuen Bundesländern – aber so weit, daß man Lieferfristen akzeptierte, gingen sie nicht. Lieber wechselten sie die Marke. Was mich natürlich betrübt. So sind die Verkaufserfolge von Seat, einer anfangs absolut unbekannten Marke, zu erklären.«

An den identischen deutschen Autokunden glaubt Schmidt auch deswegen nicht, »weil sich Traditionen anders entwickeln, wenn man schon vor Jahrzehnten den Führerschein auf einem VW gemacht hat«. Umweltbewußtsein? »Man lehnt den Katalysator nicht ab. Aber als man ihn haben konnte, wollte man ihn zunächst nicht. Dieses Umweltbewußtsein wird sich ändern. Wie etwa in den fünfziger Jahren reagieren Käufer auf die Ausstattung und den Zusatznutzen. Das Auto soll dort eben noch etwas hermachen, während es im Westen doch ein Gebrauchsgut geworden ist.«

Auf die Frage, ob Volkswagen nicht irgendeine volkseigene Idee habe nutzen können, legt Schmidt eine Denkpause ein. Dann aber: »Nein. So etwas gab es nicht.« Statt dessen gab es Probleme, beispielsweise in der Werbung. »Man versteht unsere Werbebotschaften nicht. Man sucht in der Werbung die Information, nicht die Emotion. Als wir den neuen Polo einführten, führten wir den Werbefilm unseren westlichen Händlern vor: stehende Ovationen. Da segeln Fallschirmspringer mit ihrem Polo an einem Fallschirm herunter. Die Botschaft lautete: Ein Polo ist so schön, da möchte man immer drin sitzen bleiben! Im Osten hielt man uns für komplett meschugge. Ein Auto an einem Fallschirm? Völlig unwirklich. Dort gilt Werbung in Hubraum, Kilogramm und Höchstgeschwindigkeit.«

Dr. Werner P. Schmidt, Mitglied des Vorstands der Volkswagen AG, Geschäftsbereich Überseegeschäft und Vertriebsstrategie
Mit Wirkung vom 1. August 1975 wurde Dr. Werner P. Schmidt vom Aufsichtsrat zum Mitglied des Vorstands der Volkswagen AG, Geschäftsbereich Vertrieb, berufen. Im Zuge der Einführung der neuen Konzernstruktur Ende 1990 übernahm er als Mitglied des Konzern-Vorstands die Leitung des Ressorts Überseegeschäfte und Vertriebsstrategie.
Werner P. Schmidt ist am 5. Juli 1932 in Borken/Westfalen geboren. Nach dem Abitur studierte er an deutschen und amerikanischen Hochschulen Volks- und Betriebswirtschaft. Nach der anschließenden Promotion an der Universität Köln begann er 1956 seine berufliche Laufbahn bei den Kölner Ford-Werken zunächst im Vertriebswesen. Er arbeitete unter anderem zwei Jahre im Außendienst (Bundesrepublik und USA), war danach mit den Aufgaben des Marketingleiters für Personenwagen beauftragt und zeichnete schließlich als Verkaufsleiter für den Inlandsmarkt verantwortlich.
1967 kam Dr. Schmidt zur damaligen Volkswagen AG und übernahm die Leitung des Exportgeschäfts. Zu seinem neuen Verantwortungsbereich gehörten das Fahrzeuggeschäft, der Kundendienst und die Ersatzteileversorgung auf allen Auslandsmärkten, abgesehen von den Überseeländern, in denen das Unternehmen eigene Tochtergesellschaften besitzt.
Im April 1971 wurde Dr. Schmidt zum Vorstandsvorsitzenden der Volkswagen do Brasil S. A. ernannt, ein Amt, das er zwei Jahre innehatte.
Zum 1. Juli 1973 folgte zunächst die Berufung zum Sprecher des Vorstands der damaligen Audi NSU Union AG, und am 1. Dezember 1973 wurde er schließlich zum Vorsitzenden des Vorstands bestellt.
Dr. Schmidt ist verheiratet und hat zwei Kinder.

Ansonsten sei der Ostkunde in der Regel doch noch etwas pflegeleichter als der kritische Wessi, findet der Volkswagen-Vorstand. »Selbst die Händler, die sich auskennen, bekommen immer noch runde Augen, wenn wir ihnen anbieten, bei einer Autopanne eine Hotelübernachtung zu bezahlen. Das wird drüben kaum in Anspruch genommen – hier ja. Nein, ein richtiger Konsument ist das noch nicht. Das überrascht mich ebenfalls.«

FIRMENPORTRAIT

Der Volkswagen-Konzern ist der viertgrößte PKW-Hersteller der Welt. 1991 produzierte er über 3 Millionen Fahrzeuge unter den Marken Volkswagen, Audi sowie SEAT, die in praktisch allen Ländern der Erde verkauft wurden. Im selben Jahr wurde der tschechische Automobilhersteller Skoda die vierte Marke des VW-Konzerns. Zum Jahresende 1991 beschäftigte das Unternehmen weltweit – ohne Skoda – über 266000 Mitarbeiter auf vier Kontinenten, davon 170000 in den elf inländischen Fertigungsstätten. Der Umsatz des Konzerns lag 1991 bei 75 Milliarden DM und damit deutlich über dem Vorjahresumsatz von 69 Milliarden DM.

In Europa behauptete der VW-Konzern seine führende Position als größter Fahrzeugproduzent und -anbieter, die er seit 1985 hält. Der Marktanteil beträgt hier einschließlich Skoda 16,3 Prozent. Der VW Golf war zum neunten Male ohne Unterbrechung das meistverkaufte Automobil in Europa und zum siebzehnten Male – und damit in jedem Jahr seit seiner Markteinführung – in der Bundesrepublik Deutschland.

Die Modellpalette reicht im PKW-Bereich von Kleinwagen der Marke SEAT bis zu Fahrzeugen der Luxusklasse der Marke Audi. Im Bereich der Nutzfahrzeuge beginnt das Angebot bei kleinen Pick-up-Fahrzeugen von SEAT und VW und reicht bis zum 22-Tonner, der in Brasilien hergestellt wird.

Volkswagen ist der jüngste europäische Automobilhersteller und leitete sehr früh seine Internationalisierung durch eine gezielte Exporttätigkeit und den Aufbau von Produktionsstätten im Ausland ein. Im Mittelpunkt dieser international ausgerichteten Aktivitäten stand bis in die siebziger Jahre der VW-Käfer, der vielfach die Aufgabe des automobilen und industriellen Entwicklungshelfers übernahm. Bereits 1947 erfolgten die ersten Fahrzeugexporte in die Niederlande, 1949 in die USA. In den 50er Jahren wurden die Tochtergesellschaften in Kanada, Brasilien, Australien, den USA und Südafrika gegründet. 1964 erfolgte der Schritt nach Mexiko.

Eine Vielzahl technischer Innovationen stammt aus dem VW-Konzern, der auch heute beim Fahrzeugrecycling und bei der Fahrzeugsicherheit neue Maßstäbe setzt, oder wurde hier erstmals in Großserie realisiert. Beispiele dafür sind die elektronische Einspritzung, das Golf-Konzept, das Vorbild für eine ganze Fahrzeugklasse wurde, der kleine Hochleistungs-Dieselmotor für die Mittelklasse und der Katalysator für Dieselmotoren.

In den letzten Jahren wurden entscheidende strukturelle Maßnahmen und Verbesserungen durchgeführt, um den VW-Konzern auf die Anforderungen von morgen auszurichten. Hierzu gehören der Aufbau zweier Automobilfabriken in China, gemeinsam mit chinesischen Partnern, der Mehrheitserwerb an dem spanischen Automobilhersteller SEAT, die Kooperation mit Toyota auf dem Sektor der leichten Nutzfahrzeuge sowie das Zusammengehen von Volkswagen und Ford in Lateinamerika mit dem Gemeinschaftsunternehmen Autolatina. 1991 wurde in Portugal ein weiteres Jointventure mit Ford gegründet, das die Produktion einer Großraumlimousine zum Ziel hat.

Die Umwälzungen in Zentral- und Osteuropa waren für den VW-Konzern eine besondere Herausforderung. So beteiligte er sich nicht nur an dem traditionsreichen tschechischen Automobilunternehmen Skoda, sondern gründete auch im April 1991 zusammen mit dem tschechischen Partner BAZ in Bratislava ein Gemeinschaftsunternehmen, die Volkswagen Bratislava Spol. s r. o.

Mit den vier Marken – Volkswagen, Audi, SEAT und Skoda – schafft der Volkswagen-Konzern die Voraussetzungen, seine Position auf den Weltmärkten trotz ständiger Wettbewerbsverschärfungen weiter zu festigen und auszubauen. (Stand: Januar 1992)

Bombengeschäft mit Audi

Beim Service etwas anspruchsloser bedeutet aber nicht Billigausstattung. »Wir haben ungefähr den gleichen Modell-Mix und den gleichen Motoren-Mix. Wer ein Auto kauft, der will auch ein richtiges haben – und keines, dem man ansieht, daß das Geld für die Luxusausstattung nicht reichte.« Falls es nicht reichen sollte, fährt man lieber noch einige Monate den alten Wartburg.

Andererseits saß vielen das Geld recht locker in der Tasche. Erstaunlich fand es Schmidt, wie schnell die Kundschaft auf eine bestimmte Art der Finanzierung – das private Leasing – einschwenkte. Über eines vermag der VW-Mann seine Befriedigung nicht zu unterdrücken: »Der Marktanteil der Hochklasse ist ausgesprochen gering. Wir machen ein Bombengeschäft mit Audi, weil die Firmenkundschaft, die Inhaber und Geschäftsführer, zwar ein besseres Auto fahren, aber nicht demonstrativ mit einem Mercedes anrollen möchte.«

Die sächsische VW-Tochter wird sich einfügen in den Konzern, steht aber auch in Konkurrenz beispielsweise zu Skoda. »Dort erweitern wir die Kapazität von 180000 auf 400000 Stück. Man kann nicht sagen, wir produzieren in Mosel nur für den DDR-Markt. Mitte der neunziger Jahre werden wir in den neuen Bundesländern zwar 250000 Autos verkaufen und dort gleichzeitig 250000 produzieren, aber die Typen sind nicht identisch. Also: Die Golfs aus Sachsen bleiben beileibe nicht alle dort.«

»Die Zukunft des Autos ist das Auto der Zukunft«

Schrecken die Vorboten eines Verkehrsinfarktes die Käufer ab? »Überhaupt nicht. Niemand tritt vom Autokauf zurück, weil er eine Viertelstunde länger in die Stadt braucht.« Aber Sorge bereiten auch Schmidt die höheren Unfallzahlen. Wenn der GTI mit 190 Sachen über die pockennarbige Autobahn nach Leipzig braust und der Führerschein eine Form des Waffenscheins darstellt: »Ich hoffe, diese Unvernunft legt sich.« Wenn die Branche hier untätig bleibt, sägt sie den Ast ab, auf dem sie sitzt. »Wir müssen die Umdenke anregen. Nur wollen wir es nicht durch Autoverbote. Wir sind auch für die autofreie Innenstadt, für höhere Parkgebühren und andere Verkehrslenkungen.«

Viele Industrieländer tun weiter so, als ob das Öl in jeder Menge verfügbar wäre und es keinen Klima-Effekt durch CO_2 gäbe. »Wir halten uns an das Motto: Die Zukunft des Autos ist das Auto der Zukunft. Wir müssen andere Autos fahren, wenn wir überleben wollen. Das hat sich auch schon durchgesetzt.« Die treibende Kraft dieser gesellschaftlich definierten Verantwortung komme allein aus dem Westen, stellt er fest.

Die Japaner haben ganz gute Marktanteile in der einstigen DDR. Höhere als hier. Sie konnten schneller liefern. »Ärgert Sie das?« »Ja.« »Wundert es Sie?« »Nein, die Japaner bauen gute Autos.« »Führen die Japaner einen Krieg gegen den Rest der Welt?« »Ihre

Sprache zumindest ist kriegerisch«, meint Schmidt, »aber ihre Waffen sind sehr verbraucherfreundlich.« Ford und Opel sind ebenfalls Ausländer. »Sollten die Japaner eines Tages nicht nur in England 1,2 Millionen Autos bauen, sondern auch in Rheinhausen, dann ist das kein Wirtschaftskrieg. Außerdem: Ich möchte den Brüsseler EG-Kommissar sehen, der Japaner daran hindert, in Amerika gebaute Hondas und Toyotas nach Europa zu bringen.«

Aber wir schweifen ab. Bei der Finanzierung der deutschen Einheit werde gefährlich viel über Kredite finanziert. »Wir haben einen Punkt erreicht, wo wir nicht wie bisher weitergehen können. Weitere Transferleistungen müssen über Einsparungen und nicht über Inflation finanziert werden.« Die »Steuerlüge« nimmt Schmidt den Politikern übel – »da bin ich etwas altmodisch«. Für die Gewerkschaften, die um Lohnangleichung kämpfen, hat er Verständnis. Warum soll jemand für die gleiche Anstrengung – nicht für das gleiche Ergebnis – nur sechzig Prozent von dem erhalten, was sein Kollege nebenan bekommt? Zweifelndes Kopfschütteln: »Sehr schwierig für die Gewerkschaften. Wir können hundertmal unsere volkswirtschaftlichen Argumente über die Produktivität vortragen. Diese Verantwortung scheint deutsche Gewerkschaftler zu überfordern. Sie schüren drüben dieses Feuer zu stark. Und sie verschweigen ihren Mitgliedern hier, daß sie die Zeche als Verbraucher zahlen.«

Mittlerweile ist die Dämmerung herabgefallen. Vermutlich sind die Autobahnen jetzt auch wieder leerer. Der VW-Manager will mir noch eine strukturelle Ermunterung mitgeben: »Schumpeter (Nationalökonom) hat mit seiner Theorie der schöpferischen Zerstörung schon recht. Es muß zerstört werden, um wieder aufzubauen. Deswegen wird Mosel das modernste Werk, das VW in Deutschland haben wird. Wenn alle so verfahren, werden die produktiveren Fabriken am Ende des Jahrzehnts in den östlichen Bundesländern liegen.«

Werden wir im Jahre 2000 über unsere früheren Verzagtheiten schmunzeln? Werner P. Schmidt gibt eine ebenso ausschweifende wie erschöpfende Antwort: »Ja.«

Persil bleibt nie Persil

Verlierer sind die 55jährigen, Jugendliche und Rentner gewinnen – Henkel-Mann Helmut Sihler träumt von Inseln der Leistung

Peter Gillies: *Herr Professor Sihler, Sie haben kürzlich, wie man lesen konnte, bei Henkel alle Titel abgeschafft. Ist das in Genthin (Sachsen-Anhalt) auch so? In der alten DDR liebte man Titel über alles.*

Helmut Sihler (lacht): Ich nehme es an, ich weiß es nicht. Ich vermute, die Titel sind auch dort abgeschafft worden.

Sie sind von Geburt Österreicher. Was ist die erste Bilanz eines Henkel-Mannes am ersten Jahrestag der deutschen Einheit?

Sihler: Wir haben etwas Ungewöhnliches versucht: einen ostdeutschen Markenartikel zu neuem westlichen Leben zu erwecken. Dieses Experiment ist bei den Waschmitteln – was den östlichen Verkauf angeht – aufgegangen. Die Frage, ob wir »Spee« auch im Westen durchsetzen können, ist noch offen, wenngleich wir gewisse Mengen auch in Westdeutschland verkaufen.

Das klingt nicht sonderlich hoffnungsvoll.

Sihler: Kann es auch nicht, denn letzten Endes ist es ein Produkt, das gegenüber den westdeutschen Markenartikeln keinen besonderen Vorteil hat. Aber es ist gelungen, es in Ostdeutschland neu zu positionieren und zu erhalten. Wir haben mit diesem Experiment einen Erfolg erzielt und hoffen, daß es so bleibt.

Ihr Unternehmen verfügt über einen unwiderlegbaren werblichen Imperativ: »Persil bleibt Persil«. »Spee bleibt Spee« war mir bisher allerdings noch unbekannt.

Sihler: Wir sagen allerdings: Persil bleibt Persil, weil Persil nicht Persil bleibt. Was haben wir in Genthin vorgefunden? Die ehemalige Henkel'sche Waschmittelfabrik mit einem Marktanteil von 80 Prozent in der Zwangswirtschaft. Im Zuge der Währungsreform standen wir vor der Frage, ob wir Genthin übernehmen sollten. Was wir aber derzeit nicht brauchen, ist eine Fabrik. Andererseits gab es sentimentale Gründe, das alte Waschmittelwerk wieder zu erwerben.

War da Konrad Henkel die treibende Kraft?

Sihler: Er hat sich dafür interessiert. Es wäre uns nicht angenehm gewesen, wenn die Waschmittelfabrik in die Hände von Unilever gefallen wäre. Aber wir mußten nach Gründen suchen, um das rational zu rechtfertigen. Es waren zwei Fragen: Eröffnet uns Genthin einen Zugang zu Exporten in die Sowjetunion? Wie können wir dieses Produkt »Spee«, das mit 80 Prozent Marktanteil eine große Rolle spielte, in bestimmten Grenzen erhalten?

Wie fielen die Antworten aus?

Sihler: Als überhaupt nicht tragfähig erwiesen sich die Ostexporte. Sie fielen total aus. Die Umstellung von Spee auf einen unter Marktbedingungen wettbewerbsfähigen Markenartikel ist dagegen gelungen. Es wäre natürlich viel einfacher gewesen, diese Waschmittel aus dem Westen zu importieren – auch wesentlich rentabler. In Genthin machen wir Verluste von zehn, zwölf Millionen Mark im Jahr. Die Art und Weise, wie die deutsche Konsumgüterindustrie von der Vereinigung profitiert hat, war eben ein Weg, der uns im Hinblick auf unsere alten Bindungen zu Genthin nicht als der allein gangbare erschien. Ein vorhandenes Produkt zu retten, ist dann auch gelungen. Wir haben sofort nach der Währungsunion das Produkt phosphatfrei gemacht – obwohl uns die Fabrik noch nicht gehörte –, eine neue Verpackung entworfen, die Belegschaft mit einer Grundlage von marktwirtschaftlichem Verständnis geschult, einen Vertriebsapparat aufgebaut. Für mich war das Entscheidende, daß die DDR-Firmen nach der Wiedervereinigung keinen Markt hatten. Ihnen sind zwei Märkte gleichzeitig weggebrochen, der Export- wie der Binnenmarkt. Wenn eine Firma keinen Markt mehr hat, ist es fast egal, was sie fabriziert und welche Kosten sie hat.

Kann man solch bittere Wahrheiten auch etwas sensibler aussprechen?

SIHLER: Das ist die Realität, die wir schon im Frühjahr 1990 klar sahen. Dennoch gab es für die Vereinigung keine Alternative. Die Währungsreform war hundertprozentig richtig. Dieses ganze Gerede einiger Politiker beispielsweise über angeblich sanfte Methoden, um noch irgend etwas zu retten, war blanker Unsinn. Daraus ergibt sich: Je schlimmer und je tiefer das Tal, desto schneller die Gesundung. Die Hilfsmaßnahmen im Übergang, so sehr sie politisch vertretbar sind, verhindern letztlich eine sehr schnelle Gesundung.

Die Politik hat sich gegen den schmerzhaften und kurzen Prozeß und für den sanften, aber langen entschieden.

SIHLER: Damit unterfordert sie die Leute. In einer Krise muß man die Leistung testen. Bei diesem Jahrhundertereignis hätte die Politik der west- wie der ostdeutschen Bevölkerung das Problem viel härter vor Augen führen müssen. Sie hat die Bevölkerung unterfordert und damit die »Steuerlüge« und andere voraussehbare Diskussionen ausgelöst. Wir reden mit unseren Betriebsräten auch Klartext: Durch diese Krise muß man durch – was letzten Endes auch honoriert wird.

Haben die Unternehmer der Politik ihren Rat vorenthalten?

SIHLER: Unternehmer sind darauf eingestellt, mit Investitionen vernünftige Wettbewerbspositionen aufzubauen und damit Geld zu verdienen. Viele empfanden es als eine sonderbare Schlachtordnung, daß sie dort plötzlich aus übergeordneten nationalen Aspekten investieren sollten.

Es gibt auch Investitionen, die erst längerfristig Erträge abwerfen.

SIHLER: Richtig. Daß dort ein Markt entstand, sahen die Unternehmer natürlich mit Begeisterung. Sie haben die Chance genutzt. Aber sie konnten ihn locker aus ihren westdeutschen Fabriken beliefern. Um als Waschmittelfabrikant nach Bayern einzudringen, benötige ich keine bayerische Fabrik. Es reicht, wenn ich eine in Nordrhein-Westfalen habe. Warum muß ich in Sachsen eine Fabrik haben, wenn ich in Sachsen Waschmittel verkaufe? Damals haben wir uns auch noch eingebildet, man müßte die DDR-Firmen vor uns, den westlichen Wettbewerbern, mit Steuermanipulationen und ähnlichem beschützen.

Allgemein wird stets der Abbau von Subventionen gefordert. Im Detail geht es um das Gegenteil – ihre Erhöhung. Sind die im Falle der deutschen Einheit gerechtfertigt?

Warum ist das neue SPEE
ein Schritt zur gesamtdeutschen
(R)EINHEIT?
Das neue SPEE, produziert in Genthin, Sachsen-Anhalt, gibt es jetzt im gesamten Deutschland. Es ist das erste Waschmittel, das den Weg von Ost nach West geht. Durch die Produktion in Genthin trägt das neue SPEE zum Erhalt von Arbeitsplätzen bei und unterstützt die Wirtschaft in den neuen Bundesländern.
das neue
Spee
Vollwaschmittel
30°C 60°C 95°C
phosphatfrei
Das neue SPEE Vollwaschmittel, ein kraftvolles Waschmittel für alle Textilien, alle Waschtemperaturen und alle Waschverfahren, bietet gute Qualität zum vernünftigen Preis.
Das neue SPEE.
Henkel-Qualität
produziert in Genthin
für ganz Deutschland.
Henkel

Sihler: Unser System, die Subventionen eingeschlossen, funktioniert, weil Kräfte und Gegenkräfte für eine Machtbalance sorgen. Den Unternehmern stehen die Gewerkschaften gegenüber. Ohne Gewerkschaften würden sie ihre Einstellungen und Aussagen ändern. Auch mit der Politik liegen sie in einem Widerstreit. Er zwingt dazu, verschiedene Modelle auszuprobieren.

Viele gesellschaftlichen Gruppen haben sich über die Abläufe getäuscht. Ist es fair, den Schwarzen Peter nur der Politik zuzuschieben?

Sihler: Die Täuschung wurde durch den Wahlkampf begünstigt. Dabei haben die SPD und ihr Spitzenkandidat eine miserable Rolle gespielt. Aber auch die CDU hat Angst gehabt und fürchtete, sich diesem Sog nach Abbremsen der Einigungsdynamik nicht entziehen zu können. Noch im August des Jahres 1990 diskutierten wir über den Wahlmodus – ein lächerliches Hin und Her. Dann kam die FDP hinzu und trommelte gegen Steuererhöhungen. Nicht nur die Politiker, sondern auch die Wirtschaftler hatten sich über die miserablen Zustände in den Fabriken in der DDR getäuscht. Daß das eigentlich alles Schrott war, das wußten wir nicht.

Waren Ihre Ostexperten auf Tauchstation?

Sihler: Ich erinnere mich, als ich zu DDR-Zeiten auf der Wartburg dem Journalisten Theo Sommer zuhörte, der dort sehr nett begrüßt wurde. Ein schöner Tag. Herr Sommer schrieb dann in der »Zeit« diesen wunderbaren Artikel: Die DDR sei doch ganz sonnig, politisch auf dem Weg der Besserung, es entwickelten sich Freiheitsgefühle und ein eigenes DDR-Bewußtsein. Das war absoluter Unsinn. Warum hat dieser Journalist das nicht gesehen?

Was gab es bei Ihrem Engagement in Genthin zu sehen? Für ein Zwölf-Milliarden-Unternehmen mit 40 000 Beschäftigten schaut es mickrig aus.

Sihler: Mickrig ist kein passendes Adjektiv. Wenn ich mit den investierten hundert Millionen Mark keinen Gewinn erziele, dann ist das schrecklich viel und überhaupt nicht zu rechtfertigen. Ich wehre mich dagegen, daß wir Verluste als nationale Verpflichtung verbuchen. Wenn ich im Westen 100 000 Tonnen Kapazität für Waschmittel frei habe, dann brauche ich eigentlich keine Fabrik in Genthin. Sie ist also nur mit Klimmzügen zu rechtfertigen. Wir haben sie auf einen gewissen Standard gebracht, aber eben nur zu 50 Prozent.

Verbindet Henkel mit Genthin eine weiterreichende Ostphantasie?

SIHLER: Wir möchten in den neuen Marktwirtschaften langfristig Positionen besetzen.
Deshalb investieren wir in Polen, der Tschechoslowakei, der ehemaligen Sowjetunion und auch anderswo.

Wie steht es denn um Ihre Marktanteile?

SIHLER: Etwas anders als in der westlichen Bundesrepublik. Bei Kosmetik etwa sehr viel besser; bei Persil und dem Weißen Riesen sind unsere Marktanteile etwas niedriger.

Wie haben Sie denn die Filialisten überredet, das ehemals volkseigene Waschmittel »Spee« in ihre Regale zu nehmen?

SIHLER: Ich habe selbst einen Brief an alle großen Handelsorganisationen geschrieben. Da schwangen auch nationale Gefühle mit. Heute bekommen Sie »Spee« auch im Westen. Probieren Sie es im Kaufhof hier in Düsseldorf!

Wäre diese Wirtschaft auch ohne die Revolution zusammengebrochen?

SIHLER: Ja, in etwa drei bis vier Jahren. Es begann 1980 nach der zweiten Ölkrise, als die Führung der Sowjetunion und des Comecon dachte, sie könnte den Kapitalismus aushebeln, indem sie die Realitäten negierte. Das Ergebnis waren Verschwendung und Fehlleitung von Ressourcen. Leider hat Gorbatschow nicht den Mut für ökonomische Reformen bewiesen.

Ist dieses Riesenreich durch die weltwirtschaftliche Konkurrenz auseinandergesprengt worden?

SIHLER: Nein. Es war von innen her nicht in der Lage, auf neue Situationen zu reagieren. Die Wettbewerbswirtschaft ist eine Form der Anpassung an die Realität. Sie mag nicht immer angenehm, manchmal auch nicht moralisch hochstehend sein. Aber sie ist »real«. Der Ölpreisschock setzte neue Realitäten. Die Welt hat sich dann mehr oder weniger angepaßt. Wo sie sich mit marktwirtschaftlichen Methoden anpaßte, erzielte sie recht gute Ergebnisse. Wo man die Marktwirtschaft ausschaltete, waren die Ergebnisse schlecht. Viel einfacher ist es natürlich, die Realität nicht zur Kenntnis zu nehmen. Es ist allerdings auch der sichere Weg in die Pleite.

Fand 1989 eine ökonomische Revolution statt: »Wir sind ein Volk – Wir sind eine Volkswirtschaft«?

SIHLER: Man muß etwas tiefer schürfen. 1980 ist die Solidarnośc in Polen aufgetreten und hat Liberalisierungstendenzen eingeleitet – politische wie wirtschaftliche. Ungarn und Polen haben diese wirtschaftliche Liberalisierung im Rahmen des kommunistischen Systems sehr viel weiter getrieben als die DDR. Aber sie hat das aus ideologischen Gründen abgewürgt. Dabei hätte sie innerhalb des Comecon mit Marktwirtschaft ihre Führungsrolle ausbauen können. Dazu war sie ideologisch unfähig. 1989 flossen der Wunsch nach Freiheit und der nach Wohlstand zusammen. Was heute viele vergessen: Den Leuten ging es miserabel, die DDR hatte einen Lebensstandard, der noch viel schlechter war, als wir ihn uns vorgestellt hatten.

Sind Sie vielen Ärmelaufkremplern begegnet oder auch mancher gebremsten Energie?

SIHLER: Realismus und Einsatzbereitschaft haben mich positiv überrascht. Wir mußten den Leuten sagen, daß von den 1600 Mitarbeitern nur 400 bleiben könnten. Es sind derzeit noch 800 bis 900. Das war schon ein Schock für die Betroffenen. Unser Personalchef, eine sehr tüchtige Frau, machte mir das klar: Die Menschen wurden aus ihrer vierzigjährigen Programmierung und ständiger Anpassung – Schule, Beruf, Partei etc. – herausgerissen. Sie waren unvorbereitet. Wenn ich sehe, wie immobil unsere Westdeutschen auf Umstellungen reagieren, ständig wegen Nichtigkeiten demonstrieren – wo sind hier die Ärmelaufkrempler? Ich finde es ungerecht, die DDR-Leute hier zu schelten, aber bei uns den höheren Lebensstandard zu hätscheln, als wäre nichts gewesen.

Gibt es typische Gewinner und Verlierer?

SIHLER: Die Menschen zwischen 50 und 55 Jahren haben es verdammt schwer. Den älteren, die in Rente gehen, geht es besser. Die Rentner sind die Gewinner, ebenso die Jugendlichen – die wissen es bloß noch nicht. Ein 50jähriger, der gefeuert wird, hat meist keine Perspektive mehr. Auch keine Chance mehr, sie nachzuholen.

Haben Sie ein Rezept gegen diese Mischung aus Trauer, Angst und Hoffnungslosigkeit?

SIHLER: Nein. Das einzige Rezept, das man dafür haben kann, klingt etwas brutal: So schnell wie möglich die neuen Verhältnisse herstellen. Nicht zu viele Übergangsmaßnahmen. Wer den Schock zu stark abmildern möchte, gefährdet den neuen Aufbruch.

Wir haben uns für die milde Lösung entschieden.

SIHLER: Sie ist auch noch hart genug. Beschäftigungsgesellschaften oder diese Übergangs-Kurzarbeit Null waren für ein Jahr in Ordnung, aber jetzt wirken sie kontraproduktiv. Jetzt muß die Herausforderung kommen, wofür die Stimmung übrigens schon sehr viel besser ist.

Unternehmen sind auch soziale Organismen.

SIHLER: In Genthin wartete auf uns noch eine andere Überraschung: Wir waren plötzlich der einzige größere Arbeitgeber in der Stadt. Wir nahmen Kontakte mit den Pfarrern, dem Landrat und dem Bürgermeister auf. Wir spürten, daß wir etwas tun mußten – und zwar nicht nur, weil wir 1000 Leute entlassen haben. Daraufhin gründeten wir eine private Fördergesellschaft. Unsere Mitarbeiter haben rund eine halbe Million Mark gespendet. Die Firma hat auf zwei Millionen Mark erhöht.

Gerät das Problem nicht auf die falsche Schiene, nämlich auf die karitative statt auf die ökonomische?

SIHLER: Nein. Wir bieten Hilfe zur Selbsthilfe, keine Caritas. Die Spendenaktion hat zwei Motive: Sie macht unserer Belegschaft klar, daß sie an einer nationalen Aufgabe mitwirkt. Das löste heftige Diskussionen aus, positive wie negative. Es gab auch Stimmen wie diese: Die da drüben sollten mal selber anpacken, der Staat nimmt uns eh' die Gehaltserhöhungen durch Steuererhöhungen wieder ab. Der andere Teil dieses Lehrstücks war, daß die Firma eine positive Begleitung für den Wandel beisteuern kann, durch Schulung, Beratung und Hilfe zur Selbsthilfe. Alles muß schließlich organisiert werden – auch die menschliche Zuwendung. Ich bin ein wenig stolz drauf, daß wir etwas helfen können.

Kann man bei Henkel auch rote Socken porentief weiß waschen?

SIHLER: Die ersten Manager, mit denen wir sprachen, waren alle von der SED. Als wir dann die Firma übernahmen, merkten wir sehr schnell, daß die Belegschaft das nicht toleriert. Sie wollten die alten Bonzen einfach nicht mehr sehen.

Wie hygienisch ist die gesamtdeutsche Hausfrau?

SIHLER: Die Waschgewohnheiten waren sehr ähnlich. Absolut verschieden fiel die Reaktion auf Werbung aus. Werbeaussagen werden sehr ernstgenommen, flockige Ausdrücke nicht verstanden. Die Leute sind empfindlicher. Die Ausstattung mit Waschmaschinen hat eine ähnliche Größenordnung wie bei uns, Waschmittel waren qualitativ schlecht und überaus teuer.

Kosmetika und Körperpflege?

SIHLER: Diese Bereiche explodierten. Was in der alten Bundesrepublik die höherpreisigen französischen oder amerikanischen Prestigemarken waren, war unser »Fa« da drüben, obgleich es in Westdeutschland als eher mittelpreisiges Massenprodukt gilt.

Die gesamtdeutsche Hausfrau war waschmittelpolitisch recht identisch, aber schminkpolitisch noch nicht?

SIHLER: Als Bedürfnis ja. Aber die Gewohnheiten haben sich enorm geändert. Der Nachholbedarf wird aufgeholt. Die Marktforscher stellten aber fest, daß ihr Selbstwertgefühl und Selbstbewußtsein signifikant ausgeprägter ist als das der entsprechenden Zielgruppen in Westdeutschland. Das hing sicher mit der stärkeren Berufstätigkeit zusammen. Käme aber da einer vom Mars – er hätte Mühe, die Unterschiede festzustellen.

Wann sind die Narben der Teilung ausgewachsen?

SIHLER: Ist der Bayer ein typischer Wessi? Die Unterschiede sind psychologisch nicht so groß. Sie werden sich sehr schnell auswachsen. Ich glaube, die landsmannschaftlichen Unterschiede werden sehr viel größer sein. Die Mecklenburger sind eben ganz anders als die Hessen. Das wird ewig bleiben. Daß die politischen Verhältnisse noch nachwirken, glaube ich nicht. Es wird in der alten DDR Inseln der Leistungsfähigkeit geben, die zur Identifikation anreizen: eine Hochschule, ein Industriebetrieb, der erste Nobelpreisträger oder Hansa Rostock.

Wo liegen denn die Inseln der Leistungsfähigkeit in der Wirtschaft?

SIHLER: Eigentlich überall. Wenn ein ostdeutscher Baukonzern im nächsten Jahr in seinem Geschäftsbericht die ersten zehn Millionen Mark Gewinn ausweist, wird er etabliert sein. Der Erfolg muß aus der eigenen Bilanz kommen. Die Österreicher sagen immer, die Deutschen sind ja viel besser als wir. Das ist eine Schutzbehauptung, denn dadurch können sie sagen, in Wirklichkeit sind wir eh' besser. So werden nach einiger Zeit die Sachsen kommen und sagen, wir sind viel besser als die Bayern oder die Thüringer.

Wußten Sie, daß die Arbeitslosenquote in Bremen doppelt so hoch ist wie in Dresden?

SIHLER: Wußte ich nicht. Aber die in Dresden ist nicht echt. Das Nord-Süd-Gefälle in der alten

Prof. Dr. Helmut Sihler, geboren 1930 in Klagenfurt/Kärnten, Österreich; verheiratet, vier Töchter.
Studium in Graz und Vermont/USA, Philologie und Jura (Dr. phil., Dr. jur., B. A.). Seit 1957 bei der Firma Henkel KGaA, Düsseldorf; verschiedene Positionen im Marketing. Persönlich haftender geschäftsführender Gesellschafter, seit 1980 Vorsitzender der Geschäftsführung. Honorarprofessor für Betriebswirtschaftslehre in Münster. Mitglied des Verwaltungsrats der Ciba-Geigy AG, Basel, Vorsitzender des Aufsichtsrates der Degussa AG, Frankfurt, Mitglied des Aufsichtsrats der Adam Opel AG, Rüsselsheim, der Allianz-Lebensversicherungs-AG, Stuttgart. Mitglied des Board der IBM Corporation, Armonk, N. Y./USA.
Präsident des Zentralausschusses der Werbewirtschaft, Bonn (1983–1986) und Präsident des Verbandes der Chemischen Industrie, Frankfurt (1988/1989).

DDR ist enorm, größer als bei uns.

Die Lockdüfte für die Investoren kommen aus Sachsen und Thüringen, allenfalls aus Sachsen-Anhalt, aber kaum aus dem Norden.

SIHLER: Ich vermute, Sachsen und Thüringen werden ein Industrieland wie Nordrhein-Westfalen werden. Mit allen Schwierigkeiten. Und Mecklenburg wird ein Agrarland bleiben wie Schleswig-Holstein.

Wo hat Ihr Optimismus Dellen?

SIHLER: Ich glaube, die Bundesrepublik als Ganzes wird in Schwierigkeiten kommen. Sie krankt an Immobilität, tendenziell rückläufiger Wettbewerbsfähigkeit gegenüber Frankreich und ihren europäischen Nachbarn. Ich rede schon gar nicht von Japan. Sie päppelt ihren Sozialstaat in einer Art, die seine Leistung gefährdet. Die soziale Gesetzgebung hat dazu geführt, daß überhaupt nichts mehr passiert. Wenn ich bei Henkel 50 Leute entlassen muß, aber trotz Abfindungsangebot nicht darf, reduziert das ständig die Leistungsfähigkeit.
Meine große Sorge ist die Forschung. Wer kümmert sich denn um die Max-Planck- und die Fraunhofer-Institute, die nicht funktionieren? Was ist mit unserer Hochschulpolitik? Warum muß ein Land wie Nordrhein-Westfalen an der Spitze eines Booms Rekordschulden machen? Die Deut-

schen laufen Gefahr zu denken, der liebe Gott hat es gewollt, daß die Bundesrepublik viel besser lebt als der Rest der Welt. Und dann sagen Politiker: Wir fahren die Energiebetriebe und Kraftwerke zurück, Kernkraft wollen wir keine mehr, Braunkohle auch nicht, Einschränkung des Lebensstandards aber auch nicht. So bauen wir uns langsam eine kritische Masse auf – hohe Inflation, hohe Staatsdefizite und hohe Arbeitslosigkeit.

Sind die Deutschen zu fett geworden, um die Chance der deutschen Einheit wahrzunehmen?

SIHLER: Die politische Diskussion in der neuen Bundesrepublik sollte sich auf die Zukunft beziehen. Wo ist die Zukunftsfähigkeit der Bundesrepublik? Das Gegenmodell, der Kommunismus, ist zusammengebrochen. Was aber müssen wir jetzt tun, damit unser eigenes System funktioniert? Wir sind ethisch verarmt, wir gefährden unsere Wettbewerbsfähigkeit, unser politisches System ist unfähig, bestimmte Herausforderungen wie die Ausländerfrage demokratisch zu lösen. Der Muskel der Veränderung, die Bereitschaft für die Zukunft, reagiert nicht mehr. Wir müssen wieder über Zukunft statt über Vergangenheit streiten.

Sollten wir uns von der revolutionären Flexibilität eine Scheibe abschneiden?

SIHLER: Ja. Die DDR ging durch eine Revolution, sie kehrte das Unterste zuoberst, die alte Führungsschicht rückt ab, die Leute werden arbeitslos, Fabriken werden geschlossen, es kommen neue Systeme und neue Eliten. Ein aufregender Prozeß, der uns im Westen zu wenig bewegt. Die Besitzstände verstellen uns den Blick für Veränderung.

Sind Sie mit den Schubkräften der westdeutschen Unternehmer zufrieden?
Ist das ausreichend oder steigerungsfähig?

SIHLER: Die Standortfrage muß jedes Unternehmen abwägen. Unter welchem Aspekt sollen die Unternehmer bewertet werden? Unter dem Aspekt, was sie für ihr Unternehmen langfristig oder für den Absatz kurzfristig tun? Jene, die nicht in der alten DDR investierten, kann ich nicht verdammen. Es wird immer solche geben, die den Markt mit aller Kraft bearbeiten, ohne je eine Fabrik zu bauen. Es gibt große deutsche Textilmarken, die in Deutschland keinen einzigen Strumpf mehr fertigen, sondern alles aus Portugal oder auch aus Hongkong beziehen. Sie sind nicht zu kritisieren.

Das geschieht aber. Oft im Stile eines öffentlichen Tribunals.

SIHLER: Ich habe Verständnis für die Rationalität, nicht in der DDR zu investieren. Es ist andererseits manchmal einfacher, eine neue Struktur aufzubauen, als eine alte einzureißen. Bayer, Opel, Volkswagen und andere bauen ganz neue Fabriken. Sie brauchen keine Struktur zu zerschlagen. Sie lehnen sie einfach ab. Auch wir in Genthin hätten gern Tabula rasa gemacht und neu gebaut. Statt dessen haben wir eine mehr oder weniger unbrauchbare Industriebranche übernommen. Historischer Denkmalschutz.

Ist Deutschland ökologisch auf dem Weg seiner Vereinigung?

SIHLER: Erst kommt das Fressen und dann die Moral. Wobei ich nicht sagen möchte, Moral sei Umweltschutz. Aber Umweltschutz ist ein Bedürfnis, das erst befriedigt wird, wenn primäre Bedürfnisse bereits befriedigt sind. Wenn man nichts hat, nimmt man Umweltbelastungen in Kauf, damit man etwas bekommt. Das haben wir ja auch in Kauf genommen. Jetzt befinden wir uns auf einem höheren Bedürfnisniveau. Im Westen gilt der Umweltschutz als erste Herausforderung, im Osten folgt er erst an vierter Stelle. Aber das ändert sich.

Sind wir zu ungeduldig?

SIHLER: Wenn sich die alte DDR mit Polen vergleichen würde, wäre ihr Leben sehr viel einfacher. Daraus kommt Unzufriedenheit und Ungeduld. Glück besteht immer im Vergleich mit weniger Glück.

Sie sind Österreicher. Vergleichen sich die Südtiroler mit dem Mezzogiorno oder mit Kärnten?

SIHLER: Bei den Südtirolern ist es einfach. Da fällt jeder Vergleich besser aus. Leistungsvergleiche leben von ihrem Zielpunkt. Ein Pole vergleicht sich mit dem Westen, der Ostdeutsche ebenfalls. Er leistet ja unter Umständen auch dasselbe. Deswegen geht es auf Dauer auch nicht, daß ein Ostberliner für 60 Prozent des Westlohnes arbeitet. Aber wir müssen behutsam vorgehen. Als wir im Januar 1990 eine Abordnung aus Genthin eingeladen haben, zeigten wir ihr die Fabrik. Das war ein Kulturschock! Daß Fabriken so sauber sein können, daß die Betreuung der Arbeiter so intensiv sein kann, wie man es ihnen im Sozialismus versprochen hatte – ein traumatischer Vergleich. Damals haben sie sich nicht mit uns verglichen, aber heute tun sie es. Das macht sie auch unglücklich.

Wie lautet Ihr Motto für den Aufschwung Ost?

FIRMENPORTRAIT

Henkel ist seit seiner Gründung 1876 ein Familienunternehmen, allerdings mit zunehmender Publikumsöffnung. Das Unternehmen ist weltweit in mehr als 50 Ländern tätig, erzielte 1990 einen Umsatz von gut 12 Milliarden DM, beschäftigte im selben Jahr etwa 40000 Mitarbeiter. Das Produktionsprogramm ist mit über 11000 Produkten sehr vielfältig und erstreckt sich von oleochemischen Produkten und Spezialitäten über Systemangebote (wie Metallbehandlung, Industrieklebstoffe), bis hin zu Markenartikeln (wie Waschmittel, Kosmetika oder Konsumklebstoffe).

Henkel zeichnet sich durch drei zentrale Strategiekomponenten aus:

- Spezialist für angewandte Chemie: Lösung von Kundenproblemen mit Systemen und Chemie
- Offene Familiengesellschaft: Stammaktien vollständig im Besitz der Familie, aber rund 40000 Vorzugsaktionäre in allen Teilen der Welt. Börsennotiert in Deutschland, Österreich und der Schweiz
- Internationales Unternehmen: Mehr als die Hälfte der Mitarbeiter sind im Ausland tätig; mehr als 60 Prozent der Umsätze entstehen außerhalb Deutschlands. Neben die traditionellen Schwerpunkte Westeuropa und USA sind der pazifische Raum sowie Osteuropa getreten. Henkel ist bereits in fast allen osteuropäischen Ländern mit eigenen Unternehmen oder Joint-ventures vertreten.

Das Henkel-Geschäft gliedert sich in fünf Marktunternehmensbereiche mit weltweiter Produktverantwortung:

- Chemieprodukte (30% Anteil am Gesamtgeschäft)
- Hygiene/Metallchemie (15%)
- Klebstoffe/Chemisch-technische Markenprodukte (15%)
- Kosmetik/Körperpflege (8%)
- Wasch- und Reinigungsmittel (32%)

Dank intensiver Forschungsarbeit, konsequenter Qualitätspolitik, aber auch einer Konzentration auf Spezialmärkte hat Henkel führende Positionen in nahezu allen Bereichen erlangt. Henkel ist

- weltweit größter Hersteller von fettchemischen Produkten aus nachwachsenden Rohstoffen

- führender Hersteller von Produkten für die Metalloberflächenbehandlung sowie Hygiene und technische Reinigung
- weltweit führender Klebstoffhersteller mit der breitesten Angebotspalette
- mit führend in Europa bei Wasch- und Reinigungsmitteln sowie Körperpflege- und Kosmetikprodukten.

Sihler: Wirklichkeit und Wettbewerb. Weil es sehr wichtig ist, daß man sich der Wirklichkeit auch stellt.

Versäumen wir das?

Sihler: Die Gefahr besteht. Sie lautet: Realitätsverlust. Die Realität ist lästig. Wenn wir uns ihr nicht stellen, würden wir denken, wir machten ständig das Richtige. Im übrigen: Sie merken, daß ich gern über gesellschaftliche Dinge rede – lieber als über Henkel. Nicht weil Henkel so schlecht ist, wohl aber weil ich darüber immer zu reden habe.

Journalisten schätzen Gesprächspartner mit Redestau. Gab es bei der deutschen Einheit etwas, das Sie zutiefst überraschte?

Sihler: Ich war ständig überrascht – von Anfang bis heute. Im Grunde verlief alles anders, als ich es mir vorstellte. Positiv wie negativ. Eine Kette von Überraschungen: Mauerfall ohne SED-Widerstand, Wahlsieg von Kohl und der CDU, Währungsunion als Mittel zur Einheit, die Hilflosigkeit der Intellektuellen. »Und wo der Mensch in seiner Qual verstummt, gab mir ein Gott zu sagen, was ich leide« – aber plötzlich konnten sie nichts mehr sagen und traten weg. Überrascht war ich, daß die DDR vielleicht doch ein Schlußstein im Gewölbe des Ostblocks war, denn als er rausbrach, wollten die anderen auch nicht mehr. Überraschend auch die Stasi-Verseuchung.

Wären Sie auch von einem wahnsinnigen Wirtschaftsaufschwung überrascht?

Sihler: Etwas schon. Aber überrascht war ich über die Veränderung der Stimmungen. Sie hat sich enorm gedreht. Im Osten sehen doppelt so viele Menschen der Zukunft mit Hoffnung entgegen wie im Westen. Im März war der Optimismus in den neuen Bundesländern nur halb so hoch.

Ihnen ist also um Deutschland nicht bange?

Sihler: Weil mir um Deutschland bange ist, muß man etwas tun.

LOTHAR SPÄTH

Bankrott, wie es bankrotter nicht geht

Improvisation, Militäroptik, Lohngefälle und 634 verschwundene Mütter
Lothar Späth: Ein dramatisch-optimistischer Monolog mit Stoßseufzern

Meine erste Erfahrung, die ich drüben machte, lautete: Niemals auf Zahlen verlassen! Denn die sind alle falsch. Das galt für das Sozialprodukt der ehemaligen DDR wie für die Zahlen bei Carl Zeiss in Jena. Als ich dort die Geschäftsführung übernahm, verspra- chen mir die Mitarbeiter dreierlei: 1. hier arbeiten 24000 Leute,

2. wir erwarten einen Umsatz von 800 Millionen und 3. sei mit Verlusten von 320 Millionen Mark zu rechnen. Das war schon schlimm genug. Noch schlimmer war jedoch: Nichts davon stimmte.
Inzwischen weiß ich – auch das erst seit vier Wochen –, daß ich 2500 mehr Mitarbeiter habe, als die alle wußten. Beispielsweise waren 634 werdende Mütter einfach abgebucht worden. Die kommen nach ihrer Niederkunft jetzt alle wieder. Der Umsatz wird nicht 800 Millionen betragen, sondern im besten Fall 200 Millionen. Die Verluste kommen nicht auf 320 Millionen, sondern auf 500 Millionen Mark. Aber sonst hat sich alles erwartungsgemäß entwickelt...

Auftrag & Bankrott

Was macht nun ein Unternehmen, das laut Analyse der Treuhand so bankrott war, wie es bankrotter nicht sein konnte? Es denkt nach. Und kommt zu der Erkenntnis, daß man es liquidieren müßte. Dann aber hätte man die ganze Zeiss-Stiftung liquidieren müssen. Der Bankrott hätte zwar den Streit zwischen Zeiss-West und Zeiss-Ost gelöst, aber gleichzeitig zur Versteigerung der Universitätsklinik in Jena oder des Volkshauses an den meistbietenden Investor geführt. Deshalb war klar: Dieser Betrieb durfte nicht bankrott gehen, und zwar wegen der Folgewirkungen.
Der Auftrag, den man uns stellte, lautete: Ihr müßt 10200 Arbeitsplätze erhalten, die anderen 17000 Menschen dürft ihr entlassen. Das aber muß schnell passieren, zwischen Juli und September, bei einer Kündigungsfrist von drei Monaten. 17000 Menschen – und nicht einmal die Personallisten haben gestimmt.
Im satten Westen sind die Probleme gar nicht zu erahnen: 17000 Anhörungen mit Betriebsräten und den Gewerkschaften nach dem Betriebsverfassungsgesetz in knapp drei Monaten. Hätten wir den Stichtag verfehlt, wäre die Firma nicht mehr zu halten gewesen. Wir haben deshalb folgendes gemacht: 3000 Menschen werden in eine gemeinsame Firma – Carl Zeiss Jena und Jenoptik – ausgegliedert; dieser Betrieb, durch eine Stiftung Baden-Württembergs und Thüringens getragen, muß in vier bis fünf Jahren rentabel sein. Er wird dann zu einem Stiftungsbetrieb wie Carl Zeiss Oberkochen.
Bleiben 7000 Leute übrig. Von ihnen können wir allenfalls 1700 in der Produktion halten. Wir mußten also den Konzern auflösen. Dazu gründeten wir mit westlichen Partnern 30 bis 40 Unternehmen. Jetzt haben wir 3000 Mitarbeiter untergebracht. Aber meine Prognose ist: Diesen Prozeß werden wir 1992 wiederholen müssen.

Mut & Boden

In Jena läuft es deswegen ganz gut, weil wir keine Grundstücksprobleme haben. Bei den alten Fabriken, die wir abreißen, ist die Eigentumsfrage geklärt. In Jena gehört entweder alles Zeiss, der Stiftung oder der Stadt – freilich in buntem Durcheinander. Jetzt können wir sagen: Jede Woche wird ein Unternehmen mit 100 bis 150 Leuten gegründet. Ein Grundproblem ist die Infrastruktur. Die Autobahnen sind eine einzige Baustelle, man kommt fast nicht durch. Mit den Baustellen werden wir leben müssen, aber die Menschen haben Mut gefaßt.
Das Telefonieren war bis zur Jahresmitte 1991 eine nackte Katastrophe – wenn man nicht gerade über eine alte geheime Stasi-Leitung verfügte. Aber jetzt hat sich die Kommunikation gut entwickelt. Sie ist fast normal. Das Unternehmen kann mit einem Kapital werben, das in Europa einmalig ist: mit seinen qualifizierten Mitarbeitern. Hier werden sogar Leute entlassen, die im Westen niemals arbeitslos würden – unsere Chance und unser Risiko. Denn wenn die jungen Fachleute hier länger als ein Jahr auf einen Arbeitsplatz warten müssen, werden sie nach Westen abwandern. Die Qualität der Mitarbeiter ist auch der Hauptgrund, warum so viele Investoren zu uns kommen.

Entflechten & Improvisieren

Ein Kombinat wie dieses aufzuteilen, ist psychologisch besonders heikel. Als ich unsere Gießereien an einen Mittelständler verkaufte, waren die Mitarbeiter der festen Meinung, jetzt breche alles zusammen. Sie empfanden das als völlig abwegig. Ohne eigene Gießerei kann man doch keine eigene Optik produzieren! Einen Betrieb verkaufen, bei dem man danach wieder einkauft? Dann sollte man ihn besser gleich behalten. Aber inzwischen geht die Ausgliederung weiter, langsam begreifen auch die Mitarbeiter den Vorteil der Arbeitsteilung.
In Jena habe ich etwas gelernt, was bei uns außer Mode gekommen zu sein scheint: Improvisieren. Ich habe den ersten Abschluß über ein Hotelgrundstück mit dem Repräsentanten einer amerikanischen Hotelgruppe per Handschlag gemacht. Weil wir uns nach vier Wochen darauf einigten, endlich mal mit dem Bauen zu beginnen. Es klingt schön, wenn die Leute immer den Ludwig Erhard beschwören, aber die Realität ist anders. Wenn ein Ostberliner Busfahrer, der täglich

dieselbe Strecke wie sein Westberliner Kollege fährt, nur die Hälfte des Gehalts bekommt, einzig weil er in Ostberlin wohnt, dann kann ich mir vorstellen, daß das nicht lange gutgeht, sondern bald zu sozialen Unruhen führt. Deshalb ist der Glaube abwegig, man könne alles nur marktwirtschaftlich regeln. Das fing schon bei dem unrealistischen Umtauschkurs von eins zu eins an, wo wir aus politischen Gründen eine marktwirtschaftlich falsche Entscheidung treffen mußten. Jetzt muß die politische Realität an die Marktwirtschaft herangeführt werden. Ich behaupte: Das wird bis 1995 geschehen. Bis dahin müssen wir improvisieren.

Forschen & Klotzen

Ich rate beispielsweise allen Investoren ab, die neuen Bundesländer als verlängerte Werkbank zu verstehen. Das ist völlig falsch. Wer Dinge in Jena fertigen will, die aufgrund der Arbeitsteilung eher nach Portugal gehören, wird eine Fehlinvestition tätigen. Wer sein Investment auf etwa fünf Jahre kalkuliert, muß wissen, daß ihn die Alternative »Portugal oder ehemalige DDR« in die Irre führt. Als Hochlohnland – das wir bleiben – braucht man ein innovatives Klima mit Hochtechnologie. Da muß die Universität eine technische Fakultät haben, das Fraunhofer-Institut muß hin, eine Forschungslandschaft muß entstehen. Die Westler, die bei Zeiss durch die Labors gingen, waren überrascht, was sie dort alles vorfanden. Nur: Es hilft nicht, daß die Forschung nur gut ist. Sie muß sich auch in die Produktion umsetzen lassen.

Forschung ist so wichtig wie die Telekommunikation und Autobahnen. Da muß die öffentliche Hand klotzen, sonst schafft sie Sozialprobleme. Und was mit Menschen passiert, die drei Jahre keine ordentliche Arbeit haben, brauche ich niemandem zu erzählen. Das Problem sind dabei die Fünfzigjährigen und Älteren, die wir nicht mehr umschulen können und die Langzeitarbeitslose zu werden drohen. Deshalb müssen die Qualifizierungsgesellschaften Voraussetzungen schaffen, damit die Leute hier bleiben. Sonst entsteht mit dem Sozialgefälle ein deutsches Mezzogiorno.

Kühlschrank & Herdplatte

Forschung als Strukturpolitik von morgen zu begreifen, eröffnet auch den Sprung auf die Ostmärkte. Wahrscheinlich gibt es kein Unternehmen, das wie Zeiss über ein verzweigtes Netz in der ehemaligen Sowjetunion verfügt. Wer überall die Militäroptik und die Weltraum-

stationen warten mußte, besitzt Stützpunkte. Zeiss hat ein Netz von 200 Fachleuten in diesen Republiken. Deshalb sind wir dabei, dies systematisch zu einem Osthandels- und Servicenetz auszubauen.
Über die Entwicklung der neuen Bundesländer gibt es viele Prognosen. Die werden am Ende alle falsch sein. Deshalb wird die, die ich hinzufüge, vermutlich auch nicht ganz stimmen. Aber ich halte es für realistisch, daß das Wirtschaftswachstum dort um zwölf Prozent steigt, allerdings von einer niedrigen Basis. Wenn wir bei Zeiss im Jahre 1992 einen Umsatz von 450 statt 200 Millionen Mark machen, beträgt die Steigerung mehr als hundert Prozent. Aber ich warne vor der Statistik: Wenn Sie einen Fuß im Kühlschrank haben und den anderen auf der heißen Herdplatte, dann erfreuen Sie sich statistisch eines angenehmen Durchschnittsklimas. Sie dürfen nur nicht fragen, wie es Ihren Beinen geht.

Bauboom & Restprobleme

Zunächst werden die Löhne stärker steigen als die Produktivität. Das müssen wir hinnehmen, weil die Produktivität später aufholen wird. Wir werden in den neuen Bundesländern zunächst einen Bauboom bekommen. Ein wundervolles Thema für westdeutsche Stammtische: Im Osten wird es Bauarbeitermangel geben, und man wird den Leuten empfehlen, endlich einmal selbst die Schippe in die Hand zu nehmen – wie wir nach dem Kriege! Eine gefährliche Diskussion. Ich kann doch jetzt bei Zeiss nicht 3000 Diplom-Ingenieure und hochqualifizierte Optiker zum Straßenbau einsetzen oder sie Häuser fliesen lassen.
Nach dem Bauboom wird die Produktion schwerfällig anlaufen, aber die Arbeitslosigkeit hoch bleiben. 1993 und 1994 werden die Investitionen, die jetzt angeschoben werden, langsam wirken. Sie werden auf Schwung kommen, und 1995/96 wird sich fast alles normalisiert haben. Aber es bleiben Restprobleme: Selbstverständlich werden Krankenhäuser und Kläranlagen und manches andere noch nicht den Weststandard haben. Aber die Strukturen werden sich unglaublich schnell dem Westen angleichen.

Rechenmaschine & Gefühl

Durch die vom Westen induzierte Binnennachfrage wurde viel auf Kredit finanziert. Unser Pech war, daß wir 1990 fünf Prozent Plus machten – genau in dem Jahr, in dem uns die Amerikaner zu einem Beitrag zum Golfkrieg zwangen. Sie kalkulierten ihn auf der Basis dieses Wachstums. Auch Moskau hat die Kosten der Soldatenrückführung an diesem Wachstum bemessen, die hilfsbedürftigen Länder des Ostens taten es ebenfalls. Und schließlich auch die deutschen Gewerkschaften, die das Wachstum gleich zweimal verteilt haben. Wenn man ein Ergebnis viermal in gleicher Höhe verteilt, gibt es gewisse Schwierigkeiten, Einnahmen und Ausgaben auszugleichen. Deshalb müssen wir künftig die Rechenmaschine gegen die Gefühle arbeiten lassen.

Gejammer & Gestöhne

Ein Prozent Wirtschaftswachstum entspricht bei uns rund 25 Milliarden Mark. 1990 waren es rund 125 Milliarden, 1991 vielleicht 75 oder 80; 1992 werden es vermutlich 50 Milliarden Mark. Selbst wenn wir das Wachstum von fünf Jahren für den Aufschwung Ost bereitstellen müssen und dafür die historische Chance der Wiedervereinigung bekommen, ist dieses Gejammer und Gestöhne der Deutschen nicht zu begreifen. Außerdem: Diese neue deutsche Volkswirtschaft wird größer und kraftvoller sein, und sie wird manches Strukturproblem in den alten Bundesländern leichter lösen können.

Zwickau & Barcelona

Vor lauter Konzentration auf ihre Sache übersehen die Deutschen, daß beispielsweise die Japaner keine Auszeit nehmen und uns kein Pardon gewähren. Auch nicht die Amerikaner. Im deutschen Maschinenbau gibt es die ersten Alarmzeichen für eine Abkühlung. Im Automobilbau ist die Konjunktur durch eine hohe Binnennachfrage überdeckt. Wir müssen registrieren, daß wir im europäischen Wettbewerb die teuersten Anbieter sind. Und der teuerste muß, wenn er überleben will, der beste sein. Die VW-Produktion in Wolfsburg läuft mit einem Stundenlohn von 42 Mark, in Zwickau mit 32 bis 35 Mark. Bei Seat in Barcelona kostet die Arbeitsstunde 20 Mark, bei Skoda in der Tschechoslowakei nur 9 Mark.
Was passiert also, wenn der europäische Automarkt übersättigt ist? Wackeln die Produktionen zuerst in Wolfsburg, dann in Zwickau und erst danach in Spanien und der ČSFR? Das sind die Folgen unserer Lohnpolitik, zumal die Franzosen mit 27 Mark produzieren, die Briten mit 24 und die Portugiesen mit 8,50 Mark in der Stunde. Das Fazit: Wir werden in Deutschland jede Menge Arbeitsplätze verlieren, die zu teuer produzieren und keine besonders hohe Wertschöpfung haben.

Bafög & Frührente

Die Sozialkosten am Standort Deutschland werden ebenfalls nicht sinken. Früher gingen die Menschen mit 14 Jahren in die Lehre, heute viele erst mit 28 Jahren nach langem Studium. Statt mit 65 gehen sie schon mit 60 Jahren oder früher in die Rente. Gleichzeitig leben sie länger, denn sie sterben nicht mit 70, sondern erst mit 85 Jahren. Daraus ergibt sich eine Rentenformel, die sich gewaschen hat. Ich gönne selbstverständlich den Leuten von Herzen, daß sie alt werden, aber meistens werden sie auch krank im Alter. Wenn Sie dann noch die Pflegekosten hinzuaddieren, bilden sich Kostenstrukturen heraus, die die Produktionsbetriebe gewaltig belasten.
Werfen Sie dagegen einen Blick nach Ostasien, wo neben den Japanern die Koreaner und Taiwanesen die Märkte erstürmen. Die Bevölkerung ist dort im Durchschnitt halb so alt wie bei uns. Drei Gegenmittel bieten sich: Man kann rationalisieren, die Maschinen schneller laufen lassen und unsere starren Arbeitszeiten entzerren; der zweite Ausweg liegt darin, lohnintensive Produktionen in die Billiglohnländer auszulagern; als dritte Reaktion verbleibt die Strategie, neue innovative Produkte zu liefern, für die es keine Konkurrenz gibt. Ich freue mich immer besonders, daß die Amerikaner trotz Tempolimit ihren Porsche kaufen – weil sie wissen, sie könnten ihn auf einer deutschen Autobahn ausfahren. Allerdings nur nachts zwischen vier und fünf Uhr, denn tagsüber stünden sie im Stau.

Chip & Flop

Die Zeiten, in denen man nationale Politik machen konnte, sind längst vorbei. Eine Verteidigungspolitik in Europa gibt es nicht, die gemeinsame Agrarpolitik läßt sich nicht durchhalten. Nationale Forschungs- oder gar Luftfahrtpolitik wird aufhören. Kein europäisches Land wird national die nächste Chip-Generation entwickeln können. Vom Computermarkt sind nur Reste verblieben, und die Japaner werden nicht auf uns warten. Wir steuern auf einen gnadenlosen Wettbewerb zu. Ich bin nicht skeptisch, daß wir da mithalten können – aber wir müssen uns vom alten Partikularismus lösen.
Skeptisch bin ich allerdings gegenüber der Verheißung, in Osteuropa eröffne sich über Nacht ein Riesenmarkt. Wir versuchen zwar in Jena als Pilotprojekt die Arbeitsteilung im Osten zu nutzen, weil man dort langfristig mit niedrigeren Löhnen rechnen und auf unsere russischsprechenden Ingenieure bauen kann. Aber für das Wort Markt-

wirtschaft brauchen wir immer noch Dolmetscher. In der zusammengebrochenen Sowjetunion muß doch einer nahezu geisteskrank sein, wenn er glaubt, in fünf Jahren könne dort Marktwirtschaft funktionieren. Aber wir werden das in Schüben und sehr mühsam entwikkeln helfen: zuerst im Baltikum, dann in Rußland und der Ukraine, sehr viel später erst in den Südrepubliken.

Inseln & Schnecken

Wir müssen Stück für Stück Inseln der Marktwirtschaft in dieses System implantieren. Da wird Ostdeutschland zwischen 1996 und 2000 kräftig mitwirken. Für die GUS-Republiken muß man in zwei Generationen denken. Wenn wir allerdings die Flinte ins Korn werfen, wären die Folgen unabsehbar. Die militärische Option der Republiken ist ungeklärt, eine Völkerwanderung in Richtung goldener Westen möglich. Die wirtschaftliche Problematik ist jene, die wir am wirkungsvollsten bewältigen können. Deshalb mein Rat an die Unternehmer: Einfach unternehmerisch handeln!
Sich in die neuen Marktchancen hineinzutasten, wird nur im Schnekkentempo gehen. Eine gewaltige Herausforderung. Ich finde es aber faszinierend, unseren Kindern ein Europa mit offenen Grenzen zu hinterlassen. Wer hätte je geglaubt, daß der Ost-West-Gegensatz einmal wirtschaftliche statt politischer Probleme bringt? Wenn der Putsch in Moskau gelungen wäre, hätte der Westen blitzschnell viel Geld für seine Verteidigung aufgebracht. Warum nicht auch für den ökonomischen Frieden? Ich meine, daß die Unternehmer und die Politiker ruhig ein bißchen mutiger und entschlossener anpacken könnten.

»Am Mute hängt der Erfolg«

Ministerpräsident Manfred Stolpe lädt West-Manager ein: »Brandenburg wird in naher Zukunft zu den modernsten und fortschrittlichsten Regionen Europas zählen«

PETER GILLES: *Den Deutschen sagt man nach, sie seien übellaunig und gingen zum Lachen am liebsten in den Keller. Wie steht es aus Ihrer Sicht um die deutsche Befindlichkeit, wenn Sie an die Wirtschaftseinheit denken?*

MANFRED STOLPE: Sorge und Unmut dominieren zur Zeit in der Tat das öffentliche Gespräch über die Folgen der deutschen Einheit. Aber man darf sich, glaube ich, von zwischenzeitlichen Stimmungslagen nicht ins Bockshorn jagen lassen und muß über Zeitungsmeldungen hinausblicken. Ich erlebe jedenfalls bei meinen Reisen, die ich durchs Land Brandenburg unternehme und auf denen ich mich mit vielen Brandenburgern unterhalte, neben sachbezogenen Beschwerden eine gleichbleibende positive Einstellung zu dem Schritt, den wir am 3. Oktober 1990 vollzogen haben.
Über die Befindlichkeiten der Deutschen West möchte ich mir nur soweit ein Urteil erlauben, als daß ich immer wieder feststelle, wie bei manchem die deutsche Einheit mit all ihren Konsequenzen als Störfaktor empfunden wird, bei anderen wiederum die Begeisterung des 9. Novembers '89 noch deutlich zu spüren ist.
Daß nicht tagtäglich wegen der deutschen Einheit Jubelfeiern abgehalten werden, weder im Westen noch im Osten, ist verständlich bei der wirtschaftli-

chen und sozialen Lage, in der sich die Menschen befinden. Im Gegenteil, ich finde es bewundernswert, wie viele ihr neues Schicksal mutig anpacken und nicht in Sack und Asche gehen.

Gespalten wie die Wirtschaft ist auch das Urteil über den Aufschwung Ost: Die einen sehen ihn auf gutem Wege, die anderen beklagen Tempoverluste und Resignation. Wohin neigen Sie?

STOLPE: Bei vielen in Ost *und* West herrschte die Meinung vor, der Aufschwung Ost sei eine Sache, die man per Knopfdruck erledigen könnte. Dem ist natürlich nicht so. Sondern das ist eine mühsame Kleinarbeit, die sich aus unzähligen Mosaiksteinchen zusammensetzt und deren Resultate noch im Fluß sind. Sanierung, Privatisierung, Förderprogramme, Arbeitsförderungsmaßnahmen, Aufbau der Verwaltung, Infrastrukturentwicklung – das ist nur ein Ausschnitt aus dem, was alles zum Aufschwung Ost gehört. Natürlich werden da auch mal Fehler begangen und Wege eingeschlagen, die sich im nachhinein als Umweg erweisen, aber es läuft. Das kann ich Ihnen versichern. Der Aufschwung hat begonnen, und es wird noch ungefähr drei Jahre dauern, bis wir sagen können, wir haben's geschafft. Insbesondere wenn der Fonds Deutsche Einheit verstetigt wird und noch ein paar hundert Wirtschaftsmanager hier mit anpacken.

Haben wir in der früheren DDR den Wendepunkt, an dem die Produktionsverluste in Wachstum umschlagen, schon hinter uns?

STOLPE: Im Bereich der Produktion haben wir in der Tat den Tiefpunkt überschritten, und die Produktionszahlen haben sich auf einem abgesenkten Niveau stabilisiert. Da die Ansiedlung neuer Industrie, die Fördermaßnahmen und die Unternehmensgründungen im mittelständischen Bereich greifen, können wir eine positive Entwicklungstendenz verzeichnen. Die wird sich – leider erst verzögert – auch positiv auf die Arbeitslosenzahlen auswirken.

Es fällt auf, daß in den neuen wie in den alten Bundesländern die Besitzstände eisern verteidigt werden (wobei ich an die Lohnpolitik denke, wo die Gewerkschaften den Solidaritätsbeitrag wieder »hereinholen« wollten). Kann es mit dieser Haltung zu vergleichbaren Lebensverhältnissen kommen?

STOLPE: Eins ist nach diesen gut anderthalb Jahren deutscher Einheit deutlich geworden: Es geht nicht ohne außergewöhnliche Maßnahmen. Der Solidaritätszuschlag bei den Steuern gehört dazu ebenso wie eine gemäßigte Tarifpolitik. Ich gewinne immer wieder den Eindruck, daß den Menschen bei uns ein sicherer Arbeitsplatz lieber ist als das schnelle Geld. Die Angleichung der Löhne muß stattfinden, aber nur in dem Maße, wie die ostdeutsche Wirtschaft ein wettbewerbsfähiges Produktionsniveau erreicht.

Das hat natürlich auch Auswirkungen auf die Lohnforderungen im Westen.

Wie beurteilen Sie die häufig benutzte Politformel von der »Mauer in den Köpfen«?

STOLPE: Als die Mauer aus Steinen fiel, haben alle geglaubt, jetzt steht uns nichts mehr im Wege, damit wir ein Volk werden. Aber über 40 Jahre lang haben uns völlig verschiedene Systeme geprägt, haben das Denken und Fühlen der Menschen geformt. Da ist es nicht verwunderlich, daß West und Ost in der Kommunikation miteinander Probleme haben. Das muß man akzeptieren und erst einmal davon ausgehen, daß die Unterschiede größer sind als die Gemeinsamkeiten. Der behutsame und vorurteilsfreie Umgang – davon bin ich überzeugt – wird nach und nach die »Mauer in den Köpfen« abbauen.

Sind Sie mit der Anschubenergie der westdeutschen Unternehmerschaft zufrieden oder halten Sie sie für vaterlandslose Gesellen? Wie steht es andererseits um das Gründungstemperament der Ostdeutschen?

STOLPE: Über das Engagement westdeutscher Großunternehmen können wir uns in Brandenburg nicht beklagen: Mercedes-Benz in Ludwigsfelde, Heidelberger Druck in Brandenburg oder BASF in Schwarzheide sind nur einige, die Milliardeninvestitionen bei uns vornehmen.

Außerdem haben wir in den Aufsichtsräten Brandenburger Großbetriebe, die noch unter Treuhandverwaltung stehen, engagierte Wirtschaftsfachleute aus dem Westen. Die fühlen sich häufig als Neu-Brandenburger und setzen sich enorm phantasievoll für den Betrieb und die Belegschaft ein. Dennoch gibt es bei uns immer noch einen hohen Bedarf an Managern vor allem für die Bereiche Marketing und Finanz-Controlling.

Die Kurve der brandenburgischen Unternehmungsgründungen steigt mittlerweile steil an. Mit der Aktion unseres Ministeriums für Wirtschaft, Mittelstand und Technologie »Mach dich selbständig« können wir fördernd eingreifen. Ganz besonders freuen wir uns über die Unternehmensgründungen im Bereich des Handwerks, das ja zu DDR-Zeiten verpönt war, denn da liegt ein großes Potential an Arbeitsplätzen.

Der Streit um Henningsdorf ließ den Verdacht aufkommen, daß Belegschaften und Betriebsräte der Sinn für grenzüberschreitende Kooperationen fehlt. Teilen Sie ihn?

STOLPE: Herr Gillies, lassen Sie mich zunächst richtigstellen: Der Protest der Henningsdorfer Stahlwerker richtete sich nicht gegen die Nationalität des kaufbereiten Unternehmens, sondern es ging um die Konditionen, die der Kauf in der ursprünglichen Form mit deutschen Erwerbern gebracht hätte. Der Streik hat Verhandlungen zwischen Treuhand, Käufer, Landesregierung und Betriebsrat in Gang gesetzt, an deren Ende die Zusicherung stand, daß kein Stahlwerker auf die Straße fliegt.

In Brandenburg hat man schon immer eine Wirtschaftspolitik betrieben, die grenzüberschreitende Kooperation für selbstverständlich nahm. Denken Sie nur an die Niederländer oder an die Hugenotten, die Know-how und Aufschwung brachten.

Wir sehen heute den wirtschaftlichen Austausch mit anderen Staaten, insbesondere mit den Staaten Osteuropas, als eine große Chance für Brandenburg an. Jeder, der bei uns zum Wohle der Brandenburger investieren will, ist herzlich willkommen.

Es gibt politische Kräfte, die einige Kombinate in einer Staatsholding zusammenfassen wollen. Befürworten Sie diese Pläne?

STOLPE: Hinter dieser Idee steht das größte Problem, mit dem wir uns im Jahr 1992 auseinandersetzen müssen:

Was passiert mit den Betrieben, für die die Treuhand keine Käufer findet, die aber nach menschlichem Ermessen auf dem Markt wettbewerbsfähig sein könnten? Wenn die Treuhand diese Betriebe stillegt, werden wir eine dritte große Welle der Arbeitslosigkeit haben. Das wäre sozial nicht mehr verkraftbar.

Deswegen machen wir uns darüber Gedanken, wie man diese Betriebe retten kann. Über die Form muß allerdings noch diskutiert werden. Eine Möglichkeit haben die Sachsen mit dem sogenannten »Sachsenfonds« aufgezeigt.

Wichtig ist in jedem Fall, daß schnell etwas geschieht, bevor die Betriebe aufgrund mangelnder Sanierung und Investitionen kaputtgehen.

Erkennen Sie Reformbedarf bei der Treuhand oder sind Sie mit ihrer Praxis weitgehend zufrieden?

STOLPE: Generell muß man sagen, daß die Treuhand natürlich nicht besser sein kann als ihre Auftraggeber und ihr gesetzlicher Auftrag. Allerdings ist in Brandenburg ein Prozeß in Gang gekommen, in dem sich die Treuhand zunehmend den Problemen des Landes, die nicht unmittelbar ihren Auftrag betreffen, geöffnet hat. Natürlich können wir nicht nur Forderungen an die Treuhandanstalt richten, sondern müssen auch selbst mitdenken und mithelfen.

Mittlerweile hat sich die Treuhand bereit erklärt, die Landesregierung Brandenburg zu informieren, bevor Unternehmen liquidiert oder stillgelegt werden. Und wir können feststellen, daß ihr Verantwortungsbewußtsein zunehmend über das reine Verkaufen des ehemaligen Volkseigentums hinausgeht.

Das ist auch dringend notwendig, angesichts der oben schon erwähnten Betriebe, deren Privatisierung noch nicht gelungen ist. Hier muß die Treuhand mehr als bisher strukturpolitisch verantwortlich handeln und Betriebe sanieren, die zur Wirtschaftsstruktur bestimmter Regionen gehören. Um das gezielt und auch mit genügend finanziellem Rückhalt zu realisieren, sind eventuell einige Zusätze zum Treuhandgesetz notwendig.

Gibt es eine besonders deprimierende und eine besonders ermutigende persönliche Erfahrung, die Sie mit dem wirtschaftlichen Zusammenwachsen verbinden?

STOLPE: Was mich immer wieder ermutigt, sind die Menschen in Brandenburg, die trotz großer Verunsicherung, die bei uns vorherrscht, risikobereit sind, sich selbständig machen, Verantwortung übernehmen, und damit für sich und andere Arbeitsplätze schaffen. Ohne das Engagement dieser Vorreiter des Aufschwungs wäre Brandenburg noch nicht so weit.

Leider gibt es auch traurige Einzelschicksale, die der wirtschaftliche und gesellschaftliche Umbruch besonders hart getroffen hat. Wer keine Arbeit hat und auch nicht über ABM aufgefangen werden konnte, rutschte häufig durch die Maschen unseres sozialen Netzes und verliert vielleicht sogar den Glauben an die Zukunft. Wenn man mit solchen Menschen zusammentrifft, kann man schon mal über das Soziale unserer Marktwirtschaft ins Zweifeln kommen.

Wenn Sie das Wohlstandsgefälle des Jahres 2000 ins Visier nehmen: Wo sehen Sie dann das Land Brandenburg?

STOLPE: 2000 ist ja eine magische Zahl, aber ich denke, daß Brandenburg in naher Zukunft zu den modernsten und fortschrittlichsten Regionen zählen wird. Wir begreifen den Neuanfang als eine Chance, bei der man im technologischen und ökologischen, aber auch sozialen und politischen Bereich aus den Erfahrungen, die in der Marktwirtschaft und im Pluralismus bis heute gemacht worden sind, lernen kann.

Keiner der von mir interviewten Unternehmer hat bei den Menschen in den neuen Bundesländern allgemeine Antriebsschwäche konstatiert. Dennoch hält sich dieses (Vor-)Urteil hartnäckig in der öffentlichen Meinung. Woran liegt das?

STOLPE: Wer so denkt, hat nicht verstanden, daß das wirtschaftliche Aus der ehemaligen DDR *system*bedingt war, daß hier mit den wirtschaftlichen Möglichkeiten, die Land und Leute bieten, Mißwirtschaft betrieben worden ist. Um so bewundernswerter ist es, vor allem wenn man die schwierigen Startbedingungen bedenkt, wie groß die Motivation der Menschen bei uns ist, sich jetzt zu engagieren. Nach kurzer Fortbildung sind sie in der Lage, höchste Leistungen in bester Qualität zu erbringen.

Auch umgekehrt zeigt das mediale Bild der Westdeutschen in den Augen der Ostdeutschen Unschärfen und Brüche. Was kann man tun, um die gegenseitige Sprachstockung zu überwinden?

STOLPE: Das beste Mittel, so ist meine Erfahrung nach über einem Jahr Landesregierung Brandenburg, ist es, wenn Deutsche aus Ost und West zusammenarbeiten. Dann wird nicht mehr groß nach Unterschieden oder dem gegenseitigen verzerrten Bild gefragt. Man lernt sich bei der Bewältigung eines gemeinsamen Projektes mit seinen Qualitäten und Schwächen kennen. Im übrigen muß man akzeptieren, wie ich schon gesagt habe, daß wir noch sehr unterschiedlich denken und fühlen. Es braucht sicher noch ein bis zwei Generationen, bis sich die Unterschiede, die durch die vierzigjährige Trennung entstanden sind, verwischen. Allerdings bin ich der Überzeugung, daß gewisse Eigenarten der einzelnen Regionen Deutschlands immer bleiben werden. Und das ist gut so!

Haben Sie sich selbst über die Geschwindigkeit des Zusammenwachsens getäuscht?

Stolpe: Was die mentale Seite betrifft nicht. Allerdings habe ich mir nicht in allen Konsequenzen klargemacht, daß der Schritt, den die Deutschen Ost ins gemeinsame Deutschland zu vollziehen haben, ein viel größerer sein muß als der der Westdeutschen und daß je größer die Westdeutschen freiwillig ihren Schritt in Richtung Osten setzen, desto leichter es für uns sein wird.

Wer hat Ihrer Ansicht nach den bedeutendsten Beitrag für die deutsche Wirtschaftseinheit erbracht und wer den magersten? Befriedigt Sie diese Abstufung?

Stolpe: Ich kann diese Frage so nicht beantworten. Wie wollen Sie die Investitionsleistungen von großen Firmen, die Arbeitsplätze und Wirtschaftsstrukturen neu schaffen, verrechnen mit dem persönlichen Engagement einer ehemaligen Hauptbuchhalterin einer LPG, die heute als Geschäftsführerin des in eine Agrar GmbH überführten Betriebes den Karren aus dem Dreck zieht und damit ihr Dorf vor der totalen Arbeitslosigkeit rettet?

Gern nutze ich aber die Gelegenheit, alle Unternehmen, die noch nicht im Osten Deutschlands investiert haben, zu bitten, Management freizustellen, bei ostdeutschen Lieferanten zu kaufen oder ostdeutsche Betriebe durch Geschäftsbesorgungsverträge unternehmerisch zu fördern.

Werden die Chancen in Richtung Osteuropa genutzt, oder neigen die Deutschen zur Nabelschau?

Stolpe: Wir Brandenburger sind mit unseren Absatzmärkten auf Osteuropa angewiesen und fördern jedes wirtschaftliche Engagement gen Osten. Und ich bemerke, daß auch die Treuhand zunehmend Osteuropa als Wirtschaftsfaktor miteinbezieht. Aber ich bin mir bewußt, daß in der Zusammenarbeit gerade mit den Staaten auf dem Territorium der ehemaligen Sowjetunion Verunsicherung eingetreten ist, beispielsweise was die Bürgschaften betrifft. Deswegen bin ich froh, daß wir schon seit einiger Zeit direkte Kontakte zu den einzelnen ehemaligen Unionsrepubliken aufbauen. Wir wollen alles versuchen, um Hilfe zu leisten und dabei auch traditionelle Wirtschaftsbeziehungen zu erhalten.

Was macht Ihnen im Land Brandenburg – gut zwei Jahre nach dem Fall der Mauer – die größten Sorgen?

Stolpe: Die Arbeitslosigkeit ist und bleibt leider zunächst unser Hauptproblem.

Wir haben zwar über ABM,

Fortbildung und Qualifizierung das Schlimmste abwenden können. Aber ich sehe noch nicht bei allen, die für diesen Bereich – vor allem auf Bundesebene – politische Verantwortung tragen, die Einsicht, daß dieser Strohhalm für die Menschen erhalten bleiben muß.

Wenn Sie Ihrer Wirtschaft, den Arbeitenden wie den Arbeitslosen, einen gemeinsamen Wappenspruch für die mühsame Sanierung mitgeben müßten – wie lautete dieser?

STOLPE: Mit Theodor Fontane würde ich sagen: Am Mute hängt der Erfolg!

Wir Deutschen wollen zuviel auf einmal

Jürgen Strube (BASF) über die chemischen Reaktionen der Politik

Peter Gillies: *Hätten Sie vor zwei Jahren den brandenburgischen Ort Schwarzheide, wo die BASF heute engagiert ist, mühelos auf der Deutschland-Karte finden können?*

Jürgen Strube: Mit Sicherheit nein. Das ist für mich ohnehin eines der großen Phänomene unserer Zeit, daß wir uns in der Geographie der früheren DDR teilweise schlechter auskennen als in der Westeuropas, Nordamerikas und – in meinem Falle – auch Lateinamerikas.

Brasilien war und ist Ihnen geläufiger als Brandenburg?

Strube: Aber natürlich. Ich bin, nach fünfzehn Jahren Amerika, zur Jahreswende 1988/89 in Berlin gewesen – bei der Gelegenheit natürlich auch in Ostberlin. Diese bedrückende Prozedur an der Grenze, als westdeutscher Paßinhaber nach Ostberlin einreisen zu wollen, ist mir in böser Erinnerung.

Wie empfanden Sie den Kontrast, aus einem lebensprühenden Land in eines der schlimmen Spaltung und Bedrückung zu kommen? Verstand man im Ausland diese deutsche Gelassenheit?

Strube: Brasilien ist deutlich unkomplizierter. Für mich war der Wechsel aber vor allem deswegen recht eindrucksvoll, weil ich – aus dem Ausland kommend – immer wieder erlebte, wie liberal dieser Teil Deutschlands, die Bundesrepublik, sich entwickelt hat. Und dann der Kontrast an der deutsch-deutschen Grenze: Anderthalb Stunden Warten, den Paß abgeben zu müssen, der eine halbe Stunde verschwand, kontrolliert wurde und dann wieder herauskam, mit etwas Bangigkeit befürchtend, ob man denn nun einreisen dürfe oder nicht. Ich nahm damals den festen Eindruck mit, diese Trennung sei wohl von Dauer. Um so größer dann die Überraschung, wie begrenzt diese Trennung war und wie rasch die friedliche Revolution die Mauer wegfegte. Das Tempo dieser Veränderung speist eigentlich meinen Optimismus für die künftige Entwicklung – auch für die wirtschaftliche.

Geboren sind Sie in Westdeutschland. Haben sich Ihre Lebenslinien ständig westlich orientiert, die Rheinschiene hinauf und hinab, allenfalls nach Süd oder Südwest, oder auch schon mal in Richtung Osten?

STRUBE: Immer sehr klar in Richtung Westen. Schon in den fünfziger Jahren war die Idee der europäischen wirtschaftlichen Einheit eindeutig und ausschließlich westlich geprägt. Auch jede Aufbruchstimmung hat sich nur in diese Richtung entwickelt. Als Schüler war ich einmal in der damaligen DDR – ein kurzer Besuch bei den Dichterfürsten in Weimar. Ich spürte eine innere Abwehrhaltung bei den Menschen, die wir trafen. Die Westorientierung war für mich mit dem festen Bewußtsein verknüpft, daß die deutsche Trennung wohl nicht so leicht zu überwinden sein würde.

Sie gelten als – jetzt zitiere ich »Die Welt« – »nüchterner Analytiker mit strategischer Begabung«. Hat die deutsche Einheit den Panzer Ihrer Nüchternheit durchdrungen oder war das für Sie auch ein geschäftsmäßig-kühler Ablauf, allenfalls ein überraschender Seufzer der Weltgeschichte?

STRUBE: Nein, das war mehr. Wie alle war ich tief bewegt. Allerdings schließt das nicht aus, daß man die Dramatik analytisch aufarbeiten muß. Wenn ein Volk zu seiner nationalen Identität zurückkehren darf und muß – das kann keinen Deutschen unberührt lassen. Wie viele erlebte ich den 9. November 1989 im Fernsehen und verhehle nicht, daß ich doch etwas geschockt war über unsere Fehleinschätzung der Lage.

Sie stehen an der Spitze dieses Unternehmens BASF, der Welt zweitgrößtes der Branche. Nimmt sich von diesem Olymp die ehemalige DDR nicht etwas nebensächlich aus? Blickt ein Weltriese nicht auf eine marktstrategische Quantité négligeable, oder hat dieses ›Beitrittsgebiet‹ ein besonderes Gewicht, das über seine geographische Bedeutung hinausgeht?

Strube: Rein unternehmerisch und aus der Sicht eines international tätigen Chemieunternehmens ist klar, daß die Bedeutung des DDR-Marktes eher bescheiden ist. Siebzehn Millionen Menschen auf dem Gebiet der fünf neuen Bundesländer entsprechen der Marktgröße Nordrhein-Westfalens. Bezogen auf die Europäische Gemeinschaft wachsen der EG allenfalls zwei Prozent Bruttosozialprodukt zu. Wir sagen das nicht nur, sondern wir handhaben es auch so: Für uns ist die Europäische Gemeinschaft der Heimatmarkt! 65 Prozent des Umsatzes der BASF entfallen auf die EG. Sie ist der Welt größter Chemiemarkt. Vor diesem Hintergrund ist das Hinzukommen der früheren DDR nicht bemerkenswert. Das ist eher etwas, was unter diesem nüchtern angelegten Vergleich in die Randzone gehört.

Die Vier Tiger – Taiwan, Südkorea, Singapur, Hongkong – wären aus dieser Sicht auch nicht sonderlich bemerkenswert. Dennoch sind sie als Anbieter, Konkurrenten und Nachfrager in einigen Jahrzehnten so beachtlich gewachsen, daß sie mancherorts Furcht und Schrecken verbreiten.

Strube: Hier muß man differenzieren. Die beiden kleinen Tiger Singapur und Hongkong haben sich beachtlich entwikkelt, sind aber klein geblieben. Wenn man dagegen Südkorea oder Taiwan nimmt, dann sind sie schon von der Marktgröße her um einiges höher einzuschätzen, auch von der Einwohnerzahl.

Taiwan hat etwa so viele Einwohner wie die frühere DDR.

Strube: Im besten Fall. Aber Südkorea ist natürlich schon um einiges größer. Der große Unterschied liegt darin, daß die Vier Tiger seit vielen Jahrzehnten in die Weltwirtschaft und in den Welthandel eingebunden sind, ihre gesamten Strukturen dorthin ausgerichtet haben, während die frühere DDR aus ihrem System der Autarkie und Abschottung jetzt erstmals in die freie Marktwirtschaft eintritt. Wenn man ihr Nachholpotential betrachtet, dann ist klar, daß sich ein interessanter Markt eröffnen wird.

Also mehr als Burkina Faso oder die Elfenbeinküste?

Strube: Ohne jede Frage. Hinzu kommt die strategische Bedeutung der fünf neuen Bundesländer, die nicht auf die Europäische Gemeinschaft begrenzt ist, sondern Brücken nach Osteuropa schlagen kann. Hier eröffnen sich neue Dimensionen, auch wenn es immer noch fernliegt, von einem europäischen Wirtschaftsraum, einschließlich der osteuropäischen Länder und der einstigen Sowjetunion, zu sprechen. Da wird manches im Zeitraffer, wenn auch nicht ohne Komplikationen ablaufen. Denken Sie nur an den Konflikt in Jugoslawien oder den Druck von Wanderungsbewegungen, an die verzweifelten Lenkungsversuche der Politik, denken Sie an den Massenexodus von Albanien nach Italien. Wir werden uns mit den osteuropäischen Nachbarn noch sehr viel intensiver beschäftigen und aus der Zuschauerrolle herausfinden müssen. Für einen solchen Markt bieten die fünf neuen Bundesländer eine ganz wichtige Brückenfunktion an. Und das erhöht die strategische Bedeutung auch für Unternehmen: Sie müssen sich aus ihrer Westorientierung lösen.

Läßt sich diese Brückenfunktion an Marktparametern wie Bevölkerungswachstum, Zustrom, Mehrbedarf an chemischen Produkten oder Ökologie festmachen?

STRUBE: Ausgangspunkt ist für mich zunächst die Brückenfunktion nach Osten. Hier wird – das zeigt ein Blick auf die zusammengebrochene Sowjetunion – die Zeit knapp. Im Osten kommt soviel so schnell in Bewegung, daß die Menschen manchmal überfordert sind oder zu sein scheinen. Das muß die Europäische Gemeinschaft zu ihrem Thema machen.

Bewegen Völker und Menschen diesen Prozeß oder Politiker?

STRUBE: Ich glaube, daß es die Menschen sind, wenn ich sehe, wie verzweifelt manche Politiker darum bemüht sind, von den Wogen nicht überrollt zu werden.

Gilt das nur für osteuropäische oder auch für deutsche Politik?

STRUBE: Das gilt auch für die deutsche Politik, wobei ich aber meine, daß sie solche Bewegungen durch ihre demokratischen Erfahrungen besser im Griff hat, während die osteuropäischen Politiker ihre ersten Gehversuche auf dem Reformfeld machen.

Letztere müssen sich erst daran gewöhnen, daß Querdenken jetzt erwünscht ist und nicht mehr mit Liquidierung geahndet wird...

STRUBE: ...ein Vorgang, der natürlich zum Sammeln von Erfahrungen nicht besonders geeignet ist.

Wie stand es denn um die Reaktionsgeschwindigkeit bei der BASF? Gab es, als Sie am 10. November 1989 in Ihr Kontor kamen, bereits Reaktionen? Wann kam das Gespräch in der Führungsetage in Gang?

Strube: Nein, das wäre etwas vereinfacht. Wir haben uns bereits im Laufe des Jahres 1989 intensiv mit der Frage beschäftigt, welche Möglichkeiten sich für die BASF in der damaligen DDR eröffnen. Auch uns blieb ja nicht verborgen, daß es mit diesem System zu Ende ging.

Eine chemische Strategie unter strenger Diskretion?

Strube: So ist es.

Das konnte sehr riskant sein. Ich erinnere mich an die SED-Sprüche zum Jahrestag des Mauerbaus am 13. August 1989, die Bundeswehr werde mit angeblich klingendem Spiel durch das Brandenburger Tor ziehen. Das war vom Regime als Bedrohungskulisse aufgebaut worden. Wenn in diese Phase beispielsweise ein Plan der BASF geplatzt wäre, wie sie diesen Markt aufzurollen beabsichtigte, wenn die DDR zusammenkracht – Sie hätten vermutlich Schlagzeilen gemacht.

Strube: So weit waren wir damals eindeutig nicht, sondern ganz am Anfang. Leider wußten wir über die chemische Industrie in der früheren DDR außerordentlich wenig. Unser Informationsstand über Westeuropa, Nordamerika, Lateinamerika oder Fernost war unvergleichlich besser. Im Bereich des Ostblocks tappten wir weitgehend im dunkeln. Alles Wissen stammte aus Publikationen.

Hatten die Chemiker keine Kontakte auf Kollegenebene?

Strube: Genau das gab es im Verhältnis zur früheren DDR nicht. Wir hätten mit großer Wahrscheinlichkeit den Vorwurf der Spionage riskiert. Erst 1990 hat sich das dann zu wechselseitigen Kontakten verdichtet, wobei die Initiative zum Teil von uns ausging, zum Teil aber auch von den Betrieben, denen schwante, daß sie künftig in einem offenen Markt bestehen müßten.

Wann fiel denn Ihr Blick so wohlgefällig auf den Chemiestandort Schwarzheide?

Strube: Eine lange Tradition hatte das nicht. Schwarzheide begann Ende der sechziger Jahre mit dem Aufbau einer Polyurethan-Chemie. Hier gab es ein sehr breitgefächertes Einsatzgebiet: von Hartschaum bis zu Weichschaum, von Matratzen über Möbel und zur Isolierung bis zum Einsatz im Automobil – ein Arbeitsgebiet, das viele Branchen berührt und deswegen im Ostblock besonders wichtig war. Aus dieser Zeit rührten die Kontakte mit Schwarzheide, die aber in den achtziger Jahren eingeschlafen waren. Nach der Wende ergriff die Betriebsleitung von Schwarzheide die Initiative von sich aus – und das muß man ganz besonders hoch einschätzen – und erklärte, sie müßte doch mit ihrem früheren Technologiegeber, der BASF, schnell den Kontakt aufnehmen. Das war die einzige Möglichkeit, in einem offenen Markt zu bestehen. Herr Dr. Hans Joachim Jeschke, der damalige Vorstandsvorsitzende des Kombinats Schwarzheide, schrieb an die BASF einen Brief und schlug ein Gespräch vor. Das traf sich insofern gut, als unser Unternehmensbereich Polyurethane auch daran gedacht hatte. Daraus ergab sich eine Reihe von Expertengesprächen, bei denen bewertet wurde, was Schwarzheide bietet und wo sich dies mit BASF deckt. So entwickelte sich die Idee der Kooperation zur Akquisition.

Warum hat es dann noch ein Jahr bis zu ernsthaften Verhandlungen gedauert?

STRUBE: Zunächst einfach deshalb, weil keiner die Rahmenbedingungen kannte. Der Einigungsvertrag war ja erst Mitte 1990 zustande gekommen, die Details der Währungsumstellung völlig ungewiß. Schwierige Fragen: Welche Teile des Kombinats kommen für eine Akquisition in Betracht? Welche Teile sind auszugliedern? Wie hoch kann der Preis sein, wie regeln wir die Altlasten und wie kann eine D-Mark-Eröffnungsbilanz für Schwarzheide aussehen?

Wie fiel diese Bilanz denn aus: schlimm oder noch schlimmer, als Sie sie sich vorgestellt haben?

STRUBE: Lassen Sie es mich vorsichtig formulieren: Man mußte ganz von vorne anfangen. Mit einer D-Mark-Eröffnungsbilanz hatte niemand Erfahrung, denn die letzten Bilanzen stammten von 1949. Im DDR-Wirtschaftssystem, das auf Autarkie angelegt war, galten andere Bewertungsmaßstäbe, die eine Übertragung auf unsere Verhältnisse unzulässig machten. Wie man Wirtschaftsgüter umbewertet, ist ein außerordentlich schwieriger Prozeß, wenn Sie sich vor Augen führen, daß importierte Güter im DDR-System manchmal dreimal so hoch bewertet wurden wie beim Einkauf. Auch bildete man keine Rückstellungen, wie sie bei uns üblich sind. Da Vater Staat sowieso Eigentümer war, hatte er auch die Pflicht, Bilanzpositionen auszugleichen.

In Schwarzheide finden Sie eine Vielzahl von Gebäuden aus den späten dreißiger Jahren, die keine Werte mehr darstellen, sondern Lasten – mit den entsprechenden Abrißkosten.

Dieser Systembruch entsprach einem kompletten Neubeginn. Die Treuhand ist hier mit viel Sachverstand herangegangen.

Wie haben Sie das Hauptproblem der Chemie, die verseuchten Böden und Anlagen, behandelt?

STRUBE: Natürlich ein besonders wichtiges Problem, aber auch ein Thema, bei dem ein endgültiger Befund schwer ist. Wir verabredeten mit der Treuhandanstalt, daß wir über zwei Jahre hinweg in Schwarzheide prüfen, Bodenproben nehmen und sie analysieren. Wahrscheinlich werden wir erst in zwei Jahren wirklich sagen können, welche Altlasten uns treffen.

Haben Sie mit diesen Absprachen das Altlastenproblem ausgeklinkt und dem Staat überantwortet?

STRUBE: Nein, das haben wir nicht. Mit der Treuhandanstalt wurde verabredet, daß sie – dem Verursacherprinzip folgend – die Altlasten aus DDR-Zeiten auf ihre Rechnung übernimmt und wir uns mit einem bestimmten Anteil daran beteiligen.

Sind das zehn Prozent wie anderswo oder wie hoch ist der BASF-Anteil?

STRUBE: Wir haben mit der Treuhand Vertraulichkeit zu den Einzelheiten des Vertrages vereinbart.

Gibt es noch Altlasten aus den Kriegszeiten vor Bestehen der DDR, beispielsweise aus Wehrmachts- oder Munitionsbeständen?

STRUBE: Das war in Schwarzheide nicht der Fall. Aber die Treuhand tritt im wesentlichen für Altlasten bis zum Erwerb Schwarzheides ein. Das Werk ist 1936 gegründet worden, und es besteht das klare Einvernehmen, daß alle Altlasten von damals bis Mitte 1990 bei der Treuhand verbleiben, unseren Kostenanteil ausgenommen.

Würden Sie dieses Verfahren als Modellfall für die Altlastenproblematik sehen?

STRUBE: Nein. Der Einigungsvertrag bestimmt, daß bei der Freistellung von Altlasten verschiedene Interessen abzuwägen sind. Wenn man ein Wohngebäude kauft, werden sie relativ unbedeutend sein. Wenn man einen Chemiestandort kauft, der im Zweiten Weltkrieg zerbombt worden ist, der danach von einer sowjetischen Aktiengesellschaft zur Herstellung von Synthesebenzin aus Braunkohle betrieben worden ist, dann ist das Thema Altlasten deutlich gewichtiger. Ich habe den Eindruck, daß diese Diskussion mittlerweile an Hitze verloren hat. Die Öffentlichkeit versteht inzwischen, daß alle Erwerber das Thema Altlasten in den fünf neuen Bundesländern genauso ernst nehmen wie bei Käufen in Nordamerika, Japan oder anderswo. Wenn wir Verträge in den USA geschlossen haben, waren die Altlasten dort auch immer ein Kernpunkt.

Eine Altlast besonderer Art sind die unrentablen Arbeitsplätze. Könnte es sein, daß man in einigen Jahren sagt: Die ökologische wie die ökonomische Hinterlassenschaft Honeckers ist jetzt die des Westens? Liefe das dann in Schwarzheide auf die BASF zu?

STRUBE: Wäre Ihre These richtig, bedeutete das wahrscheinlich das Aus für Investitionen in den fünf neuen Bundesländern.

Die öffentliche Meinung hat doch schon entschieden, daß Honeckers Arbeitslose jetzt Kohls Arbeitslose sind.

STRUBE: Ich bin da etwas optimistischer. Wir müssen unterscheiden zwischen den finanziellen Pflichten, die aus den Altlasten folgen, und den Verpflichtungen, die zur Bewältigung der Altlasten zu übernehmen sind. Wir fühlen uns als Unternehmen verantwortlich, die Altlasten, die die Treuhand nur finanziell abdeckt, zu bewältigen. Es war nicht zu verantworten, das Werk weiter zu betreiben wie bisher. Wir haben im ersten Jahr seit der Übernahme beispielsweise die Braunkohleverfeuerung in den Kraftwerken bereits abgestellt. Damit beendeten wir einen unerträglich umweltschädlichen Zustand, wie er zwischen 1937 und 1990 bestand. Jetzt betreiben wir das Kraftwerk nur noch mit Heizöl und Erdgas. Wenn man die Reduzierung an Emissionen in nur einem Jahr betrachtet, ist das die dramatischste Verbesserung der Umgebung, die man sich überhaupt vorstellen kann.

Wird Ihnen das gedankt?

STRUBE: Auf Dank sind wir nicht aus. Schwarzheide nimmt das aber ebenso zur Kenntnis wie seine Umgebung. Das fängt damit an, daß die Hausfrauen überrascht auf ihre Trockenwäsche schauen und verwundert feststellen, daß sie keinen Schwarzschleier mehr hat.

Wie fiel Ihr erster Reflex aus, als Sie einen Blick auf die Anlagen warfen? Bevorzugen Sie eine ehrliche oder eine höfliche Antwort?

STRUBE: Mein erster Eindruck von Schwarzheide war sehr gemischt. Ein Teil der Anlagen erinnerte mich an meine Jugend im Ruhrgebiet, an die fünfziger Jahre.

Und Ihre zweite Reaktion?

STRUBE: Was man in der früheren DDR immer wieder vermißt, ist eine vernünftige Instandhaltung. Bei uns möchte man alle Anlagen in einem Betriebszustand wissen, als wären sie eben erst erbaut worden. Dort aber standen Gebäude, die seit Jahrzehnten nicht mehr genutzt, aber auch nicht abgerissen worden waren. Wir in Ludwigshafen und in anderen Werken der BASF-Gruppe lassen nichts stehen, was keine Nutzung mehr hat. Dieser Prozeß ständiger Erneuerung eröffnet immer wieder freie Blockfelder. Andererseits gab es neben den heruntergekommenen Anlagen auch recht moderne, die vernünftig gewartet wurden. Das hing von der Initiative der Betriebsleitung vor Ort ab. In Schwarzheide gibt es Abwasseraufbereitungsanlagen, die einen recht modernen Stand haben. Insofern ist dort mit mancher Initiative auch schon in den Zeiten der früheren DDR beim Umweltschutz manches geschehen.

Haben Sie auch andere, noch düsterere Chemiestandorte gesehen?

STRUBE: Ja.

Die meisten Ihrer Kollegen kehrten mit allen Anzeichen sichtbarer Erschütterung aus Gegenden wie Bitterfeld zurück, Sie auch?

STRUBE: Das ist richtig. Und diese Erschütterung teile ich.

Ist diese ökologische Wüste bis zum Ende dieses Jahrhunderts zu sanieren und fruchtbar zu machen? Ist es in Ihren Augen seriös, wenn der Bundeskanzler eine öffentliche Garantie für Chemiestandorte abgibt?

STRUBE: Meines Erachtens ist es seriös, wenn wir diese Bestandsgarantie differenziert beurteilen: Wenn man verspricht, Chemiestandorte zu erhalten, dann bedeutet dies keine Garantie für die dort arbeitenden Chemiebetriebe. Standorte sind wichtig, weil es sich um erschlossenes Gelände handelt. Dort gibt es eine qualifizierte Arbeiterschaft, teilweise auch eine moderne Infrastruktur. Wenn man zudem die Brückenfunktion zu Osteuropa ernst nimmt, dann ist sie für eine bestimmte Art von Veredelungschemie von großem Interesse. Ich baue sehr stark darauf, daß die Idee von Chemieparks im Sinne von Industrieparks an diesen großen Standorten Erfolg verspricht.

Das erinnert mich an die verbal schöngefärbten Entsorgungsparks…

STRUBE: Nein. In Nordamerika spricht man zum Beispiel von Petro-Condos. Der Grundgedanke ist derselbe wie bei einer Eigentumswohnung: Wenn ich kein eigenes Haus bauen will, kann ich mich trotzdem als

Eigentümer an einer gemeinsamen Infrastruktur beteiligen. Dieses Grundprinzip gilt auch für Bitterfeld oder Leuna, wo ein Erwerber die Möglichkeiten eines Standortes nutzen kann.

Sehen Sie in diesem Jahrzehnt für Bitterfeld eine Perspektive wie für Ludwigshafen?

STRUBE: Nein. Ludwigshafen ist in 126 Jahren entstanden. Wenn man nur die Investitionen der Nachkriegszeit betrachtet, hat dieser Standort nicht nur viel Kapital gekostet, sondern auch viele Jahre Arbeit. Da es bis zur Jahrtausendwende nur noch wenige Jahre dauert, kann man nicht erwarten, daß in dieser kurzen Zeit all das bewältigt wird, was in der DDR 45 Jahre lang versäumt wurde.

Unternehmerkollegen von Ihnen behaupten aber, die große Chance der neuen Bundesländer sei, daß sie zur Jahrtausendwende zum »Japan Europas« werden könnten. Ist das realistisch?

STRUBE: Man sollte realistisch rechnen. Unsere Erfahrungswerte lauten: Die Planung einer großen Chemieanlage dauert zwei Jahre, ihre Genehmigung mit Offenlegung und Öffentlichkeitsbeteiligung weitere zwei Jahre. Der Bau dauert drei Jahre, also zusammen sieben Jahre. Solange aber noch nicht einmal klar ist, wer diese Chemieanlagen planen darf, fängt auch keiner mit dem Planen an. Das heißt: Von den verbleibenden Jahren dieses Jahrzehnts wird man nicht sehr viel erwarten können.

Die hiesige Politik behauptet, die Planung würde zwar mühsam anlaufen, dann aber doch Tempo zulegen, zumal auch die ökologischen Hürden niedriger seien, weil das Umweltbewußtsein auf dem Stand der fünfziger Jahre verharre.

STRUBE: Das ist richtig. Unsere ersten Erfahrungen mit Planungen für Schwarzheide bestätigen, daß die Verkürzung von Genehmigungsverfahren gegenüber den alten Bundesländern möglich ist. Darin sehe ich auch einen Standortvorteil. Andererseits wird niemand, der dort eine Anlage plant, hinter dem Standard zurückbleiben können und wollen, wie er für die alten Bundesländer gilt. Von dieser Seite her ist die Frage des ökologischen Bewußtseins in den fünf neuen Bundesländern unerheblich.

Wann wird das Umweltbewußtsein in Ost wie in West gleich sein?

STRUBE: Das wird schnell gehen.

In der westlichen Öffentlichkeit gilt die Chemie als ökologischer Verderber par excellence – wie sieht man Ihre Branche im Osten?

Strube: In den alten Bundesländern erfuhr die Chemie im letzten Jahr eine Einschätzung mit knapp 70 Prozent Zustimmung. Dieser Wert hat sich etwas verschlechtert. Auch in der früheren DDR erfährt unsere Branche eine überwiegend positive Einschätzung durch die Bevölkerung. Mittelfristig dürfte dieses Bild der Chemie in den neuen Bundesländern außer durch Fragen des Umweltschutzes sehr stark dadurch geprägt werden, daß von weit mehr als 300 000 Arbeitsplätzen in der früheren DDR weniger als die Hälfte erhalten bleiben werden.

In Schwarzheide gingen Sie ja weniger rigoros vor. Entlassen wurde erst ein Viertel der Belegschaft.

Strube: Ja, wobei zu ergänzen ist, daß die Leitung von Schwarzheide bereits im Vorgriff auf die Öffnung schon Anpassungsmaßnahmen durchgeführt hat. Jetzt werden Betriebsteile ausgegliedert, die künftig als mittelständische Unternehmen fortgeführt werden. Wir haben ferner die Pflanzenschutzmittelproduktion sowie die Produktion von Chlorparaffinen eingestellt und Arbeitskräfte freigesetzt. Wir haben eine Beschäftigungsgesellschaft gegründet. Das ist an den anderen Chemiestandorten auch geschehen. Allerdings werden die Beschäftigungsgesellschaften das Bild der Chemie in den neuen Bundesländern nur dann prägen können, wenn am Ende einer solchen Qualifikationsphase auch ein entsprechender Arbeitsplatz steht.

Beschäftigungsgesellschaften gelten als Hoffnungsbegriff. Wird dort eine eitle Vision gehegt?

Strube: Beschäftigungsgesellschaften können nur eine Übergangslösung sein. Man muß darauf achten, daß sie den Anpassungsprozeß nicht verlangsamen.

Womit sind Beschäftigungsgesellschaften eigentlich beschäftigt – mit sich selbst oder mit Sinnvollem?

Strube: Das ist sehr unterschiedlich. Zum Teil mit der Qualifikation von Mitarbeitern, teilweise allerdings auch mit Arbeiten, die zwar im öffentlichen Interesse liegen, aber auch privatwirtschaftlich bewältigt werden könnten. Wer an die vielen Probleme der schlechten Infrastruktur denkt, muß auch die Chancen erkennen.

Nimmt die mit öffentlichen Mitteln geförderte Schmutzkonkurrenz dem örtlichen Gewerbe die Aufträge weg?

Strube: Das ist ein Problem, das nicht auf die Beschäftigungsgesellschaften beschränkt ist. Dort liegt die Gefahr nahe, daß man unterschiedlich kalkuliert, und demjenigen, der am Markt sein Geld erwirtschaftet, einen Bärendienst erweist, indem ein anderer, der an demselben Markt partizipiert, nicht darauf angewiesen ist, alle Kosten plus Gewinn über den Markt zu erwirtschaften.

Beschäftigungsgesellschaften scheinen ein Chamäleon-Begriff zu sein. Die Gewerkschaften suggerieren, dort könnten Arbeitnehmer überwintern und sogar auf Dauerarbeitsplätze hoffen. Die Arbeitgeber nehmen diese Deutung hin, obgleich sie wissen, daß sie in eine Sackgasse führt.

STRUBE: Ein politisch schwieriges Feld. Ich bin nicht der Meinung, daß wir gut beraten wären, Beschäftigungsgesellschaften als Dauererscheinung hinzunehmen. Sie können eine Rolle im Strukturwandel ausfüllen, wenn sie zeitlich befristet sind. Sollten sie die nächsten zehn Jahre überdauern, wären sie eher eine Gefahr als eine Hilfe.

Engagiert sich BASF mit Schwarzheide und dem Lackbetrieb in Zeitz nicht eher bescheiden in den neuen Ländern?

STRUBE: Das sehe ich nicht so. In Schwarzheide ist klar, daß wir

Das Synthesewerk Schwarzheide in Brandenburg

ungefähr 600 Millionen Mark in den nächsten Jahren investieren werden. Dies gilt vor allem den Polyurethanen. Darüber hinaus werden wir noch viel tun müssen, um den Standort auf eine breitere Basis zu stellen, wobei wir insgesamt fast eine Milliarde Mark ins Auge fassen. Ferner engagieren wir uns mit dem sowjetischen Gasunternehmen Gazprom in den neuen Bundesländern, weitere Hunderte von Millionen Mark von Investitionen gehen in den Bau von Gasleitungen. Aber die BASF darf ihren Blick nicht auf die Bundesrepublik verengen. Unser Heimatmarkt ist das ganze Europa. Wir sollten nicht die Augen davor verschließen, daß die chemische Industrie im weltweiten Wettbewerb steht. Der Ausbau unserer Position in Nordamerika, in Japan sowie Süd- und Ostasien kann nicht zurückgestellt werden. Das ist unter den Aspekten knapper Ressourcen eine ganz erhebliche Anspannung, also kein bescheidenes, sondern ein bedeutendes Engagement.

In Schwarzheide scheint man sich über den Investitionsbedarf geirrt zu haben. Bisher wird nur eines produziert: rote Zahlen.

STRUBE: Man muß unterscheiden: Geirrt haben wir uns nur insofern, als eben doch noch mehr Modernisierungsinvestitionen erforderlich werden. Wenn ich eine deutlich größere Zahl nannte, als bislang in der Öffentlichkeit bekannt ist, dann deswegen, weil wir Schwarzheide nicht nur als Polyurethan-Standort der Zukunft sehen, sondern auch andere Arbeitsgebiete ansiedeln wollen – zum Beispiel Wasserbasislacke für die Fahrzeug-Serienlackierung. Das sind sehr große Investitionen, allein dafür 90 Millionen Mark.

Wie halten Sie es mit dem Imperativ des Bundespräsidenten, dem Teilen? Gab es bei BASF ein richtiges Investment-Sharing zwischen Ost und West in der Form, daß man im westlichen Teil Deutschlands auf Investitionen verzichtet, um sie im Osten zu plazieren?

STRUBE: Ja. Die Wasserbasislakke waren ursprünglich für Würzburg geplant, wo bereits welche produziert werden. Für die Würzburger Belegschaft war dies keine angenehme Entwicklung, daß die BASF entschied, nach Schwarzheide zu gehen. Es wird auch künftig zu diesem Investment-Sharing kommen. Standorte müssen in unser weltweites Gesamtkonzept eingepaßt werden.

Gibt es bei dieser Investitionsplanung auch etwas nationale

Emotion oder nur betriebswirtschaftliches Kalkül?

STRUBE: Beides fließt ein. Die Entscheidung für Schwarzheide als großes Engagement der BASF ist von strategischen Überlegungen getragen, aber auch von persönlichem Engagement einer Reihe von BASF-Mitarbeitern.

Zur Motivation dieser Mitarbeiter: Gibt es genügend Leute, die bereit sind, »rüberzumachen«?

STRUBE: Ja. Mehrere Führungskräfte haben sich spontan angeboten. Sie sehen darin nicht nur eine Herausforderung, sondern auch eine gewisse patriotische Pflicht.

Werden sie dafür mit einem positiven Vermerk in der Personalakte belohnt?

STRUBE: Mit Sicherheit ja.

Eine Art östlicher Bewährungsaufstieg?

STRUBE: Hier stellt sich eine alte Frage neu: Wie können wir die Fähigkeiten von Führungskräften erproben? Sich unter völlig fremden Umständen zu bewähren, erzwingt neue Fähigkeiten auf schwierigem Terrain. Ich denke hier an einen frisch ernannten Bereichsleiter, der von der BASF in die Treuhandanstalt entsandt wurde und unter Beweis stellte, daß er auch außerhalb der BASF erfolgreich zu arbeiten versteht.

Wie reagieren die Betriebsräte in Ludwigshafen?

STRUBE: Sie sind durchaus daran interessiert, daß wir in den neuen Bundesländern aktiv werden. Andererseits sorgen sie sich, daß Arbeitsplätze, die sonst beispielsweise in Ludwigshafen entstünden, sich nun nicht hier, sondern anderswo ansiedeln. Mit diesem Zwiespalt wird Deutschland die nächsten Jahre wohl leben müssen.

Gibt es unterschwellige Vorwürfe, die Kollegen in den neuen Bundesländern sollten selbst beherzter anpacken?

STRUBE: Nein. Das kann ich im Falle von Schwarzheide ausschließen. Von dort ging viel Initiative aus, die auch dem Gesamtunternehmen dient. Sorgen gibt es auf beiden Seiten, bei der Belegschaft in den neuen Bundesländern noch stärker. Diese Opfer werden nicht leichten Herzens erbracht.

Ist das eine vornehme Umschreibung dafür, daß man sich in Schwarzheide an eine 38-Stunden-Woche unter voller Leistung nur schwer gewöhnen kann?

STRUBE: Nein, das habe ich damit nicht gemeint. Die Zahl der Arbeitsplätze von ursprünglich 4650 auf 3300 bis Ende dieses Jahres zu verringern, ist für Schwarzheide ein sehr schmerzlicher Anpassungsprozeß, zumal es in der Region kaum Alternativen gibt. Deswegen bemühen wir uns, auch traditionelle Lieferanten der BASF in dieser Gegend anzusiedeln. Wir fördern die Gründung von 25 bis 30 Firmen mit etwa 500 Mitarbeitern. Man sollte auch erwähnen, daß der Gewerbesteuerverbund der BASF-Gruppe der Gemeinde Schwarzheide Steuereinnahmen erbringt, die sie ohne uns nicht bekäme.

Die Belegschaften seien, so heißt es vielfach, nicht nur deprimiert, sondern auch demotiviert und etwas muffig. Teilen Sie diesen Eindruck?

STRUBE: Nein. Sie geben eine allgemeine Beschreibung von Eindrücken wieder, aber keine zutreffende Beschreibung für die Belegschaft in Schwarzheide. Sie sieht auch die konstruktiven Anpassungsschritte. Herr Jeschke hat es einmal auf die zutreffende Formel gebracht: Wir sind eine produzierende Baustelle. Und wer sich dort umschaut, dem fallen die positiven Signale des Wandels sofort ins Auge. Es wird abgerissen und aufgebaut, repariert und renoviert. Selbst ein neuer Anstrich erfrischt die Belegschaft, die bisher grau-schwarze Gebäude gewöhnt war.

Eines läßt sich nicht übertünchen – die roten Socken. Haben Sie Alt-Funktionäre der SED in den BASF-Dienst übernommen?

STRUBE: Ja. Wir haben Herrn Dr. Jeschke in die Geschäftsführung übernommen – und zwar in voller Überzeugung, daß wir mit ihm eben nicht nur einen alten Funktionär, wie Sie es ausdrücken, übernommen haben, sondern einen Mitarbeiter, der für dieses Werk und für den Betrieb Schwarzheide im Rahmen seiner Möglichkeiten im früheren System sehr viel getan hat. Für uns ist wichtig, daß er von der Belegschaft akzeptiert wird.

Reicht Ihnen das als Beruhigung aus?

STRUBE: Nein, das würde uns nicht ausreichen, wenn nicht auch unser persönlicher Eindruck von ihm so positiv wäre, daß wir ihn eben gerne als Mitglied der Geschäftsführung in Schwarzheide haben.

Viele reden von den neuen Bundesländern als der Drehscheibe oder dem Brückenkopf nach Osteuropa. Wird da nicht geflunkert?

STRUBE: Kurzfristig ist klar, daß die osteuropäischen Märkte bei ihrem dramatischen Systemwandel und ihrer völligen Desorientierung einstweilen ausfallen. Auch fehlen ihnen Devisen. Mittel- und langfristig dagegen bin ich der Ansicht, daß die neuen Bundesländer eine solche Brücken- oder Drehscheibenfunktion ausüben werden. Die rund 400 Millionen Menschen in Osteuropa, die ehemalige Sowjetunion eingeschlossen, sind ein riesiges Potential, das wir erschließen können und wollen.

Aber zahlen können die nicht.

STRUBE: Noch nicht. Aber wir sollten nicht aus den Augen verlieren, daß eben auch einige dieser Länder über erhebliche Rohstoffreserven verfügen. Ich darf nur mal das Beispiel Erdgas nennen. Während des Golfkonflikts ist uns bewußt geworden, wie stark die Primär-Energieversorgung der Europäischen Gemeinschaft vom Persischen Golf abhängig ist. Eine sinnvolle Diversifikation mindert dieses Risiko.

Da ist die ehemalige DDR nicht nur Durchleitungsland, sondern auch Verbraucher.

STRUBE: Beides. Als Verbraucher hatte sie auf die Braunkohle gesetzt und sich damit hohe ökologische Lasten aufgebürdet, die heute nicht mehr zu akzeptieren sind.

Wie empfinden Sie den Vorwurf, Ihr Unternehmen halte sich im Osten etwas zu vornehm zurück und würde die Aufbauarbeit dem Staat überlassen?

STRUBE: Der Vorwurf ist ungerecht und unzutreffend. Von unseren Gesamtinvestitionen von über 20 Milliarden Mark in den nächsten fünf Jahren werden knapp zehn Prozent in die neuen Länder gehen, die Hälfte davon nach Schwarzheide. Da die Europäische Gemeinschaft unser Heimatmarkt ist, muß man die Aktivitäten als Ergänzung verstehen. Wir sollten der Privatwirtschaft und dem Markt mehr Vertrauen als den staatlichen Instanzen schenken.

Hegen oder hegten die Deutschen Illusionen über das Tempo ihrer wirtschaftlichen Einheit?

STRUBE: Die alte DDR hat es verstanden, ein Bild technischer, wirtschaftlicher, politischer und militärischer Stärke zu vermitteln, das von den Realitäten überhaupt nicht gestützt wird.

Sind wir Opfer einer Täuschung oder einer Selbsttäuschung geworden?

STRUBE: Das vermag ich nicht zu beantworten.
Aber der DDR-Führung gelang es, uns mit einem Lügengewebe zu umgarnen.

Zu einer Täuschung gehören – Sie wissen dies als Jurist – immer zwei: einer der sie aufbaut und einer, der an sie glaubt. Wo waren denn unsere hervorragenden Soziologen, Politologen, Ökonomen und Juristen eigentlich? Haben sie an dieser gigantischen Täuschung bewußt mitgewirkt?

STRUBE: Aus der früheren Situation gab es keinen Grund, eine solche Selbsttäuschung aus unserer Sicht aufzubauen, aber es gab sehr wohl Gründe der früheren DDR-Regierung, ein solches Bild von Stärke zu vermitteln.
Ich glaube, die fehlenden Primärinformationen über die DDR haben mehr zu einer Täuschung als zu einer Selbsttäuschung auf seiten der Westdeutschen geführt.

Mitten in der Agonie der DDR hieß es noch, sie habe sich zu einem Staat eigener Identität entwickelt, zu einer Nischengesellschaft mit begrenzten Freiheiten und Honecker als einem Patrioten an der Spitze. Diese politische Akzeptanz führte zu einer ökonomischen Akzeptanz – beide fern der Realität und der Menschen.

STRUBE: Ich kann Ihnen nicht widersprechen. Die akzeptierte These der Zweistaatlichkeit wurde zum Kern der Fehleinschätzung.

Hat die Großindustrie an dieser Täuschung mitgewirkt?

STRUBE: Meines Erachtens nicht.

Der Handelsaustausch, auf den Sie sich ja auch bezogen, erwies sich als Teil eines Miteinanders in Deutschland. Machen Sie sich da manchmal einen Vorwurf?

STRUBE: Nein. Das Handelsvolumen, das damals zwischen der BASF und den Außenhandelsorganisationen der früheren DDR ablief, war sehr bescheiden. Wir haben damals um die 250 Millionen Mark gekauft und verkauft – keine aufregende Größenordnung für die BASF.

Fühlen Sie sich von der Politik nach dem Motto unter Druck gesetzt: Nun saniert doch diese Wirtschaft endlich!
Haben wir gemeinsam zu wenig Geduld?

STRUBE: Die Frage nach der Geduld will ich nicht kommentieren. Aber manchmal habe ich das Gefühl, daß die Politik den Ablauf einer solchen Sanierung falsch einschätzt.

Heißt das im Klartext, daß die Politik nicht weiß, worüber sie redet?

STRUBE: Nein, das heißt im Klartext, daß unsere Regierung es manchmal nicht leicht hat, Entscheidungskriterien der Wirtschaft zu begreifen.

Fühlt sich ein bedeutender Unternehmer in diesem politischen Umfeld derzeit unwohl? Vielleicht gar als Fremdkörper in einer allgemeinen Stimmungslage?

STRUBE: Als Fremdkörper sicher nicht. Auch wir verstanden nicht alles. Im Dialog mit der Politik benötigen beide Seiten mehr Aufgeschlossenheit, damit wir

Dr. jur. Jürgen Strube, Vorsitzender des Vorstands der BASF Aktiengesellschaft.
Jürgen Strube wurde 1939 in Bochum geboren. Nach dem Abitur 1959 leistete er den Grundwehrdienst ab. Von 1960 bis 1964 studierte er Rechtswissenschaften in Freiburg, Genf und München. Das erste juristische Staatsexamen legte er 1964 ab. Die Promotion zum Dr. jur. folgte 1967. Den Abschluß seiner Ausbildung bildete das zweite juristische Staatsexamen im Jahre 1968.
1969 trat Dr. Strube in das Finanzressort der BASF ein. Nach Tätigkeit bei BASF Antwerpen war er von 1970 bis 1974 im Bereich Logistik tätig. Prokura wurde ihm 1973 erteilt. Anfang 1974 trat er zur damaligen Regionalsparte Lateinamerika über.
Im März 1974 erfolgte seine Delegation zur BASF Brasileira S. A. in São Paulo, wo er ab 1975 in der Geschäftsleitung zunächst für Logistik und Verwaltung und ab 1978 für den Bereich Chemikalien und Kunststoffe zuständig war. Im Oktober 1980 wurde ihm die Leitung der Glasurit do Brasil Ltda. übertragen. Anfang 1982 wurde Dr. Strube zum Leiter des Länderbereichs Brasilien und gleichzeitig zum Präsidenten der BASF Brasileira S. A. sowie der BASF Química S. A. ernannt. Mit Wirkung vom 1. Januar 1985 wurde Dr. Strube in den Vorstand der BASF Aktiengesellschaft mit Dienstsitz in den USA berufen. Von August 1985 bis Juni 1988 leitete er das Ressort mit den Unternehmensbereichen Informationssysteme und Fasern sowie dem Länderbereich Nordamerika. Seit seiner Rückkehr nach Ludwigshafen leitete Dr. Strube von Juli 1988 bis Jui 1990 das Ressort mit den Unternehmensbereichen Schaumstoffe, Polyolefine und PVC, Informationssysteme sowie den Länderbereichen Brasilien und Lateinamerika. Ab Juli 1990 gehören zu seinem Ressort die Zentralbereiche Recht, Steuern und Versicherung sowie Planung und Controlling.
Dr. Strube ist seit 1965 verheiratet und hat eine Tochter.

einander verstehen und unsere Zwänge begreifen.

Derzeit gilt die Konjunktur als etwas eingetrübt. Die großen Chemieunternehmen haben einige Federn lassen müssen. Könnte es sein, daß der Aufschwung Ost nicht eintritt und der Aufschwung West abtritt?

Strube: Das könnte sein. Und das ist ein Punkt ernster Sorge für uns. Denn die deutsche

Konjunktur führte ganz klar zu einer Sonderbelebung in Europa, an der die Nachbarländer partizipieren. Sie ist sehr stark von Transferleistungen abhängig – eine Art Deficit spending –, wobei wir hoffen, daß die Hilfen bald in Investitionen münden und nicht nur in den Konsum gehen.

Eine Sorge der Ökonomen bei der Finanzierung der deutschen Einheit ist weniger die hohe Belastung, sondern die Gefahr, daß daraus eine Dauerbelastung werden könnte. Teilen Sie diese Sorge?

STRUBE: Wir können es in den Griff bekommen, wenn wir Augenmaß bewahren. Wir müssen uns klar sein, daß wir jede Mark nur einmal ausgeben können. Wir geben uns dem Glauben hin, alle Ziele zugleich verwirklichen zu können. Wir Deutschen drohen uns zu übernehmen. Daneben wollen wir noch den Vorreiter im Umweltschutz spielen. Wenn wir beim Umweltschutz wirklich etwas bewegen wollen, müssen wir unsere knappen Mittel gezielt einsetzen. Wenn die Umwelt in den neuen Bundeslän-

FIRMENPORTRAIT

Die BASF ist ein international tätiges Chemieunternehmen, das Güter in 35 verschiedenen Ländern produziert und Handel mit über 160 Ländern der Erde treibt. Die 106 zur BASF gehörenden Gesellschaften erzielten 1990 zusammen einen Umsatz von 46,6 Milliarden DM. Die BASF beschäftigt weltweit etwa 130000 Mitarbeiter, davon 50000 allein in Ludwigshafen.

Das Stammwerk Ludwigshafen ist mit über 300 verschiedenen Betrieben der größte Produktionsstandort der BASF. Auf einem Areal von sechseinhalb Quadratkilometern Grundfläche werden über 8000 Produkte entwickelt, erprobt, hergestellt und verkauft.

In Europa verfügt die BASF außerdem über große Verbundstandorte in Antwerpen, Tarragona und Seal Sands. Hinzu kommt der ausbaufähige Standort in Schwarzheide, Brandenburg. Im Investitionsprogramm der BASF bildet die BASF Antwerpen zur Zeit einen Schwerpunkt. Dort werden in den nächsten fünf Jahren mehr als 4 Milliarden DM investiert.

In Nordamerika erzielte die BASF 1990 einen Umsatz von 9,3 Milliarden DM. Sie beschäftigt dort mehr als 18000 Mitarbeiter. Wichtige Verbundstandorte befinden sich in Geismar, Louisiana und Freeport, Texas.

Das Produktionsprogramm der BASF gruppiert sich um einen starken Chemie- und Kunststoffkern und reicht von Rohstoffen, wie Erdöl oder Erdgas, bis zum hochveredelten Verbraucherprodukt. Rund ein Drittel ihres Umsatzes erzielt die BASF mit Produkten, die in den letzten zehn Jahren neu in das Sortiment aufgenommen wurden.

In der BASF entwickelte Verfahren waren bahnbrechend für die moderne Chemie. Die synthetische Herstellung von Naturfarbstoffen (zum Beispiel Indigo) und von Farbstoffen, die in der Natur nicht vorkommen (zum Beispiel Farbstoffe der Indanthren(R)-Gruppe), die Gewinnung von Düngemitteln aus dem Stickstoff der Luft (Ammoniak-Synthese nach Haber-Bosch), die Kohle- und Ölhydrierung als Grundlage der modernen Petrochemie oder die Entwicklung und Herstellung des ersten Magnetbandes der Welt können als Meilensteine der BASF-Forschung gelten. Zu den jüngsten Erfolgen der BASF zählen beispielsweise grundlegend neue Verfahren zur Produktion von Vitaminen oder die Entschlüsselung und Herstellung wichtiger Pharmaproteine mit Hilfe der Gentechnik.

Damit diese Leistungsfähigkeit in der Forschung erhalten bleibt, beschäftigt die BASF-Gruppe rund 12000 Mitarbeiter in Forschung und Entwicklung. Dafür gibt sie an jedem Arbeitstag mehr als 8 Millionen DM aus. Im Jahr 1990 waren das insgesamt über 2 Milliarden DM. Hinzu kamen Investitionen von über 400 Millionen DM in Laboratorien und Technikumsanlagen. Von den Forschungskosten entfallen mehr als 300 Millionen DM auf Forschung für den Umweltschutz.

Als Unternehmen der chemischen Industrie trägt die BASF besondere Verantwortung für den Umweltschutz. Dies spiegelt sich auch in den Ausgaben für den Umweltschutz wider: 1990 wurden allein in Ludwigshafen 1,3 Milliarden DM für den Umweltschutz aufgewendet, davon 1 Milliarde DM für laufende Betriebskosten.

dern Vorrang haben soll, dürfen wir auf die hohen Standards in den alten Bundesländern nicht noch draufsatteln. Ich habe an das Beispiel des Braunkohlekraftwerks in Schwarzheide erinnert. Dort läßt sich mit vernünftigem Mitteleinsatz sehr viel bewegen, aber im Westen gilt das Prinzip des abnehmenden Grenznutzens: Die ersten 90 Prozent der Umweltschäden zu beseitigen, kostet nur eine Einheit, die weiteren neun Prozent eine weitere, aber das verbleibende eine Prozent kostet soviel wie die anfänglichen 90 Prozent.

Hat der Jurist hier die Nationalökonomie nachstudiert?

STRUBE: Ich habe mir erlaubt, mich auch während meiner Studienzeit mit Betriebswirtschaft zu beschäftigen.

Versäumte es der Westen, in der wiedervereinigten deutschen Familie ein offenes Wort zu reden? Oder haben zu häufige Wahltermine diesen Klartext verhindert?

STRUBE: Ich glaube ja. Die ständigen Wahlen mögen eine Erklärung sein, eine andere ist sicher, daß Vorstellung und Realität auseinanderklafften und daß erst schrittweise Durchblick zu gewinnen war. In der Zwischenzeit wurden zu viele Bestandsgarantien abgegeben, weil man den Mut nicht aufbrachte, dieses offene Wort zu sprechen.

Sie deuteten es beim Umweltschutz an – sind wir ein Volk, das zuviel auf einmal will?

STRUBE: Über die Deutschen und ihre Neigungen läßt sich trefflich philosophieren. Ich habe den Eindruck, daß wir die Begrenztheit unserer Mittel gegenwärtig aus dem Auge verlieren, daß wir in der Tat zuviel auf einmal wollen: Wir wollen den EG-Binnenmarkt, wir wollen die Europäische Währungsunion, wir wollen die volle Integration der früheren DDR mit identischen Lebensverhältnissen, wir wollen die Sanierung Osteuropas, wir sehen uns als Vorreiter beim Umweltschutz. Außerdem soll es zu Hause auch viel sozialer als bisher zugehen. Alles unter Hochdruck und alles gleichzeitig.
Ich empfehle etwas, was wir alle täglich tun müssen: Prioritäten setzen.

Makkaroni aus der Raffinerie

Ein Modell für die Russen – Wie Thyssen-Handel in Plauen ein- und aufrüstet – Vom verführerischen Lockduft der Abfindung

Wenn es darum geht, auf den Trümmern der Planwirtschaften die ersten Setzlinge der Marktwirtschaft zu pflanzen, zögern viele Unternehmen, zu weit nach Osten zu blicken. Schließlich fesselt die Aufgabe in den neuen Bundesländern genügend Kräfte. Dieter H. Vogel, Vorstandsvorsitzender der Thyssen Handelsunion AG, Düsseldorf, liebt dagegen den Fernblick – vor allem in die zusammengebrochene Sowjetunion. Sein Credo: »Gewaltige Marktchancen und fast ein Perpetuum mobile für die Gesundung.«

Beim Thema Sowjetunion kommt in Unternehmerkreisen selten Freude auf. Zu desolat ihr Zustand, zu verwirrend die politische Resteverwertung, ungewiß auch die Verschuldung der zerbrochenen UdSSR. Vogels Stirn furcht sich indessen nicht: »Unser Modell geht so: Zuerst muß man die Industrieregionen nach Produktionen durchkämmen, die Devisen bringen. Dabei entdeckt man eine Raffinerie, ein Stahlwerk oder eine Baumwollverarbeitung, die recht und schlecht produzieren und etwas exportieren. Der Maschinenbau kommt dafür nicht in Frage, denn er ist hoffnungslos veraltet.«

Ist dieser Betrieb gefunden, setzt Thyssen-Vogel wie folgt an: »Wir stellen fest, daß man mit wenigen Handgriffen – Organisation und Management – den Output deutlich steigern kann, indem man die Produktivität erhöht. Das geht fast ohne Investitionen, oft allein durch verbesserte Betriebsführung. Diese Mehrproduktion, die vorher nicht hergestellt wurde, wird von uns im Ausland vermarktet. Gegen Devisen, versteht sich. Das Geld fließt auf ein Treuhandkonto.« Und jetzt kommt Thyssen ins Geschäft, denn damit werden neue Betriebe, Anlagen und Investitionen finanziert. »Das geht vom Krankenhaus bis zur Makkaronifabrik und zur Milchpulver-Verarbeitung.«

Perpetuum mobile mit Zauberkraft

Vogel, der als Thyssen-Händler auch stellvertretender Chef der Mutter, der Thyssen AG, ist, nennt diese Mobilisierung brachliegender Kräfte ein »Perpetuum mobile, wenn auch nur ein scheinbares, freilich mit mehreren Vorzügen: Erstens brauchen die Russen kein frisches Geld, sondern zaubern die Finanzierung aus eigener Kraft; zweitens stärken sie ihre Wirtschaftskraft, und drittens spürt die Bevölkerung die Wohlstandswirkungen ihrer eigenen Arbeit sehr rasch.«

Nachdem Moskau den Zugriff auf die Deviseneinnahmen zunehmend an die Republiken verloren hat, »entsteht hier der Beginn eines fast idealen Kreislaufs – eine pragmatische Form der Hilfe zur Selbsthilfe«. Warum ist man, wenn das Exempel so vorzüglich ist, nicht schon längst draufgekommen? »Ich wollte dieses Modell schon immer der alten Sowjethierarchie verkaufen«, meint Vogel, »aber unser Werben in den Ministerien lief wie folgt ab: Der Minister war begeistert, sein Stellvertreter reagierte bereits verhalten, die untergebenen Organisationen und Funktionäre torpedierten es innerhalb weniger Wochen.«

Der politische Urknall im Osten werde es jetzt zum Durchbruch bringen, hofft der Thyssen-Mann. »Auf der Ebene der Bürgermeister und Regierungspräsidenten wird es begriffen. Nachdem sie nicht mehr in Moskau nachfragen müssen, bohren sie einfach ihr Stahlwerk oder ihre Raffinerie auf – und schon geht es.«

Die eigenen Kräfte zu mobilisieren und eben nicht auf der grünen Wiese mit viel Geld neu zu bauen, ist auch die Strategie der Thyssen Handelsunion (THU) in den neuen Bundesländern. »Wir hatten uns vorgenommen, auf den alten Strukturen aufzubauen – was ja nicht selbstverständlich war. Wir hätten neue Produkte auch in neuen Werken schaffen können, aber wir glauben, daß wir es mit den alten Fabriken versuchen sollten – und den alten Menschen. Diese Rechnung ist aufgegangen.«

Nachdem »das erste Erschrecken über den wahren Zustand der DDR-Wirtschaft« überwunden war, hat das Unternehmen eine zentrale Holding für alle Aktivitäten in den östlichen Bundesländern gegründet: in Berlin. In anderen entwickelten Volkswirtschaften hat

THU ihre neuen Aktivitäten stets nach einzelnen Sparten (beispielsweise Bau, Ausrüstungen, Dienstleistungen, Entsorgung etc.) gegliedert. In der ehemaligen DDR jedoch war Koordination gefragt. Quer durch alle Sparten habe es dieselben Probleme gegeben: wie man Kunden behandelt, wie man Marketing lernt, wie Rechnungswesen und Service auszusehen haben. »Die Gründung unserer Holding in Berlin betrachte ich als besonders glückliche Entscheidung.«

Wann wird diese Holding wieder aufgelöst? »Hin und wieder weichen Planungen von der Realität ab«, schmunzelt der Thyssen-Manager, »doch 1995 könnte es soweit sein. Aber auch ein Weiterbestehen ist denkbar, wenn sich das Ostgeschäft mit und in den ehemaligen RGW-Staaten gut entwickelt.«

Da man – entgegen den Vorstellungen von Marx und Lenin – den neuen Menschen nicht vorfand, sondern mit den alten zurechtkommen mußte, wurde zuerst die Schulung des Personals in Angriff genommen. »Schulung quer durch das Management. Für die Spitzenpositionen haben wir Paten aus westlichen Unternehmen mobilisiert, die sich jeweils um einen vergleichbaren Betrieb im Osten kümmerten. Das taten sie – je mehr drüben Tritt gefaßt wurde – mit abnehmender Tendenz. In vielen Fällen mußten wir allerdings westliche Topmanager direkt einsetzen. Insgesamt haben wir sechstausend Leute geschult. Die Schulung, die Ende 1992 ausläuft, half Entlassungen zu vermeiden.«

Die THU hat mehrere Schulungsstätten eingerichtet – Schwerpunkt Berlin. Vogel verschweigt nicht, daß sein Unternehmen dabei auch auf Finanzmittel aus der Arbeitslosenversicherung (der Bundesanstalt für Arbeit) zurückgegriffen hat. »Der eine Teil, der ansonsten ausgeschieden wäre, wird ganztags geschult. Der andere arbeitet regulär und wird weiterqualifiziert. Die sitzen abends oft bis neun und zehn Uhr noch auf der Schulbank.«

So sehr Vogel dieses Engagement lobt – über die Motivation der neuen Mitarbeiter mag er kein pauschales Urteil abgeben. »Es gab merkwürdigerweise recht unterschiedliche Verhaltensweisen«, erinnert er sich. »In der Phase, als es um Entlassungen ging, boten wir Abfindungen in der Größenordnung von rund 16000 Mark oder Qualifizierung mit der Chance einer regulären Beschäftigung an.«

Die Reaktion hat den Thyssen-Manager überrascht: »Nur etwa ein Drittel hat diese Chance genutzt, zwei Drittel zogen das Ausscheiden plus Abfindung vor. Überrascht hat mich das deshalb, weil die Menschen, die Langfristaspekte ignorierten, sich gegen das Qualifizie-

ren und das Quälen und für das schnelle Geld entschieden. Vielleicht geschah das in der naiven Erwartung, sie könnten kassieren und fänden gleichwohl anderswo einen neuen Job. Diese Rechnung ist in den meisten Fällen natürlich nicht aufgegangen.«
Simple Gegenfrage: War die Abfindung vielleicht zu hoch und deshalb zu verführerisch, zumal die Menschen nicht in längerfristiger Selbstverantwortung trainiert waren? »Ich will es nicht ausschließen. 16000 Mark sind der Wert eines schnell gekauften Autos, vielleicht sind sie auch dem Traum einer neuen Wohnungseinrichtung erlegen.« Trotz solcher Reaktionen möchte Vogel die andere Seite nicht unterschlagen: »Die alten Kader sind nicht pauschal abzuqualifizieren. Das Vertrauen, das wir in viele setzten, hat sich als richtig erwiesen. Neben den reinen Politruks gab es eben auch viele Tüchtige.«
Sind die Anschubmilliarden aus dem Westen richtig plaziert und entfalten sie in den neuen Bundesländern die erhoffte Wirkung? »Pauschale Programme sind immer Kompromisse. Alles in allem war das aber richtig. Besonders die Investitionszuschüsse haben sich als recht wirksam erwiesen. Letztlich auch wirkungsvoller als ein niedriggehaltenes Lohnniveau. Ich sehe nicht in dem starken Lohnanstieg die Hauptursache für den stotternden Beginn. Es wäre nicht durchzuhalten gewesen, die Leute über Jahre hinweg deutlich unter dem westlichen Lohnniveau zu halten.«
Bei den drei Kostenblöcken Personal, Kapitalkosten und Materialeinsatz habe der Staat die Kapitalkosten gesenkt, und zwar »vertretbar und großzügig«. Denn er mußte auf die Frage »Warum soll ich dort überhaupt investieren?« eine überzeugende Antwort in Richtung Investition geben. Diese Frage stellten Unternehmen überall in der Welt, nicht nur in Deutschland-Ost und in Deutschland-West. Durch die Zuschüsse sei »der Osten sicherlich keine zwingende, wohl aber eine tragbare Alternative geworden«, urteilt Vogel.
Die Händler von Thyssen sind in 75 Ländern der Welt präsent. Ist die alte DDR für sie ein Standort wie Portugal, Irland oder wie Brasilien und Taiwan? »Was die Gegenüberstellung der nackten Kosten angeht, würde ich die neuen Bundesländer zwischen Portugal und Spanien einordnen – die Qualifizierung ist höher als in Portugal, die Kosten orientieren sich eher in Richtung Spanien. Der beträchtliche Charme des Standorts liegt in seiner Nachbarschaft zu uns. Seine Dynamik aber läßt sich mit keinem Markt der Welt vergleichen. Ich gehöre deshalb zu den Optimisten: In den nächsten fünf Jahren wird die Angleichung an das Westniveau gepackt.«

Folgt sein Urteil dem des Sachverständigenrates (»Fünf Weise«), der eine Produktionswende schon im Jahre 1991 unterstellt? Vogel zögert: »Die realen Zahlen sprechen dafür, daß diese Wende noch bevorsteht.« Im Werkstoffhandel – Stahl, Kunststoffe, NE-Metalle – habe seine Firma beispielsweise nur mit Mühe ein Drittel des früheren Volumens des übernommenen Außenhandelsbetriebes halten können. »Wir haben die Stabilität der alten Strukturen überschätzt. Sie sind rascher als erwartet zusammengebrochen, und unsere Wettbewerber kamen schneller, als wir glaubten.« Der Markt DDR wurde blitzschnell per Lkw beliefert, ohne daß man zuvor Standorte aufbauen mußte.

Der Baubereich läuft prächtig

»Dennoch geht es Monat für Monat aufwärts«, stellt das Unternehmen fest. In der ersten Zeit hätten die Betriebe von den alten Lagerbeständen gelebt. »Im Sozialismus mußte man hamstern, weil Lieferungen immer ungewiß waren. Danach mußten die Bestände – wegen der hohen Kosten – heruntergefahren werden. Jetzt erst bauen sie sich in neuer Ware wieder langsam auf.«
Prächtig läuft vor allem der Baubereich. »Die breite Palette zwischen Sanitär und Heizung, wo wir über den Großhandel das Handwerk bedienen, lief von Anfang an sehr gut. Wie die Pioniere haben wir zuerst aus Zelten und Baracken verkauft, danach in Containern Ausstellungen organisiert.« Ein alter Kunde im Rheinischen oder sonstwo in Wessiland bekam über Monate nicht mal einen Duschkopf. »Ja, die Lieferzeiten sind sprunghaft in die Höhe geschnellt. Wir sollten für diesen Nachholbedarf an Basishygiene etwas Verständnis aufbringen«, wirbt Vogel, »mittlerweile haben die Hersteller die Kapazitäten angepaßt.«
Eng mit der Bautechnik verbunden war bei Thyssen der Gerüstbau. »Eine sehr erfreuliche Geschichte: Wir haben die ganze ehemalige DDR mit Gerüsten unseres Hauses versorgt. Unser Firmenschild sehen Sie überall. Wir kauften einerseits ein Stahlbau-Unternehmen, das über eine hervorragende Verzinkungsanlage verfügte und mit wenigen Handgriffen wettbewerbsfähig gemacht werden konnte. Dieser Stahlbau Plauen hat seine Kapazität sofort erhöht und unsere Gerüstfertigung aus dem Westen weitgehend übernommen. Der Betrieb arbeitet Hand in Hand mit dem Gerüstbau Hoyerswerda als Dienstleister – leider ein Ortsname, mit dem sich unangenehme Reflexe verbinden. Aber ein explosives Geschäft.« Ein Geschäft so

ganz im Sinne der Aufschwung-Ost-Prediger: Wer heute bei Thyssen ein Baugerüst ordert, ruft in Ratingen an, bekommt aber die Lieferung aus Plauen. Im Sektor Projektmanagement »dauert es etwas länger. Wir gehen jetzt in die ersten Umsetzungen von Hotelbauten. Einer längeren Planung bedürfen Einkaufs- und Freizeitzentren. Die Eigentumsproblematik bremst zwar, aber es löst sich alles – Stück für Stück. Noch länger dauert es bei Raffinerien.«
Eher schlecht entwickeln sich die Instandhaltungs-Dienstleistungen. »Hier haben wir zwei Konkurrenten: die Betriebe, in denen Leute unproduktiv herumstehen und eingesetzt werden müssen, und die staatlich finanzierten Beschäftigungsgesellschaften«, kritisiert Vogel. Ist das die Schmutzkonkurrenz, die von der Nürnberger Bundesanstalt finanziert wird, und die auch das Handwerk beklagt? Der Mann von Thyssen urteilt milde: »Als Staatsbürger akzeptiere ich das, weil es zur politischen Verantwortung gehört, die Menschen nicht schlagartig auf die Straße zu schicken. Als jemand, der auf diesem Gebiet Geld verdienen muß, sehe ich das natürlich weniger freudig.«
Patentlösungen gibt es nicht, es bietet sich nur eine Gratwanderung an. »Auch eine Free-market-economy kann die Mehrheit nicht schlicht als arbeitslos deklarieren. Andererseits wünsche ich mir, daß bei der Qualifizierung etwas mehr Druck gemacht wird. Sie ist der Schlüssel zur Produktivität und damit zum Erfolg. Der Staat sollte die Weiterbildung höher bezahlen als bisher, mehr Anreize geben und beim Lohn ganz nahe an die reguläre Beschäftigung gehen.«

Ein Wohlstandsgefälle bleibt

Auf die Frage, ob er ein Patriot sei, antwortet Vogel mit einem unverschnörkelten Ja. Ohne Zusatzerklärung. Das politische Schlagwort von den gleichen Lebensverhältnissen sieht er nicht nur in Deutschland differenziert: »Sie werden nicht gleich, aber vergleichbar sein – mit denen der westlichen Bundesländer. Zwischen Düsseldorf und Aurich/Ostfriesland gibt es seit vierzig Jahren ein Wohlstandsgefälle. Es wird bestehenbleiben. Entsprechend werden die neuen Bundesländer Fortschritte machen, ohne in absehbarer Zeit das Niveau des Südwestens zu erreichen.«
Ähnlich differenziert würden sich auch die Gebiete der einstigen Sowjetunion entwickeln. Der Thyssen-Konzern setze auf Rußland und die Ukraine, »weniger auf Turkmenien, Usbekistan oder die Mongolei. Letztendlich werden alle von einem föderalen Aufbruch profitieren. Nichts spricht dagegen, es sei denn, sie selber.« Fast wehmütig

Dieter H. Vogel, geboren am 14. November 1941 in Eger, verheiratet, 2 Kinder

1947–1951	Volksschule Berchtesgaden
1952–1961	Humanistisches Gymnasium, Burghausen, Bad Reichenhall und Frankfurt Abitur
1962–1966	Technische Universität Darmstadt Maschinenbau-Studium

Beruflicher Werdegang:

1967–1969	Technische Universität München Assistent am Lehrstuhl für Thermische Turbomaschinen
1970	Bertelsmann AG, Gütersloh Vorstandsassistent im Bereich Technik
1971	Leiter EDV und Organisation
1972	Betriebsleiter Unternehmensbereich »Mohndruck«
1973	Stellvertretender Vorsitzender der Geschäftsleitung des Bereichs »Mohndruck«
1975	Pegulan-Werke AG, Frankenthal Stellvertretendes Vorstandsmitglied
1976	Ordentliches Vorstandsmitglied
1978	Vorstandsvorsitzender zusätzlich:
1980	Batig Gesellschaft für Beteiligungen mbH, Hamburg Ordentliches Vorstandsmitglied
1985	Stellvertretender Vorstandsvorsitzender
seit 1.4.1986	Thyssen Handelsunion AG, Düsseldorf Vorsitzender des Vorstands zusätzlich:
1986–1991	Thyssen AG, Duisburg Mitglied des Vorstands
seit 21.3.1991	Thyssen AG, Duisburg stv. Vorsitzender des Vorstands
	zusätzlich:
seit 2.7.1987	Bertelsmann AG, Gütersloh Mitglied des Aufsichtsrats
seit 1.7.1991	Vorsitzender des Aufsichtsrats

erinnert sich der Manager an die »guten alten Zeiten im Russenhandel: Alles war einfach und schön, alles wurde zentral bestellt, verteilt und bezahlt.« Tempi passati.
Thyssen-Handel hat rund 300 Millionen Mark auf den Weg in die neuen Bundesländer gebracht. Von den 6000 übernommenen Arbeitsplätzen sind 4000 verblieben. »Das ist die untere Grenze, denn wir wachsen pro Jahr um vier bis fünf Prozent. Leider sind die Investitionen noch nicht voll untergebracht – das liegt an den ungeklärten Eigentumsverhältnissen.«
Daß im ersten Aufgalopp viele »Glücksritter, Karrieristen, Träumer und Selbstverwirklicher« in die DDR einfielen, findet Vogel nicht sonderlich beglückend, »aber in gewisser Weise unvermeidlich. Die Stunde Null saugt Akteure bestimmter Art an. Der Prozeß einer Bereinigung hat aber schon längst begonnen.« Demgegenüber prophezeit er der Treuhand ein langes Leben: »Sie wird etwa im Jahre 2000 die Abwicklung zu Ende gebracht haben. Das hoffe ich jedenfalls.« Er bescheinigt ihr gute Arbeit, hält Fehler für tolerabel. Einerseits müsse sie rasch privatisieren, andererseits habe sie Angst, etwas falsch zu machen.
Und dann singt Vogel – Chef über 17 Milliarden D-Mark Jahresumsatz und 30000 Mitarbeiter – das Hohelied des Mittelstandes. Der Chronist zeigt sich ergriffen. Nur auf den ersten Blick sei das merkwürdig, meint Vogel. »Wir fechten für mittelständisches Denken in einem Großkonzern. Er wird nur groß bleiben, wenn er sich wie eine Ansammlung von mittelständischen Betrieben verhält.« Abgesehen von Großanlagen wie Stahlwerken sind die meisten Aktivitäten überschaubar und von mittlerer Größe. Aus dieser Sicht eröffnen sich Thyssen in den neuen Bundesländern besondere Chancen, denn Unternehmertum nach Mittelstandsart sei dort der Motor des Aufschwungs.
Alles in allem habe die Wirtschaftspolitik auf die Einheit angemessen reagiert. »Allerdings bin ich der Meinung, daß wir im Westen in Gefahr geraten, heimische Fehler im Osten zu wiederholen statt sie zu vermeiden. Drüben rasch eine funktionierende Verwaltung aufzubauen, ist wichtig. Aber warum muß man Funktionen wie die Entsorgung, die Müllabfuhr oder die Wasserversorgung als hoheitliche Aufgabe betrachten und in staatliche Hände nehmen? Hier hätte man beherzt mit privatwirtschaftlichen Lösungen beginnen sollen. Sie sind wirtschaftlicher und flexibler.«
Was Vogel nicht sagte, wäre zu ergänzen: Optimal wären diese

FIRMENPORTRAIT

Die Thyssen Handelsunion AG zählt mit fast 30000 Mitarbeitern, einem Geschäftsvolumen von etwa 17 Milliarden DM sowie rund 500 Gesellschaften, Niederlassungen und Stützpunkten in 68 Ländern zu den großen Handels- und Dienstleistungsunternehmen der Welt. Mit ihrem breiten Programm in den Sparten Recycling, Werkstoffe, Bautechnik, Brennstoffe, Logistik, Projektmanagement und Instandhaltung gehört die Gruppe zu den führenden Anbietern in Europa. Das umfangreiche Angebot in Handel und Dienstleistungen umfaßt das Recycling von Schrott, Baustoffen und Papier, zahlreiche Entsorgungsaktivitäten, den Handel mit Rohstoffen wie Erze, Metalle und Legierungen sowie die Anarbeitung von Werkstoffen wie Stahl, NE-Metalle und Kunststoffe. Hinzu kommen Sanitär- und Heizungsprodukte, Gerüstbau und Schalungen, Tiefbauerzeugnisse, der Brennstoffhandel mit Mineralöl und Kohle sowie internationale Spedition und Logistik mit allen Verkehrsträgern. Die Realisierung von schlüsselfertigen Bau- und Industrieprojekten in aller Welt, der Handel mit technischen Komponenten sowie Dienstleistungen im industriellen Instandhaltungsbereich runden das Bild der Thyssen Handelsunion ab.

Funktionen natürlich dann besorgt, wenn die Thyssen Handelsunion AG sie projektierte, ausrüstete und baute.
Nichts ist spannender, als Unternehmer über andere Unternehmer zu befragen. Haben Sie den Eindruck, daß Ihre Kollegen zu geschäftsmäßig an diese historische Aufgabe gehen? »Ich glaube, daß viele zu nüchtern agieren. Sie lassen sich von ungeklärten Rechtsverhältnissen abschrecken und entschuldigen sich mit allerlei Dingen dafür, warum sie nichts unternehmen. Ich glaube, das entspricht erstens nicht der Lage, und es ist zweitens unternehmerisch nicht klug.«
Kleine Pause. »Aber Dynamik können Sie niemandem aufzwingen.«
Auf meine 99-Dollar-Frage, welchen Sinnspruch er seinen jungen Führungskräften auf den Weg nach Osten mitgibt, braucht der Handelsmann von Thyssen nur eine kurze Reaktionszeit: »Nütze die Chance – sie kommt so schnell nicht wieder.«

DIETER H. VOGEL

THEODOR WAIGEL

Theo Waigel: Brief an den unbekannten Steuerzahler

Seit dem 3. Oktober 1990, dem Tag der deutschen Einheit, ist mehr als ein Jahr vergangen. Es ist Zeit für Bilanz und Ausblick auf die nächsten Jahre. Es gilt, die Folgen eines maroden Systems der Zentralverwaltungswirtschaft zu beseitigen und die Wirtschaftsordnung in den jungen Ländern rasch und unter Vermeidung ökonomischer Fehlentwicklungen und sozialer Härten in eine Soziale Marktwirtschaft zu transformieren. Diese gewaltige nationale Aufgabe erfordert unsere ganze Kraft und auch ein hohes Maß an Solidarität mit den durch den Transformationsprozeß betroffenen Menschen im Osten Deutschlands.

Blicken wir zurück: Die Ausgangslage in der alten Bundesrepublik an jenem 9. November 1989, als die Mauer fiel, war mehr als günstig. Die seit Herbst 1982 verfolgte Wirtschafts- und Finanzpolitik erwies sich als solides Fundament für die künftigen Anforderungen. Steuersenkungen und strikte Ausgabendisziplin hatten nicht nur zu einem erheblichen Rückgang von Haushaltsdefizit sowie Staats- und Steuerquote geführt, sondern auch enorme wirtschaftliche Wachstumskräfte freigesetzt. Wir befanden uns im siebten Jahr des Aufschwungs, die Wachstumsraten des realen Sozialprodukts waren so hoch wie lange nicht mehr: 3,7 und 3,8 Prozent in den Jahren 1988 und 1989.

Für uns alle war von Anfang an klar: Die Angleichung der Lebensverhältnisse in Ost und West würde enorme Anstrengungen auf beiden Seiten erfordern und nicht von heute auf morgen zu bewältigen sein. Gleichwohl stellte sich das ganze Ausmaß der wirtschaftlichen Erblast des SED-Regimes erst allmählich heraus. Es war zudem erheblich größer als von den meisten Ökonomen ohnehin befürchtet: Das Niveau der versteckten Arbeitslosigkeit, die damit verbundene geringe Produktivität und Konkurrenzfähigkeit der Betriebe, der schlechte Zustand der Sachkapitalausstattung – einschließlich der Infrastruktur –, das Ausmaß der Umweltverschmutzung und -zerstörung war erschreckend, die öffentliche Verwaltung mußte völlig neu aufgebaut werden. Den Staats- und Parteifunktionären war es gelungen, den tatsächlichen Zustand des Systems zu verschleiern.

Damit waren auch die von den öffentlichen Haushalten zu tragenden Finanzierungslasten der deutschen Einheit höher als zu Beginn des Wiedervereinigungsprozesses kalkulierbar. So betrugen allein im Jahre 1991, in dem das Volumen des Bundeshaushalts um etwa ein Drittel höher lag als im Jahre 1989, die einigungsbedingten Ausgaben im Bundeshaushalt rund 93 Milliarden DM, das entspricht rund 23 Prozent der Gesamtausgaben. 1992 wird dieser Anteil mit etwa 106 Millionen DM noch höher liegen. In den folgenden Jahren wird dieser Anteil wieder zurückgeführt.

Die einigungsbedingten Mehraufwendungen sind bereits jetzt zu einem bedeutenden Teil durch Ausgabenkürzungen und Subventionsabbau finanziert worden. Seit 1990 wurden insgesamt rund 60 Milliarden DM auf der Ausgabenseite eingespart, in den Jahren 1992 bis 1994 werden zusätzlich Subventionen und Steuervergünstigungen um jeweils 10 Milliarden DM reduziert werden. Dennoch war eine vorübergehend höhere Kreditaufnahme angesichts der Größe

der Finanzierungsaufgabe unvermeidbar. Steuererhöhungen kamen erst nach Einsparungen, Umschichtungen und einer erhöhten Kreditaufnahme. Als aber die Belastung der öffentlichen Haushalte infolge der nationalen Einheit vor allem durch die internationalen Ereignisse verschärft wurde, konnte die Bundesregierung maßvolle Steuererhöhungen nicht mehr vermeiden. Für den Golfkrieg allein mußten 17,5 Milliarden DM aufgewendet werden. Seit 1989 wurden für die heutige Gemeinschaft Unabhängiger Staaten neben umfangreichen Kreditgarantien und Hermes-Bürgschaften 18,3 Milliarden DM an Zuschüssen und kostenlosen Lieferungen von Waren und 3,4 Milliarden DM für die Finanzierung von Investitionsprojekten erbracht. Eine Bewältigung dieser Zusatzlasten ausschließlich über eine erneut höhere Kreditaufnahme hätte die Glaubwürdigkeit unserer Haushalts- und Finanzpolitik stark erschüttert und den Kapitalmarkt überfordert. Auch weitere plötzliche Ausgabenkürzungen waren angesichts der bereits vorgenommenen Reduzierungen nicht möglich. Die Vergangenheit hat gezeigt: Nur kontinuierliche Ausgabenbeschränkungen können ohne Beeinträchtigung des Wirtschaftswachstums zum Konsolidierungserfolg führen.
Steuererhöhungen sind für jeden Finanzminister die ultima ratio. Aber wenn nicht die bewegenden und weltverändernden, nationalen wie internationalen Ereignisse der letzten beiden Jahre einen solidarischen Beitrag aller rechtfertigen, wäre es ein schlechtes Zeugnis für den Zusammenhalt und den Behauptungswillen unserer Gesellschafts- und Wirtschaftsordnung. Die Prinzipien der Solidarität und Subsidiarität, die ganz wesentlich zum wirtschaftlichen Erfolg in den alten Bundesländern beigetragen haben, dürfen nicht durch Besitzstandsdenken und Anspruchsmentalität überlagert werden.

»Steuergelder sind gut angelegt«

Wir haben die unvermeidbaren Steuererhöhungen möglichst sozialverträglich und zugleich wachstumsfreundlich gestaltet: Mit dem schon im Juni des Jahres 1992 wieder auslaufenden Solidaritätszuschlag zur Lohn-, Einkommen- und Körperschaftssteuer werden alle Steuerzahler entsprechend ihrer finanziellen Leistungsfähigkeit gleichmäßig belastet, die Erhöhung der Mineralölsteuer wird für den einzelnen durch die gleichzeitige Erhöhung der Kilometerpauschale in der Lohn- und Einkommensteuer zumindest teilweise kompensiert. Insgesamt beträgt die zusätzliche steuerliche Belastung rund ein Prozent des Bruttosozialprodukts und bleibt damit weit unter der durch

die große Steuerreform 1986 bis 1990 bewirkten Entlastung der Bundesbürger in Höhe von 2,5 Prozent des Bruttosozialprodukts.
Die im Zuge der Steuerharmonisierung im EG-Binnenmarkt zum kommenden Jahr notwendige und geplante Erhöhung der Mehrwertsteuer um einen Prozent-Punkt wird durch die Verbesserungen des Familienlastenausgleichs, des Wohnungsbaues und durch die weitgehende steuerliche Freistellung der kleinen und mittleren Sparer beim Zinsabschlag ausgeglichen.
Darüber hinaus werden wir durch Reformen im Bereich der Unternehmensbesteuerung den Standort Deutschland attraktiver machen und die internationale Wettbewerbsfähigkeit deutscher Unternehmen stärken, um auch weiterhin wirtschaftliche Prosperität und damit die Schaffung von Arbeitsplätzen zu sichern. Die »Jahrhundertaufgabe deutsche Einheit« kann nur gelingen, wenn wir auch in Zukunft alle Kräfte darauf konzentrieren, Wachstum und Stabilität der Wirtschaft zu sichern. Das bedeutet die Stärkung der Marktkräfte und die Verbesserung der steuerlichen Rahmenbedingungen für private Risiko- und Leistungsbereitschaft.
Dazu werden nicht zuletzt die erheblichen investiven Bundesausgaben für die jungen Länder beitragen. Die Steuergelder sind gut angelegt. Im Gemeinschaftswerk Aufschwung Ost sind für die Jahre 1991 und 1992 jeweils rund 12 Milliarden DM Bundesmittel veranschlagt. Hierzu gehört die Investitionsförderung im Verkehrsbereich, bei der kommunalen Sozialinfrastruktur – Altenheime, Krankenhäuser – und im Umweltschutz. Darüber hinaus fließen 1991 und 1992 etwa 9,5 Milliarden DM an Investitionszuschüssen in die Deutsche Reichsbahn, rund 4 Milliarden DM werden für die Gemeinschaftsaufgabe »Verbesserung der regionalen Wirtschaftsstruktur« aufgewendet – um nur einige größere Posten zu nennen. Die personelle Unterstützung der öffentlichen Verwaltung und die Investitionsvorfahrtsregel flankieren die finanziellen Leistungen. Ziel all dieser Maßnahmen ist es, die Rahmenbedingungen und Voraussetzungen für ein starkes privatwirtschaftliches Engagement in den jungen Ländern zu verbessern beziehungsweise überhaupt erst zu schaffen. Die Maßnahmen sollen als Initialzündung für private Investitionen zukunftssichere neue Arbeitsplätze schaffen.
Heute gibt es Forderungen, Bereiche der privaten Wirtschaft wieder in staatliche Verwaltung zu überführen. Dies ist der falsche Weg. Noch nie sind dadurch zukunftssichere neue Arbeitsplätze entstanden, nur der Steuerzahler hat dafür teuer bezahlt. Die Bundesregie-

rung ist im Herbst 1982 angetreten, um die Staatsquote auf ein erträgliches Maß zu reduzieren. Dies bleibt auch weiterhin unser Ziel.
Die Entwicklung in den westlichen Bundesländern und die letzten Meldungen aus den jungen Ländern bestätigen unseren Kurs. Die deutsche Einheit bringt neben ideellen auch handfeste ökonomische Vorteile für uns alle. 1991 betrug das reale Wirtschaftswachstum wieder 3,2 Prozent – weit mehr als in den anderen Industrieländern. Dabei hat der einigungsbedingte Wachstumsimpuls eine besondere Rolle gespielt. Im Ostteil Deutschlands ist die Talsohle durchschritten, ab 1992 wird ein realer Zuwachs des Bruttosozialprodukts von etwa 10 Prozent erwartet. Dementsprechend verbessert sich die dortige Stimmungslage: Das Vertrauen in die Marktwirtschaft wächst, Zuversicht verdrängt allmählich wieder den zeitweise vorherrschenden Pessimismus über die zukünftige Entwicklung.
Die deutsche Einheit hätte uns ohne die Vorbereitung durch die Finanzpolitik der achtziger Jahre vor noch größere Finanzierungsprobleme gestellt. Wir können auf der Grundlage der früher erreichten Konsolidierung die einigungsbedingten Mehrausgaben verkraften. Die Finanzpolitik wird nicht aus dem Ruder laufen. Unsere vordringlichste Aufgabe ist es, auch in Zukunft eine solide Finanzpolitik auf der Grundlage strikter Ausgabendisziplin zu betreiben. Mit der mittelfristigen Finanzplanung sind die Weichen eindeutig auf Konsolidierung gestellt. Das für 1992 bis 1995 geplante Wachstum der Bundesausgaben von jährlich 2,3 Prozent beträgt nur etwa ein Drittel des erwarteten Anstiegs des nominalen Sozialprodukts und bedeutet damit gegenüber einer wachstumsproportionalen Ausgabensteigerung Einsparungen in Höhe von 15 Milliarden DM. Die Nettokreditaufnahme des Bundes wird bereits 1991 auf 45 Milliarden DM und bis 1995 auf 25 Milliarden DM zurückgeführt werden können. Die finanzpolitische Strategie der Konsolidierung wird in den neunziger Jahren fortgesetzt werden. Die Ankündigung einer zukünftig geringeren Kapitalmarktbeanspruchung durch die öffentliche Hand stellt gleichzeitig ein wichtiges vertrauensbildendes Signal für die Finanzmärkte dar. Dies findet seinen Niederschlag in sinkenden Kapitalmarktzinsen, die zu Beginn des Jahres 1992 unterhalb des Niveaus vor der deutsch-deutschen Währungsunion liegen. Die Bereitschaft der Bürger, ihren Beitrag zur Vollendung der deutschen Einheit zu leisten und die vorübergehend stärkere finanzielle Belastung der individuellen Einkommen in Kauf zu nehmen, hat uns bei dieser schwierigen Aufgabe geholfen.

Mit der Zeitung mentale Unterschiede abbauen

»Der heiße Markt Berlin weckt Gelüste« – Springer-Chef Günter Wille: Wir legen dem Leser keine Fesseln an, sondern fesseln ihn durch Lesen

Peter Gillies: *Der Verleger Axel Springer hat wie kein zweiter für die Einheit der Deutschen gefochten. Nun ist sie erreicht, aber sein Verlagshaus scheint nicht zu den Gewinnern auf dem größeren deutschen Zeitungsmarkt zu gehören. Folge einer strategischen Fehleinschätzung?*

Günter Wille: Nationale Begeisterung zahlt sich nicht unbedingt in Markterfolgen aus. Sie müssen unternehmerisch erwirtschaftet werden. Andererseits sollte die Einschätzung dessen, was unser Haus in der ehemaligen DDR zu bewirken versuchte, nicht zu einer Legendenbildung verführen. Sicher sind wir im Zuge der Einigungseuphorie mit gewissen Berührungsängsten an diese Entwicklung herangegangen.

Wurde damals mit den falschen Leuten verhandelt?

Wille: Das ist für mich schwer zu sagen, weil ich selber damals nicht involviert war. Ich vermute, man hat mit den Leuten verhandelt, die damals im Amt waren, aber möglicherweise keine Kompetenz mehr hatten. Vielleicht war man auf eine bestimmte Ebene fixiert, während die Entscheidungen auf einer ganz anderen Ebene längst gefallen waren.

Aber meine Bewertung kann leicht unfair sein, denn ich war nicht dabei.

Legendenbildung war das Stichwort: Welche Legende bildet sich worüber?

Wille: Wissen Sie, die Erfolge in den neuen Bundesländern entscheiden sich nicht zwischen dem 9. November 1989 und dem November 1991. Endgültig abgerechnet wird erst in zwei bis drei Jahren. Als Zwischenbilanz soviel: Ich bin mit der Entwicklung unseres Hauses in den fünf neuen Bundesländern nicht unzufrieden. Das heißt nicht, daß ich mit allem hoch zufrieden wäre.

Der Gruß des Kaufmanns ist die Klage, weiß der Volksmund. Wenn ein Unternehmer jedoch sagt, er sei nicht unzufrieden, gilt dies als verkappter Jubel.

Wille: Das wäre wiederum etwas übertrieben. Aber die Positionen, die wir heute dort haben, sind Belege eines beträchtlichen Erfolgs: in Leipzig mit der Kooperation des Madsack-Verlages, in Rostock mit den »Lübecker Nachrichten«; im Großraum Berlin basierend auf unserer alten Dominanz im Westteil der Stadt. Unsere Blätter – ich nenne nur »Bild am Sonntag« und »Hör Zu« – sind mit erstaunlichen Auflagen in den neuen Markt eingedrungen. Das heißt nicht, daß wir uns darauf ausruhen könnten. Aber es sieht doch recht gut aus. Was die »BILD-Zeitung« betrifft, stimmt mich gerade die Entwicklung der letzten Wochen sehr zuversichtlich.

Sie haben nicht nur das Experiment einer spanischen Kaufzeitung gestoppt, sondern auch in den neuen Bundesländern mehrere Zeitungen dichtgemacht. Abwurf von Ballast, um mehr Sprungkraft für einen schärferen Wettbewerb zu gewinnen?

Wille: Die Expansion in den neuen Bundesländern fiel bei uns mit einer Phase zusammen, in der Investitionen gedrosselt und damit konzentriert werden mußten. Weil die anderen Verlage, die den östlichen Zeitungsmarkt als attraktiv erkannten, sich dort engagierten, hat sich der Eindruck ergeben, wir seien zurückgefallen. Das trifft nicht zu, denn unsere Gesamtdominanz bleibt beachtlich, auch wenn die westliche Marktposition nicht eins zu eins auf die neuen Bundesländer transportierbar war. Behinderungen durch das Bundeskartellamt lasse ich dabei unerwähnt.

Die deutsche Einheit hat Springer auf seinem angestammten Markt einige potente neue Wettbewerber beschert.

Wille: Das ist richtig. Wettbewerb mag manchmal unangenehm sein, aber er stimuliert auch. Die Konkurrenzlage hat sich in der Tat gewandelt, weil unsere Wettbewerber die Kraft ihrer westlichen Marktsegmente eingesetzt haben, um in neuen Märkten im Osten zu expandieren. Aber ich wiederhole: Unsere Basis in den neuen Bundesländern ist besser als ihr Ruf.

Unterschätzen westdeutsche Verlagsmanager die Zeitungstreue des östlichen Publikums?

WILLE: Vermutlich. In der Rückschau erscheint immer alles so logisch. Eine Regionalzeitung ist eben das Faustpfand einer erheblichen Marktpräsenz, und wenn man über entsprechende Auflagen verfügt, besitzt man ein substantielles Element. Die überregionalen Zeitungen in der ehemaligen DDR sind dagegen überschätzt worden. Ihr Untergang entsprach dem Untergang des Systems. Aber die lokale Verankerung streifte die Politik ab und erwies sich als fest.

Hat Sie das überrascht?

WILLE: Ich wäre vermessen, würde ich mit Nein antworten. Als ich in dieses Verlagsgeschäft kam, hatte sich diese Erkenntnis schon durchgesetzt.

Einige Zeitungen wurden gekauft, kurze Zeit beatmet und dann stillgelegt. Ist diese Marktbereinigung in den neuen Bundesländern abgeschlossen?

WILLE: Was uns betrifft, ja. Bei anderen Verlagen wird vielleicht noch nachgedacht.

Gibt es im kommunikativen Verhalten zwischen den Menschen in den alten und den neuen Bundesländern noch einen Graben oder Sprachstockungen?

WILLE: Es gibt ein anderes Informationsbedürfnis in den neuen Bundesländern. Mit unseren Publikationen werden wir dem dadurch gerecht, indem wir mehr Service und Lebenshilfe bieten, Wegweisungen für Alltagsprobleme, die über Nacht für viele Menschen so schrecklich kompliziert geworden sind. Hinzu kommt das verstärkte Bedürfnis nach regionalen Schwerpunktthemen, auf das die Blätter reagieren müssen. Da unterscheiden sich die Leipziger und Dresdener nicht von den Berlinern, Stuttgartern oder Hamburgern.

Zur Strategie des SED-Regimes gehörte es, die Menschen landsmannschaftlich zu entwurzeln, um sie der Ideologie gefügig zu machen. Diese Wurzeln seien, so wird vielfach behauptet, nicht mehr oder nur schwer zu beleben. Teilen Sie diese Ansicht?

WILLE: Keineswegs. Das war ein Irrglaube westlicher Theoretiker, der der Wirklichkeit nie standhielt. Heute stellen wir fest, daß die Bindung an die Heimatregion – vom Fußballclub bis zum Taubenzüchter-

Verein – eine der intakten Wurzeln der Menschen in der ehemaligen DDR geblieben ist. In diese kleinen verbliebenen Nischen flüchteten sie sich, weil der andere Fluchtweg vermauert war. Jetzt, wo der politische Druck gewichen ist, kommt die tiefe Verwurzelung mit der Heimat wieder zum Vorschein. Die Presse muß darauf antworten.

Aber die Leser haben bei ihrer Treue zur Zeitung auch jene zum Regime in Kauf genommen.

Wille: Ja, weil die Zeitungen mit ihrer Regionalität viele Informationen verbunden haben. Dort hat man die Zeitung von hinten gelesen – die Parteitagsrede des Staatsratsvorsitzenden wurde überblättert. Dieses Phänomen gibt es zwar auch im Westen, aber hier wird Leseverhalten vom Informationsinteresse und nicht vom ideologischen Zwang diktiert. Die freie Gesellschaft bietet die freie Wahl aufs Lesen wie aufs Nichtlesen. Unsere Zeitungen legen dem Leser keine Fesseln an, sondern fesseln ihn durch Lesen.

Sie kommen aus der Konsumgüter-Industrie. Folgt die Zeitung als Produkt den Gesetzen dieser Branche oder ist sie ein Erzeugnis sui generis?

Wille: Sie ist ein Produkt von ganz besonderer Art. Ein herkömmlicher Markenartikel unterliegt, wenn er einmal eingeführt und vom Verbraucher akzeptiert ist, einer zyklischen Lebenskurve, die mit geschicktem Marketing gesichert und verlängert werden kann. Eine Zeitung dagegen muß unter schwierigsten Bedingungen täglich – oder wöchentlich, je nach Erscheinungsform – immer wieder Professionalität liefern. Sie muß sich jeden Tag aufs neue durchsetzen, jeden Tag mit Aufmachern und anderen Angeboten Kaufanreize auslösen. Bei der Abo-Zeitung, die ins Haus kommt, muß die Markentreue längeren Atem beweisen, denn das Regionalblatt ist ein Stück Heimat, ein fester Teil der Lebensgemeinde. Aber bei Kaufzeitungen ist der Wettbewerb hart, eine daily challenge.

Könnten Sie heute noch die Seite acht oder 13 einer beliebigen westdeutschen Regionalzeitung von der einer ostdeutschen auf Anhieb unterscheiden?

Wille: Eine gutgemachte Regionalzeitung greift die Themen der Region auf – in Ost wie in West. Versäumt sie dies, ist sie eine schlechtgemachte Zeitung. Aber beide sind heute noch unterscheidbar, weil viele Journalisten noch von ihrer Vergangenheit geprägt sind, die sie nicht über Nacht abstreifen können. Aber eines halte ich für besonders gefährlich: Wenn Publikationen bewußt die Themen spreizen und uminterpretieren und damit bewußt neue Gräben öffnen, statt alte zuzuschütten. Ein bundespolitisches Thema, objektiv dargestellt, muß in Dresden wie in Hamburg identisch sein. Man kann es zwar durch die CSU- oder die SPD-Brille betrachten, aber es bleibt ein gesamtdeutsches, das nicht wegen vermuteter Kaufanreize verbogen werden darf.

Wie lange bleibt diese Identifizierbarkeit noch erhalten?

WILLE: Sie wird sich um so schneller verändern und anpassen, je mehr die ehemaligen Bürger der DDR merken, wie sie da verschaukelt werden.

Im Klartext – Sie meinen den Burda-Verlag mit seiner »Super«. Hubert Burda kontert diese Kritik nun mit dem Hinweis, auch die »BILD-Zeitung« übe sich im Spagat, weil sie ihre Ausgaben jeweils regional einfärbe.

WILLE: Diese Stellungnahme überrascht mich nicht, denn »Super« erscheint schließlich nur in den neuen Bundesländern. Für BILD ist die Regionalisierung ein Reflex auf heimatliches Leserinteresse, aber keine Strategie zu einer neuen deutschen Teilung.

Viele Unternehmen geben es nicht zu, betrachten die Einheit aber nur als willkommenen Schub zu einer Markterweiterung. Business as usual, oder hat sich Fundamentales geändert?

WILLE: Ich glaube schon, daß sich Wesentliches verändert hat. Zunächst ist richtig, daß wir durch die deutsche Einheit einen Markt hinzugewonnen haben. Er sollte nicht übergewichtet werden, denn wir haben rund 17 Millionen Verbraucher und potentielle Leser hinzugewonnen, was etwa der Bevölkerung Nordrhein-Westfalens entspricht. Theoretisch wären wir in der Lage, sie aus dem Westteil der Bundesrepublik zu versorgen. Neben dieses quantitative Moment tritt jedoch ein qualitatives: Wir haben eine Verpflichtung übernommen, in den neuen Bundesländern auch Produktionsstandorte aufzubauen. Insofern hat sich Gewaltiges verändert, weil zur Markterschließung auch eine sozialpolitische Verantwortung gehört.

Herr Wille, sind Sie ein Patriot?

WILLE: Das wäre übertrieben. Ich glaube, ich bin Realist.

Aber Sie sind ein deutscher Unternehmer. Gibt es für Sie Momente, wo Sie die Rentabilität zugunsten nationaler Gründe ein Quentchen zurückstellen?

Wille: Wenn wir dazu nicht bereit sind, dann werden wir das große Geschenk, das man uns gegeben hat, verspielen.

Bedeutet das, am Anfang auch einmal emotional zu reagieren, bevor betriebswirtschaftliche Erwägungen einsetzen?

Wille: Auf alle Fälle.

Wie lange kann man eine derartige emotionale Phase ohne Schaden für ein Gesamtunternehmen durchhalten?

Wille: Ich meine, diese Durststrecke ist auf jenen Zeitpunkt begrenzt, wo die Kaufkraft in den neuen Bundesländern das westliche Niveau erreicht hat. Das wird in zwei bis drei Jahren der Fall sein.

Welches Investment wird das Haus Springer etwa bis zur Mitte des Jahrzehnts in die neuen Länder getragen haben?

Wille: Sicher deutlich mehr als 500 Millionen Mark.

Und die Arbeitsplatzwirkung dieses Engagements?

Wille: Das betrifft sicher rund 2900 Arbeitsplätze. Allein BILD hat in den neuen Bundesländern gut 250 Mitarbeiter eingestellt. Nimmt man die Vertriebssysteme hinzu, die überall aufgebaut worden sind und noch aufgebaut werden müssen, so ist Springer schon sehr aktiv und mit einiger Substanz an der Arbeitsplatzbeschaffung beteiligt. Unser Investment ist nicht kurzatmig, sondern langfristig, wobei Emotionen mit zum Geschäft gehören. Es gibt überhaupt keine Investitionsentscheidung, die völlig emotionsfrei wäre. Emotion ist Teil der Rationalität.

Also hätten die neuen Bundesländer gegenüber Spanien, Ungarn oder anderen Regionen einen emotionalen Bonus? Wenn sich der Verlag dies etwas kosten läßt – was sagen die Aktionäre dazu?

Wille: Deutschland ist unser Heimatmarkt. Wir wollen in den neuen Bundesländern dieselbe Entwicklung nehmen wie in den alten. Diese unternehmerische Herausforderung werden wir auch packen. Und unsere Aktionäre erwarten genau das von uns.

Glauben Sie, daß man den westdeutschen Markt wie eine Blaupause über den ostdeutschen legen kann?

Wille: Nein. Schon deswegen nicht, weil sich die Wettbewerbssituation in der Verlagslandschaft grundlegend verändert hat. Zeitschriftenverlage sind teilweise ins Zeitungsgeschäft eingestiegen. Damit ist neuer Wettbewerbsdruck entstanden. Es haben sich andere Konstellationen in den neuen Bundesländern herauskristallisiert als die in den alten Bundesländern gewohnten. Es kann sogar sein, daß diese Entwicklung auf die alten Bundesländer zurückstrahlt.

Fällt Ihnen auf Anhieb eine Branche ein, wo die deutsche Einheit ähnliche Turbulenzen auslöste wie bei den Verlagen?

WILLE: Mir fällt spontan keine Branche ein, in der ein derartiger Verdrängungswettbewerb mit Preisdumping tobt wie derzeit im Verlagswesen.

Die Politiker hantieren noch immer mit der Formel von der »Mauer in den Köpfen« der Deutschen. Gibt es das Phänomen?

WILLE: Diese Formulierung ist problembelastet und irreführend. Die Mauer war das Synonym für Unfreiheit und Unterdrückung. Sie ist gefallen und lebt deshalb auch nicht in den Köpfen fort. Aber es gibt mentale Unterschiede zwischen denen, die 40 Jahre DDR hinter sich haben, und denen, die 40 Jahre Bundesrepublik erleben durften. Ein System, in dem man aufwuchs, prägt das Klima und beeinflußt Verhaltensweisen. Das ist ganz natürlich. Es braucht eine gewisse Zeit, um zu verstehen, daß viele Dinge, die man für richtig hielt, nun auf einmal auf den Müll der Geschichte gehören. Ich weiß nicht, wie es Ihnen gehen würde, wenn Ihnen jetzt bescheinigt würde, daß Sie 40 Jahre Ihres Lebens alles verkehrt gemacht haben und sogar verkehrt gedacht haben. Dann fangen Sie an zu zweifeln, ob nicht jetzt möglicherweise die anderen verkehrt denken. Unsere Zeitungen werden dazu beitragen, diese mentalen Unterschiede abzubauen. Das geht schneller, als viele Leute heute glauben.

Besonders schnell geht es in Berlin. Ein turbulenter Markt vor allem für Zeitungen. Wie wird er sich entwickeln?

WILLE: Berlin ist ein ganz heißer Tummelplatz. Dieses Ballungszentrum weckt die Gelüste vieler. Hier liegt Zukunft. Die Zeitungs- und Medienlandschaft der Stadt wird sich gegenüber dem Status quo bedeutend verändern. Ich glaube, daß die zwölf Zeitungen, die in Berlin existieren, in dieser Form nicht überleben werden. Im Strukturwandel werden sich einige führende Blätter behaupten, andere werden kränkeln, vielleicht sogar sterben. Einige haben heute schon schwer zu kämpfen. Für diese Dramatik gibt es keine Lehrbuchregeln. Eine Zweitzeitung hat es immer schwerer als eine Erstzeitung, was nicht heißt, daß in Berlin nicht Raum für Zweit- und Drittzeitungen wäre.

Haben Sie den Eindruck, daß die Verlage den Brennpunkt Berlin als Tummelplatz des Wettbewerbs bewußt ansteuern?

WILLE: Ja. Von uns kann man ja behaupten, daß wir immer präsent waren. Aber Gruner + Jahr hat den Berliner Verlag nicht erworben, um nur ein Strohfeuer abzubrennen, sondern um die Aktivitäten auszubauen. Daraus entsteht eine Wettbewerbssituation, in der mit ziemlich harten Bandagen gekämpft wird. Diesem Angriff stellen wir uns. Das wird sicher noch eine interessante Entwicklung ergeben. Aber da wird auch noch viel, viel Geld in die Spree fließen, bevor sich die Lage konsolidiert hat.

Wenn Sie einen strategischen Blick in die Zukunft werfen: Wo vermuten Sie jenen Zeitungs- und Zeitschriftentyp, der die Märkte am Ende dieses Jahrzehnts dominiert? Mehr Nachrichten, mehr Unterhaltung, mehr Infotainment oder Lebenshilfe?

WILLE: Bei den Zeitungen wird eines sicher eine große Rolle spielen: der wachsende Bildungsstand der Bevölkerung in der Bundesrepublik Deutschland. Mit ihm werden die Ansprüche wachsen. Daraus ergibt sich ein gewandeltes Informationsbedürfnis. Das Angebot für den Leser muß sich dieser Entwicklung stellen, es muß qualitativ laufend nachgebessert werden. Die Konzepte, mit denen die Leser zwischen 1995 und 2000 an die Zeitungen gebunden werden sollen, werden sich rascher anpassen müssen, als wir das heute noch ahnen. Der Anspruch des Lesers wird größer. In einer stressigen Zeit wird er allerdings auch mehr Unterhaltung verlangen. Er möchte auch mal lachen dürfen oder sich zumindest amüsiert fühlen. Da ist Kreativität gefordert.

Manche DDR-Zeitungen zu lesen oder lesen zu müssen, war harte Arbeit. Auch für einige Blätter im Westen trifft das zu. Ist Zeitunglesen Arbeit? Für Sie persönlich vielleicht, aber auch für den Leser?

WILLE: Manche Zeitungen zu lesen ist sehr harte Arbeit, manche sind vergnüglicher. Wie ein Blatt akzeptiert wird, ist auch eine Frage der optischen Präsentation. Auf Dauer müssen die Menschen das Lesen als angenehme Bereicherung empfinden. Bestimmte Publikationen aus Imagegründen nur unter dem Arm zu tragen, wird da nicht reichen.

Lautet Ihr Imperativ dann: Zeitunglesen soll Freude machen und keine Arbeit sein, Lust statt Last?

WILLE: So ist es.

Wenn Sie die Jahre seit dem Fall der Mauer Revue passieren lassen – glauben Sie, daß die Medienbranche oder die Politik Fehler machten? Oder lief die Entwicklung wie ein Uhrwerk ab, dessen Zeigerlauf wir nicht beeinflussen konnten?

Wille: Eine Entwicklung wie die Wiedervereinigung ist kein theoretisch organisierbares Planspiel. Nicht nur die Verleger, auch die Industrie hat sich ihr aber mit relativ großer Flexibilität angepaßt. Beim Erwerb von Zeitungen und Zeitschriften konnte man ohnehin nicht mehr von reiner Marktwirtschaft sprechen. Dies war ein Zuteilungsverfahren, gepaart mit einer kartellamtlichen Einsegnung.

Waren Sie von dieser Art Planwirtschaft enttäuscht?

Wille: Ich will es so sagen: Ich bin zufrieden, aber ich wäre mit anderen, besseren Ergebnissen noch zufriedener gewesen. Sehr gut läuft die fünfzigprozentige Beteiligung mit dem Madsack-Verlag in Leipzig, wo Springer als Kooperationspartner hinzugestoßen ist.

Es gab mal einen legendären Spaziergang von Axel Springer mit Ben Witter. Da sagte der Verleger seufzend zu Ben Witter, er leide manchmal wie ein Hund, wenn er die Schlagzeilen der »BILD-Zeitung« lesen müsse. Haben Sie auch manchmal solche Frühstücks-Schocks oder sind Sie resistent gegen Schlagzeilen?

Wille: Nein. Resistent würde ja Gefühllosigkeit bedeuten. Ich habe zweifelsohne eine spezifische Meinung zu diesem und jenem Aufmacher in der Zeitung, aber ich habe nicht das geringste Problem, mich mit der »BILD-Zeitung« täglich zu identifizieren.

Wird die Einheit der Printbranche auf längere Sicht, bis zum Ende dieses Jahrhunderts, neue Strategien aufprägen?

Wille: Ja. Die Einheit führte zunächst einmal zu einem verstärkten Wettbewerb, in dem jeder sein Terrain neu abzustecken versucht. Ich prognostiziere, daß viele irgendwann, wenn sie Kassensturz machen und wieder richtig abrechnen, zu Realismus und Vernunft zurückkehren. Man muß irgendwo das Geld verdienen, das man ausgibt. Dieses Gewitter mit seinen Preiskämpfen wird vorübergehen.

Sie erwarten, daß die Konkurrenz ihre Kampfpreise aufgibt?

Wille: Der Zeitpunkt wird kommen.

Bei Preiskämpfen kann es höchst ungewiß sein, ob es in dem neuen Gleichgewicht tatsächlich Gewinner gibt. Manche enden damit, daß alle nur Nachteile hatten, und zwar kurzfristige wie langfristige.

Wille: Das gibt es zweifelsohne. Merkwürdigerweise hält das niemanden davon ab, immer wieder den Versuch zu starten, um sich über Preise Marktanteile zu kaufen. Entscheidend ist, diese auch bei marktgerechten Preisen halten zu können. Die endgültige Abrechnung steht noch aus. Sie wird Gewinner und Verlierer ausweisen. Manche, die sich heute zu den Gewinnern zählen, werden erst dann feststellen, daß sie vielleicht doch die Verlierer waren. Auflagenhöhen allein sind kein Indiz für erfolgreiches Unternehmertum.

Am 3. Oktober des Jahres 2000 feiern wir den zehnten Jahrestag der deutschen Einheit. Welche Medienlandschaft werden wir im vereinten Deutschland vorfinden?

Wille: Wir werden eine erhebliche Verstärkung im elektronischen Medienbereich registrieren. Wenn heute noch Sender über fehlende terrestrische Frequenzen stöhnen, werden wir dann über Satelliten so viele Sender haben, daß wir gar nicht wissen, wo wir zuerst hinschauen sollen.

Aber die Einschaltquoten im Fernsehen stagnieren.

Wille: Die Einschaltquoten stagnieren, aber das Angebot an elektronischen Medien wird dennoch wachsen. Zweitens wird sich das Kommunikationswesen rasant entwickeln – über Fax und andere Nachfolgesysteme. Die Menschen, die heute mit dem Computer aufwachsen und keine Berührungsängste mit ihm haben, werden sich alle Informationen ins Haus holen, die sie brauchen. Möglicherweise sogar die Zeitung auf den Bildschirm. Auch im Jahr 2000 werden das gedruckte Wort und die Zeitung eine erhebliche Rolle spielen. Aber ihr Wettbewerb gegenüber den elektronischen Medien wird härter. Auch die Ansprüche an höchste Aktualität werden steigen. Die große Herausforderung der Zeitung der Zukunft wird es sein, bei möglichst späten Redaktionsschlüssen mit den besten Informationen als erster am Markt zu sein.

Befürchten Sie bei dieser skizzierten Entwicklung Engpässe – etwa bei den Mitarbeitern, den Finanzen oder anderen Ressourcen des Hauses Springer?

Wille: Die größte Herausforderung lautet, ob der Printbereich dieser Entwicklung zu folgen vermag. Wenn wir heute schon die »BILD-Zeitung« an mehreren Standorten drucken, werden wir dann – um der Aktualität zu genügen – möglicherweise in viel kleineren Einheiten an noch mehr Standorten

Günter Wille, geboren am 27. 4. 1943 in Flensburg, verheiratet, eine Tochter.

1963–1967	Staatliche Ingenieurakademie Beuth, Berlin
2.1967	grad. Ingenieur
1967	Eintritt bei Reemtsma Ausbildung in der Tabakaufbereitung und Cigarettenfertigung
1968	Projektingenieur Planung des Cigarettenwerkes Reemtsma/Langenhagen
1969	Produktionsingenieur Reemtsma/Berlin Wilmersdorf
1973	Werkleitungsassistent Reemtsma/Berlin Wilmersdorf
1974	Ingenieur der Tabakaufbereitung Reemtsma/Hamburg
1975	Technischer Vorstandsassistent Reemtsma/Rio de Janeiro (Brasilien)
1976	Produktionsleiter Reemtsma/Berlin Wilmersdorf
1978	Direktor Operations Reemtsma/Buenos Aires (Argentinien)
1980	Werkleiter Reemtsma/Hamburg
1.1982	Eintritt in die Philip Morris GmbH
5.1982	Stellvertretender Geschäftsführer
5.1983	Geschäftsführer
11.1984	Vorsitzender der Geschäftsführung Philip Morris GmbH
6.1985	Stellvertretender Vorsitzender des Verbandes der Cigarettenindustrie (VdC)
6.1987	Vorsitzender des Verbandes der Cigarettenindustrie
9.1990	Eintritt in die Axel Springer Verlag AG Stellvertretender Vorstandsvorsitzender; verantwortlich für den Vorstandsbereich Elektronische Medien
11.7.1991	Vorstandsvorsitzender der Axel Springer Verlag AG

drucken müssen, um den Weg vom Druckort zum Leser zu verkürzen. Da wird mehr Logistik und mehr Infrastruktur notwendig sein. Die Zeit der gigantischen Technik-Investitionen an einem Ort geht zu Ende. Für ein Haus wie das unsere heißt das, daß wir mit den Strategien der achtziger Jahre nicht in das Jahr 2000 gehen können.

Mich wundert ein wenig, daß Sie an erster Stelle dieses künftigen Marktes die Technik und die Logistik nennen und nicht Manpower oder die Finanzen.

WILLE: Die Finanzen in den Mittelpunkt zu rücken, würde bedeuten, die eigene Entwicklung zu limitieren. Strategie heißt, Schwerpunkte zu setzen. Unsere klare Priorität gilt dem deutschen Markt und erst danach dem europäischen. Daraus ergeben sich die personellen Anforderungen, vor allem im Journalismus und seiner Kreativität. Er muß die Trends, die das gesellschaftliche Leben bestimmen, die Wünsche und Sehnsüchte, die die Menschen haben werden, vorausahnen und beschreiben.

Wenn Sie sich den Journalisten nach Ihren Wünschen und Vorstellungen formen könnten – wie sähe er aus?

WILLE: Beim Journalisten vom Typ des Chefredakteurs ist Führungsstärke gefragt. Sachkompetenz und Kreativität unterstelle ich ohnehin. Es wird immer schwieriger werden, Menschen zu finden, in denen sich diese Eigenschaften vereinen. Verantwortung zu übernehmen bedeutet, sich mit den Menschen, mit denen man arbeitet, so auseinanderzusetzen, wie man selber behandelt werden möchte. Hier gibt es meiner Ansicht nach in vielen Bereichen einen erheblichen Nachholbedarf.

Zur Strategie wird immer auch der Faktor Unternehmenskultur gerechnet. Wie wichtig ist das für Sie?

WILLE: Sehr wichtig. Alle Unternehmen legen sich heutzutage eine sogenannte Corporate Identity zu. Dieses Haus hat sie. Es war immer ein politisches Haus und wird es bleiben. Die Einheit zwingt uns, diese Identität, die uns geprägt hat, weiterzuentwickeln. Ein Selbstgänger ist sie nicht.

Hätten Sie sich vor zehn Jahren vorstellen können, daß man diesen Platz, auf den wir blikken, einmal »Axel Springer Platz« nennen würde?

WILLE: Nein. Ich hätte mir aber auch vor zwei Jahren nicht vorstellen können, hier oben zu sitzen.

Im Ausland gibt es viele Stimmen, die den Deutschen durchaus ihr zweites Wirtschaftswun-

FIRMENPORTRAIT

Die Unternehmen der Axel-Springer-Gruppe, deren Ursprung bis in das Jahr 1946 zurückreicht, wurden Anfang 1970 in der Axel Springer Verlag AG zusammengefaßt. Die Gesellschaft wurde am 8. November 1985 an der Börse eingeführt.

Die Axel Springer Verlag AG gibt Zeitungen, Zeitschriften und Bücher heraus und betätigt sich in den elektronischen Medien und in der Telekommunikation.

Aus dem aktuellen Verlagsprogramm sind hauptsächlich zu nennen:

- BILD und
  BILD am SONNTAG
- BILD der FRAU
- AUTO BILD und SPORT BILD
- DIE WELT und
  WELT am SONNTAG
- HAMBURGER ABENDBLATT

sowie in Berlin

- BERLINER MORGENPOST
  und B. Z.

und aus dem Zeitschriftenbereich die Objekte

- HÖRZU
- FUNK UHR
- BILDWOCHE
- JOURNAL für die Frau

Daneben werden diverse Fachzeitschriften aus den Bereichen Sport, Kunst, Kultur und Medizin und Anzeigenblätter sowie Zeitungen und Zeitschriften im Ausland verlegt.

Ebenso werden Beteiligungen an Buchverlagen gehalten. Weiterhin ist der Axel Springer Verlag an privaten Rundfunk- und Fernsehsendern beteiligt.

Eigene Druckereien werden in Berlin, Ahrensburg, Essen-Kettwig und Darmstadt betrieben. In diesen Druckereien, die auf hohem technischen Standard stehen, werden neben den eigenen Objekten auch Druckaufträge aus ganz Europa abgewickelt.

Sitz der Gesellschaft ist Berlin.

der zutrauen. Zu Hause aber ist dieser Glaube nicht sonderlich verbreitet. Sind wir ein Volk von trübsinnigen Bedenkenträgern?

Wille: Das ist ein wenig unsere Eigenart. Wir fürchten Probleme, bevor sie da sind, und übersehen leicht ihre Chancen. Stellen Sie sich vor, uns hätte vor fünf Jahren jemand die Wiedervereinigung für 300 Milliarden D-Mark auf einem silbernen Tablett angeboten – wir hätten widerspruchslos gezahlt, auch wenn keine Mark davon in die neuen Bundesländer geflossen wäre. Nun lief alles viel besser, und das Gestöhne ist groß, daß manche ein bißchen zur Kasse gebeten werden und alle ihren Beitrag leisten müssen. Aber so ist die Stimmungslage der Deutschen: Sie neigen zur Larmoyanz. Doch der Prozeß des Zusammenfindens geht schneller, als die meisten glauben. Die deutsche Sache wird eine Bewegung bekommen, die viele heute noch nicht ahnen.

Wenn Sie eine Führungskraft nach Sachsen schicken, welches Motto geben Sie ihr mit auf den Weg?

WILLE: Go East, Young Man!

MARK WÖSSNER

Ein unnötiger Zusammenbruch

Nach genialem Beginn machen wir schlimme Fehler, meint Mark Wössner – Der Mann von Bertelsmann wünscht sich den »wohltemperierten Deutschen«

Es gibt Interviews, in denen ganz tief gepflügt wird. Bis an die tonführende Schicht. Das Gespräch mit Mark Wössner, dem Vorstandsvorsitzenden der Bertelsmann AG, war ein solches. Es ging in Gütersloh um nichts weniger als um Grundsätzliches. Wössners These: Die Deutschen haben bei ihrer wirtschaftlichen Vereinigung Fehler gemacht, zerschlugen mit manchen Tölpeleien deutsches Selbst-

bewußtsein. Sie haben die Hinterlassenschaft des Sozialismus »nicht sensibel saniert, sondern unkontrolliert implodieren lassen«.
Bevor der Chef von Europas größtem Medienkonzern auf Zeitungen, Buchclubs, Schallplatten, Fernsehprogramme und Druckereien zu bringen ist, ist da aus seiner Sicht eine Vorbemerkung nötig. Sie lautet: Die deutsche Politik hat die Einheit glänzend eingefädelt, ist aber bei der pragmatischen Gestaltung der neuen Lebens- und Arbeitsbedingungen nicht gleichermaßen erfolgreich. Vor allem wirtschaftlich-strukturell. »Ich war im Frühjahr 1990 nicht weit von den Positionen Weizsäckers und Lafontaines entfernt und davon überzeugt, daß wir mit den aufgerissenen Wunden der DDR-Bürger pfleglich umgehen müßten und die Menschen politisch, wie Genscher es wollte, nur im Verlauf mehrerer Jahre an uns heranführen könnten.«
Aber in den sich überstürzenden Ereignissen »habe ich mich korrigieren müssen«, räumt Wössner ein. »Das war eine geniale, zupackende Tat von Kohl, mit der er Geschichte geschrieben hat. Wie ein Raumschiff, dem in einer bestimmten Position nur wenige Minuten als ›Startfenster‹ zur Verfügung stehen, um aus der Erdatmosphäre in Richtung Mars zu schlüpfen, so hat der Kanzler dieses Fenster der Weltpolitik erkannt und sofort geöffnet.«
Neben Kohl hätten wenige andere, beispielsweise Rudolf Augstein, die einmalige Chance begriffen (das Nachrichtenmagazin »Der Spiegel« gehört zum Bertelsmann-Einzugsbereich). Gegen wesentliche Teile der Redaktion habe Augstein im Januar 1990 kommentiert, daß »jetzt oder nie« die Chance zur deutschen Einheit bestehe. Der Bundeskanzler – »wahrscheinlich nicht sein Bruder im Geiste«, habe die Situation klug gemanagt und bei Gorbatschow die Schlüssel zur deutschen Einheit abgeholt.

Längerer Übergang statt Implosion

Wössner schiebt dem politischen Kompliment sogleich herbe Kritik nach: »Bei der Wirtschaftspolitik folgten Fehler, ein Rigorismus und ordoliberales Vorgehen ungeheuren Ausmaßes, das uns Deutsche im Ausland als wirtschaftspolitische Hasardeure erscheinen ließ.« Mit der schnellen Wirtschafts- und Währungsunion sei die DDR-Wirtschaft komplett zusammengebrochen. »Eine Implosion aller Verhältnisse« nennt der Bertelsmann-Chef das. »Dieses Riesenunternehmen wurde gemacht ohne Strategie, ohne Konzept.«
Sind die Wahlfreiheit der Märkte, der Wohlstand für alle und die soziale Sicherung kein Konzept und keine Idee? »Schon, aber das

war zu simpel gestrickt. Es kann ja nicht unsere Wunschvorstellung gewesen sein, daß Arbeitslosigkeit und Verzweiflung die Integration begleiten. In der Privatwirtschaft wäre das anders gelaufen. Wenn ein Unternehmer eine andere Firma übernehmen will, so entwickelt er zunächst seinen strategischen Ansatz. Er hat ein vitales Interesse daran, die Belegschaft nicht weiter zu verunsichern, die Kontakte mit Kunden und Lieferanten aufrechtzuerhalten und sein neues Unternehmen vor Schaden zu bewahren. Ein solches planvolles und sensibles Vorgehen fehlte bei der wirtschaftlichen Vereinigung völlig. Der Zusammenbruch war zwangsläufig.«

Gab es andere Konzepte, wenn ja, welche? Mark Wössner, promovierter Ingenieur, stellt der Implosion die Integration gegenüber, seine Alternative für den sanften Aufschwung Ost: »Statt der Implosion hätten wir eine mehrjährige Transferzeit für den Übergang definieren müssen, denn das alte System sollte langsam, durfte aber nicht plötzlich verbrennen. Wäre der Übergang auf ein bis drei Jahre beschlossen worden, dann hätten die Menschen im Osten ihren Arbeitsplatz und damit ihre Existenz und ihre Hoffnungen behalten.«

Wie soll das geschehen? Mit Holzdollar, Alu-Chip, unverkäuflichen Produkten, einer maroden Infrastruktur, unfähigen und korrupten Funktionären, aber einem unstillbaren Drang nach Wohlstand und Freiheit? Wössner erläutert seine Alternative am Trabi-Beispiel: »Wenn man weiß, daß in ganz Osteuropa, einschließlich Rußland, die Lieferzeiten für ein Auto 13 Jahre betragen, dann war es völlig unverständlich, die Trabi-Produktion über Nacht zu zerschlagen. Wir hätten mit den Kunden in Osteuropa Lieferungen vereinbaren können, die den Menschen in Ostdeutschland ihre Arbeitsplätze gesichert und beispielsweise den Russen die begehrten Autos verschafft hätten.«

Aber warum sollten die Russen, wenn sie doch in Devisen bezahlen müssen, statt eines richtigen Autos einen überteuerten Plaste-Bomber kaufen? Der Einwand ficht Wössner nicht an: »Sie konnten ja mit Gas bezahlen, notfalls mit künftigen Gaslieferungen, die man vorfinanziert. Natürlich müßten wir die Gasexploration unterstützen.« Man hätte, so reflektiert der Mann von Bertelsmann, mit »finanzieller und sozialer Phantasie« Tausende von Trabi-Arbeitsplätzen retten können – »jedenfalls fürs erste«.

Aber ein Trabi, der zu Kosten von 25000 Mark gefertigt wurde und auf dem Markt im besten Fall nur 6000 Mark bringt – sollte man diese Subvention von 19000 Mark pro Auto nicht besser anlegen als in russischen Kaufsubventionen? Vielleicht in die Qualifikation der Menschen, statt sie in einer ökonomischen und technischen Sackgasse zu fesseln?

»Dieses Ersatzmodell für die Implosion wäre billiger gewesen als die jetzigen unermeßlich hohen Sozialkosten«, behauptet Wössner. Zudem wären die Menschen nicht über Nacht arbeitslos geworden. »Man kann kein Klima des Aufschwungs schaffen, wenn man das ganze Gebäude bis auf die Grundmauern zusammenbrechen läßt. Man muß Stützpfeiler einziehen und dann Mauer für Mauer erneuern. Wirtschaft hat auch viel mit Psychologie zu tun.«

Mit seinem Trabi-Modell könne man übrigens auch jenen Firmen Beine machen, die sich weigerten zu investieren. »In der Phase eins meines Modells erlaube ich beispielsweise Coca-Cola, seine Produkte im ersten Vierteljahr unbegrenzt in die neuen Bundesländer zu liefern. In Phase zwei muß die Firma allerdings einen Plan vorlegen, wie viele Abfüllstationen mit wie vielen Arbeitsplätzen sie dort binnen zweier Jahre errichtet.« Wenn man die Absatzchance an eine solche Investitionsverpflichtung knüpfe, stabilisiere man sensibel und ohne Brüche, schaffe Einkommen an der richtigen Stelle. »Ich orientiere mich hierbei an den Globalsteuerungsmodellen von Ludwig Erhard und Karl Schiller.«

Aber Erhard und Schiller haben für die sogenannte Implosion votiert, also für eine rasche, wenn auch schmerzhafte Anpassung.

»Das stimmt so nicht. Erhard beispielsweise hat 1946/47 keinesfalls das Ziel verfolgt, etwa den Schwarzmarkt rigoros zu beseitigen. Er hat diese ›Übergangsordnung‹ sogar geduldet und parallel eine neue Währung eingeführt, die dann die Schwarzmärkte überflüssig machte. Und auch der Name Schiller steht eher für pragmatische Steuerungsinstrumente als für ordoliberale Gesinnungspolitik. Die Geschichte wird belegen, daß die Implosion der falsche Weg war. Das ist doch überall mit Händen zu greifen«, meint Wössner.

Ist die planende Wirtschaftssteuerung für ein Land, das just der Planwirtschaft überdrüssig ist, nicht ein naiver Weg? »Mag ja sein. Aber die Stabilisierung der Lebensverhältnisse dient vor allem dem Menschen, an den unsere Marktwirtschaftler viel zu wenig denken. Und auch in Westdeutschland war und ist ein Großteil des Wirtschaftens ›geplant‹, beziehungsweise unter staatlichem Einfluß. Warum im Osten so puristisch?«

Die Bertelsmann-Alternative zum Aufschwung Ost verhindert aber nicht, daß Wössner die Treuhand in den höchsten Tönen lobt: »Sie hat bei mir einen sehr hohen Kredit. Die Treuhand muß zwar Entscheidungen treffen, die zu Entlassungen führen, geht dabei aber nicht kurzatmig und überhastet vor, sondern orientiert sich an durchdachten Konzepten. Dem Ziel, langfristig möglichst viele Arbeitsplätze zu wirtschaftlich akzeptablen Bedingungen zu sichern, gilt dabei eine besondere Priorität.«

Zeitungen mit tiefen lokalen Wurzeln

Bertelsmann hat offenbar bei der Treuhand gut und preiswert eingekauft. Ermöglichte die von ihm beklagte Implosion dem Medienkonzern Bertelsmann einige preiswerte Schnäppchen auf dem ostdeutschen Zeitungsmarkt?

»Diese Überlegung ist vordergründig, denn gerade der Zeitungsmarkt bietet das Beispiel einer Branche, in der der Wandel recht vernünftig vonstatten gegangen ist. Hier wurde ein Neuaufbau, ein sachter Übergang ohne Zusammenbruch realisiert, durch den die Arbeitsplätze im wesentlichen erhalten blieben. Die Eigentümer haben zwar gewechselt, aber die Zeitungen selbst bestehen fast alle weiter. Allen Beteiligten ist dabei das Phänomen zustatten gekommen, daß es – wie im Westen – offensichtlich auch in der früheren DDR eine enge Leser-Blatt-Bindung gibt, die ihre Basis in der lokalen Verwurzelung der Zeitungen hat. Wir selbst sind bei unseren Investitionsentscheidungen von dieser Voraussetzung ausgegangen und fanden uns bestätigt.«

Ursprünglich habe man die »Berliner Zeitung« allein übernehmen wollen, »aber dann ist uns Maxwell dazwischengekommen. Wie Sie wissen, bemühen wir uns jetzt darum, die gesamten Anteile zu erwerben.« Die »Berliner Zeitung« habe übrigens schon immer schwarze Zahlen geschrieben. »Ergänzend zu den Zeitungskäufen in Berlin und Dresden, wo wir mehrheitlich die ›Sächsische Zeitung‹ erwerben konnten, haben wir eine Reihe von Boulevard-Zeitungen gegründet, von Dresden bis Chemnitz, von Leipzig bis Rostock.«

Nicht alle Investments waren freiwillig. »Wir haben eine große Druckerei mitgekauft, die wir gar nicht brauchten. Das war Zwang. Aber wir haben auch die größte Buchdruckerei der früheren DDR gekauft, und zwar aus langfristigen, strategischen Strukturüberlegungen. Diese Druckerei in Thüringen hat traditionell gute Geschäftsverbindungen nach Rußland – und konnte diese auch nach der Wende aufrechterhalten.«

Das Gesamtinvestment von Bertelsmann in den neuen Bundeslän-

dern umreißt Wössner mit rund einer Milliarde Mark. Der Konzern beschäftigt dort 4000 Mitarbeiter. Er hält das für einen »bemerkenswerten Beitrag«, weil nicht nur verkauft, sondern auch investiert werde: in den Aufbau eines Buchclubs, in das Zeitungsgeschäft, in Fachverlage, in ein Kartographisches Zentrum und technische Betriebe.
Viele Niederlassungen in den neuen Bundesländern funktionieren exzellent, die meisten etablierten sich rascher als erwartet. Auch Wössner klagt nicht über fehlende Motivation. »Unser Buchdruckbetrieb in Pößneck wird in zwei Jahren aus eigener Kraft in die Spitzenklasse der leistungsstärksten Druckereien Europas aufgerückt sein. Dieses Ziel haben wir den Menschen nicht vorgegeben, sondern sie haben es selbst entworfen und seine Realisierung in die Hand genommen.«
Die Frage, ob die Philosophie des Firmengründers Reinhard Mohn, den Betrieb als partnerschaftliches Unternehmen mit Gewinnbeteiligung zu führen, auch ein Modell für die neuen Bundesländer ist, kommt Wössner zupaß. »Wir bieten mit unserem Partnerschaftskonzept eine soziale und menschengerechte Zukunftsalternative. Das Bertelsmann-Modell mit seinen Instrumenten zur Mitgestaltung des betrieblichen Alltags, mit seiner Orientierung an der Grundgesetz-Forderung von Eigentum, das auch verpflichtet und nicht nur Rechte gewährt, liegt den Leuten mental näher als orthodoxe kapitalistische Konzepte.«

Nachholbedarf an bunter Unterhaltung

Haben sich Ihre Verlagsstrategen über die Lesegewohnheiten in der alten DDR getäuscht? »In Teilen ja, bei den regionalen Tageszeitungen nicht. Dort ist genau das eingetreten, was wir erwartet haben: ein ganz normales Abo-Tageszeitungsgeschäft mit hoher Leser-Blatt-Bindung. Wo ich mich getäuscht habe, ist dies: Ich hatte geglaubt, die Menschen dort kaufen auch anspruchsvolle überregionale Medien wie die FAZ, die ›Welt‹, die ›Süddeutsche‹, den ›Spiegel‹ oder den ›Stern‹. Genau das taten sie jedoch nicht. Statt dessen lesen sie lieber Yellow-Press-Blätter wie die ›Quick‹ und ›Bravo‹. Heute verstehe ich das: Die Menschen haben ein Nachholbedürfnis an unterhaltender und bunter Information.«
Bertelsmann hat in den fünf neuen Bundesländern versucht herauszufinden, wo Medienfelder zu erschließen sind. »Wir haben sehr zügig den Buchclub aufgebaut. Er hat heute eine Million Mitglieder – etwa so viele, wie uns in Österreich in dreißig Jahren zugewachsen

Dr. Mark M. Wössner	
14. Oktober 1938	geboren in Berlin
Ausbildung	Abitur, Maschinenbau-Studium an der Technischen Hochschule Stuttgart Parallel dazu ergänzendes betriebswirtschaftliches Studium Vier Jahre Wissenschaftlicher Mitarbeiter am Institut für Feinwerktechnik der Technischen Hochschule Stuttgart Promotion zum Dr.-Ing.
1968	Eintritt als Assistent der Geschäftsleitung bei Bertelsmann
1970	Ernennung zum technischen Betriebsleiter von Mohndruck, der größten Offsetdruckerei Europas
1972	Übernahme der technischen Gesamtleitung dieser Druckerei
1974	Ernennung zum Geschäftsführer von Mohndruck
1976	Berufung zum Vorstandsmitglied der Bertelsmann AG mit der Gesamtverantwortung für den Unternehmensbereich Druck- und Industriebetriebe
1981	Berufung zum Stellvertretenden Vorsitzenden des Vorstandes der Bertelsmann AG
1983	Berufung zum Vorsitzenden des Vorstandes der Bertelsmann AG

sind. Ein großer Erfolg.« Lesen die Bürger mehr oder anders? »Sie lesen immer noch mehr als die Menschen im Westen, und zwar nicht nur Sachbücher. Hier wirken offenbar die Erziehung und die Gewohnheit nach.«

Lebenselixier eines Medienkonzerns ist die Kommunikation. Auf die Frage, wo es Sprachstockungen zwischen den Deutschen gibt und ob auch zwei Jahre nach dem Fall der Mauer noch kommunikative Verwirrung herrscht, hat Wössner keine Patentantwort. Seine Experten versicherten ihm immer wieder, das unterschiedliche Kommunikationsverhalten bereite überraschende Schwierigkeiten. »Für mich ist wichtiger, daß wir die gleiche Sprache sprechen, die gleichen historischen Wurzeln haben. Ich verstehe mich mit einem Leipziger oder Rostocker leichter als mit einem Römer oder Londoner. Das Werkzeug der künftigen Kreativität – die Sprache – ist schließlich die gleiche.«

»Daß die Menschen plötzlich keine Arbeit haben und soziale Not empfinden, daß ihnen die Freiheit noch keine materiellen Erfolge gebracht hat, macht die Kommunikation jedoch schwieriger. Die Sprachgrenze mag gering sein, die Erfahrungsgrenze ist jedoch hoch. Da tröstet es wenig, wenn den Bürgern in den neuen Bundesländern versichert wurde, keinem werde es schlechter gehen – auch wenn dies grundsätzlich unter Berücksichtigung aller Lebensumstände natürlich richtig ist. Vordergründig materiell gesehen wird dies allerdings von vielen nicht so empfunden. Die psychologischen Prozesse sind komplexer.«

Der westdeutschen Wirtschaft habe die Implosion eine Sonderkonjunktur beschert, allerdings auch Inflations- und Verschuldungsraten. »Da können sich Unternehmer wie Kriegsgewinnler fühlen, und die Öffentlichkeit ist von dem konjunkturellen Blendwerk getäuscht.« Ihn stört auch, daß »nicht unbedingt immer die fairsten und qualifiziertesten, sondern oft auch die cleveren, skrupellosen Glücksritter in die neuen Bundesländer wechselten und dort ihre schnellen Geschäfte machten«.

Ihn tröstet, daß Goethe und Bach, August der Starke und Heinrich Böll in einer gemeinsamen Kulturgeschichte wurzeln. Die Zeit werde hier Brücken bauen. Das werde erleichtert durch einen gewissen Bildungsvorsprung in den neuen Bundesländern, denn dort ging man nicht nur häufiger ins Theater, sondern befaßte sich auch mehr mit Literatur und Geschichte. »War das nicht eine Scheinbildung, nach sozialistischer Art gefälscht und verbogen?« «In Teilen sicher ja – aber immerhin konnte man Hegel von Hebbel unterscheiden, was für westdeutsche Abiturienten nicht immer gilt«, entgegnet Wössner.

Der Mann von Bertelsmann skizziert seine Kommunikationswelt für das nächste Jahrtausend: »Die Massenkommunikation mit den großen Einheitsangeboten wird nicht mehr die dominante Rolle spielen. Wir treffen auf eine weltweit orientierte, differenziert denkende, sensible und tolerante Gesellschaft, in der der Deutsche seine Rechthaberei aufgibt und in ein größeres Europa hineinwächst.« Sein Wunschbild vom Deutschen: »Eine angenehme europäische Temperierung.«

FIRMENPORTRAIT

Die Bertelsmann AG ist als internationales Medienunternehmen in dynamischen Wachstumsmärkten tätig und besetzt weltweit Spitzenpositionen. 48000 Mitarbeiter in mehr als 200 Einzelfirmen vermitteln heute in nahezu 40 Ländern Information, Bildung und Unterhaltung, entwickeln Inhalte und Programme und erbringen Produktions- und Dienstleistungen im Medienbereich. Zu Beginn der 90er Jahre beträgt der Umsatz rund 15 Milliarden Mark.

Bertelsmann gestaltet die Medienmärkte in zahlreichen Kultur- und Sprachräumen aktiv mit und leistet so einen wichtigen Beitrag zur gesellschaftlichen und kulturellen Entwicklung. Dabei werden nationale Eigenarten und kulturelle Traditionen geachtet. Die dezentrale Unternehmensorganisation und pluralistische Struktur der Programmarbeit entsprechen den Interessen vielfältiger Märkte und den sich zunehmend differenzierenden Kundenwünschen.

Die Geschäftsfelder des Unternehmens umfassen Buchclubs, literarische und wissenschaftliche Verlage, Fachzeitschriften, Musik- und Filmfirmen, Hörfunk und Fernsehen, Druckereien sowie andere technische Firmen und Dienstleistungsunternehmen.

Das Medienhaus Bertelsmann fühlt sich der Gesellschaft verpflichtet. Verantwortungsbewußte publizistische Arbeit und marktgerechte Leistungen nach außen sowie eine partnerschaftliche Unternehmensführung nach innen bestimmen das unternehmerische Handeln.

Das deutsche Konsensmodell »Wir lernen voneinander« sei leider gescheitert, weil die von Wössner beklagte Implosion einen Scherbenhaufen hinterlassen habe. Das konstruktive Rahmengerüst müsse jetzt erst errichtet werden. Kommunikation sei hierbei ein ganz entscheidender Parameter – und Kommunikation brauche Zeit.

»Die Gemeinsamkeiten mögen durch das alte Regime getarnt und verhindert worden sei, aber sie sind so tief, daß man von einem Nationalcharakter sprechen kann. Wir dürfen uns darüber freuen, daß die Ostdeutschen intensiver zuhören können, mehr Vertrauen in die Kraft des Diskurses haben und sich selbst als nachdenklich bis kritisch einschätzen.«

Auf die Frage, ob in den neuen Bundesländern nicht nur anders gelesen, sondern auch anders gedacht und gesungen wird, entgegnet Wössner: »Unsere Gefühlswelten sind näher beieinander, als viele Soziologen es darstellen. In vielerlei Hinsicht fühlen die Ostdeutschen so wie wir Ende der fünfziger Jahre. Aber die ihnen fehlenden Jahrzehnte werden sie in Siebenmeilenstiefeln aufholen.« Am Zeitungsmarkt sehe man immer wieder, wie stark Alltagsinformationen gefragt sind und wie wenig der Lifestyle westlicher Prägung. Dieser Hunger nach Lebenshilfe sei das Erfolgsrezept der Boulevardzeitungen.

Unser Gespräch streift die Bertelsmann-Bilanz nur leicht, obgleich ihr goldener Rand eine ausführliche Würdigung durchaus verdient hätte. Am Grundkonzept werde sich bei Bertelsmann durch die deutsche Einheit nichts ändern: Ein Drittel des Geschäfts liege in Deutschland, ein weiteres in Europa und das dritte Drittel in Amerika. Das gehe quer durch alle Sparten zwischen Druckereien und Musikfirmen, Verlagen und Zeitschriften.

Die Bertelsmann-Tochter Ariola preßte bisher 3,5 Millionen Platten der »Wildecker Herzbuben« und des »Original Naabtal Duos«. Gibt es so etwas wie einen gesamtdeutschen Geschmack? »Nein. Ich höre ›Vaya con Dios‹ und die Brandenburgischen Konzerte auch lieber als die Herzbuben. Andere Menschen haben ihre eigenen Präferenzen. Das ist auch gut so. Die Schlagerwelt ist keine Kulturwelt im bildungspolitischen Sinne, aber wir müssen uns vor Hochmut hüten. Über Geschmack läßt sich bekanntlich gut streiten.«

Wenn eine gute Fee dem Verlagsherrn drei Wünsche freigäbe – er hat sie parat: »Erstens müssen wir den Menschen im Osten vernünftige Lebensbedingungen schaffen und ihnen Vertrauen in unser System vermitteln. Zweitens wünsche ich mir, daß wir es schaffen, Sachsen und Rheinländer näher zueinanderzubringen, als dies etwa zwischen Preußen und Bayern gelungen ist. Drittens wünsche ich mir, daß 80 Millionen Deutsche ihr Europabewußtsein weiterentwickeln und den schauderhaften regionalen Separatismus ablegen.«

Allerdings warnt Wössner auch davor, die zwischenmenschlichen Probleme medial hochzustilisieren. Das sei für die Deutschen typischer als für manche anderen Europäer »zwischen Katalonien und Nordirland«. Zur neuen Aufgabe der Deutschen gehöre es, im Sinne ihrer neuen Machtposition »eine wohltemperierte Einflußnahme auf Europa zu bewirken – nicht im Sinne der Vorherrschaft, sondern im Sinne der Integrationsfähigkeit«.

»Zuviel Skepsis kann zur Sepsis führen«

Ein fiktives Interview mit Ludwig Erhard im Jahre 1992

Der dramatische wie eindrucksvolle Siegeszug der Marktwirtschaft durch Europa ist mit einem Namen verschweißt: Ludwig Erhard. Der erste Wirtschaftsminister und zweite Kanzler der Bundesrepublik gab mit seinem Modell der Sozialen Marktwirtschaft den Startschuß für den Aufschwung nach dem Kriege. Folgerichtig wurde sein Konzept auch in den neunziger Jahren als Skizze für die deutsche Einheit bemüht. Wie hätte Ludwig Erhard heute gehandelt? Was empfiehlt der »Dicke mit der Zigarre« den Nachgeborenen, die sich an des »Wirtschaftswunders zweitem Teil« versuchen? In einem fiktiven Interview »antwortet« Erhard vierzehn Jahre nach seinem Tod auf jene Fragen, die heute in Parlamenten wie an Stammtischen gestellt werden. Die Collage basiert auf wortgetreuen Zitaten aus seinen nachgelassenen Schriften und Reden. Ein – journalistisch montiertes – Puzzle mit verblüffender Aktualität und teilweise prophetischer Weitsicht.

PETER GILLIES: *Bei aller Freude über die wirtschaftliche Wiedervereinigung Deutschlands gab es – hüben wie drüben – Ängste und Vorbehalte. Sind Sie, Herr Professor Erhard, nun von einem Sieg Ihrer Sozialen Marktwirtschaft überzeugt?*

LUDWIG ERHARD: Ja, das bin ich, ich sehe mich selbstverständlich bestätigt. Wie schnell sich die Dinge wandeln können, haben wir alle in den letzten Monaten zu spüren bekommen. Ich wiederhole noch einmal: Als erste Maßnahme wird sich eine Währungsneuordnung in der Sowjetzone, das heißt eine Einbeziehung in unser Währungssystem, als unerläßlich erweisen. Damit vollzieht sich dann zwangsläufig eine Angleichung des Preis- und Lohnniveaus an die in der Bundesrepublik herrschenden Verhältnisse. Man wird dabei auf die Erfahrungen der Währungsreform von 1948 zurückgreifen können und wie seinerzeit der Methode nach die Erstausstattung mit neuem Geld in Form von Kopf- und Betriebsquoten vornehmen.

War die Ostmark der DDR, salopp als »Holzdollar« bezeichnet, eigentlich schon reif für die Währungsunion?

ERHARD: Ehe wir nicht unsere Währungen wieder in Ordnung gebracht haben, werden wir nie zusammenfinden. Angesichts der völlig verzerrten Zwangswirtschaft und des Wirtschaftsterrors in der Sowjetzone kann über die echte Kaufkraft der Ostmark vorläufig unmöglich etwas ausgesagt werden. Mit diesem Prozeß wird dann naturgemäß die wirtschaftliche Lage der Sowjetzone schonungslos offengelegt, und es kann kein Zweifel bestehen, daß das Resultat betrüblich, ja vielfach sogar erschütternd sein wird.

Das heißt mit anderen Worten, daß wir mit einem starken Leistungsgefälle zwischen Ost und West rechnen müssen und daß sich daraus schwerwiegende Konsequenzen für die sozialen Verhältnisse der Bevölkerung ergeben können. Dennoch müssen wir den Mut zur Klarheit und zur Wahrheit aufbringen.

Ihre Kritiker halten das Tempo für zu rasch und deswegen die Risiken für zu hoch. Wäre nicht ein sanfteres Zusammenwachsen geboten gewesen?

ERHARD: Jeder Mann, der etwas vollbringen will, wird nicht immer gelobt werden. Es kann nicht geleugnet werden, daß die Vorstellung von einem so gearteten, vorgefaßten Wiedervereinigungsplan die Geister in weitem Umfang beherrscht. Insbesondere geht ihnen jedes Gefühl, jede Einsicht auf die in einem freien Markt zum Ausgleich und Gleichgewicht hindrängenden Kräfte und die damit entfesselte Dynamik völlig ab. Statt dessen glaubt man wieder einmal, soviel wie möglich »organisieren« zu müssen, obwohl gerade damit Verzerrungen und Diskrepanzen nicht beseitigt, sondern womöglich noch vermehrt und verschärft werden würden.

Teilen Sie die Befürchtung einer hohen, vielleicht gar unkontrol-

lierbaren Arbeitslosigkeit in Mitteldeutschland?

Erhard: Ich achte das Problem der Arbeitslosigkeit gewiß nicht als gering. Wir haben im Jahre 1945 – oder besser gesagt im Jahre 1948 – auf dem primitivsten Stand angefangen, von dem aus eine Volkswirtschaft überhaupt aufzubauen war. In der Sowjetzone selbst ist mit einer stärker zunehmenden Arbeitslosigkeit nicht zu rechnen. Die Betriebe und Unternehmungen im Osten werden durch den Wettbewerb nicht erdrückt werden, sondern umgekehrt gerade durch den Wettbewerb rascher und erfolgreicher zu höherer Leistungsergiebigkeit gelangen. In politischer, wirtschaftlicher und menschlicher Beziehung wird die Wiedervereinigung Deutschlands Kräfte freimachen, von deren Stärke und Macht sich die Schulweisheit der Planwirtschaftler nichts träumen läßt.

Aber man redet von Arbeitslosenzahlen, die an jene Millionen von Weimar heranreichen.

Erhard: Gewiß wird es auch jetzt wieder Leute geben, die genau wie vor der Währungsreform auf Grund mechanistischer Verfahren zu erschütternden Prognosen kommen werden. Bekanntlich hat ein wissenschaftliches Institut in Deutschland seinerzeit ein Arbeitslosenheer von fünf bis sechs Millionen Menschen vorausgesagt. Gerade ich weiß ein Lied davon zu singen, wie man mir damals mit Hilfe von Statistiken, graphischen Darstellungen, Rohstoffbilanzen, Produktions- und Verbrauchszahlen, Außenhandelszahlen u. a. m. scheinbar schlüssig und rational die Unmöglichkeit der Aufhebung der Bewirtschaftung, der Rationierung und der Preisbindungen beweisen wollte. Wir können also schon mit einiger Gelassenheit den trüben Prophezeiungen entgegensehen. Wenn es besser kommt als befürchtet, verzeiht man auch den falschen Propheten.

Sollte man die Anpassung der maroden Ostbetriebe mit Subventionen oder anderen Schutzmaßnahmen erleichtern?

Erhard: Ich kann Ihnen sagen, wenn ich einen Ehrgeiz habe, dann den, meine ganze Anstrengung darauf zu richten, den deutschen Menschen wieder zu befreien und ihm wieder zum Bewußtsein seiner eigenen Kraft, seiner Stärke und seiner Würde zu verhelfen. Das eigentliche Problem ist, die Produktivität der Sowjetzonenwirtschaft so rasch und so energisch zu verbessern, daß der Prozeß der Leistungsangleichung auch zeitlich so kurz wie möglich bemessen werden kann. Die einen wollen die Sowjetzone gegenüber der Konkurrenz von außen zunächst abgeschirmt wissen, während andere – und zu dieser Gruppe zähle ich mich – der Auffassung sind, daß dieser unumgänglich notwendige Angleichungsprozeß von Anbeginn an die Verflechtung dieser beiden Wirtschaftsgebiete sein wird.

Eine abgeschirmte Ostwirtschaft wird in der Enge des eigenen Raumes niemals zu der notwendigen Kraftentfaltung kommen. Dennoch verkenne ich nicht, daß der Wirtschaft des Ostens vom Staate Hilfestellung angeboten werden muß. Den Leistungen, die unsere deutschen Landsleute unter schwersten Bedingungen beim Wiederaufbau in der Zone vollbringen, zollen wir um so mehr unsere Bewunderung, als sie in einem unwürdigen und unfruchtbaren Gesellschaftssystem erzielt wurden.

Ich stehe jedenfalls klar und eindeutig auf dem Standpunkt, daß die Wiedereingliederung des deutschen Ostens mit den Mitteln und nach den Grundsätzen der Marktwirtschaft erfolgen muß.

Sind Sie für ein Notopfer der westdeutschen Steuerzahler zugunsten der ehemaligen DDR?

ERHARD: Ich möchte gleich vorausschicken, daß auch ich den Versuch für abwegig halten würde, die in solchem Fall sich vollziehende Entwicklung exakt vorherbestimmen und rechnerisch erfassen zu wollen. Bei der Höhe der heute auf unserer Wirtschaft ruhenden Steuerlast sind alle und ausreichende Voraussetzungen gegeben, um durch Steuerentlastung, trotz der Leistungsdifferenz zwischen Ost und West, den Unternehmungen der Sowjetzone zu betriebs-, kosten- und ertragswirtschaftlich gleichartigen Startbedingungen zu verhelfen. Viel besser als leistungshemmende Schutzmaßnahmen erweisen sich produktivitätsfördernde steuerliche Erleichterungen und Befreiungen. Weder wird für die heutige Bevölkerung des Bundesgebietes durch den Zusammenschluß eine steuerliche Belastung eintreten noch etwa dadurch die Existenz von Betrieben gefährdet werden. Der Kapazitätszuwachs durch die gesamtwirtschaftliche Einbeziehung der Sowjetzone wird im Durchschnitt noch nicht einmal dem steigenden Bedarf der Sowjetzonenbevölkerung entsprechen, so daß sogar für weitere wirtschaftliche Expansion Raum bleiben dürfte. Die Arbeitsmarktlage im seitherigen

Bundesgebiet wird durch ein solches Ereignis nicht oder wenn überhaupt, nur nach der positiven Seite hin berührt. Des weiteren darf nicht vergessen werden, daß nach diesem erlösenden Schritt auch die Menschen sich wieder frei bewegen dürfen und daß Unternehmer und Gewerbetreibende aller Art das mittel- und ostdeutsche Wirtschaftsgebiet dann nicht nur als neue Absatzmärkte betrachten, sondern sich dort auch in der Produktionssphäre betätigen werden. Privates und

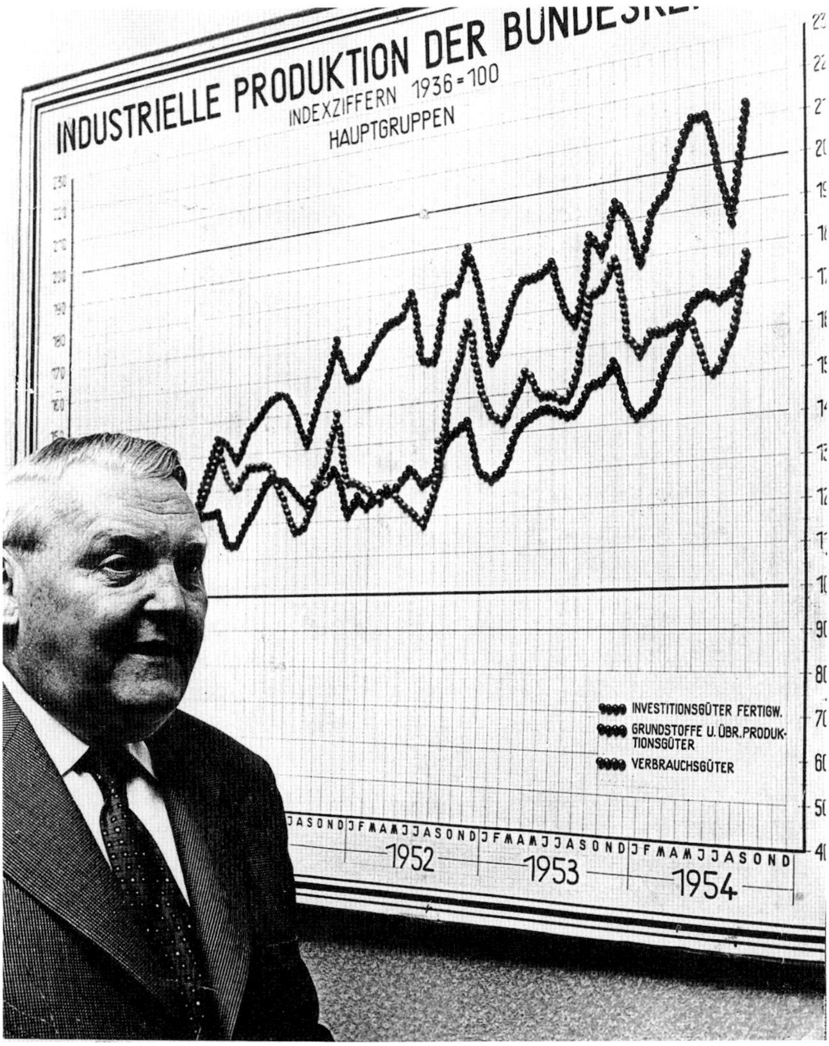

öffentliches Kapital dürfte in ausreichendem Maße mobilisiert werden können.

Herr Professor Erhard, Sie gelten als Vater des Wirtschaftswunders...

ERHARD: Hat etwa das seichte Gerede von dem »deutschen Wunder« in unseren Köpfen wirklich die mystische Vorstellung erweckt, daß wir zaubern können? Das sind fade Geistreicheleien. Der beispiellose Aufstieg der Bundesrepublik Deutschland nach dem Kriege war indessen alles andere als ein Wunder. Er war das bereits vor Kriegsende vorbedachte und ausgearbeitete Konzept, und es war nicht zuletzt der Mut, jene Erkenntnisse von der ersten Stunde an konsequent und gegen den Widerstand vieler durchzusetzen und durchzuhalten.

Sind die historischen Erfahrungen aus Ihrer Währungsreform von 1948 auf die Verhältnisse von heute übertragbar?

ERHARD: Ich bin der Meinung: ja. Wenn die Währungsreform nicht automatisch verbunden wird mit einer Freigabe der Preise und einer Aufhebung der Bewirtschaftung, dann kommen wir sowohl nicht zu einer geordneten und gesunden Wirtschaft wie vor allen Dingen auch nie zu einer geordneten und stabilen Währung. Denn um was handelte es sich denn? Es handelte sich darum, die durch die Währungsreform geschaffene Kaufkraft auf dem Markte abzudecken.

Bedingen Wirtschafts- und Währungsreform einander oder wäre es möglich gewesen, einen stufenweisen, sanfteren Anpassungsprozeß zu finden?

ERHARD: Die Feinde der Marktwirtschaft bemühen sich mit einer geradezu penetranten Aufdringlichkeit, das Volk glauben zu machen, daß die wirtschaftlichen und sozialen Erfolge der vergangenen Jahre ausschließlich der Währungsreform und sonstigen glücklichen Umständen, keinesfalls aber dem von mir vollzogenen wirtschaftlichen Kurswechsel zu verdanken seien. Wenn es sicher auch darauf ankam, zum Zeitpunkt der Währungsreform die Stunde zu nützen, so ist es doch für alle Wohlmeinenden und Einsichtigen offenkundig, daß nur aus Währungsreform plus marktwirtschaftlicher Politik die entscheidende glückliche Wendung resultiert. Die Erfahrung und die Geschichte lehren gleichermaßen, daß es gesunde und stabile Währungen nur in der Marktwirtschaft geben kann und daß demzufolge jede planwirtschaftliche Ordnung zu einer Zerstörung der Währung führt.

Ihr Appell zum Maßhalten hat einst manche ironischen Kommentare ausgelöst. Auch heute stoßen die Staatsfinanzen an kritische Grenzen. Verschuldet sich der Staat zu stark?

ERHARD: Ich gehöre nun einmal nicht zu den Politikern, die glauben, das sei die rechte Art, sich den Beifall dadurch zu verdienen, daß man immer nur jedem nach dem Maule redet. Was da verlangt wird, kostet doch Geld, und zu glauben, daß das nicht das Geld der Staatsbürger sein müßte, sondern daß der Staat aus irgendwelchen geheimnisvollen Quellen, so wie der Zauberer das Karnickel aus dem Zylinder, Gelder hervorzaubern könnte, grenzt an politischen Betrug.

Die heutige Politik der Überschuldung, bewußten Überschuldung, ist meiner Ansicht nach eine hochexplosive Politik. Und einmal wird der deutsche Bürger erfahren müssen, daß er die Schulden, die der Staat macht und die nach außen als zum Wohle des deutschen Volkes deklariert werden, selber bezahlen muß. Jeder Versuch, im Zeichen vermeintlicher Wohlfahrt aus wohltätiger Gesinnung mehr Geld auszugeben, als dem Fiskus aus ordnungsgemäßen und vertretbaren Einnahmen zufließt, verstößt gegen gute und bewährte Grundsätze.

Wo liegt eigentlich der praktisch und menschlich erfahrbare Kern der Sozialen Marktwirtschaft?

ERHARD: Es galt, die Bevölkerung dieses Landes aus der Apathie des verlorenen Krieges zu lösen und jedem einzelnen wieder die Zuversicht zu geben, daß er sein Schicksal durch persönlichen Einsatz selbst werde gestalten können. Die Aussicht auf eine freiheitliche Zukunft, eine Zukunft, in der der einzelne nicht in der anonymen Masse eines Kollektivs untergeht, sondern sich seines Wertes in Selbstverantwortung bewußt ist – das war die letztlich bewegende Kraft.

Dennoch wird Ihr Modell der Sozialen Marktwirtschaft bis heute kritisiert, unter anderem wegen der Arbeitslosigkeit.

ERHARD: Ich halte diese geistige Verwirrung zugleich für ein folgenschweres Mißverständnis. Diese Erscheinungen beruhen nicht eigentlich auf Fehlern der Marktwirtschaft, sondern waren folgerichtig das Ergebnis einer gegenüber der Marktwirtschaft gleichgültigen oder gar feindlichen Politik. Mit der Anwendung habe ich vielmehr während der 50er Jahre einen weitaus größeren Sockel von Arbeitslosigkeit aus der darniederliegenden Wirtschaft und dem millionenfachen Zustrom von Vertriebenen und Flüchtlingen abgebaut, als heute zu bewältigen ist. Wir konnten nicht etwa hinter Schutzmauern warten, bis wir die deutsche Wirtschaft durch künstliche und staatliche Maßnahmen allmählich wieder auf den internationalen Leistungsstandard gebracht hätten; nein, wir mußten es wagen, sie dem Wettbewerb, der Bewährung auszusetzen.

Wie haben Sie, Herr Professor Erhard, damals nach dem Kriege Ihren Weg in die Politik gefunden?

ERHARD: Beim Einmarsch amerikanischer Truppen in Franken stand kurz darauf so ein Typ vor meinem Haus. Aber ich hatte keine Angst. Mein Gewissen war rein. Ich war ein Nazi-Gegner gewesen. Die Amerikaner müssen von meiner Denkschrift, die ich 1944 geschrieben und auch an Goerdeler geschickt hatte, erfahren haben. So bin ich nicht durch die Deutschen in die Politik gekommen, sondern durch die Amerikaner. Sie lagen mir.

Die deutsche Währungsunion von 1990 und Ihre Währungsreform von 1948 ähneln sich in der politischen Geschwindigkeit verblüffend. Wie haben Sie es damals angepackt?

ERHARD: Eigenmächtig – das kann man wohl sagen. Es war alles wohlüberlegt. Am Wochenende wurde das gemacht, weil ich aus eigener Erfahrung wußte, daß am Samstag und Sonntag keine Bürokratie aktionsfähig ist. Merkwürdigerweise hatte ich keine Angst, daß es schiefgehen könnte. Ich hätte das damals wahrscheinlich nicht durchstehen können gegen alle Widerstände, wenn der General Clay nicht gesagt hätte: Ich stehe hinter Ihnen.

Manche Menschen im Osten empfinden die Marktwirtschaft als eine Art Strafexpedition. Was sagen Sie ihnen?

ERHARD: Die Probleme der Gesellschafts- und Wirtschaftspolitik können nur jenen schwieriger erscheinen als früher, die das Chaos, das der letzte Krieg hinterließ, entweder noch nicht erlebt oder schon vergessen haben. Die Aufgaben, die sich uns heute stellen, mögen anders, aber gewiß nicht schwieriger sein.

Die nur zu durchsichtige Behauptung, daß wir vor besonders schwierigen oder gar unlösbaren Problemen stünden, soll offenkundig dem Lobe derer dienen, die die soziale Marktwirtschaft heftig bekämpften, aber schließlich kapitulieren mußten. Meine wirtschaftspolitische Konzeption

der sozialen Marktwirtschaft, die Not, Elend und eine immense Arbeitslosigkeit nach dem Kriege beseitigte, erlangt heute im Zeichen politischer Verwirrung neue Aktualität. Zuviel Staat, zuviel Skepsis kann zur Sepsis werden und lähmt uns, auch wenn sie in der Kutte eines grauen Realismus oder eines überzeugungsängstlichen Realismus auftritt.

Viel Kritik geht derzeit auf die Unternehmer nieder. Sie seien zu eigen- oder zu gewinnsüchtig, zu lethargisch und wichen ihrer Verantwortung aus, in dem sie den Wettbewerb zu unterlaufen suchten.

ERHARD: Gibt es nicht überall und so auch in der deutschen Unternehmerschaft Kräfte, denen der Wettbewerb lästig zu werden beginnt, die die bequemen Pfründe der Planwirtschaft zurückersehnen und sich, sei es nur aus Ängstlichkeit oder Unsicherheit, jedem neuen Gedanken versperren? Ich würde es sogar dankbar begrüßen, wenn auch die Industriellen-Verbände, die Kammern und ähnliche Institutionen noch mehr als bisher jene Lahmen und Wankelmütigen für die neue Zeit aufrütteln wollen. Im Blickfeld der breiten Massen ist der Unternehmer heute nicht mehr ein Mann, der ein bequemes und gutes Leben führt, sondern er ist der erste Mann im Betrieb, der die ganze Schwere der Verantwortung trägt. Der Unternehmer hat eine gewaltige Aufgabe zu erfüllen. Ich vertraue der privaten Initiative und glaube, daß sie die stärkste Kraft ist, um den jeweiligen Gegebenheiten zum höchsten Effekt zu verhelfen.

Als die Marktwirtschaft in die Trümmerlandschaft des Sozialismus einzog, waren viele vom Tempo des Wandels erschreckt. Sie witterten in der unternehmerischen Freiheit eine Form des modernen Kolonialismus.

ERHARD: Diese Freiheit bedeutet nicht Freibeutertum, und sie bedeutet nicht Verantwortungslosigkeit, sondern sie bedeutet immer verpflichtende Hingabe an das Ganze. Nicht die freie Marktwirtschaft des liberalistischen Freibeuters einer vergangenen Ära, auch nicht das »freie Spiel der Kräfte« und dergleichen Phrasen, mit denen man hausieren geht, sondern die sozialverpflichtete Marktwirtschaft, die das einzelne Individuum wieder zur Geltung kommen läßt, die den Wert der Persönlichkeit obenan stellt und der Leistung dann aber auch den verdienten Ertrag zugute kommen läßt, das ist die Marktwirtschaft moderner Prägung.

Ein derzeit gängiger Slogan lautet, die Teilung sei nur durch Teilen zu überwinden. Den Deutschen im Osten wird vorgeworfen, sie begehrten zu schnell zuviel, denen im Westen Kaltherzigkeit. Wie kann Teilen im ökonomischen Sinne geschehen?

ERHARD: Es erscheint mir ungleich nützlicher, die Wohlstandsmehrung durch die Expansion zu vollziehen, als Wohlstand aus einem unfruchtbaren Streit über eine andere Verteilung des Sozialprodukts erhoffen zu wollen. Es ist sehr viel leichter, jedem einzelnen aus einem immer größer werdenden Kuchen ein größeres Stück zu gewähren, als einen Gewinn aus einer Auseinandersetzung um die Verteilung eines kleineren Kuchens ziehen zu wollen, weil auf solche Weise jeder Vorteil mit einem Nachteil bezahlt werden muß.

Die deutsche Wiedervereinigung erweist sich als teurer, als viele vorher annahmen. Woher soll das Kapital kommen?

ERHARD: Ich wiederhole: Es darf nicht vergessen werden, daß nach diesem erlösenden Schritt auch die Menschen sich wieder frei bewegen dürfen und daß Unternehmer und Gewerbetreibende aller Art das mittel- und ostdeutsche Wirtschaftsgebiet dann nicht nur als Absatzmärkte betrachten, sondern sich dort auch in der Produktionssphäre betätigen werden. Privates und öffentliches Kapital dürfte in ausreichendem Maße mobilisiert werden können. Ohne übertriebenen Optimismus kann angenommen werden, daß dann im Haushalt der Bundesrepublik Mittel für die Verteidigungsleistungen freigesetzt und für den wirtschaftlichen und sozialen Aufbau der Sowjetzone eingesetzt werden können.

Was empfinden Sie, wenn Sie den heutigen Slogan »Ludwig Erhard schlägt Karl Marx« hören und den Zusammenbruch der Planwirtschaften beobachten?

ERHARD: Der Sozialismus marxistischer Prägung ist unter der Wucht der Erfolge einer fortschrittlichen Wirtschaftspolitik in sich selbst zusammengebrochen. Wieviel gescheiterter Versuche einer sozialistisch geplanten, gelenkten und kontrollierten Volkswirtschaft bedarf es eigentlich noch, um die Welt, und hier vor allem die Arbeiterschaft, erkennen zu lassen, daß sie mit diesem Dogma Phantomen nachjagt, daß sie damit nicht gewinnen kann, aber viel – nämlich ein Stück Freiheit nach dem anderen – verlieren wird.

Ja, es läßt sich fast eine Korrelation dergestalt ableiten, daß es mit der menschlichen Freiheit und der wirtschaftlichen Freizügigkeit um so schlechter bestellt ist, je reiner und konsequenter sozialistische Wirtschaftspolitik praktiziert wird. Diese Freiheit bedeutet allerdings nicht Freibeutertum.

Die Revolutionen in Osteuropa und das Ende des »real vegetierenden Sozialismus« markieren eine geschichtliche Zäsur. Wollen Sie einen Ausblick wagen?

ERHARD: In unseren Tagen geht eine Epoche zu Ende, die – mag sie auch noch Jahre währen – sich von den Leitbildern, den Denkmodellen und Vorstellungen der vergangenen Zeit löst und – wenn vielleicht auch noch irrend – um Formen der Zusammenarbeit und des Zusammenlebens von Völkern ringt.

In einer geschichtlichen Epoche der entscheidenden Auseinandersetzung zwischen West und Ost, Gut und Böse, Freiheit und Zwang ist es einfach undenkbar, in entscheidenden Seinsbereichen des Lebens der Völker getrennte Wege zu gehen.

Schon scheinen sich auch politische Lösungen abzuzeichnen, die dieser meiner Auffassung recht geben, und die es uns in der von immer mehr kollektivistischem Geist gebundenen Welt vor Augen führen, daß das europäische Bewußtsein, und damit die geistig-seelische Kraft der freien Völker dieses Kontinents trotz und gerade wegen seiner Vielfältigkeit, Differenziertheit und Buntheit, seiner Geschichte und Kultur sich in den großen geistigen Auseinandersetzungen unserer Zeit als eine Einheit bewahren will.

Vielfach wird beklagt, trotz aller wirtschaftlichen Erfolge litten die Deutschen an einem unerklärlichen Rest von Unzufriedenheit. Neigen wir zu Trübsal und Düsternis?

Erhard: Was also ist da nicht in Ordnung, daß trotz aller Erfolge und dieses fast grandiosen Siegeszuges der Sozialen Marktwirtschaft aller Erfolg nicht auszureichen scheint, um die Menschen zu beruhigen, die Gesellschaft zu befriedigen?

So wollen und mögen wir uns denn fragen, ob die Unruhe und Erregbarkeit der öffentlichen Meinung nicht in tieferen Schichten des Bewußtseins wurzeln. Ich glaube gar nicht, daß das Erreichte bewußt böswillig verkannt wird. Die Verbesserung des materiellen Schicksals ist zu offenkundig, als daß sie bestritten werden könnte. Fast möchte ich sagen, die menschliche Natur braucht den inneren Ausgleich, das seelische Gleichgewicht, die Versöhnung zwischen den zweckhaften Formen des Berufslebens in der Massengesellschaft und dem Verlangen nach Ruhe und Geborgenheit in geistig-seelischen Zuordnungen.

Die Soziale Marktwirtschaft ist überfordert, wenn ihr die Verantwortung aufgelastet werden soll, die äußeren Lebensformen unserer Gegenwart zu sprengen und nach einem Wunschbild zu formen. Wohl aber obliegt ihr die Verpflichtung, den Geboten einer christlichen Gesellschaftspolitik gerecht zu werden und sich mit dieser zu einer höheren Einheit zu verbinden. Das Vakuum auszufüllen, das wir spüren, ist die eigentliche Aufgabe der inneren Integration unserer Gesellschaft.

Bleiben jene Werte, die Ihr Weggefährte Wilhelm Röpke als »jenseits von Angebot und Nachfrage« definiert, heute ungestillt?

ERHARD: Der Zweck des Wirtschaftens ist gewiß der Verbrauch, aber sicher ist das nicht auch der Sinn unseres Tuns. Was uns mangelt, das ist die gemeinverbindliche Wertung des Lebens. Aber schon daß wir das empfinden und als eine innere Not erkennen, ist bereits ein halber Gewinn und bringt uns wenigstens auf den rechten Weg.

Sicherlich ist es ein Fortschritt, wenn wir alle dank der zunehmenden Effizienz und Leistungsergiebigkeit unserer Arbeit mehr Freizeit, mehr Erholung, mehr Ruhe und Besinnung gewinnen können, aber zum Segen wird uns diese Entwicklung nur dann werden, wenn wir von diesen Gaben den rechten Gebrauch zu machen wissen.

Mit kollektivistischer Freizeitgestaltung ist es bestimmt nicht getan; der Begriff selbst ist schon ein Greuel. Das bedeutet keinen Verzicht auf den Genuß, den uns der Fortschritt der Technik und der Zivilisation bescheren wird, aber eine neue Zuordnung der Werte innerhalb eines umfassenderen und reiferen Kultur- und Weltbildes.

Sie haben die politische und die wirtschaftliche Freiheit stets als zwei Seiten derselben Medaille angesehen. Das Riesenreich Sowjetunion ist auseinandergebrochen und allenthalben begeben sich Völker auf die Suche nach neuen Wegen. Sind Marktwirtschaft und Demokratie ein Koppelprodukt?

ERHARD: Die Völker sind aufgewacht und schicken sich an, neue Standorte zu beziehen und ihr Leben neu zu ordnen. Unsere heutige Gesellschaftsordnung mit ihrer weltoffenen Gesellschafts- und Sozialstruktur ist nicht nur im Potential und in der ökonomischen Effizienz, sondern auch in ihrer inneren Stärke dem öden und sterilen Mechanismus des kommunistischen Systems klar überlegen. Warum sprechen wir das nicht täglich aus? Warum verstehen wir es nicht, mit unseren Pfunden zu wuchern?

Die Regierungen machen es den eigenen Völkern nicht deutlich, daß die geschichtliche Wirklichkeit der freien Welt bereits eine gültige Antwort auf den totalitären Sozialismus gegeben hat. Konsumfreiheit und die Freiheit der wirtschaftlichen Betätigung müssen von jedem als unantastbare Grundrechte empfunden werden. Gegen sie zu verstoßen, sollte als Attentat auf unsere Gesellschaft geahndet werden. Demokratie und freie Wirtschaft gehören logisch ebenso zusammen wie die Diktatur und Staatswirtschaft. Die Interdependenz von Wirtschaft und Politik verbietet es, in »Kästchen« zu denken.

Was empfehlen und empfinden Sie, wo die alten Kommandowirtschaften zusammengebrochen sind und Deutschland wieder vereint ist?

ERHARD: Zusammenstehen! Vorausdenken! Arbeiten, arbeiten und noch einmal arbeiten! Die Wiedervereinigung Deutschlands ist der Friede Europas. Am Anfang war immer die Tat!

Register